ISBN 978-0-364-71171-2
PIBN 11049537

KRITISCHE BLÄTTER

NEBST

GEOGRAFISCHEN ABHANDLUNGEN

VON

JOHANN HEINRICH VOSS.

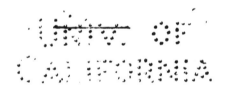

ERSTER BAND.

STUTTGART,

IN DER J. B. METZLER'SCHEN BUCHHANDLUNG.

MDCCCXXVIII.

INHALT.

ERSTER BAND.

Seite

I. Über die Heynifche Ilias 1

II. Beiträge zum Kommentar der Ilias 169

III. Über Schneiders und Hermanns Ausgabe der
  orfifchen Argonautika 255

IV. Über Klopftocks Grammatifche Gefpräche und
  Adelungs Wörterbuch 365

V. Über Bürgers Sonnette 502

VI. Für die Romantiker 561

ÜBER DIE HEYNISCHE ILIAS.

(Allgem. Literatur-Zeitung Mai 1803.)

Die Abficht des berühmten Herausgebers war (Tom. I. Praef. p. VIII) theils ein berichtigter Text, und, was er Interpretation nennt, in kurzen Anmerkungen darunter; theils eine Überficht deffen, was alte und neue Erklärer Homers brauchbares gefagt haben, des wichtigeren mit forgfältiger Umftändlichkeit, des minder wichtigen wenigftens mit Anführung. Den erften Theil bezeichnet der Titel: *Homeri carmina, cum brevi annotatione;* den andern der Zufaz: *accedunt variae lectiones et obfervationes veterum Grammaticorum cum noftrae aetatis critica.* Für den lezten Theil follte aus den alten Grammatikern alles, was den Homer anzugehen fchiene, in Scholien, Gloffarien und Commentarien zufammengefuobt werden; was die Neueren fowohl zur Berichtigung und Wortauslegung des homerifchen Textes, als zur Erläuterung des mannigfaltigen Sachinhalts, beigetragen, das wollte der Herausgeber feinem Hauptzwecke anpaffen (*cum*

I.   1

confilii fumma conjungere), mit Beifügung
feines eignen unmafsgeblichen Urtheils.

Ob irgend eine Ausführung folches Entwurfs
den Kennern Homers genug thun könnte, hätten wir faft bezweifelt. Wer, ehe er fich felbft
allenfals zu rathen weifs, mit Abhörung der
verfchiedenften Rathgeber anfängt, der verwirrt fich leicht in den widerftrebenden Meinungen, und erhält, wie mancher Anwohner
grofser Bibliotheken, ftatt eigenes Lichts, prun-
kende Citate zur Ausbeute. Der Herausgeber
hat fein Werk dem Genio Georgiae Auguftae geheiliget, und in der Vorrede (Tom. I. p. XXXV)
mit Rührung bekannt: „Dafs er diefer Georgia
„Augufta und ihrer Bibliothek nicht nur einen
„Schaz von alten Ausgaben zur Beurtheilung
„der Lesarten, fondern überhaupt aller feiner
„Studien Nahrung und Zuwachs verdanke, und
„dafs ohne den königlichen Bücherfchaz feine
„ganze Bemühung um Homer nüchtern und
„dürftig gewefen fein würde, oder ganz unter-
„blieben. Was alfo die altgriechifche Literatur
„durch diefes fein Werk etwa gewonnen habe,
„das fei nicht Ihm anzurechnen: fondern theils
„feinem Amte auf diefer Akademie, und dem
„überall verehrten Namen der Georgia Augufta,
„der ihm herrliche Beiträge auch von Auslän-
„dern verfchafte; theils diefer Bibliothek der

„Georgia Augufta, der wohlthätigften Pflege-
„rin der Wiffenfchaften, die für feinen vieljäh-
„rigen Eifer, fie zu fchmücken und zu verfor-
„gen, ihm den Lohn gebe, dafs er einige feiner
„Berufswiffenfchaft nüzliche Unternehmungen
„leichter, als es anderen vergönnt war, aus-
„führen konnte." Das klingt prächtig genug.
Indefs, bei aller Achtung für die Georgia Augufta und ihre Bibliothek und die Amtsgefchäf-
tigkeit ihres Vorftehers, dürfte es manchem
vorkommen, dafs, wenn gleich zu literarifchen
Nachrichten, oder wol gar (welches wir nicht
recht begreifen) zur Kritik des Textes ein Vorrath feltener Ausgaben gehören mag, dennoch
der anfehnlichfte Theil diefes Werks, der Auszug aus alten und neueren Erklärern auch anderswo leicht unter rüftigen Händen fich gemacht hätte.

Zu den auszuziehenden alten Erklärungen
Homers waren dem Herausgeber in neuerer
Zeit, die nach Ernefti eine beffere Interpretation für Homer und dadurch für die Bibel entftehen fah (Praef. XXIII bis XXVIII), fo
viele andere und fo denkwürdige, nicht ohne
des Herausgebers Lehre und Mitwirkung (p.
XXV—XXXI), hinzugekommen, dafs er über
die Wahl der Auszüge und deren Anordnung
lange in Verlegenheit war (p. XXVIII). Er

blieb endlich bei dem erften Entwurf, grammatifche Interpretation mit Erklärung der Sachen
und der Gedanken zu verbinden; in dem anderen Theil aber (in jener gelehrten *Acceſſio*) die
Schäze der Alten und der Neueren mit feinem
béfcheidenen Gutachten zufammenzufaffen.
Dem Ekel des Überfluffes hofte er durch eine
höchft gedrängte Auswahl zu begegnen, indem
er *fruchtloſe Spizfindigkeiten ganz verwürfe,*
und vieles, was feit 10—20 Jahren die Neuheit verlor, kurz berührte, auch bei folchem
Gemeingute (deffen er felbft vieles ohne Anfpruch auf Dank in Umlauf gefezt) keine Namen
und Anführungen häufte, und noch weniger
mit geräufchvoller Widerlegung fich befafste;
überzeugt, dafs ihn, der nur auf *Nüzliches*
achte, *wenn er vieles mit gutem Bedacht
übergînge,* keiner der Sorglofigkeit oder des
Stolzes anklagen würde (p. XXIX — XXXI).
. Die *Heyniſche* Arbeit demnach, die fich
felbft als Compilation ankündigt und bewährt,
vereiniget unter einem Titel zwei ungleichartige
Theile. Der erfte Theil befteht aus zwei To-
men, die den Text mit nothdürftigen Anmerkungen für Ungeübte enthalten, und welchem
im dritten Tome die lateinifche Überfezung der
Clarke-Erneftifchen Ausgabe, hin und wieder
etwas verändert, fich anfchliefst. Herr *H.*

macht uns auf die Kürze feines Vortrags, wie
überhaupt, fo befonders in diefen kurzen Erklärungen aufmerkfam, und entfchuldigt ihre
unanmafsende, nur auf Nuzen der Lehrlinge
abzweckende Geringfügigkeit (p. XXXIX bis
XLVII). Allerdings könnten die zwei erften
Tome, ohne die Überfezung befonders ver-
kauft, dem Bedürfnis der Schulen dienen,
wenn, bei fparfamerem Vortrag, mehrere Erläuterungen, die man jezt grofsentheils in den
Obfervationen zu fuchen hat, und vor allen
Dingen gründlichere, Raum gefunden, und zwifchen Text und Anmerkungen mit kleinerer
Schrift befcheidene Varianten, wie in Ernefti's
Ausgabe, die Stelle der grofsen äolifch hau-
chenden Worte gefüllt hätten. Die fünf lezten
Tome find eigentlich für Kritiker beftimmt,
denen fie theils die abweichenden Lesarten der
Handfchriften und der Ausgaben mit Beurtheilung, theils Auszüge aus Scholien und Gloffarien, nebft des Herausgebers Betrachtungen
darüber, ferner feine eigenen Anfichten und
Widerlegungen anderer Erklärer, und bei jedem Gefange noch weitläuftige Excurfe über
Worte und Sachen, darbieten. Es wäre wiederum zu wünfchen, dafs man eine wirklich
kritifche Auswahl diefer Variantenfammlung
befonders, oder mit dem Texte zugleich, haben

könnte. Die zufälligen Auszüge, aus alten und
neuen Erklärern find nur demjenigen brauchbar, der die ausgezogenen Werke felber befizt,
und zu vergleichen Luft hat, was Hn. *Heyne*
in einem gefchäftlofen Augenblicke von Ungefähr wichtig oder unbedeutend oder verwerflich
fchien. Und diefes Vergnügen um wenigftens
20 Rthlr. zu erkaufen, möchte doch manchen
unferer Sprachforfcher beläftigen; obgleich die
ehrliebende Verlagshandlung den Preis für Papier, Druck und Verzierung nicht übertheuert
hat, und wir befonders der Prachtausgabe von
50 Rthlr. viele Liebhaber in dem reichen Eng-
land wünfchen und weiffagen.

Ein Werk, mit welchem eine lange Gefchäftigkeit in der alten Literatur fich zu krönen ver-
hiefs, eine fchon im Jahr 1783 (Hr. *Heyne*
wundert fich felbft über den Zeitraum, Tom. I.
Praef. p. IX) angekündigte Ausgabe Homers,
die endlich einmal den Altvater der Poefie und
der Gelehrfamkeit getreu darftellen und vollftändig erklären follte, berechtigte zu ganz anderen Erwartungen. Mancher Schüler fogar
und Liebhaber, wenn einer die acht dicken
Bände der Ilias fich anfchafte, wird bei dem
Genufs feines Antheils in den drei erften Bänden auffeufzen: Warum für Lefer Homers, die
gediegene Koft bedürfen, noch immer jene vor-

kauende Interpretation, mit jener vorlallenden
Wortüberfezung? Ift die verrufene Brücke
des Unfleifses durch Hn. *Heyne's* dem Verleger
geleiftete Ausflickung fo rühmlich und feft geworden, dafs fie vor Schimpf und Beinbruch
fichert? Was foll ferner uns das Schaufpiel
der aufgeblafenen Hauchbuchftaben, und die
kränkende Einladung zu den citatenreichen Ex-
cerpten? welche auch nur zu verftehen, wir
Armen uns erft den Euftathius, die fämtlichen
Scholien und Gloffare, famt allen Erklärern
homerifcher Gegenftände anfchaffen müfsten!
Vollends wird der ftrengere Gelehrte anftimmen: Wozu fogar uns die drei Bände Vorübung?
Und in den lezten fünf Bänden, wozu, ftatt
eigener Unterfuchungen, wieder nur Vorfpiel
zu Unterfuchungen, nur eilfertige Zettel mit
Auszügen und Citáten, dergleichen ein heiterer
Forfcher bei Hunderten befchreibt, und nach
der Entfcheidung als ausgeprefste Citronen hin-
wirft? Konnte der allzu befchäftigte Mann
nicht wenigftens für Homer einmal feine eigenen Schazkammern vieljähriger Betrachtungen
öfnen, und dadurch die zerftreuenden Auszüge
aus fremden, vielleicht gröfstentheils, erfparen?
Und welche Auszüge! Wie mangelhaft; wie
ohne Abficht, oder mit Abficht, ausgegriffen;
wie dem Hauptzwecke, diefs durchzufezen,

jenes zurückzuhalten, mit leiſer Hand ange-
paſst!

Die Sache verdient von einſichtsvollen und
gerechten Männern ernſthaft erwogen zu werden, *ne quid res publica detrimenti capiat.*
Es gilt nichts geringeres, als Homers Gedichte,
die Urquellen des altgriechiſchen Geiſtes, der
durch unzählige Ableitungen, lauterer und trü-
ber, bis in unſere Zeiten ſich ergoſs, und die
Wüſten der Ritter- und Mönchsbarbarei mit
Anbau erfriſchte, mit Menſchlichkeit neu be-
lebte. Es gilt eine von groſsen und Aufſehen
erregenden Anſtalten begleitete, und durch
eine ausführliche Selbſtrecenſion empfohlene
Unternehmung eines durch vieljährige Thätigkeit berühmt gewordenen Schulhauptes, die
dem Einfluſſe jenes Geiſtes auf das nächſte
Zeitalter einen andern Lauf von der Quelle
herab zu ſchaffen ſich bemüht. Ohne einen
etwas umſtändlichen Bericht läſst ſich der
Rechtsgang nicht einleiten. Wir geben ihn
mit gewiſſenhafter Treue; und beſcheiden uns,
daſs, weit entfernt, abſprechen zu dürfen, wir
ſelbſt unter dem Ausſpruche der Urtheilsfähigen
ſtehen.

A. WORTERKLÄRUNG. *)

1. *Weitläuftiger Vortrag.* Es ift schon bemerkt worden, dafs Hr. *H.* das Lob eines kurzen gediegenen Ausdrucks feinen Erläuterungen überhaupt, vorzüglich aber den kurzen gemeinnüzigen Noten unter dem Texte, nicht verfagen kann; und unfehlbar wird feine gegebene Lofung: *Wie kurz und bündig!* von fröhlichem Nachhallen erwiedert umhertönen. Sollen wir geftehen, dafs uns bei der lockeren Weitläuftigkeit, worin ein dürftiger Inhalt fich ausdehnet, oft die Geduld verging, und ein unwilliges Wort auf der Zunge fchwebte? Wir halten es zurück, und wollen dem Lefer ein paar Proben aus dem Anfange der Noten ins Deutfche überfezt vorlegen. — Unter Il. I, 14, mit langer Wiederholung der homerifchen Worte, welche die Zahl allein oben nachweifen konnte, fteht diefes: „Στέμμα τ'ἔχων ἐν χερσὶν „— ἀνὰ σκήπτρῳ bald nachher 28 ift σκῆπτρον „καὶ στέμμα θέοιο. Es war folglich (*adeo*) die „*Infula* gefügt an den Stecken oder Stab, den

---

*) Der Worterklärung voran geht in der A. L. Zeitung eine Kritik des Textes, welche Eichftädt, zum Theil nach Wolf, gab. S. Antifymbolik. Theil II. S. 100, wo man die Entftehungsgefchichte diefer Recenfion lefen kann.

„Spieß, des Anflehenden Tracht; anderswo
„find die Hände felbft mit *Vittis* angebunden
„(*religatae*) oder umwickelt. Es ift ferner
„στέμμα Ἀπόλλωνος, *die Infula des Apollo*,
„d. i. die jener als Apollo's Priefter zu tragen
„pflegte; nun aber trägt er fie an den Zepter
„gebunden vor fich her.“ Aus diefer nachläffig
hingegoffenen Wortfülle, was hat fich der Jüngling von στέμμα, *infula* und *vittis* für eine Vorftellung gefchöpft? —, 1, 38. „Τενέδοιό τε ἶφι
„ἀνάσσεις.“ (Oben mit den äolifchen Hauchern:
„τε Ϝίφι Ϝανάσσεις.“) „Eben derfelbe Gott,
„der eine vorzügliche Verehrung empfängt,
„*fchüzet* die Stadt (*tuetur*), und eben derfelbe
„fagt man *regiert* (*regnat*), weil er der Stadt
„*vorfteht* (*praeeft*). Dafs Apollo aber einen
„alten Tempel auf der Infel Tenedos gehabt
„habe, erhellt fchon aus diefer Stelle. Ἶφι,
„*Potenter.*“ Das lezte ift kurz genug; nur
fieht man nicht, ob der Gott *nach Vermögen*
fchüze, regiere und vorftehe, oder *mit Macht.*
Das vorhergehende wäre in der Manier eines
Minellius oder Farnabius ründer und verftänd-
licher interpretirt: Er waltet über Tenedos als
Schuzgott. — Der Vers I, 70 vom Vogeldeuter
Kalchas:

Der erkannte, was war, was fein wird, oder zuvor
war:

wird grammatifch und filofofifch entwickelt,
wie folgt: „Da die Stelle für diefe Materie klaf-
„fifch ift, fo wollen wir *mit einem Worte*
„erinnern, dafs hieraus der wahre Begrif der
„Weiffager der alten Zeit feftgefezt werde: die,
„mit Weltkenntnis und Erfahrung und Klugheit
„ausgerüftet, Rathfchläge gaben und Erinne-
„rungen. Alfo ὅς ἤδη (*der erkannte*) fürs erfte
„τὰ ὄντα (*was ift*), dafs er einfieht, welches
„der Dinge und Ausgänge wahre Befchaffenheit
„und Natur fei; er vergleicht mit diefer τὰ πρὸ
„ἐόντα (*was zuvor war*), d. i. τὰ προγεγενη-
„μένα (*was zuvor gefchehen war*); und
„hieraus folgert er τὰ ἐσόμενα (*was fein wird*),
„und fieht mithin (*adeo*) die künftigen Aus-
„gänge der Dinge vorher. Befonders, wenn fie
„in zweifelhaften, ungewiffen oder dunklen
„Dingen um Rath gefragt wurden, gaben fie
„Antwort, wie an diefer Stelle Kalchas wegen
„der Urfache des Zornes Apollo's .... Frühe
„fing diefe Klugheit an von göttlichemAnhauche
„der Begeifterung hergeleitet zu werden (*re-*
„*peti coepit*, für *coepta eft*), und folglich
„glaubte man, dafs Weiffager ἔνθεοι (durch
„götttliche Kraft) künftige Dinge vorausfagten;
„dann gaben fie felber auch vor, dafs fie, von
„einem Gott angehaucht, künftige Dinge vor-
„ausfagten." So breit diefer Wortftrom flutet,

fo feicht ift er. Kluge Erwägung der Verhältniffe war dem Wahrfager allerdings nöthig;
aber von rathgebender Klugheit zu gottbegei-
fterter Wahrfagung, welch ein Übergang!
„Man leitete frühe die Klugheit von Begeifte-
„rung her, und folglich glaubte man es, und
„dann gaben die Klugen fich felbft für Begei-
„fterte!" Wurden denn Neftor und Odyffeus, weil
fie, nach Homers Ausdrucke, *zugleich vorwärts fahen und rückwärts*, darum als Begeifterte, als Wahrfager, verehrt? Einen ganz
anderen Urfprung hatte der Begrif der Wahrfagung: welchen zu ergründen, Hr. *Heyne* den
Wahrfager Apollon, aus der teufchenden Verblendung eines Sonnenfymbols enthüllt, in feinem eigenen Lichte erkannt haben müfste. Von
den Genien der drei Grundwefen, Erde, Waffer
und Luft, woraus alles entfteht, und ihrem
Dolmetfcher Apollon, glaubte man Anzeigen
des Werdenden und des Gewordenen, zuerft
in der Natur, und hiernächft in Schickfalen,
zu erforfchen; diefen Volksglauben lenkten die
Klügeren, und bewährten ihre Ausfprüche
durch angebliche Verkündigung vorahndender
Thiere (οἰωνοί) und andere Botfchaften aus dem
innerften Orakel des Himmels, der Erde und
des Meers. Auf folche Art wufste Apollons
Priefter Kalchas, der *Vogelfchauer* (welchen

Begrif Hr. *Heyne* unerklärt läfst), fowohl was
damals gefchah, und gefchehen wollte, als was
vormals gefchehen war, zu eröfnen. So durch
Eingebung der Mufen, welche profetifchen
Quellen vorftanden, rühmte fich Homer das
Einzelne der Ilias bis auf Namen und Zahlen
des Schifsverzeichniffes im Geifte zu fehn; Fe-
mius aber und Demodokus auf ihren Eilanden
ferne Begebenheiten des Krieges und der Meer-
fahrt. — Wir haben an diefen Proben einer
nicht fruchtbaren Kürze ja wol genug? Sonft
bietet fich ganz in der Nähe V. 71 und 74 noch
mehreres zum Genufs. Auch die erweiternde
Redensart, *um es Einmal, mit einem Worte
zu fagen*, dient fchon wieder beim nächften
Vers 71, und fonft häufig, unbedeutende Noten
(V. 4 18. 39. 176) und Obfervationen (V. 9. 44.
45. 47. 68. 73. 101. 133) anzufchwellen. Sogar
wird über diefe Anfchwellung bei V. 39 eine
anfchwellende Erklärung gegeben: „Weil wir
„nicht nur Worte und Gedanken (*fenfus*),
„fondern fogar die Begriffe (*notiones*) Homers
„beleuchten und in die Gemüther einprägen
„wollen! fo werden diefe Dinge angemerkt,
„aber *Einmal* und *an dem erften Orte*, wo fie
„aufftofsen." Wir werden bald erfahren, dafs
uns der Erklärer nicht fo wohlfeil davon kommen läfst.

II. Durch *verwirrte Anordnung* wird
der Gebrauch der *diffusen* Wortinterpretationen
noch fchwieriger gemacht, oft unmöglich. Ja,
wäre nur alles in den Noten unter dem Texte
gedolmetfcht; dann könnte man es wohlge-
muth in einem Anfaze mit den Jünglingen durch-
waten, oder auf Stelzen überhüpfen. Aber
kaum ift man hindurch: fo verweifet ein omi-
nöfes *v. Obff.* in einen anderen Tom, wo man
auf dem jenfeitigen Trockenen wiederum vorwärts und rückwärts verwiefen wird. Dafs ja
der Lefer den Nachweifungen nicht zu leichtfinnig folge, fondern bei Zeiten umkehre! Viel
beffer, mit Sokrates wiffen, man wiffe nichts,
als einem nachlaufen, der fich zu wiffen einbildet, was er am Ende auch nicht weifs! Ver-
tieft man fich einmal in die acht dicken Tome:

Heu! male tum Libyae folis erratur in agris!

  Ein Unglück, das den Recenfenten, welcher
Hn. *Heynens* Nachweifungen trauete, gewizigt
hat, wird andere abfchrecken. Bei forglofem
Umherfchweifen gerieth er im II. Tom auf den
breiten Hellespontos, ἐπὶ πλατὺν Ἑλλήςποντον
Il. XVII, 432, und blickte von Ohngefähr auf
die Note hinab: „ἐπὶ πλατὺν Ἑλλήςποντον. Es
„ift fchon erinnert worden, dafs bei Homer
„der Name des Hellesponts fich weiter erftrecke,

fchen Meers draufsen am Hellespont, fondern umgekehrt für die Südfeite des dem Meere an- gränzenden Hellesponts. Jener Beweis wird in den Noten zum Apollonius ftehen, dachte der Geteufchte, der keinen Apollonius zur Hand hatte. Warum aber, feufzte er, war Hr. *Heyne* feiner Strafpredigt gegen die April fchickenden Wegweifer nicht eingedenk, welche in der Vorrede zur Ilias p. XXX fo kräftig fchliefst: *Quin tu, inquies, appone ea, quae aliunde fi repetere voluiffem, tuam operam haud de- fiderabam!*

Jene vier fo erfchwerten Noten und Obfer- vationen find mit ihrem Schwalle von Worten und Nachweifungen durchaus unnüz. Auch Villoi- fon und Tollius beim Apollonius liefsen es fich nicht träumen, dafs der Name Hellespont die angrenzende Nordfeite des ägäifchen Meeres umfafst haben könnte; diefen Einfall bekam lediglich Hr. *Heyne*, als er beim Compiliren über Ernefti's Anmerkung hinweghufchte. Strabo und die bekannten Geografen benennen Hellespont die ganze Meerenge zwifchen dem thracifchen Cherfonefus und Afien, welche, von Kallipolis und Lampfakus an der Propontis füdwärts bis zum thracifchen Vorgebirge Ma- ftufia mit dem Denkmale des Protefilaos, und zum troifchen Sigeon, fich erftreckte, und dort

in das ägäifche Meer ausftrömte. Im Innern
zwifchen Seftos und Abydos war die Enge nur
7 Stadien breit, oben bei Lampfakos gegen
40 Stadien, ungefähr eine Meile; am weiteften
dehnte fich der Bufen unterwärts gegen das
Meer. Nur die füdliche Ausdehnung, unter
welcher das troifche Ufer mit der Spize Sigeon vorfprang, ward der *breite Hellespontos* genannt, im Gegenfaze des bei Abydos zu-
fammengeengten; eben die felbige, als die
Nordgrenze des priamifchen Gebietes, nannte
Achilles Il. XXIV, 545 den *unendlichen Hellespontos*, d. i. deffen Ende das Auge nicht
abfehn konnte. Beffer demnach als alle erklärt der, welcher der vollftändige Auszug des
Hn. *Heyne* kaum anführt, Euftathius bei Il.
VII, 86: Breit fei der Hellespont nicht überall,
denn er enge fich häufig, am meiften dort (zwifchen Seftos und Abydos), wo er nicht über
7 Stadien fich ausbreite; fondern den Theil des-
felben gegen den Ausfluſs ins ägäifche Meer
bis zum Sigeon, den habe Homer den *breiten
Hellespontos* genannt. Diefen Theil auch nennt
der Erdbefchreiber Dionyfius 821 den *groſsen
Hellespontos:* das ift, den *breiten*, fagt Euftathius, oder den füdlichen Theil des Hellesponts. — Nun überblicke man noch einmal
die vier Haufen Schutt, und bedaure den, der

Perlen darunter fucht! Mehreres der Art werden wir im Folgenden, zur Beurkundung anderer Dinge, aufwühlen müffen.

III. *Mängel und Fehler.* Etwas Weitläuftigkeit und Verwirrung würde man dem befchäftigten Interpreten zu Gute halten, wäre
nur alles durchaus Nöthige, und diefes gröfseren Theils richtig, erklärt worden. Ohne Auswahl bleiben wir bei dem Auffallenden der
Worterklärung im *erften* Gefange ftehn; nur
was gelegentlich von Gloffen der folgenden Gefänge oder von anhaftenden Sachkenntniffen
fich zudrängt, werden wir mitnehmen. Gleich
1, 5 wird οἰωνοί, *hochfliegende Raubvögel,*
ein feierliches Wort der Weiffagung, gar nicht
erklärt; und V. 13 στέμμα mit *infula* abgefertiget: dagegen aber V. 20 der befehlende Infinitiv; und V. 22 — 25, man fieht nicht einmal
welche Dunkelheit, forgfältig beleuchtet. —
Wie V. 39 der Weiffager Apollon den Beinamen
Smintheus von der Maus, und ähnliche von
anderen erdhöhlenden Thieren, erhalten konnte, enträzelt nicht leicht einer, der von dem
Begrif eines Sonnenfymbols ausgeht; deswegen
fei die nichtige Obfervation ihm gefchenkt.
Aber dafs er eben dafelbft über ἔρεψα in den
Noten fchweigt; dann in den Obfervationen
die ältere Bedeutung des *Deckens*, das ift, des

vollendeten Baus, anerkennt, und doch die
fpätere des *Kränzens* vorzieht, und Platons
Urtheil, es werde *gebaut*, wunderlich findet:
dies darf ihm nicht hingehen. — Bei V. 40 fehlt
eine erklärende Note über die gemisdeuteten
πίονα μηρία, dafs man *mit Fett umwickelte
Schenkelknochen* verftehn müffe. Erft V. 460
—464 wird in den Noten erklärt: μηροὶ oder
μῆρα fein die ausgefchnittenen Oberfchenkel,
als die *fetteren* Theile des Opfers, die man mit
der *Nezhaut* (*omentum*) zwiefach umwickelt,
dann mit anderen Schnizeln von *fetterem* Flei-
fche überlegt und verbrannt habe. Hingegen
in der Obfervation V. 464 wird den alten Grammatikern als wahrfcheinlich eingeräumt, dafs
μηρία etwas *Ausgefchnittenes aus den Schen-
keln* (alfo nicht die ganzen μηροὶ oder Schenkel)
fein können; nur dafs fie das Ausgefchnittene
für *Knochen* ausgeben, heifst fonderbar, das
ift, ohne Beweisführung verwerflich. Mit dem
fonderbaren *Knochenopfer*, welches Hr. *Heyne*
bei Hefiodus angeftaunt und hinweggewünfcht
hatte, fuchten ihn drei *Mythologifche Briefe*
des Hn. *Vofs* (II, 38—40) bekannt zu machen.
Unleugbar ift, wie fchon ein Regifter beweift:
Homer nennt die *Schenkel* an Menfchen und
Thieren durchaus μηροὶ, niemals μῆρα oder
μηρία. Eben fo unleugbar: *Was zum Opfer*

verbrannt wird, nennt Homer durchaus μῆρα oder μηρία, und niemals μηροί. Wer diefen beständigen, auch in der Folge fortdaurenden Unterfchied nicht bemerkt hat, der kann freilich die vorliegende Stelle fo auslegen: Sie fchnitten die Schenkel aus , oder fie löften fie aus ihren Gelenken, umwickelten fie dann mit Fett, und legten Stücke darauf; dies zufammen verbrannte der Greis; nämlich die eingewickelten und belegten μηρούς, die nachher verbrannt μῆρα in einer anderen Form heifsen. Ein Kundiger verfteht hier *ausfchneiden*, durch einen Schnitt ausnehmen, in der Bedeutung, wie man einen Baum, ein Kalb ausfchneidet, einen Fifch ausnimmt, und wie ἐκτέμνειν, verfchneiden: Durch Schnitte wurden die μηροί der inwendigen Theile entledigt, und diefe nachher unter dem Namen μῆρα verbrannt. Ausgefchnitten im gewöhnlichen Sinne werden die inneren μῆρα oder μηρία felbst: Odyff. III, 456, ἐκ μηρία τάμνον, und Apollon. I, 433, ἱερὰ μῆρ' ἐτάμοντο. In der erften Bedeutung find auch bei Paufanias (I. p. 42) die ausgefchnittenen μηροί des Widders zu verftehen, wo Hr. Vofs mit Unrecht eine Neuerung fah. Und wenn Sofokles (Antig. 1006) die verbrannten μηρία nachher μηροί nennt, fo ift es die bekannte Figur, die den Namen des Ganzen auf den Haupttheil über-

trägt: so wie Il. V, 305 der Schenkel in der
Hüfte, d. i. der Schenkelknochen im Hüftknochen, sich dreht. Jene ausgeschnittenen μηρία
nun, die Hr. *Heyne* zugiebt, was können sie,
was dürfen sie sein, als *Schenkelknochen;*
nachdem einmal der Gebrauch, sie mit anderem
Gebein zu opfern, durch einstimmige Zeugnisse
des Hesiodus, mehrerer attischer Komiker, und
aller alten Grammatiker, welche zum Theil die
hesiodische Fabel vom Ursprunge des Knochenopfers mit späteren Abweichungen erzählen, bewährt worden ist?

Gegen die Vossische Abhandlung erhob sich
neulich, seinen Freund zu vertreten, Hr. *Schneider* im Griechisch-deutschen Handwörterbuch
unter Μηρίον; obgleich sonst Bestimmungen des
homerischen Sprachgebrauchs nicht zu den
Hauptverdiensten des gelehrten Werks gehören, und aus den *myth. Briefen* nichts weiter,
nicht einmal die unbestreitbare Bedeutung von
πολύτροπος, angeführt wurde. Hr. Schneider,
des herschenden Unterschieds von μηρός und
μηρίον uneingedenk, will aus Il. I, 460—464,
nach obiger Weise, beiden denselbigen Sinn
geben; indefs sein Vertheidiger den Unterschied einräumt. Auch den geringeren Um-
stand, daſs *auf* die mit Fett umwickelten μηρία
die Abschnizel gelegt worden sein, erkennt

Hr. *Heyne;* der Sachwalter verlangt fie unter
das Fett *hineingefteckt,* weil der Sauhirt Odyff.
XIV, 427 ἐς πίονα δημὸν fie gelegt habe. Was
foll das? *Hinzu* legte er fie: welches allgemeine *hinzu* durch das übrigens gewöhnliche
ἐπὶ, *darauf,* näher beftimmt werden mufs. Für
hinein hätte Homer das beftimmtere ἐν gewählt,
wie Odyff. II, 354 vom Einfchütten des Mehls,
und XI, 3. 4. vom Einbringen in das Schif;
auch hätte er die Unordnung gefcheut, das
zwiefach herumgewickelte Fett · wieder auf-
wickeln zu laffen, damit noch etwas *hineinge-*
legt würde. Ferner hatte Hr. *Heyne* das allgemeine Wort des umhüllenden *Fettes* auf *omen-*
tum, oder die fette *Nezhaut* des römifchen
Opfers, *eingefchränkt;* diefes tadelte Hr. Vofs,
und bewies, dafs *vorzüglich* das *Nierenfett*
(anderes nicht ausgefchloffen) zu verftehen fei.
Hr. Schneider erkennt die Allgemeinheit des
Ausdrucks, aber zum Einwickeln, meint er,
fei die Nezhaut am bequemften. Allerdings;
aber *allein* war fie zum Verbrennen der gewaltigen Knochen nicht hinreichend; deshalb ward
zu jedem Knochen unten und oben noch gedie-
genes Fett gefügt, und mit der Haut umwickelt.
Für die umwickelnde Nezhaut übrigens zeugt
Scholiaft des Apollonius I, 434, der καλύψαν-
τες πόκα δημῷ, *dicht mit Fett umhüllend,* die

Anmerkung macht: In die Nezhaut wickeln fie
die Opfer, damit fie fchnell brennen. „Es fei
„alfo," fchliefst Hr. Schneider, „aus Homer
„allein nicht zu erweifen, dafs μηρία fleifchlofe
„Knochen fein." Richtig; nur als ausgefchnittene Theile der μηροὶ erfcheinen fie dort, als
Knochen bei allen Folgenden, die davon reden;
ob und wie viel Fleifch daran hing, erforfche
ein anderer. „Ja, meint Hr. Schneider, wenn
„die Stelle des Hefiodus ächt wäre!" Niemand
zweifelte daran vor Hn. *Heyne*, deffen kahles
Befremden doch ein Mann, wie Schneider, nicht
für Kritik annimt? „Auch bei den nachfolgen-
„den Dichtern finde fich kein deutlicher Be-
„weis, dafs μηρία *allein* die Knochen fein,
„welche zum Opfer verbrannt worden." Nicht
allein, wie bei Homer, wurden nachmals die
μηρία oder Schenkelknochen verbrannt (Myth.
Br. II. p. 321), aber *zugleich* mit den fpäter
hinzugefügten; das bezeugen Dichter und
Grammatiker. Oder wollte Hr. Schneider fagen,
μηρία fein nicht *blofs Knochen* ohne Fleifch?
Davon konnte doch, aufser Hefiods *weifsem
Gebeine,*, Menanders *unefsbares* und *fleifchlo-
fes* ihn überzeugen. Dafs Äfchylus (Prom 496)
die Schenkelknochen mit dem Namen des ganzen Glieds κῶλα (wie oben Sofokles μηροὶ,
Schenkel), genannt habe, will Hr. Schneider den

Scholiaſten nicht glauben; warum, ſagt er nicht.
„Pherekrates bei Klemens Strom. VII. p. 847,
„welchen *Voſs* *unvollſtändig anführe*, nenne
„τὰ μηρὰ und ὀσφύν, beide Schenkel und Kreuz,
„übertreibe aber den Scherz, daſs geizige Opfe-
„rer den Göttern nur die abgenagten Knochen
„darböten; und eben ſo könne man die übrigen
„Beweisſtellen des Knochenopfers erklären.“
Die Stelle des Pherekrates hat Hr. Voſs aus p.
716 der Ausgabe von 1688 vollſtändig angeführt;
in der Potterſchen von 1715 wird ὀσφός, ein
Kreuzbein, dazu gegeben, welches den Beweis
der geopferten Knochen ſogar verſtärkt. Wie?
nur Geizige hätten fleiſchloſe Knochen gebracht, und die Prieſter das empörende Opfer
nicht abgewieſen? So freilich läſst ſich alles
übrige erklären! Ungerne bemerken wir noch,
daſs *Hüfte* oder *Lende* und *Hüftknochen*, für
Schenkel und *Schenkelknochen*, in einem Griechiſch - *deutſchen* Wörterbuche nicht wohl
ſtehn. Ἰσχίον ſoll *Hüfte*, *Lende* ſein, und
μηρὸς dasſelbige; alſo dreht ſich Il. V, 305 Hüfte
in Hüfte, oder Lende in Lende. Aber wie konnte
Hr. Schneider einer mühſam gefundenen Kenntnis ſo begegnen? wie ſeine Parteiſchrift in ein
Schullexikon einrücken? Er, der des lauteren,
Magis amica veritas, ſo würdig iſt!
    Il. I, 45 ſchreitet der erzürnte Apollon vom

Olympos daher, τόξ' ὤμοισιν ἔχων, ἀμφηρεφία τε φαρέτρην, *den Bogen auf der Schulter habend, und den ringsverschlossenen Köcher.* Es kann hier scheinen, fagt Hr. *Heyne, daſs der Gott auch den Bogen auf der Schulter habe,* und zwar auf der linken, wie den Köcher auf der rechten. Da er aber in den berühmtesten Kunſt- werken den Bogen *in der Hand* trägt, und es hier auch fchicklicher iſt, daſs er mit fchufs- fertigem Bogen daher wandle, um fogleich Pfeile von der Senne zu fchnellen; fo muſs alfo er- klärt werden: τόξ' ἔχων (*fcil.* χερσὶν), *den Bo- gen in den Händen habend* (in beiden Hän- den); ὤμοισί τε ἀφηρεφία φαρέτρην, *und auf der Schulter den verfchlossenen Köcher.* Wel- cher Sinn kann einer fo durchgreifenden Inter- pretation widerſtehen? Der Köcher hing häufig an der rechten Schulter; aber auch an der lin- ken, Ovid. Met. VIII, 320; f. Spanh. Kallim. in Dian. 212. — Bei V. 54 werden zwei verfchrie- bene Zahlen in einem Scholion durch acht weit- läuftige Zeilen berichtiget, mit dem Zufaz, diefes habe *auch* Waffenberg gefehen. — V. 56, wird κήδετο γὰρ erklärt: beforgt war, *entweder* Juno (woran jeder denkt), *oder* auch Achilles (der weit zurück ſteht); doch jenes fei beffer. — V. 57, οἱ δ' ἐπεὶ οὖν ἤγερθεν, ὁμηγερέες τ' ἐγέ- νοντο (oder nach Hn. *H.* Grille, der ein Schreib-

fehler beiſtimmt, τε γίνοντο): dem ſorgloſen
Leſer Tautologie, dem aufmerkſamen fortſchrei-
tende Handlung vom Entſtehn bis zur Vollendung. In der erſten Hälfte des Verſes drängt
ſich, wie II, 91 — 98, die Volksmenge mit Getümmel heran; in der anderen, wie II, 99, harrt
ruhig auf den Sizen die vollſtändige Verſamm-
lung, und der Redner beginnt. Ein ähnliches
Fortſchreiten wird anderswo verkannt: z. B.
Il. VII, 482 κοιμήσαντ᾽ ἄρ᾽ ἔπειτα, καὶ ὕπνον
δῶρον ἕλοντο. IX, 212 αὐτὰρ ἐπεὶ κατὰ πῦρ
ἐκάη, καὶ φλὸξ ἐμαράνθη. Od. II, 378 αὐτὰρ
ἐπεί ῥ᾽ ὄμοσέν τε, τελεύτησέν τε τὸν ὅρκον. Hr.
H. iſt geneigt, zur Verhütung der Tautologie, mit
Tollius ἤγερθεν von ἐγείρειν abzuleiten; geſteht
aber, daſs vom Verſammeln des Volks ἀγείρειν,
niemals ἐγείρειν, geſagt werde; und kommt dahin, die lezte Hälfte, als erklärenden Zuſaz,
aus alter Sprache zu entſchuldigen. Uns deucht,
in dem zierlichſten Modedeutſch könnte man
die Sizung einer gelehrten Societät ſo beſchrei-
ben:. Als die Herren ſich eingeſtellt, und die
Geſellſchaft bei einander war, nahm der Vor-
leſer das Wort. — V, 78 bei ὄιομαι ἄνδρα χο-
λωσέμεν tadelt Hr. *H.* mit Recht die lateiniſche
Überſezung *iratum fore*, die er gleichwohl zu
ändern vergaſs; nicht *erbittert werden* heiſse
χολοῦν, ſondern *erbittern*, wie der Scholiaſt

es deute; und diefs habe Waffenberg *auch
fchon* bemerkt. Nun aber deutet er felbft mit
einem tüchtigen — Sprachfehler: ὄτομαι (ἐμὲ)
χολώσειν ἄνδρα. Verftändige Schullehrer werden diefen bei Hn. *H.* nicht feltenen Verftofs
unfchädlich machen, und die Regel von neuem
einfchärfen: Wenn im Griechifchen nach den
Wörtern des Sagens, Meinens, Empfindens,
das Subject wiederholt wird, fo fügt fich zum
folgenden Infinitiv entweder ein ausdrücklicher
Nominativ, oder er wird als fortherfchend hinzugedacht; bei verändertem Subject aber der
Accufativ: z. B. *ich* denke, dafs *ich* erbittern
werde, ὄτομαι (*fcil. ἐγὼ*) χολώσειν; aber *ich*
denke, dafs *du* erbittern werdeft, ὄτομαι, σὲ
χολώσειν· Schon der vorhergehende Vers,
ὄμοσσον πρόφρων ἀρήξειν, hätte den Hn.
Heyne, wenn er nicht überhin gefchlüpft wäre,
zurecht weifen können. Beide Fügungen finden
fich vereint bei Thucydides VIII, 47: τοῖς τε
γὰρ ἐπιχειρήμασιν ἑώρων οὐ κατορθοῦντες,
καὶ τοὺς στρατιώτας ἀχθομένους τῇ μονῇ.
Wir haben in einigen Fällen etwas ähnliches:
ich meine zu berichtigen, ftatt, dafs *ich* be-
richtige; und *ich* meine, dafs *er* irre, wo uns
die Fügung mit einem Infinitiv fehlt. Der La-
teiner hat, bei fortherfchendem und bei verändertem Subject, den Accufativ mit dem Infini-

tiv, auch wo der Deutfchlateiner den Nominativ hinfchüttet: z. B. *bonum me effe malo,
quam literatum.* Aber die Dichter wagten
den Nominativ nach griechifchem Gebrauch:
z. B. Horaz Epift. I, 7, 21, *Vir bonus et sa-
piens dignis ait effe paratus,* für *fe effe pa-
ratum:* wobei Bentley Virgils (Aen. II, 377)
fenfit medios delapfus in hoftes, und Catulls
(IV, 2) *Phafelus ille ait fuiffe navium celer-
rimus,* zur Beftätigung anführt. Mehrere Beifpiele giebt *Sanctii Minerva (ed. Periz.* p. 430.
732), wo aber der Gräcismus unrichtig beftimmt
wird; denn *ait rex (fc. ipfe) hoc feciffe* wäre
ein Gräcismus, aber *ajunt rex hoc feciffe* keineswegs. Virgils *fenfit delapfus* erklärt fogar
Hr. *Heyne,* durch Ruäus erinnert, für einen
bekannten Gräcismus; den er bald darauf wieder vergaſs.

Nach mehreren ausgefponnenen Kleinigkeiten kömmt I, 98 der Erklärer auf ἑλικόπιδα
κούρην oder Fελικόπιδα. „Daſs das Beiwort was
„fchönes bedeute, fagt er, fei klar; aber der
„eigentliche. Sinn fei fchon den Alten unbe-
„kannt. Viele verftehen (wie feine Überfezung)
„*fchwarze* Augen, unter diefen felbft Kalli-
„machus, Fragm. CCXC, wo man nachfehen
„könne. Vergleiche man ἑλίκωπας Ἀχαιοὺς (I,
„380), fo werde die Sache nicht deutlicher.

„*Mit einem Worte*, es könne ein Mädchen mit
„*Jchwarzen* Augen fein, mit *beweglichen*, auch
„mit *grofsen*, wenn es mit ἑλιϗρβλέφαρος zu-
„fammenftimme, welches kreisförmige und
„grofse Wimpern, und folglich (*adeoque*) Au-
„gen, anzeige." Ein befcheidener Ausfpruch!
Ihr könnt alle drei Recht haben; ich weifs es
nicht. Mit folcher Befcheidenheit brüfte fich,
wer, wo Scharffinn und Fleifs erfodert wird,
nur Erkundigung, was der und der meine, anwendet! Die alten Ausleger wufsten zum Theil
fehr beftimmt, was ἑλίϗωψ und ἑλιϗῶπις bedeute; nur einige hatten befondere Erfcheinungen. Einer verftand fchwarzäugige Mädchen und Jünglinge, ein anderer rundäugige
oder grofsäugige (wozu alfo der Cyklop fich
mit rechnen durfte), ein dritter folche, die zum
Drehfterne des Bären blickten, oder die Ruder
drehten, oder die alle Augen auf fich zogen,
oder die Blicke verfchämt wandten. Für
fchwarzäugig gab man gerade den armfe-
ligften Beweis: Homer, fagt ein Scholiaft, nenne
des Äfepus Gewäffer μέλαν, ein *dunkles*, und
Kallimachus nenne das felbige ἑλιϗότατον, alfo
müffe ἑλιϗὸς *dunkel* heifsen; — oder auch *hell*,
fagt ein anderer bei Sofokles, denn ἑλιϗες,
Arm- und Ohrringe, find blank. Diefs finden
wir bei Kallimachus Fragm. CCXC, wo uns Hr.

H. schwarzäugige Mädchen nachweiset. Ohne
fo thörichte Scholien hätte jeder ἑλικώτατον
ὕδωρ für *heftig gerolltes, wirbelvolles Gewäffer* verfianden, und kaum auf Homers δινήεις,
oder Hefychs Gloffe bei ἑλικός, dafs es συνε-
στραμμένος, περιφερής heifse, fich zu berufen
gewürdigt. Von ἑλίσσειν, drehen, rollen, wovon ἑλικός, ftammt auch ἑλιξόκερως und ἑλικο-
κέρατος, *mit gedreheten, gebogenen Hörnern,*
und ἑλίκωψ oder ἑλικῶπις, *mit leicht gewendetem, rafch umher fliegendem Blick;* fo erklären es die verfiändigen Alten, ὁ τὴν ὄψιν
γοργός, καὶ συχνὰ τοὺς ὦπὰς ἑλίσσων, ὅποι
δέον ἐστὶ, καὶ μὴ νωθρός, *wer, lebhaft von
Blick, fchnell die Augen umherwendet, wohin er mufs, nicht träg oder fchläfrig.* Diefen Begrif, den auch Offian häufig bezeichnet,
her blue-rolling eyes, vertheidigte Hr. *Vofs*
im deutfchen Mufeum 1799, II. p. 168, und
fuchte ihn in feiner Überfezung, von unferen
Nebenbegriffen des Rollens und Drehens gereiniget, zu veredeln: *das freudigblickende Mägd-
lein, frohblickende Söhne Achaia's.* Aber
unrichtig erklärte Hr. *Vofs* ἑλικοβλέφαρος, *mit
gebogenen fchöngeründeten Wimpern;* es ift
ein völlig gleicher Naturausdruck eines lebhaften, feurigen Blickes: wobei man keinesweges
an *kreisförmige,* noch weniger an *grofse Wim-*

pern, denken muſs, ſondern an *rege Wimpern*
mit raſchem Wurfe der Augen. Entſcheidend
iſt bei Euripides Or. 1266, ἑλίσσετε νῦν βλέφα-
ρον, *umher nun die Wimper gedreht!* wo
keiner Luſt haben wird zu dolmetſchen: *Wölbt
nun die Wimper in die Rÿnde, oder macht
groſse Augen!* — Zu V. 100 giebt Hr. *H.* ein
Addendum, worin τότε κέν μιν ἱλασσάμενοι
πεπίθοιμεν einen doppelten Sinn erhält: *entweder* den gewöhnlichen, *tum placatum flexe-
rimus*, wie Hr. *H.* auch IX, 112 πεπίθοιμεν
richtig verſteht; *oder*, was ihm hier durch
den Kopf ſtürmte, *confidamus nos eum placa-
turos eſſe.* In unruhigen Augenblicken, ſieht
man, entfällt dem Hn. *H.* ſogar der bekannte
Unterſchied des Activi und des Medii; daſs
πείθειν, *überreden, glauben machen,* und
πείθεσθαι, *ſich überreden, glauben, vertraun,*
ihm einerlei dünkt. Vielleicht, weil er, weſſen
er ſich überredet, auch andere leicht zu überreden hoft.

Bei V. 115, ῥὸ δέμας, οὐδὲ φυήν, οὔτ' ἄρ
φρένας, οὔτε τι ἔργα tadelt Hr. *Heyne* die lateiniſche Überſezung von φυή, *oris habitus;*
er ſelbſt erklärt es *corporis habitus* (Wuchs)
und ändert die Überſezung in *neque corpore,
neque ſtatura, neque mente, neque opere mu-
liebri.* Was iſt denn *ſtatura* anders als *corpus,*

der ganze Bau des Körpers? Die wahre Uber-
fezung wäre: *neque ſtaturâ* (δέμας), *neque for-
mâ* (φυήν), weder an *Leibeswuchs*, wozu der
Grieche eine ſtattliche Länge und wohlgewach-
ſene Völligkeit verlangte, noch an *Bildung* und
ſchönem Verhältniſſe dieſes Wuchſes. So ſelbſt
die kleineren Scholien. Hr. *Voſs* fand am angeführten Orte den beſten Commentar dieſes Verſes in Odyſſ. XV, 417, καλή τε μεγάλη τε καὶ
ἀγλαὰ ἔργ' εἰδυῖα, wo die lezte Hälfte φρένας
καὶ ἔργα, die kluge Erfindung (nicht *mens*) und
die geſchickte Ausführung weiblicher Handar-
beiten bezeichnet. Für δέμας, Statur, ſpricht
Il. V, 801 δέμας μικρός; für φυή, Bildung, Odyſſ.
VIII, 134 und 168. Manchmal (welches Hr.
Voſs überging) wird εἶδος, *ſpecies*, Geſtalt, als
allgemeiner Begrif jenen beſondern zugeſtellt,
Il. II, 58 εἶδός τε, μέγεθός τε, φυήν τε; oft
vertritt es, wie im Deutſchen, φυήν, die Bildung, Il. XXIV, 376, δέμας καὶ εἶδος ἀγητός.
V. 120 glaubt Hr. *Heyne* in λεύσσετε γὰρ τόγε
πάντες, ὅ μοι γέρας ἔρχεται ἄλλῃ, könne τόγε
γέρας ὅ verbunden und, *videtis quale munus
a me aufertur* (doch wohl *auferatur?*)
überſezt werden; V. 131 nimt er ἀγαθός mit
einigen Scholiaſten für *klug;* und V. 146 ſoll
ἐκπαγλότατε *du ſchrecklichſter,* welches allenthalben XVIII, 170. XX, 389 ein Vorwurf,

und hier ein erbitternder ift, nichts weiter fagen, als du *ehrwürdigſter*, *angeſehenſter:*
woran er gleichwohl in der Obſervation zweifelt.   Das hèifſt homeriſche Sprachkunde! —
Dafs V. 155 ἐριβώλαξ, ein fetter Boden-fei, der
groſse, nicht zerkrümelnde Schollen aufwerfe,
verſchwieg der Erklärer, dem ländliche Gegenſtände, als bäuriſcher Schmuz, widerlich ſind;
dafür hielt er das leichte *männerernährend*
einer Obſervation aus den Scholiaſten und Apollonius werth.

Wer lernen möchte, in welchem Sinn I, 159
Achilleus den Agamemnon κυνῶπα, *du hunds-*
äugiger, angeredet, und III, 180 Helena voll
Wehmuth ſich ſelbſt κυνὠπιδα, *eine hundsäu-*
gige, genannt habe, der ſieht ſich hier in Noten und Obſervationen vergebens um. Erſt bei
XVIII, 396, wo Hephäſtos über ſeine *hunds-*
äugige Mutter klagt, ſteht zwar nicht in den
Noten, aber hinten in den gelehrten Obſervationen die Nachweiſung: *De tali convitio*
(*convicio*) *v. dicta ad* Γ, 180 A, 225. Man blät-
tert zurück, und findet bei Γ, 180 wieder nichts;
endlich aber A, 225 werden die Vorwürfe,
Trunkenbold, mit dem Blicke des Hunds, und
dem Muthe des Hirſches, durch die Anmerkung erklärt, es fein Schimpfwörter aus der
heroiſchen Sprache des Alterthums.   Welche

Bemerkung! Daſs ein hündiſcher Blick nicht
ehrenhaft ſei, und daſs Homers Helden nicht
wie artige Bürger Athens und Roms, noch
weniger wie feine Höflinge unſerer Zeit, mit
einander umgehen: das bemerkte wol jeder An-
fänger. Aber die Frage iſt: war, *du Hund*,
bei Homers Helden eben ſo ehrenrührig, als
bei uns Deutſchen? Dachte man nicht, wie in
Äſops Fabeln, bloſs eine unrühmliche Eigenſchaft des Hundes, ohne die Niedrigkeit, die
dem *dienſtbaren* Thiere die *ſpätere Rangſucht*
ertheilte; da ja noch der Türke bloſs Mangel
der Reinlichkeit, die ihm ſein Profet vorſchrieb,
dem ungläubigen Hunde vorrückt? Selbſt bei
uns wird durch Benennungen der Thiere, die
keine Rangordnung erniedrigte, z. R. *ſcheues*
Reh, wilde Hummel, ſchamloſe Fliege, ge-
ſchwäzige Elſter, ein luſtiges Mädchen ſich
getadelt, nicht beſchimpft fühlen. Gleich derb
und gleich unbeleidigend, wird Il. XXIII, 394
Athene eine Stechfliege voll ſtürmiſcher Drei-
ſtigkeit, und 481 Artemis eine ſchamloſe Hündin, genannt; auch ſoll in Aïdes Wohnungen
dem Dichter kein Injurienproceſs gemacht worden ſein, daſs er den Heerführer Agamemnon
mit einem Stiere, oder kräftiger mit einem Och-
ſen, den Odyſſeus mit einem Widder, das iſt,
einem Schafbock oder Schöps, und den Ajàs

fogar mit einem Efel verglichen halte. Überhaupt war die alte Humanität ein ganz anderes
Ding, als die neuere Schleicherin, welche, dem
unwiffenden Praler, dem Ränkemacher, dem
Verläumder, wenn er ein Mann von Stande ift,
fein Unrecht mit gemeffenen, fogar mit fcho-
nenden Worten zu beweifen, für Grobheit aus-
zifchelt. Jene freimüthige nannte vor den
feinften Ohren Athens und Roms die *Sache*,
wie fie war, ohne fich um die *Perfon* zu bekümmern, auch mit entfprechenden Thierna-
men des niedrigften Rangs: eine Sau gegen Minerva, ein Efel zur Lyra, waren fprichwörtlich;
und dem Pifo, der ein poetifches Bild gemis-
deutet, dröhnte aus dem urbanen Munde des
Cicero (Pif. 30) ins Gehör ein Efel, der nicht
Worte bedürfe, fondern Prügel. Für κυνῶπις
alfo gilt die alte, zur Sache ftimmende Tonleiter des Groben und des Feinen, nach welcher
bei dem attifchen Euripides die Erinnyen Or.
260 und El. 1252 κυνώπιδες, *hündifch* oder
fchamlos blickende (wie El. 1342 fogar *Hün-
dinnen*), nicht mit einem Schimpfworte, fondern mit einer graunvollen Benennung, in feierlichem Zufammenhange genannt werden. Schon
der gründliche und verftändige Damm bewies
aus dem Zufammenhang bei Homer und Euripides, dafs κυνῶπις nach alter Einfalt blos tadle,

.nicht fchmähe. Da βοῶπις ʽΗρη V. 551 *die far-*
renäugige Here, worüber Hr. *Voſs* bei Virgils Georg. III, 54 geredet hat, dem Hn. *Heyne*
als heroifches Schimpfwort doch etwas zu
barfch lautete, fo fchwieg er weislich in Noten
und Obfervationen.

V. 170, οὐδέ σ᾽ ὀίω, ἐνθάδ᾽ ἄτιμος ἐών, ἀφε-
νος καὶ πλοῦτον ἀφύξειν, verftehen wir mit den
Alten: *Und nicht vermuthe ich, der ich hier*
ungeehrt bin (und deshalb hinweg ziehe), *daſs*
du hinfort (ohne mich, der dir bisher Beute
gewann, Il. IV, 323 — 333) *Schäze und Reich-*
thümer aufhäufen werdeſt. In Vermuthung
gefaſst, die zu eigener Erwägung auffodert, wird
der Vorwurf ohnmächtiger Habfucht noch bitterer. Auf des einen Scholiaften Misdeutung,
ἐμοῦ ἀτίμου ἐόντος, nimt man keine Rückficht. Aber der Vorfchlag, in σ᾽ ὀίω ein σοι zu
denken, gewann Anfehen durch eines fcharffinnigen Gelehrten Beifall und Auslegung: *Nicht*
meine ich, der ich hier ungeehrt bin, dir hin-
fort Schäze und Reichthümer aufzuhäufen.
Der felbige Sinn, aber gefchwächt. Auch hätte
Homer, wenn er σοι wollte, es fchwerlich der
Gefahr, für σὲ verkannt zu werden, durch die
ungewöhnlichere Verfchmelzung ausgefezt, da
ihm οὐδέ σοι οἴω zu Gebote ſtand. Hr. *Heyne*
findet, daſs dem fchärferen Blicke leicht das

verſchmelzte σοι, und noch leichter οὐδέ σοι.
οἴω begegnen könne. Doch will er lieber
noch anders ausbeſſern. — V. 270 wird den
Lehrlingen in der Note geſagt: Ἀπίη γῆ ſei
der Peloponnes, nach andern ein entferntes
Land; und den Gelehrten wird in der Obſervation ´anvertraut, wahrſcheinlicher, oder
vielmehr offenbar (Odyſſ. XVI, 18), ſei ἀπίη
γῆ ein entferntes Land, und nicht der Peloponnes. Die lezte richtige Bemerkung machte ſchon
Damm. — V. 295 ſoll ταῦτα ἐπιτέλλεο nicht *haec
impera* (wie die Überſezung es giebt), ſondern κατὰ ταῦτα, οὕτως, *alſo*, ſein. Wie gelehrt, und wie falſch! Denn gleich darauf I,
325 wird μῦϑον ἔτελλε anerkannt, und durch
25 und 379 beſtätigt; bei 379 noch einmal. V. 25
ſuchte er dem ἐπιτέλλειν durch ἐπιλέγειν *ſimpliciter* beizukommen. — Ob man V. 306 über
νῆες εἶσαι, und I, 468 über δαῖς ἐΐση, aus den
vor lauter Beſcheidenheit hin und her blinzen-
den Obſervationen klug werden könne, muſs
einer an ſich ſelbſt erfahren. — V. 361 wird
κατέρεξεν gar nicht erklärt, und von der lebhaften rhythmiſchen Erweiterung, ἔπος τ' ἔφατ',
ἔκ τ' ὀνόμαξε, nicht allzu tiefſinnig bemerkt, ſie
komme *ſexcenties* vor, und bedeute *ſimpliciter*
φάτο, obgleich Alte darüber geſpizfindelt.
Οὐλοχύτας ἀνέλοντο, V. 449 wird ſo umſchrie-

ben, *molam falfam elevarunt manu fupra caput victimae*, fie erhuben das gefalzene Schrot mit der Hand über das Haupt des Opfers. Wir anderen meinten, ἀνελέσθαι hiefse bei Homer *aufnehmen*, und hier würde das Voropfer von Gerfte aus einem Korbe (Odyff. IV, 761) mit der Hand genommen. Nein, hören wir, ein Scholiaft bei Waffenberg erklärts ἐβάστασαν. Wohl, auch der Scholiaft bei Il. II, 410 erklärt's ἐβάστασαν, ἐνέλαβον, fie huben auf, fie nahmen auf, nämlich aus dem Korbe. Woher denn die Neuigkeit, dafs man über das Haupt des Thieres die Hände erhoben habe? Viel wichtiger ift das zweite Verfehen, οὐλοχύτας, die *ganze Gerfte* des altgriechifchen Opfers für *mola falfa*, oder *gefalzenes Dinkelfchrot* des römifchen, zu halten; welches nach Voffens Anmerkung bei Virg. Ecl. VIII, 82 kaum möglich fchien. Gleich darauf vergifst der Erklärer fein Salz; aber Schrot möchte er doch gern mitnehmen, wenigftens etwas fchrotähnliches: weil fein ehrlicher Feith Homers οὐλας oder οὐλοχύτας für Gerfte, *die mit Stein oder Mühle zerquetfcht worden*, anfieht, und wenigftens mit dem Stein Recht haben könnte. „Die οὐλοχύται κριθαί, fagt Hr. *H.*, find nicht „gemahlen, fondern ganz, *wenigftens* mit nur „zerftofsenen und zerquetfchten Körnern." Alfo

ganz, oder wenigftens unganz! Hätte er doch
feinem Feith die Zerquetfchung, und den Scholiaften ihr Salz gelaffen, und dafür ihnen die
Lehre aus Theofraft abgelernt, dafs die Griechen vor Erfindung des Mahlens die Gerften-
körner, ihre ältefte Feldfrucht, *σώας, οὔλας,*
ganz und *unverlezt*, afsen! — Je ʼflüchtiger
diefes, defto umftändlicher wird im nächften
Verfe 450 das unbezweifelte μεγάλ' εὔχετο interpretirt: *Er flehete laut, magna, alta voce*
(wie längft die Überfezung); das ergebe der
Zufammenhang, und der Gebrauch an vielen
Stellen, z. B. 482 μεγάλ' ἴαχε, die Woge hal-
lete laut (wo er gleichwohl μέγα Ϝίαχε für un-
bezweifelt erklärt, und fein beweifendes μεγάλα
tilgt); aber aus dem Scholiaften könne man
nichts gewinnen, *at e Scholiafte nil proficias.*
Das Scholion μεγάλως fagt alles: nicht *Grofses*
flehete er, fondern *mit Macht* erhub er die
Stimme. Fürchtete der Erklärer vielleicht, dafs
einer bei μεγάλ' εὔχεσθαι an *Grofs pralen* denken möchte?

V. 471 Νώμησαν δ' ἄρα πᾶσιν, ἐπαρξάμενοι
δεπάεσσι, heifst wörtlich: Sie reichten allen
umher, *von neuem anfangend mit den Be-*
chern. Die Schenken hatten fchon während
der Mahlzeit (469) Getränk rechts herum in
der gewöhnlichen Richtung (Il. I, 597. Odyff.

XXI, 141)· vertheilt; jezt da zu des Gottes
Ehre von neuem follte getrunken werden, wiederholten fie ihr Gefchäft, wie IX, 174. Odyff.
III,338. XXI, 270, und *trugen wieder herum*,
von dem gewöhnlichen Ende beginnend, zur
Rechten hin. Auch in ἐπικρῆσαι Odyff. VII,
164 erkannten die Alten den Begrif der Wiederholung. Und eben weil diefe Wiederholung
Odyff. I, 147 — 149 nicht Statt findet, darf man
dort den Vers nicht einfchieben. Diefes als
bekannt vorausgefezt, was foll uns die Überfezung: *Diftribuerunt omnibus, aufpican-
do, praebitis poculis?* Was die Note: *Diftri-
buitur vinum poculis deinceps omnibus con-
vivis, initio facto a dextra, vnde* ἐπιδέξια?
Und was die Obfervation, wo, nach der Verficherung *e Schol. et Euftathio non multum
proficias*, glücklich heraus interpretirt wird,
der Schenke habe zuerft dem *rechts* fizenden
und fo weiter gereicht, und dies heifse ἐπιδέξια. *Zur Rechten hin*, wäre demnach von der
Rechten an! Zwar bei I, 597 fchwankt der
Interpret, ob ἐνδέξια und das gleich bedeu-
tende ἐπιδέξια von der Rechten zur Linken
fei, oder in der That *rechtshin*, von der Linken
zur Rechten; denn er kenne darüber noch
nichts entfcheidendes; indefs fcheint ihm, *der
guten Vorbedeutung wegen*, der Gang von der

Rechten zur Linken glaublicher. Das fällt ins
Luftige: ἐπιδέξια, *linkshin*, und folglich ἐπ'
ἀριστερὰ, *rechtshin!* Gegen eine ſo befremdende Interpretation hat er doch eine entſchei-
dende Stelle ſelbſt unter den Händen gehabt,
Il. XII, 239, wo Hektor der Vögel nicht achten will:

Εἴτ' ἐπὶ δεξί' ἴωσι πρὸς ἠῶ τ' ἠέλιόν τε,
Εἴτ' ἐπ' ἀριστερὰ τοίγε ποτὶ ζόφον ἠερόεντα.

Ob ſie rechts hinfliegen, zum Tagesglanz und der
Sonne,
Oder auch links dorthin, zum nächtlichen Dunkel
gewendet.

Auch überſezt hier Hr. *H.* im Ganzen, wie er
muſste *ſ ſive ad dextram* (nicht *a dextra*) *va-
dant, ad auroram ſolemque, ſive ad ſiniſtram
iſti* (ſoll heiſsen *illuc*), *ad occaſum obſcurum;*
nur ſeine geographiſche Erklärung iſt falſch.
Dem griechiſchen Vogelſchauer, der nordwärts blickte, war zur Rechten der Morgen,
zur Linken der Abend; jener war glücklich,
als der Anfang der Lichtſeite πρὸς ἠῶ τ' ἠέλιόν
τε, dieſer unglücklich, als der Anfang der
Nachtſeite, ποτὶ ζόφον: worüber *Voſſens* homeriſche Welttafel und die Myth. Br. II, 8 das
Nöthige enthalten. Wir ſagen rechts und
links, lehrt Ariſtoteles (*de coelo* II, 2), in Beziehung auf uns: entweder nach unſerer Rech-

ten, wie die Wahrſager; oder nach Ähnlichkeit mit der unſrigen, wie die rechte Seite der Bildſeule: oder auch das entgegenſtehende, rechts zu unſerer Linken, und links das Gegentheil. Rechtshin alſo flog dem Wahrſager in ſeiner beſtimmten Stellung ein Vogel, der ihm nach der rechten Seite, nämlich oſtwärts, den Flug richtete; in Beziehung auf ihn gedacht, wäre die Sonne ihm linkshin gegangen, indem ſie für ſich nach ihrer rechten Seite ſich umdrehete: wie unſere Feder die Zeilen von ihrer Linken rechtshin zöge, auch wenn wir rückwärts geſtellt ſchrieben. Die Griechen, ſagt Herodot (II, 36) ſchreiben und rechnen, die Hand von der linken Seite zur rechten (ἐπὶ τὰ δεξιὰ) führend; die Ägypter von der rechten zur linken: und dabei behaupten ſie, daſs ſie ſelbſt és rechtshin thun, und die Griechen linkshin. Durch willkürlich angenommene Beziehung, wie ſich verſteht. Die Wendung rechtshin oder rechtsherum, da die bewegte Sache, wie der ſcheinbare Sonnenlauf, von ihrer linken zur rechten geht, war dem Griechen heilig und von günſtiger Vorbedeutung. Rechtshin wandte er ſich im Gebet, δεξιὸς ἀθανάτοις θεοῖσιν ἐπευχόμενος (*Theogn.* V, 922 *Brunck.*); auch von Numa's Anordnung der Römer im Adoriren (*Plin.* XXVIII, 2. ſ. 5.

Plaut. Curc. I, 1, 70); rechtshin trug der Herold die Loofe herum, Il. VII, 184; rechtshin
ging Odyffeus bettelnd zu den Freiern im Saal,
Odyff. XVII, 365; und fo ftanden die Freier
nach einander zum Verfuche des Bogens auf
XXI, 141:

> Rechtshin nun in der Ordnung erhebt euch, alle
> Genoffen,
> Dort von dem End' anfangend, woher umgehet
> der Weinfchenk.

Es kommt hier einzig auf die Linie der Bewegung an, welche, rechtshin gewandt, die felbige blieb, wenn auch beim Weinfchenken die
empfangenden Gäfte in verfchiedenen Stellungen fafsen, fogar wenn der Schenk ihnen die
Becher zum Spafs rücklings, oder feitwärts
mit dem linken Fufse voran, hätte zutragen
dürfen. Aber die Scholiaften behaupten doch,
dafs ἐνδέξια und ἐπιδέξια *von der rechten Seite*
fei, und dafs Odyff. XXI, 142 der Mifchkrug,
dem der Voffifche Grundrifs die linke Vorderecke des Saals anweifet, dem Eingehenden zur
Rechten ftehe. Hier war einmal jener Spruch
anwendbar, *ex iftis nil proficias;* eigener Fleifs
mufs vorleuchten, den Nachfchlenderer verleiten fie gern. Die Sache ift diefe. Homers Sprache konnte ἐπιδέξια auch für *rechts* gebrauchen,
fo wie die unfrige, *das Haus liegt rechtshin,*

das ruhende in Bewegung gedacht; ſo hat
(Odyſſ. V, 276) Odyſſeus das Bärengeſtirn *ἐπ'*
ἀριστερά, *linkshin*, d. i. zur Linken, und ſo
wird Il. II, 525 *ἐπ' ἀριστερά* durch das Scholion *ἐκ τοῦ ἀριστεροῦ μέρους* erklärt. Weil nun
bei den Späteren dieſe Bedeutung von *ἐπιδέξια*,
rechts, die herſchende ward (Pind. P. VI, 19.
Theocr. XXV, 18. Apollon. I, 930 etc.), und
das darunter verſtandene *ἐκ τοῦ δεξίου μέρους*,
wie das lateiniſche *a dextra parte*, nicht nur
an der rechten Seite, ſondern zugleich *von
der rechten*, bedeutete; ſo kam es, daſs ſie in
den Irrthum, *zur Rechten hin* ſei *von der
Rechten her*, abglitten, und ihre Fuſsfolger
mit ſich zogen. Andere verirrten ſich in die
neuere Bedeutung *geſchickt*, und hatten auch
Nachtreter.

Von der *purpurnen Woge* V. 482, wie von
dem *weinfarbenen* und *violfarbigen Meer*, hat
Hr. Voſs bei Virg. Lb. IV, 373 gehandelt; Hr.
Heyne giebt nur, was die Scholiaſten ihm von
Dunkelheit vorſagten, da doch ſchon Stefanus
πορφύρεον κῦμα richtiger verſtand. — V. 497,
ἠερίη δ' ἀνέβη, überſezt Hr. *Heyne frühmor-
gens*, mit der Note aus dem Scholiaſten, *ἑωθι-
νή, ὀρθρινή*. Aber III, 7 *ἠέριαι ... ἔριδα προ-
φέρονται*, ſoll das ſelbige Wort *aus der Luft*
heiſsen: *ex aëre pugnam inferunt grues*. Da-

bei aber die Obfervation: „die Alten deuten es
„nicht, *in der Luft, aus der Luft*, fondern,
„worüber man *fich wundern* dürfte, ἰαριναί,
„*im Frühlinge:* man müffe ἠαριναὶ (oder äo-
„lifch gehaucht Ϝηαριναὶ) gelefen haben, von
„ἔαρ, ἦρ; aber ἠέριος von ἀὴρ gebe den Begrif,
„in der Frühe, πρωϊναί, ἰωϑιναί, und nicht an-
„ders lehre das Etymol." Die Erklärung, *in*
und *aus der Luft*, wird alfo zurückgenommen?
oder foll das befcheidene *entweder oder* gelten: entweder, was gewifs ift, *frühe*, oder,
was keinen Beweis hat, *aus der Luft?* Ferner
das vornehme Ϝηαριναὶ, das der Scholiaft im
Homer foll gelefen haben, ift weder homerifch,
noch felbft einmal griechifch; im *Frühlinge*
heifst bei Homer εἰαρινός aus ἐαρινός, welches
ein Scholiaft zu deuten verfchmäht hätte, bei
den Späteren ἠρινός. Endlich leiten die Alten,
auch im Etymologicum, ἠέριος, *frühe*, nicht
von ἀὴρ ab, fondern von ἦρ, ἦρι, *Morgendämmerung.* Wir werden dem flüchtigen Interpreten noch mehr Anlafs, *fich zu wundern*,
durch die folgende Bemerkung darbieten. Bei
Homer und Hefiodus heifst ἀὴρ und ἠήρ, fowohl
männlich als weiblich gebraucht, niemals *Luft*,
in unferem Sinne, fondern *Dunft*, oder *feiner
Nebel*, d. i. jener bläuliche Duft in Bergländern, und weil diefer nach ihrer Vorftellung

bis zu den Wolken, und dem darüber gebreiteten Äther oder der Heitere, fich erftreckte,
die untere *Dunftluft* felbft, hiernächft auch
Dunkelheit überhaupt. Für Homer zeugt das
Regifter, woraus Hr. *Heyne* erfehen wird, dafs
Il. V, 770 ἠεροιδὲς nicht *fimpliciter* durch *Luft*
zu erklären fei. Hier genüge Il. XIV, 288, wo
die idäifche Tanne δι' ἠέρος αἰθέρ' ἵκανεν, *durch
trübes Gedüft zum Äther emporftieg.* Hefiodus warnt den Landmann, fich gegen die
Morgenkälte der kürzeren Tage zu verwahren,
Lb. 548:

Ἠῶος δ' ἐπὶ γαῖαν ἀπ' οὐρανοῦ ἀστερόεντος
Ἀὴρ πυρφόρος ἐντέταται μακάρων ἐπὶ ἔργοις,

Früh ift über die Erde vom Sterngewölbe des Himmels
Weizenernährender Dunft auf der Mächtigen Äcker
gebreitet.

Noch bei Hippokrates (*de aëribus, aquis et
locis*) ift ἠὴρ in diefer Bedeutung häufig; z. B.
c. VIII. In den Abendländern find die Waffer
nicht klar, ὅτι ὁ ἠὴρ τὸ ἐωθινὸν κατέχει ὡς ἐπὶ
τὸ πολύ, weil der *neblichte Dunft* die Morgenzeit grofsentheils einnimt. Vergleiche Coray's
treffliche Noten T. II. p. 71. 127. Demnach
wäre das homerifche ἠέριος eigentlich *im Morgennebel*, ehe die aufgehende Sonne ihn zerftreut: ἠέριοι, *in neblichter Frühe*, überfielen

(Odyff. IX, 52) den Odyffeus die Kikonen, und
(Il. III, 7) die Kraniche das Pygmäenvolk;
wahrfcheinlich ift auch das wunderliche Scholion ἐαρίναι, das den Hn. *Heyne* bis ins Ungriechifche hinein teufchte, nur aus ἰαϑίναι
verfchrieben.   Für *frühe* braucht ἠέριος noch
Apollonius III, 417. 915; übrigens für *umnebelt* I, 580. IV, 267. 1239. Ein Beifpiel,
wo ἠέριος für *aërius, in der Luft*, ftehe, kennen wir nicht; aber ἀέριος heifst bei den Orfikern und denen, die Stefanus anführt, *in der
Dunftluft fchwebend:* welche Dunftluft der
fpäteren Weltkunde, zugleich mit dem Äther
erhöht, unferem Begriffe von Luft entfprach. —
Bei I, 528 — 530 bewunderten wir bisher die
erhabene Vorftellung, dafs ein gewährender
Wink des Göttervaters durch geheim fchaffende
Kraft den grofsen Olympos erfchütterte; und
diefe erläuterte Hr. Vofs bei Virgils Ecl. IV, 50
und Lb. IV, 493 durch ähnliche Vorftellungen.
Hr. *Heyne* fodert zur äfthetifchen Bewunderung auf, dafs von einer fanften Bewegung des
Hauptes, und folglich des Körpers (*adeoque
corporis*), nicht nur der Thron, fondern der
ganze Berg erbebte.   Wie grofs wol der Gott
fein müffe, und wie gewaltig, wenn er fich
ganz aufrafte!   Aber, möchte man denken, ein
fo grofser und dickleibiger Gott fäfse fich feft,

und wipperte nicht auf dem Thron. Die *schwärz-*
lichen Brauen des Gottes träumte sich ein Engländer *Whitacker* — wer sollte es glauben? —
mit Indigo gefärbt, unwissend, daſs *κυάνεος*
bläuliche Schwärze, im Gegenſaze der ruſsich-
ten, ins Röthliche ſpielenden, bedeute, Hr.
Heyne giebt ihm zu erwägen, warum denn die
Alten, die doch der gemennigten Götterbilder
erwähnten, vom blaugefärbten Haare nichts geſagt hätten; wenigſtens müſſe gezeigt werden,
man habe ſchon zu Homers Zeiten Farben aus
Indien, Ägypten oder Arabien eingeführt. Auf
einen rothangeſtrichenen Zeus mit blauen Haa-
ren ſich ernſthaft einzulaſſen! Bei V, 183 erwarteten wir die ſchon einigemal vermiſste Erklärung, daſs ἵλαος mit den Abkömmlingen
jeden *erheiterten* oder *begütigten*, und, weil
man den Göttern Zorn und Haſs zutraute,
gleich dem lat. *pacatus*, auch den *verſöhnten*
Gott bezeichne.

Wir eilen zu dem Schluſſe des erſten Geſan-
ges. In der Obſervation zu V. 567 wird mit
wichtiger Miene eine ganz neue Bemerkung
(*aliquid nondum animadverſum!*) uns mitgetheilt: ἆσσον ἰέναι, *herannahn*, werde *allent-*
halben von feindlichem Angriffe gebraucht,
nie von friedlicher oder hülfreicher Annäherung. Woher das? hätte ein vorſichtiger For-

I. 4

fcher gedacht, und fchwerlich auf vier zufäl-
lige Beweisftellen, wovon Il. VI, 143 nicht
einmal beweift, eine fo befremdende Regel gebaut. Auch verfchwindet fie wie Dunft. Denn
oben V, 335 ruft Achilles den Herolden nach
einem freundlichen Grufse, ἆσσον ἴτε, *nahet
euch!* IX, 508 (504) werden ἆσσον ἰοῦσαι, *na-
hende* Töchter Kronions, die hülfreichen Bitten
genannt; und XXIII, 8 follen die Myrmidonen
mit ihren Wagen *fich nahend*, ἆσσον ἰόντες,
um den Patroklos wehklagen. — V. 587 lernen
wir in der Note, ἐν ὀφθαλμοῖσιν ἰδίοσθαι fei
entweder, *im Anblick*, d. i. *vor Augen fehn*,
oder fo viel als σὺν ὀφθαλμοῖς. In der Obfervation aber wird die erfte wahre Erklärung verworfen; vielmehr ftehe ἐν für σύν. Der Obfervator dachte σὺν ὀφθαλμοῖς fich deutfch, *mit
den Augen*, und vergafs vor Eilfertigkeit, dafs
es *cum oculis*, *famt den Augen*, wäre, wenn
je ein Grieche fich fo wunderlich ausgedrückt
hätte. Auch im Pindar Ol. I, 140 läfst Hr.
Heyne die ἐν πτεροῖσι, in Beflügelung laufenden
Roffe; σὺν πτεροῖσι, in Gefellfchaft der Flügel,
laufen. Den Gebrauch des ἐν ὀφθαλμοῖσι bei
den Tragikern erläuterte Porfon, Eurip. Or.
1018.

   Im 598. V. wird durch Interpretation ein
ganz neuer Sinn den Worten entlockt:

Ἄσβεστος δ' ἄρ' ἐνῶρτο γέλως μακάρεσσι θεοῖσιν,
Ὡς ἴδον Ἥφαιστον διὰ δώματα ποιπνύοντα.

Doch unermeſsliches Lachen erſcholl den ſeligen
Göttern,
Als ſie ſahn, wie Hefäſtos in emſiger Eil' um-
herging.

Hr. *H.* wiederholt die alte Bemerkung, Homer
beobachte den Anſtand des heroiſchen Zeitalters, wovon weit entfernt die neumodiſche Artigkeit ſei, und heiſst uns nachſehn, oder nicht
nachſehn, was der weiland äſthetiſche Klotz
(*ſein trauteſter*, εἴ ποτ' ἔην γε!) und andere
darüber geſagt haben. Hierauf deutet er gleichwohl die ſeligen Götter zu ſeinen Höflingen um.
Lachen, ſagt er, und *ſich freuen* und *ver-
gnügt ſein*, habe im Alterthum völlig die ſelbige Bedeutung, und hier heiſse *lachen* nichts
anders als *lächeln*, μειδιᾷν. Da alſo Hefäſtos
das ihm neue Amt eines Schenken gutmüthig
übernahm, betrachteten ihn die *erheiterten*
Götter *mit anhaltendem Lächeln*, ἀσβέστῳ γέ-
λωτι, das nämlich die ganze Zeit über anhielt,
während er einem nach dem andern den Becher
zutrug. Auch bei dem erheiternden Nezfange
des Hefäſtos Odyſſ. VIII, 326 hätte billig für
Hr. Heynens Schönheitsgefühl überſezt werden
müſſen:

Und anhaltendes Lächeln entftand bei den feligen
Göttern.

Selbft wo die muthigen Freier Odyff. XVIII,
100 fich *zu Tode lachen*, felbft wo ihnen XX,
346 Pallas Athene ein *unmäfsiges Gelächter*
(ἀσβεστον γέλον) *des Wahnfinns* erregt, wird
nur *fimpliciter* ein anhaltendes fatirifches Lächeln, *nihil amplius*, zu verftehen fein. „Einige, fährt unfer Äfthetiker fort, legen noch
den Begrif des *hinkenden* Hefäftos in ποιπνύειν,
welches doch eigentlich vom *Aufwarten bei*
Tifche gefagt wird, ohne dafs man „an einen
„hinkenden Aufwärter denken darf“. So entftellt der Mann feine Vorgänger! Man höre,
wie verftändig hier Euftathius, und mit wie
richtigem Gefühl er urtheilt: „Würdevoller als
„alle erfcheint Zeus, da er auf des Hefäftos
„Rede und *lächerliche Gefchäftigkeit* fich gar
„nicht einläfst; nächft ihm Here, da fie nur
„lächelt; aber die übrigen Götter finken zu un-
„mäfsigem Lachen herab. *Mit bedachtfamer*
„*Thätigkeit arbeiten* heifst ποιπνύειν in der
„Poefie. Auch das Lachen der Götter behan-
„delt Homers Mufe mit Würde; denn dafs *über*
„*den hinkenden Gang* gelacht wurde, ver-
„fchweigt fie, damit fie nicht fcheine unzeiti-
„gen Spafs zu treiben.“ In eben dem Sinne
verfteht Clarke ποιπνύοντα, *pincernam*

agentem, fed et claude. Die Götter lach-
ten, dafs, ftatt der blühenden Schenkin Hebe
(Il. IV, 2), das Ungeheuer mit zottiger Bruft
(Il. XVI, 410 ff.), um den Unmuth durch Lu-
ftigkeit zu zerftreun, die Becher umherzutragen fich anftrengte; weil dabei (läfst der Dichter hinzudenken) fein hinkender Gang fich noch
lächerlicher ausnahm. Wer foll nun gefagt
haben, dafs dem Worte ποιπνύειν der Begrif
des Hinkens beiwohne? Weffen Namen wagt
Hr. *H.* dem Strohmanne zu geben, den zu er-
legen er fich beeifert? Statt folcher äfthetifchen Misdeutung und Verunglimpfung, hätte
er anmerken müffen, dafs Homer die unzeitig
erregte Leidenfchaft gewöhnlich, wie in der
Gefchichte des Therfites Il. II, 212 — 270 (wo
Hr. *H.* die aus einem fremden Auszuge ausgezogenen Urtheile der Selbftforfcher auf feinem
bekannten Richtfchemel aburtheilt), und beim
Bogenverfuch Odyff. XXI, 360 — 376, in ein
Lachen auflöfet. Gegen des guten Clarke richtige Bemerkung, der hinzugedachte Nebenbegrif des Hinkens werde durch den rhythmifchen
Nebenausdruck des fchwerfälligen Ausgangs
διὰ δώματα ποιπνύοντα, *in ämfiger Eil' um-
herging*, noch gehoben, nimt fich Hr. *H.* felbft
ein fatirifches Lächeln heraus: *Admira faga-
citate Clarke claudicationem in ipfo metro*

sibi videbatur deprehendere. Adeo cavere opus est, ne, sensum nostrum in poetas inferamus. Aber Hr. *H.* läfst eher' ἀπὸ δρυὸς ἠδ' ἀπὸ πέτρης, *vom Eichbaum oder vom Felfen,* mit sich kofen, als vom Versbau. Nicht einmal in dem berühmten τριχθά τε καὶ τετραχθά Il. III, 363, noch in dem langsamen und wehmüthigen Gange ψυχὴν κικλήσκων Πατροκλῆος δειλοῖο XXIII, 221, vermag er irgend eine absichtliche Anordnung zu erkennen. Oder damit wir bei dem Mechanischen stehn bleiben: selbst der Vers Il. XV, 18, der einzige im Homer, der gegen die Cäsur verstöfst, macht Hn. *H.* nicht aufmerksam; und Bentleys Änderung ὅτε τε κρέμω giebt ihm nichts weiter zu denken, als, was er selbst bis zum Ekel wiederholt, dafs im Ionischen das Augment wegbleiben könne. Für ὅτε τε, *quando utique,* welches wir nicht kennen, möchte vielleicht ὅττε, sicherer ὅτε περ, wie II. XX, 188, zu lefen fein, um eine flüchtige Verweilung, die der Regel schon genügt, zu erlangen: Ἦ οὐ μέμνῃ, ὅτε περ ‖ κρέμω ὑψόθεν.

Endlich bei Il. I, 601—604 lehrt die Note, dafs die Götter des Olympos ein Leben führen, wie die Heroen. Dann, ἀμειβόμεναι ὀπὶ fein die Mufen, weil sie *entweder* sich selbst im Wechselgefang antworten, *oder* dem vorspie-

lenden Apollon. Die viel wortreicher vorgetra-
gene Doppelerklärung gehört dem Euſtathius,
der nicht daran dachte, daſs Odyſſ. XXIV, 60,
wo kein Apollon dem Reigen vorſpielt, nur
Wechſelgeſang gegen einander gelten kann. In
der Obſervation, dem unverkennbaren Eigen-
thume des Hn. *Heyne*, zeigt ſich ein ganzes
Raupenneſt, welches wir, ehe die Brut zum
Schaden umher kriecht, ausſchneiden und zer-
treten wollen. „Die Götter halten den ganzen
„Tag unaufhörliche Mahlzeiten‟. Falſch! Selbſt
hier war ein Theil des Morgens vor dem Früh-
mahle vergangen, während die Götter von den
Äthiopen heimkehrten, und Zeus mit der Thetis ſich beſprach; jezo den ganzen *übrigen*
Tag hindurch (wie V. 472) feierten ſie in Zeus
Saale die Ausſöhnung mit verlängertem Schmau-
ſe, das iſt, mit Nektarnippen und erfreuendem
Reigengeſauge. Im Anfange des vierten Ge-
ſangs, da ſeit dem Morgen ſchon alles im dritten beſungene geſchehn war, finden wir die
Götter in Zeus Halle vor dem Palaſte, wo ſie
nach drinnen genoſſenem Ambroſiamahl, bei
Nektar rathſchlagten, und auf Troja herab-
ſchauten. „Eben ſo ſchmauſen in der Odyſſee
„die Freier und Alkinoos den Tag hindurch‟.
Falſch! was kein Kenner der Odyſſee bewieſen
verlangt. „Wie bei dieſen zum Feſtmahle Ge-

„fang und Cyther fich gefellt, fo ift bei den
„Göttern Apollon der ἀοιδός". Der arme Apollon, der, während die anderen Götter fchmaufen, am Pfeifertifche vorfpielen foll! Nicht
bei den Freiern einmal, noch bei Alkinoos,
hatte der ἀοιδός, das ift verdolmetfcht der *Sän-
ger*, ein fo trauriges Loos. Erft, *nachdem die
Begierde des Tranks und der Speife geftillt
war*, fpielten Phemios und Demodokos zu Gefang und Reigentanz, Odyff. I, 150. 422. VIII,
72. 262. 485; obgleich die üppigen Freier (XVII,
270. 358) auch nach geftilltem Hunger bei der
Mufik noch fortfchwelgten, und erft gegen
Abend (XVII, 605) zu Reigentanz und Gefang
auffftanden. „Neu ift, und dem homerifchen
„Gedichte fo fremd, als dem Leben der Heroen,
„dafs die Mufen mitfingen, denn bei den He-
„roen wird blofs ein ἀοιδός ohne fingende Wei-
„ber aufgeftellt". Der Obfervator denke fich
mitfingende Weiber nicht als Sängerinnen im
Concert, fondern nach griechifcher Sitte im
Reigen, der, wie bekannt fein follte, Gefang
mit Tanz oder lebhaft nachahmenden Geberdungen, vereinigte. Wie nun Odyff. XXIII,
143—147 nach der Harfe Männer und Weiber,
und Il. XVIII, 567—572 Jünglinge und Jungfrauen mit Gefang tanzen: eben fo hier die
Mufen um den anführenden Apollon! mit der

Harfe, die, nach Pindars erſter pythiſcher Ode,
dem Apollon zugleich und den Muſen zum
Tanzſchritt und Gefange den Takt beſtimmt.
Wegen des Zirkelbeweiſes: Jene Stellen Homers ſind verdächtig, weil ſie neuere Begriffe
enthalten; und die Begriffe ſind neu, weil ſie ein
verdächtigen Stellen vorkommen: erkundige er
ſich bei den Logikern. „Neu iſt auch, daſs die
„Muſen Wechſelgefang anheben.“ Wiederum
der Zirkel! Und woher nun beſtimmt ein Wechſelgefang, nach jenem abgeſchriebenen *Entweder — oder*? „Bei Heſiodus und andern führen
„die Muſen Chortänze auf, und Apollon iſt der
„Chorag.“ Chortänze mit Gefang ſind Reigen;
die haben wir auch hier, ſamt dem Anführer
Apollon. Bei Heſiodus (Theog. 1—70) halten
die Muſen ihre Reigen, wie im lezten Gefange
der Odyſſee, ohne Apollons Anführung; im
Schilde (V. 202) begleitet Apollon den Chortanz der Unſterblichen mit Saitenſpiel, indem
die Muſen den Gefang anheben. Auch in dem
homeriſchen Hymnus 188—203 ſingen im Feſt-
reigen die Muſen, mit ſchöner Stimme ſich antwortend, indem die Chariten und Horen, auch
Harmonia, Hebe und Afrodite ſamt Artemis,
und die Jünglinge Ares und Hermes, zum rhythmiſchen Geberdenſpiele des Tanzes ſich geſel-
len, und Apollon, ſchön und erhaben einher-

fchreitend, mit rege gefchwungenem Fufs und
Leibrock, die Gittarre erklingen läfst. Dagegen in dem Hymnus an Artemis führt fie, die
Schwefter Apollons, den Tanz der·Mufen und
der Chariten an: wie fie in der Odyffee VI, 102
nach der Jagd mit ihren begleitenden Nymfen
tanzt, ein Bild der Naufikaa, die eben dafelbft
nach vollendeter Arbeit fich mit ihren Mägden
im Balltanze beluftiget. Dafs *παίζειν* und *an-*
dere von der vereinigten Luft der Mufik, des
Gefanges und Tanzes, wie unfer *fpielen* von
der Mufik allein, gebrauoht wurde, diefs·zu
bemerken, dürfte·für manchen nicht überflüffig fein; vergl. Odyff. VIII, 251. 372.·Athen.
I, 11. p. 14. Vofs bei Virg. Ecl. 1, 10: „Der
„XXIV·Gefang der Odyffee, wo V. 60 die Mu-
„fen um einander fingen, ift eines fpätern Rha-
„pfoden Werk." , Das haben fpätere Gramma-
tiker·dem Hn. *H.* mit wunderlichen Trugfchlüf-
fen eingebildet. „Merkwürdig ift auch im Olymp,
„dafs bei den Schmäufen Göttinnen fizen (*deae*
„*feminae* fagt Hr. *Heyne*, welchem auch
„*deae mares* bekannt fein mögen); da bei den
„Mahlzeiten der Heroen nirgends Weiber vor-
„kommen." Wir erinnern Hn. *H.* an Arete Odyff.
VII, 141. XI, 335. XIII, 57; an Klytemnäftra XI,
422; an Helena XV, 122—170; woraus fich
ergiebt, dafs die Hausfrau gewöhnlich mit am

Gaftmahle fafs. Helena hatte IV, 120 den zur
Nachhochzeit geladenen Weibern in ihrem Ge-
mach einen Schmaufs gegeben; für Penelope
war Theilnahme am Schwelgen der Freier unfchicklich und unverheirathete Töchter, wie
Naufikaa, durften nicht in Männergefellfchaft
kommen, Odyff. VI, 288. Jungfräuliche und
vermählte Göttinnen aber erfchienen als Beam-
tete am rathfchlagenden Mahl. „*Vides*, ruft
„Hr. *H.* am Schlufs, *quam multa in his fint,*
„*quae fcrupulum injiciant.*“ In einen fchlot-
ternden Schuh fliegen leicht Steinchen. — Noch
eine äfthetifche Bemerkung bei I, 606 zu guter
Lezt: „Wir behalten, heifst es, die herfchende
„Lesart *κακκείοντες*, obgleich fie unferen Oh-
„ren nicht fehr lieblich klingt, *etfi foni pa-*
„*rum fuavis ad aures noftras.*“ Welche Ka-
kofonie klingt denn fo unlieblich, wenn nicht
für Homers Ohren, doch für die Unfrigen?
Homer fuchte ja Wohllaut, indem er *κατκε-*
φαλῆς in *κακκεφαλῆς*, wie *κάτβαλεν* in *κάβ-*
βαλεν, abglättete. Und zwei mit *κ* anfangende
Silben nach einander, wie *κακός,* *coccus, Ka-*
kos, was haben fie anftöfsiges? Wird wol einer
fo kindifch fein, bei *κάββαλεν* an *kabbeln* zu
denken, und bei *κακκείω* an etwas, das die
Noftri mit den griechifchen Kindern gemein
haben? Weg damit! Aus Athen rufts: Ἀπὸ
κάκκης τὴν ῥιν’ ἄπεχε!

IV. *Leerer Schein der Excurse über Par-*
tikeln. — Nach fo vielen, gleich im Eingange
des Werks aufftofsenden Proben von mangel-
hafter Sprachkenntnifs, worunter einige fehr
ftöfsig find, wird wol kein Kundiger erwarten,
dafs die langen, den fortlaufenden Obfervationen nachtrabenden Worterklärungen, jene fo
genannten Excurfus, κονιοντες πεδιοιο, *in ftäu-*
bender Flucht durch die Felder, der Danaer-
fprache ein fonderliches Licht fchaffen. Wer
Luft an Getümmel hat, der kann fie fchon hinter dem erften Gefange büfsen, wo die Ausläufe über die Hauche in λευκώλενος Ἥρη und
πότνια Ϝηρη, über den Gebrauch von αἴ κε,
εἰ κε, εἰ ἄν, ἐάν, über Quantität und Hauch
in ἱρόω, über die Orthografie von εὐναιόμενον
und ähnliche, über ἄτιμος und τιμή, über ἑο,
Ϝεο, εὗ, Ϝου, οἷ, Ϝοι, ἕ, Ϝε, ὅς, Ϝος, ἑός,
Ϝεος und ἐϝός (welchen Excurs Hr. *H.* im VII.
Tom p. 748 felbft widerruft), hin und zurück
fahren, oder, nach dem Kunftausdruck, *fchwa-*
droniren. Ihnen nachfezen mögen wir defto
weniger, da ihre Fahrläffigkeit, befonders über
die homerifchen Partikeln, durch fichtbare Un-
luft bei dem erften Ausritte von I, 66 fich alfo
ankündiget: „Überhaupt ift bei der Lehre von
„den Partikeln nicht auf Homer irgend eine be-
„fondere Rückficht allenthalben genommen

„worden. Da aber die Partikeln in einer ge=
„lehrteren Bearbeitung eine befondere Sorgfalt
„verlangen: fo darf man der, obgleich be=
„fchwerlichen Mühe einer fleifsigeren Erfor=
„fchung nicht ausweichen." Diefer ekel thuen=
den Äufserung folgt der Excurfus, mit der Lehre,
dafs αἱ und εἰ, κε und ἄν, nicht verfchieden
fei, und bei ihnen der Conjunctiv oft die Form
des Indicativs habe, auch bei ὡς ἄν, ἵνα, ὄφρα.
Dann noch bei I, 81 eine befondere Obfervation
von εἰ und εἰ κε. Dann wieder ein befonderer
Excurfus von ὄφρα, mit dem Subjunctiv und
Optativ, auch von εἵως κε und εἵςοκε, IV, 300.
Wieder ein befonderer von εἰ κεν, V, 212: worin
er, nach zwei weitläuftigen Abhandlungen bei
I, 66 und 81, das felbige noch einmal *omnino
paucis*, wie er fagt, abhandeln, und dortige
Verwirrungen durch angezeigte *Druckfehler*,
berichtigen will; obgleich fein gelehrter und
wackerer Corrector, viele feiner eilfertigen
Schreibfehler verbeffert zu haben, in der Vor=
rede (Tom. I. p. XLIX) gelobt wird. Dann
wieder ein befonderer Excurfus von ἵνα, μή,
ἵνα μή, μήπως, ὅπως μή, VII, 335: womit ὡς,
ὥςτε, ὅπως, ὄφρα meift einftimmen. Wieder
ein befonderer von ὡς, ὡς ἄν, ὡς κεν, ὡςεὶ, ὡς
ὅτε, ὡς τε, IX, 111. Noch ein befonderer
von ὅπως; IX, 251, mit einer vornehmen Schlufs=

rede über die Kleinigkeiten. Und wieder ein
befonderer von ὁπότε mit und ohne ἄν κε, IX,
698, welches ὁπότε mit ὅτε ohngefähr gleich
fei. Und zulezt noch ein befonderer von ὅτε,
ὅταν, ὅτε κεν, εὖτε, εὖτ' ἄν, εὖτέ κεν, XII, 41.
Welch ein Schaz von Partikelgelehrfamkeit,
denkt der Unkundige; und er hat auf 25 Seiten
in 7 Rotten zerftreut, nur verwirrte Collectaneen für eine *einzige Art von Partikeln*, de-
fen Gebrauch ein anderer etwa auf Einer bis
zwei Seiten beftimmt hätte. Noch unrichtig
gezählt; aber ein anderer übernehme es! In
vielen einzelnen Obfervationen, und dann noch
in den Supplementen erhalten wir zu jenen Abhandlungen noch verbeffernde Nachträge Tom.
IV. p. 673. 683. 704. Tom. V. p. 707; und fogar p. 714 für den verbeffernden Excurs bei Il.
V, 212 einen wieder verbeffernden Nachtrab;
und, damit wir zur Ruhe eilen, endlich und
zu allerlezt, in einem Excurs für Il. XXIII,
von p. 545 bis 550 noch einen ganzen Gufs der
felbigen Partikelgelehrfamkeit, mit Rückwei-
fungen auf die vorigen verbefferten und unver-
befferten Ergüffe. *Diutius forte*, fügt er hinzu,
*quam pro rei gravitate, immoratus fum his
fubtilitatibus grammaticis.*
Übrigens giebt Hr. *Heyne* über die von ihm
felbft für wichtig erkannten Partikeln in den

7 dicken Bänden voll Noten und Obfervationen
gerade fo viel, dafs man wohl merkt, er fei
etwas weiter gekommen, als fein *Wood*, der
fie alle für Flickwörter zum Versbau hält (*Ori-*
ginalgenie des Homer p. 301), aber nicht weiter, als der von ihm aufgefrifchte lateinifche
Wortüberfezer, der alles mit *omnino*, *utique*,
quidem abthut, oder als er felbft in Beftimmung der Virgilifchen Partikeln, *nam*, *enim*,
deinde, *fcilicet*, *nempe*. Ein paar Beifpiele.
Il. VII, 328 beginnt die Rede: Πολλοὶ γὰρ τε-
θνᾶσι, *viele ja find geftorben*, worauf folgt,
drum lafs den Krieg ruhen, bis wir fie ver-
brannt haben. Jeder fieht, dafs γὰρ den Begrif der Urfache, den unfer *denn*, *weil*, und
das nachftehende *ja* hat, nicht verleugnet. Hr.
H. fpottet über Clarke, der eine folche *Obfer-*
vatiuncula ihm fechshundertmal (und doch
nicht oft genug!) einfchärfte; und verfichert,
jenen Gebrauch bei Seite geftellt, hier fei γὰρ
völlig was μὲν, δὴ, τοι, ἄρα, zufammengefezt
aus γε ἄρα, γάρ, *fane*. Zu verfpotten, was
man zu leugnen nicht wagt, und dann durch
folches Gewirr fich zu beftrafen! Umftändlich
hat diefe und andere Bedeutungen von γὰρ auch
Vofs bei Virgils Landbau und im *Neuen Schul-*
magazin I, 1. S. 159 ff. dargethan. Noch umftändlicher am lezten Orte die ganz unbemerkte

Regel, daſs der Grieche *dieſer* und *jener* ſagt,
wo die neueren Sprachen *hier* und *dort* haben;
z. B. ἡμᾶς οἴδε πάντες, *wir alle hier;* Νηῦς
δέ μοι ἥδ᾽ ἕστηκε, *mein Schif ſteht dort;* woraus
ſich die wahre Erklärung von Odyſſ. XII, 73
ergiebt, οἴδε δύω σκόπελοι, *dorthin* (gegenüber) *ſind zwei Felſen.* Für die Ilias erläuterte die Bemerkung XI, 611, ὄντινα τοῦτον
ἄγει, *welchen er dort herführt;* XII, 240,
εἴτ᾽ ἐπ᾽ ἀριστερὰ τοίγε, *oder auch links dorthin;* XIX, 344, κεῖνος ὅγε .... ἧσται, *jener
ſizt dort.* Hr. *H.* bedarf keiner Erläuterung;
er ſchweigt.

Dagegen iſt er bei III, 160, εἰ ποτ᾽ ἔην γε;
in Noten und Obſervationen weder ſtumm noch
karglaut, obgleich er dem εἰ auſserdem in drei
mühſeligen Streifzügen nachgeſtellt hat. Helena,
von bitterer Reue und Sehnſucht nach dem ver-
laſſenen Gemahl überwältigt, nennt dem Pria-
mus auf der Mauer den Agamemnon, und ſchlieſst
mit bethränten Worten: Δαὴρ αὖτ᾽ ἐμὸς ἔσκε
κυνώπιδος, εἰ ποτ᾽ ἔην γε. Der Zuſammenhang
beweiſt hier, und wo es ſonſt vorkommt, daſs
das lezte ein Ausdruck ſchmerzhafter Erinnerung ſei; Helena ſagt gleichſam, wie Euſtathius
ſie verſteht: *Er iſt es nicht mehr, aber vordem war er's!* Es wird alſo πότ᾽ ἔην mit dem
verſtärkenden γε in eben dem Tone geſprochen,

wie das wehmüthige *fuimus Troes* bei Virgil.
Die Frage ift, wie fich *εἰ* hiermit füge? In der
gewöhnlichen Bedeutung *wenn* gewifs nicht;
wohl aber als elliptifcher Ausruf, *wenn doch!*
für *wenn er's doch jezo noch wäre!* Eine Partikel des Wunfches, wie *uti, utinam, fi, o fi,*
ift nicht nur *εἰ γὰρ* und *εἴϑε, wenn doch!* fondern auch *εἰ,* z. B. Eurip. Hec. 836, *εἴ μοι γένοιτο, wenn mir doch würde!* Eine andere
Form *εἴϑε* kommt elliptifch in *εἴϑ᾽ ἄγε, auf!*
als ermunternder Ausruf für das fpätere *εἶα,*
bei Homer und in der orfifchen Argonautik vor.
Bedenkt man nun die nebengehenden Formen
αἰ γὰρ und *αἴϑε,* und das veraltete *ἐ,* wovon
ἔαν und *ἤν* ftammen: fo kann man kaum zweifeln, dafs felbft die Ausrufungen *αἰ* und *ἐ* ellip-
tifches Urfprungs find, und dafs ein dazwifchen gehörendes *εἰ,* als Ausruf der Sehnfucht
und der Ermunterung in Εἴ *ποτ᾽ ἔην γε, εἴϑ᾽*
ὄφελες und *εἴϑ᾽ ἄγε* fich erhalten habe. Treu ift
alfo und poetifch die Voffifche Überfezung von
Il. III, 180:

> Schwager mir war er vordem, der fchändlichen;
> ach er war es!

ob fie nun durch folcherlei Rechnungen gefunden, oder durch Gefühl des Nothwendigen getroffen fei. Beftimmt wiffen wir, dafs ein an-

derer fchon längft diefes *ει* als elliptifchen Ausdruck des Wunfches: *wenn er's noch wäre!*
ach dafs er's wäre! aber vordem war er's! —
mündlich und fchriftlich mehreren Freunden
entwickelt hat. Ja, felbft Hr. *Heyne* in den
Supplendis zu II, 1, 415, wo er die Erklärung
von αίϑ' ὄφελες ἧσϑαι nachholt, macht die verftändige Bemerkung: *Videtur* αἴ, εἴ, αἶϑε, εἶϑε,
abfolute acceptum fuiffe, ah! heu! debe-
bas defidere. Hätte er fo bei II. III, 180
gedacht: fo fänden wir auch hier, was wir
loben könnten. Jezt wollen wir feine Interpretation von εἴ ποτ' ἔην γε anhören, deren *ftu-*
dium immane loquendi zwar bis zum Erträglichen gedämpft werden mufs. In der Note
heifst es: vielleicht ftehe εἴποτε für ὁπότε, *quan-*
do ille erat focer meas; tum cum. Zu
deutfch: *er war mein Schwager, damals als*
er mein Schwager war, oder (wie Hr. *H.* in
Gedanken fagt), *als er mein Schwiegervater*
war. In der Obfervation wird mit der Erklärung eines Scholiaften, *wenn er je Schwager*
war, fo war er der meinige, die obige des
Euftathius für widerlich (*putida*) erklärt; des
kleineren Scholiaften ἐάν ποτε ἧν enthalte einen
Solöcismus. (Wie das? Er weifs alfo nicht,
dafs auch ἧν durch ἄν Ungewifsheit empfängt:
Wenn er etwa es jemals war.) „Er habe die

„Neueren befragt, aber wenig gelernt; weil fie
„entweder auslaffen, oder auf mancherlei Art
„überfezen. Eigentlich fei es: *fi unquam, fi
„modo fuit*, oder, *fi quidem fuit.*" Deutfch,
wenn er anders je, oder, *fals er je es gewefen ift.* Das lezte *fiquidem* ift aus der lateinifchen Überfezung. „Clarke famt andern
„greife fehl, auch der Scholiaft bei Il. XXIV,
„426 mit feinem ἕως γε." Falfch angeführt. Der
Scholiaft fagt ἕως περ ἦν, *dum erat in vivis:*
welcher Sinn, wenn εἰ das überhaupt bedeuten
könnte, und wenn dann ein lobendes Wort, *der*
geliebtefte, *der herrliche*, voran ginge, keine
Abweifung verdiente. „Als Wunfch, heifst
„es weiter, könne εἴποτ' ἦν. nicht genommen
„werden, dann müffe εἴθε für εἴποτε ftehn."
Und dann käme der alberne Sinn: *Wäre er's*
doch gewefen! „Beffer als die übrigen fei
„Damms Überfezung: *quum olim effem (effet)*
„*quidem.*" (Welches Damm alfo verdeutfcht:
da er ehedem lebte.) „Ihm felbft fcheine,
„nach Vergleichung ähnlicher Stellen im Ho-
„mer, nichts paffender, als feftzufezen, dafs,
„εἰ ποτε in der alten Sprache für ὁπότε, ὅτε,
„ἐπειδή, gefagt worden fei." So wäre denn
aus der alten Sprache, die den Sonntagskin-
dern im Traume vorfummt, für εἰ die Bedeu-
tung *als* oder *wann*, und nebenher |*nachdem*

oder *weil*, feftgefezt: welcher fchwankenden
Feftfezung die beibehaltene Dolmetfchung, *Le-
vir utique meus erat inverecundae, fiquidem fuit* (wo blofs *fuit* in *erat* verwandelt
ward), einen noch weiteren Spielraum giebt.
Wenn wir nun an die obige Lehre des Hn.
H. zurückdenken, dafs κυνῶπις ein grobes
Schimpfwort des heroifchen Zeitalters fei: fo
haben wir an diefem Verfe ein ausbündiges
Beifpiel von der neumodifchen, mit Kritik und
Äfthetik fanft gewürzten Interpretation. Den
rühmlichen, in der Vorrede (T. I. p. XXIII)
angekündigten Vorfaz des Hn. *Heyne*, weiter
als die Filologen vor ihm zu gehn, die Sachen
und Vorftellungen beffer zu entwickeln, und
befonders das Gefühl des Wahren und des
Schönen zu fchärfen, beförde re eine in feinem
Geifte verfuchte Überfezung des Mufterverfes
mit Variationen:

Schwager gewifs war er Mir hundsäugigen, $\left\{\begin{array}{l}\text{als}\\\text{falls}\\\text{weil}\end{array}\right\}$
er es einft war.

Möchte doch einer mit gefchärftem Gefühle
des Wahren und des Schönen den ganzen Homer, fo rein aus der Seele diefes Erklärers aufgefafst, in deutfchen Hexametern darftellen!
Hr. *Heyne* klagt (T. I. Praef. p. XXIV. T. III.
p. CXIV), dafs unfere metrifchen Überfezungen

Homers (denn durch Virgils Verdeutfchung
fcheint ihm manchmal fogar der feinere Wortfinn eröfnet zu fein, Praef. 3 ed. Virg. p. VIII),
aber dafs Homers Überfezungen, unter welchen
übrigens die Voffifche in ihrer Art wol zu den
vorzüglichften gehöre, dem richtigen Verftändniffe Homers aus mancherlei Urfachen durchaus nicht förderlich gewefen fein; dafs fie vielmehr, was noch fchlimmer ift, den Eifer für
die akademifchen Vorlefungen über Homers
Werke, nachdem folcher durch die Ausgaben
Ernefti's, Hagers, des Bafelers, des Wernige-
roders, Niemeyers, des gelehrten und tiefdrin-
genden Wolf, der gröfstentheils die Glasgower
Ausgabe fehr genau abdrucken laffen (und, wir
können errathen, wodurch noch weiter) entflammt worden war, plözlich durch erregte
Anmafsung wieder abgekühlt haben. Eine wörtliche Überfezung hingegen, wie etwa die von
ihm aufgenommene alte lateinifche, welche er
felbft ehemals (Ep. ad Tychfen. p. IX) *omni-
um ineptiffimam* nannte, und deren Ver-
werfung er für *nüzlich* erklärte, eine folche
Überfezung, meint er jezt (T. III. p. CXV),
fei zwar als fchönes Kunftwerk nicht fehr zu
empfehlen, aber *defto nüzlicher* durch buchftäbliche Treue. Wer treuen Abdruck des Heynifchen Sinnes in Worten, die er zugleich fchön

finden kann, mit erträglichen Hexametern zu
vereinigen weifs, den erwartet am palmtragen-
den Ziele der Ruf:

Omne tulit punctum, qui mifcuit utile dulci!

B. SACHKENNTNIS.

Homers Werke nicht blofs nothdürftig nach
den Worten zu dolmetfchen, welches in der
älteren Schule *exponiren*, in der neueren *inter-
pretiren* heifst, fondern mit Verftand und Gefühl, wie ein gleichzeitiges Kunftwerk zu erklären: dazu wird geübte Einficht, fowohl in
den allgemeinen Fortgang der Sittlichkeit und
der Sprachbildung, als in die befonderen Sitten,
Künfte, Vorftellungen und Ausdrücke des homerifchen Zeitalters, erfodert. Mit Recht lehrt
auch der neue Herausgeber (Tom. I. p. XXIII),
man müffe nicht, wie vor 40 Jahren, da Ernefti
obwaltete, bei blofser Kritik und Filologie,
das ift, bei fcharffinnig angewandten Sprach-
kenntniffen, ftillftehn, fondern in den *Sach-
inhalt* felbft eindringen, und des Dichters Meinungen in ihrem ganzen Umfange forgfältig
faffen und entwickeln, damit durch klares Ver-
ftändnis das Herz des Wahren und des Schönen
empfänglich werde. Vortrefflich; und ganz in

dem Sinne des filofofifchen Sprachkenners *Rei-marus*, dem Hr. *Heyne* bei feinem Virgil und Pindar noch nicht völlig beipflichtete. Schon vor 50 Jahren, und lange vor der Epoche der modernen Interpretation, zog diefer gründliche Mann die Erklärungskunft in die Vernunftlehre, deren Regeln fie auf Sprache und Alterthümer anwende. Eine davon, die Hr. *H.* nunmehr anerkennt, wiederholen wir, um uns und andere zu ermuntern. „*Da auch Begriffe von den* „*Sachen erfodert werden, wenn einer einen* „*zufammenhangenden Verftand aus den Wor-* „*ten herausbringen will; fo mufs man fo viel* „*hiftorifche Erkenntnis von der Natur, von* „*Perfonen, Örtern, Gefchichten, Gebräuchen,* „*Meinungen, und fo viel Wiffenfchaften, als* „*möglich ift, mitbringen, oder diefelbe in den* „*gehörigen Hülfsmitteln fuchen.*“ So Reimarus, oder die gefunde Vernunft.

Zwar in den eben gemufterten Worterklärungen des erften Gefangs kamen auch einige, nicht unbedeutende *Mängel der Sachkenntnis* zum Vorfchein: als vom Begriffe der Wahrfagung, von den altgriechifchen Opfergebräuchen, von der unhöfifchen, aber darum nicht rohen Denkart der Achaier, und der nachhomerifchen Hellenen, von vorbedeutender Wendung bei heiligen und anderen Gefchäften, von Sitten der

Gaftmähler, vom Reigentanz, vom Weiberver-
kehr. Schlimm! doch auch diefe für mildden-
kende verzeihlich, weil der thätige Mann· die
Augenblicke zum Nachdenken und Schreiben
aufhafchen mufste, und nicht immer ein will-
kommener Vorgänger ihm leuchtete. Habe der
Sachkenner nur die durch den ganzen Homer
herfchenden Vorftellungen, ohne welche man
allenthalben ftockt oder ftrauchelt, immer im
Gedächtnis gehabt. Habe er nur die allgemein-
ften Begriffe des homerifchen Zeitalters, in
welchem die Ilias und die Odyffee entweder als
vollendete Werke, oder, wenn man will, in
zerftreueten Theilen für fpätere Zufammenfü-
gung, entftanden find, den Lehrlingen unter
dem Text in verftändliche Ausfprüche gefafst,
und den Gelehrten bis zur Genüge in den fünf
dicken Obfervationsbänden mit Gelehrfamkeit
und vorfichtigem Scharffinn erörtert. Sei man
durch ihn, wofern einleuchtende Wahrheit nicht
zu erringen ftand, auch nur der Wahrfchein-
lichkeit näher gerückt: Wie etwa in jenem Zeitalter I) der Erde Geftalt und Umfang, famt dem
Götterberg Olympos, und über der Erde der
Sternhimmel, im Innern das Todtenreich, unten der Tartaros, gedacht worden fei; wie
II) die Wohnungen der Heroen und der olympifchen Götter fich ungefähr ausgenommen;

und wie III) der Begrif der Gottheiten sich gebildet und entwickelt, ob man ihre Handlungen
im Homer sinnbildlich, und in welcherlei Sinn,
oder eigentlich verstehn müsse.

I. Bei der *homerischen Geografie*,
das ist, bei der Wissenschaft, welche des homerischen Zeitalters Vorstellung von dem Ganzen des zwischen Himmel und Tartaros ge-
streckten und mit dem Okeanos umströmten
Erdkreises lehrt (denn mit Voraussezung der
ganzen Gestalt nur die einzelnen Örter aufzu-
zählen, heifst bei den Alten *Chorografie*), hatte
der Herausgeber zum Vorgänger einen bekannten Landsmann. Wäre er ein Ausländer, so
würden seine mehr als zwanzigjährigen Bemü-
hungen, unter mehreren Kenntnissen auch diese
aus den Trümmern des Alterthums herzustellen,
wahrscheiulich vom Hn. *Heyne*, dem Beförde-
rer des Nüzlichen, mit nicht geringerem Beifall, als weiland Woods überlobte Wahrnehmungen, bemerkt worden sein: statt dafs er
ihn, gerade seit der ersten Erscheinung des
ersten Versuchs (*über Homers Okeanos* im
Gött. Mag. 1780), mit ausgesuchter Feinheit
durch Schweigen und Andeutungen geehrt hat.
Jener, nicht muthlos, wiederholte bei der
Odyssee 1783 das Wichtigste seines damaligen
Fundes über den Umfang des homerischen Erd-

kreifes, über Äthiopen und Kimmerier, als Randvölker an der Sonnenfeite und Nachtfeite, über
den Lauf der Sonne von Kolchis bis zum Atlas
und hinter dem Nachtlande zurück. Dies gefchah in kurzen Anmerkungen, weil der Druck
feines Commentars durch die Aufnahme der gegebenen Proben vereitelt ward. Nachdem er
darauf die gefamte Geografie der Alten erforfcht
hatte, bewies er unter den Neueren zuerft (*Mufenalm.* 1789. *N. deutfch. Muf.* 1790), dafs die
Griechen von Homer bis nach Anaximander und
Hekatäus fich die Erde als eine vom Okeanos
umfloffene Scheibe vorgeftellt. Die Gröfse der
Erdfcheibe und ihre Eintheilung durch den Sonnenlauf, famt dem bedeckenden Himmel und
der Unterwelt, nach den abwechfelnden Vorftellungen, die auch nach erfundener Kugelgeftalt noch fortdauerten, fuchte er in dem Commentar zu *Virgils Landbau* 1789 (S. Reg. unter
Weltkunde), noch umftändlicher in den *Mytho-
logifchen Briefen* 1794, und in dem neueften
Commentar zu *Virgils Eklogen* 1797, und zum
Landbau 1800, zu erklären; aus welchen zerftreueten Bruchftücken Hr. *Bredow* feinem Hand-
buche der alten Gefchichte einen gedrängten
Inbegrif der alten Geografie vorfezte, wie er
fagt, mit Zuziehung ungedruckter Abhandlungen von feinem Freunde. Für die homerifche

Geografie gab der Urheber felbft bei feiner *Überfezung Homers* 1793 eine *Welttafel* oder Karte
des fabelhaften Erdkreifes, die bei der jüngften
Ausgabe der Überfezung 1802 noch manche
wefentliche Verbefferung, und am Rande eine
kurze aber reichhaltige Erläuterung, erhalten
hat. Diefe Welttafel, wenn fie auch, fo lange
der vollftändige Beweis fehlt, nur als Hypothefe
betrachtet wird, hat ihre innere Glaubwürdig-
keit: weil fie allein die Irrfahrten des Odyffeus
begreiflich macht, und weil fie fogar fpäteren
Schriften, worin das alte Syftem mit einigen
Veränderungen fortherfcht, z. B. der hefiodi-
fchen Theogonie, bei Pindar, der Argonauten-
fahrt durch den Fafis in den öftlichen Okeanos
und füdwärts bis über Libya herum, und den
glücklichen Hyperboreern im Weftlande, bei
Äfchylus den Irren der Io, auch der orfifchen
Argonautik, und felbft dem beftreitenden Herodot, unerwartetes Licht verfchaft.

· Hr. *Heyne*, der im Jahr 1783 eine neue Ausgabe Homers in der oben erwähnten *epiftola
ad Tychfenium* angekündiget, und dabei auf
den Überfezer der Odyffee nicht freundlich gewinkt hatte, fuchte fich anderen Rath für die
Erklärung der homerifchen Geografie. Als nach
feiner Befehdung jenes erften Verfuchs *über den
Okeanos* feine eigene Unkunde in der alten

Geografie zur Sprache gekommen war (Deutfch.
Muf. 1780. 2 St. p. 240), befchlofs er das Verdienft der Erfindung für Göttingen zu erobern.
Jungen Studierenden ward 1786 die *Preisauf-*
gabe beftimmt, binnen 8 Monaten im Homer
alle Gegenden und Völker der drei Welttheile
von Weften an rechts herum, und was darüber
von Homer und Strabo gefagt worden, zufam-
menzutragen: und Hr. *H.* rüftete feine Zöglinge
durch eine Wintervorlefung über — Homers
Schifsverzeichnis. Natürlich entftand *homeri-*
fche Chorografie, welche, nicht beffer als die
von Reimmann, Homers Länder und Städte auf
unferer hiftorifchen Karte rechtshin fäete, unbekümmert um die Erfindung der *fabelhaften*
Weltkarte, wie Homers Zeitalter fie gedacht.
Bald darauf kamen ähnliche Fragen und Antworten über die Argonautiker, Herodot und
andere; und die Göttingifche Zeitung erman-
gelte nicht, Göttingens neu errungenen Ruhm
in Bearbeitung der alten Geografie laut zu ver-
kündigen, und die auswärtigen Gelehrten mit
ihrem *Okeanos* an die Göttingifchen Jünglinge
zu verweifen. Unterdeffen erfchien auch Hn.
Mannerts alte Geografie, und war wiederum,
was die Werke von Cluver, Cellarius und d'An-
ville, eine lobenswürdige *Chorografie* mit einer
geografifchen Einleitung, die, für den genomme-

nen Standort, da-fie mit Herodot anfing, manchen
glücklichen Blick hatte, aber die Syfteme fo
wenig fchied, dafs die Vorftellung des Eratofthenes mit der Strabonifchen und anderen zugleich in Eine unförmliche Karte fich bequemen
mufste. Durch den gerechten Lobfpruch in des
Hn. *Vofs Vorrede zu Virgils Landbau* p. VIII
ermuntert, gab Hr. *Mannert* in den folgenden
Theilen auch einen Auffaz über *Homers Geografie:* doch wagte er das Bild feiner Fantafie,
wie Homer fich die Erde gedacht haben follte,
fo wenig, als die Göttingifchen Preiskämpfer,
uns vorzuzeichnen. Da, bei dem abfichtlichen
Entgegenftreben mancher gelehrten Anzeigen,
gleichwohl die Voffifchen Gedanken über die
Geografie Homers und der folgenden noch immer Stand hielten: fo erkühnte fich Hr. *Heyne*
zu dem Meifterverfuch, diefe Gedanken felbft
als Göttingifches Eigenthum, ja als das feinige,
in Anfpruch zu nehmen. Er trat in den Göttingifchen Anzeigen 1792. S. 196 mit diefer be-
fremdenden *Anpreifung* auf: „Seitdem der Rec.
„feine *Zuhörer*, infonderheit bei Erklärung der
„*Odyffee*, auf Unterwelt, Ocean, und Gränze
„des Weften bei den Alten, aufmerkfam ge-
„macht hatte, find diefe Gegenftände infon-
„derheit von Hn. *Schönemann* und *Vofs* auf
„verfchiedenen Wegen erläutert worden.“ Kurz

vorher ward die Zeitfolge noch genauer beſtimmt. *„Seitdem Gatterer* und *Heyne* ihre
„*Schüler* auf die alte Erdkunde aufmerkſam
„gemacht, und *ſeitdem weiterhin* die Preisauf-
„gaben den Eifer noch mehr erwärmt haben.“
Wunderbar! Der Göttingiſche Kampfſieger und
weiterhin Voſs auf ihren verſchiedenen Wegen
(da der eine auf Abſtuzung der hiſtoriſchen
Karte·für Homers Chorografie, der andere auf
Entdeckung der fabelhaften Karte für Homers
Geografie ausging) hatten beide das ſelbige erläutert, und beide ihre Ideen aus Heyniſchen
Lehrſtunden, inſonderheit über die Odyſſee,
geſchöpft! Hr. Voſs antwortete im Intelligenz-
blatt unſerer Zeitung 1792. N. 42: „Er habe in
„Göttingen von 1772 bis 1774 allerlei angehört
„oder anhören können, über *Odyſſee* aber und
„*homeriſche Erdkunde* niemals ein Wort zu
„hören auch nur Gelegenheit gehabt;“ und be-
ſchwerte ſich, daſs Hr. *Heyne* die Unterſuchung
eines wiſſenſchaftlichen Gegenſtandes, die er
ſelbſt nicht förderte, anderen durch wiederholte
Perſönlichkeiten, nachdem er auf zwei Ehren-
rettungen geſchwiegen, zu verbittern ausginge.
Hr. *Heyne* ſchwieg wiederum.

So viel zur Literärgeſchichte einer lange
vernachläſſigten Wiſſenſchaft, die in Deutſchland durch eines Einzelnen Ausdauer gegen

innere Schwierigkeit und äufsere Störungen
wieder in Umlauf kam. Der Lefer ift begierig
zu erfahren, mit welcherlei Wendung jezt der
Ausleger Homers durch die alte Geografie fich
gefchmiegt; ob er in den Gedanken des Hn.
Vofs, oder der Göttingifchen Preiskämpfer,
oder des Hn. Mannert, die treffendften Winke
Seiner Lehrftunden erkannt, und mit welcher
Kunft er felbft aus dem Seinigen fich einen Fa-
den der Ariadne gefponnen habe. Nicht *hindurch* hat er fich gefchmiegt, fondern mit einer
ganz neuen Wendung — *vorbei.* Hr. *Heyne*
hatte, feit feinen lezten Äufserungen über alte
Geografie, einen anderen ausgewinkten Gedanken in den Göttingifchen Anzeigen 1795 aus
Wolfs Prolegomenen zu fich zurückgewinkt;
und diefer Fund bahnte ihm einen bequemen
Ausweg. Er dachte fo: Homers Gedichte find ja
(wie ich hier wiederfinde) wahrfcheinlich nicht
von Einem Urheber, fondern aus vielerlei Arbeiten zufammengefügt; wie können fie denn
einerlei geografifche Vorftellungen enthalten?
Dafs alle die angenommenen Verfaffer der Theile,
woraus die zwei grofsen Compofitionen beftehn,
doch immer in Einem Zeitraume gelebt; und
dafs diefes älteften Zeitraumes gemeinfame Vorftellungen von der Welt nicht nur bis zu Hefiodus, fondern bis nach Anaximander, wenig

verändert, fortgeherfcht haben: daran dachte
er diefsmal nicht. Überhaupt weifs Hr. *Heyne*
die halbgefafste Idee, vor inniger Befcheidenheit, nicht einmal feft zu halten; fie fchwebt
und flattert ihm vor dem Geifte, wie ein unftä-
tes Dunftbild, das wohl fein könnte, aber auch
nicht fein: gleich jener verbildeten Dame bei
Chodowiecki, der ein alter gefchmeidiger Hof-
mann die zugleich dargebotene und zurückge-
zogene Hand küffen und nicht küffen möchte.
Aber wenn Hr. *H.* fchon vor Wolfs Prolegomenen die Einheit Homers und (nach feiner
Folgerung) der homerifchen Geografie leugnete
oder nur zweifelhaft fand; wie graufam, dafs
er im Jahr 1786 die Göttingifchen Preiskämpfer,
und lange vorher, wenn man's glaubt, auch
den armen Vofs, in das Unding von homerifcher Geografie hineinwinkte, und des windi-
gen Ertrags mit Scheinlobe fpottete, ja die Ehre
der Donquixotifchen Unternehmung fich felbft
mit attifcher Ironie zufchrieb! Warum damals
fo fchalkhaft, da er jezo bei Il. II, 493 in vollem
Ernft, wie es fcheint, das Verdienft feiner preis-
kämpfenden Zöglinge um Homers Geografie auf
ihre chorografifchen Collectaneen, befonders
zum homerifchen Schifsverzeichnis, worüber er
im Winter 1786—87 gewinkt hatte, einfchränkt!
Auch hier möchte der löfe Mann noch Scherz

treiben; weil feinem Scharffinne kaum entge-
hen kann; dafs, wenn mit der Einheit Homers
die Einheit der fabelhaften Vorftellung vom Um-
fänge des Erdkreifes wegfallen foll, noch viel
eher die Einheit der hiftorifchen Berichte von
dem häufig veränderten Zuftande der inneren
Gegenden wegfallen mufs. ·

Einige der merkwürdigften Erfcheinungen,
die Hr. *Heyne* in dem neuen Halbdunkel fah,
wollen wir fanft vor uns hingleiten laffen; fie
werden, wie andere Fantasme, auch ohne ge-
wiefenen Ausgang, von felbft abziehn. Die
Stelle Il. I, 423;

Ζεὺς γὰρ ἐς Ὠκεανὸν μετ' ἀμύμονας Αἰθιοπῆας
Χθιζὸς ἔβη μετὰ δαῖτα,

verftanden wir alle fo: *Zeus ift an den Okea-*
nos zu den unfträflichen Äthiopen geftern
zum Feftmahle gegangen. Die alten Grammatiker puzten blofs an dem wiederholten μετὰ
(da fie doch an der ähnlichen Wiederholung
XVII, 432 ἐπὶ νῆας ἐπὶ πλατὺν Ἑλλήσποντον
nichts tadelten), und wünfchten bald das erfte
μετὰ in ἐπὶ, bald das lezte in κατὰ zu verwandeln. Gefällig nahm Hr. *H.* κατὰ δαῖτα in den
Text; gefteht aber in der Obfervation, βῆναι
κατὰ δαῖτα, für μετὰ, ἐπὶ, ἐς, fei etwas ungewöhnlich, und möchte fein κατὰ lieber den

Äthiopen ertheilt haben. Das ift eine kritifche
Kleinigkeit. Bald darauf (obferv. I, 425), nach
der Klage, dafs man hier nichts aufs Reine,
bringen, und leichter andere widerlegen, als
felbft etwas unwiderlegliches aufftellen könne,
fügt er hinzu: „Jene Erklärung fei freilich ge-
„macht worden, und laffe fich anhören; wenn
„man indefs die Worte ftrenge *nach der Gram-
„matik* nehme, fo könne *auch diefer* Sinn
„herauskommen: *Zeus ging zum Vater Okea-
„nos, um in deffen, bei den Äthiopen gelege-
„nen, Wohnung ein Gaftmahl zu geniefsen.*“
Nach welcher Grammatik ift μετ᾽ Αἰθιοπῆας etwas anderes, als *zu den Äthiopen, unter die
Äthiopen?* Oben I, 222, wo Athene nach
dem Olympos geht, δώματ᾽ ἐς αἰγιόχοιο Διὸς
μετὰ δαίμονας ἄλλους, *in die Wohnung des
Zeus zu den anderen Göttern*, wird völlig
wie hier ἐς dem Orte, μετὰ den Anwefenden,
zugefügt. Diefe Kleinigkeit trift nur den Grammatiker, den wir fchon im Vorigen erkannt
haben. Jezt an den Erklärer der Geografie;
wenn einer fo heifsen darf, der blofs erklärt,
dafs fie nicht zu erklären fei. „Man hat (fährt
er fort) „die Stelle Odyff. I, 22 verglichen, wo
„Pofeidon zu den Äthiopen, den äufserften
„Menfchen gegen Aufgang und Untergang, um
„ihr feftliches Opfer zu empfangen, gewandert

„war; und offenbar hat *der Verfaſſer jener*
„*Verſe* unſere Stelle in dem obigen Sinne (von
einem Feſte der Äthiopen am Okeanos) „ver-
„ſtanden, und weitläuftiger ausgeführt." Nach
vielem Hin - und Herreden befinnt er ſich noch,
daſs in der Ilias XXIII, 205 Iris ebenfalls ein
Feſt der Äthiopen an den Fluten des Okeanos
beſuchen will; und antwortet das ſelbige, indem er blofs willkührliche Dichtung jedes be-
ſonderén Verfaſſers, keine ſtehende Volks-
ſage, ahndet. Er ſpricht weiter: „Auf die
„Lage der öſtlichen und weſtlichen Äthio-
„pen haben die Gelehrten viel Mühe gewandt,
„um ſie geografiſch, bald nach *unſerer*, bald
„nach der *alten* Kenntnis des Endkreiſes zu be-
„ſtimmen." Jenes thaten die Preiskämpfer,
dieſes Hr. Voſs. „Wie aber das Äthiopenland
„zu Homers Zeit beſchaffen war, und wie weit
„es ſich erſtreckte, weiſs man nicht. Wenig-
„ſtens das wiſſen wir, daſs es ſich weit er-
„ſtreckte, und den Alten wenig bekannt war."
Wenigſtens iſt dem Hrn. *Heyne* die Vorſtellung
der Alten von den *Äthiopen* ſo wenig bekannt,
als von den *Hyperboreern*, die er *in der älteſten Zeit* den Griechen gegen *Norden* ſezt (Il.
XVI Exc. II. p. 283). „Vielleicht (meint er)
„kâmen von den *über Ägypten wohnenden*
„*Äthiopen* einige dunkle Gerüchte durch Han-

„delsgefellfchaften zu den Ägyptern, und durch
„diefe zu den Griechen; muthmafsen kann man
„fo etwas, aber beftimmen nichts. *Daher* darf
„man auch nicht für gewifs behaupten, dafs
„ähnliche Fabeln in andern alten Gedichten
„mit diefer Stelle etwas gemein haben; wenig-
„ftens bieten die *Worte* nichts dar.' Die *her-*
„*fchende Meinung* ift, hier werde ein Feft in
„Theben oder Diospolis angedeutet, wo jähr-
„lich eine Kapelle des Zeus auf dem Nil nach
„Libya oder Äthiopia fuhr, und am zwölften
„Tage zurückkehrte; denn Okeanos heifse der
„Nil bei den Ägyptern. So urtheilten Diodor
„und mehrere Grammatiker. Andere, wie *Gat-*
„*tererus nofter*, gaben aftronomifche Er-
„klärungen, u. f. w." Treffliche Auszüge, die
aus den Alten das Wichtigfte vollftändig um-
faffen follen! Wie Homers Zeitgenoffen, und
lange nachher Mimnermus, Pindar, die Tragiker, und die von Apollodor, Hygin, Quintus, Nonnus, auch von feinem Diodor anderswo
ausgefchriebenen, fich öftliche und weftliche
Äthiopen gedacht; und wie die verftändigften
Ausleger bei Strabo, und andere, vorzüglich
der Aftronom Geminus, diefes Fabelvolk, *vom*
öftlichen Geftade des Okeanos hinter Kolchis
bis zum weftlichen am Atlas geftreckt, als
die ältefte Vorftellung, gegen umdeutende Ale-

xandriner vertheidigt haben: davon meldet er
kein Wort, um nicht uns und fich felber durch
ungehörige Dinge zu verwirren. Aber von den
umdeutenden Alexandrinern hebt er *Eine* Meinung, als herfchende, heraus; und fein Auszug
ift vollftändig. Unbekümmert um den äthiopi-
fchen Memnon, den Sohn der Eos, und um den
Aufgang der Sonne bei den Äthiopen, läfst der
Befcheidene, der nichts befferes zu wiffen fich
unterfängt, fich die Äthiopen am Obernil für
die homerifchen aufbinden; und wir felbft mögen nachdenken, wie Pofeidon Odyff. V, 282.
380 auf dem Wege vom Ober-Nil nach Ägä fo
weit oftwärts zu den Solymerbergen ausweichen konnte. Ehmals fühlte er doch bei Virgils Aen. VII, 286 diefe Unfchicklichkeit, und
liefs, fie zu heben, den Gott von den füdlichen
Äthiopen über die Elymerberge oder den fici-
lifchen Eryx zurückkehren. Als aber in den
Myth. Briefen I. p. 177 feine Unkunde der öftlichen Äthiopen und des homerifchen Siciliens,
wie im deutfch. Mufeum 1780, 2 St. p. 241, von
neuem gerügt worden war; gab er in der lezten Ausgabe die Elymer auf, und wollte nun
felbft fchon lange bei Strabo die weit verbreiteten Äthiopen, die hier *im öftlichen Afien
jenfeits der Solymerberge* wohnen, bemerkt
haben. Was bewog ihn denn, feine fchon längft

gemachte.richtige Bemerkung jezt dem vollftändigen Auszuge aus Homers alten Erklärern zu
misgönnen, und dafür die jüngften aftronomifchen Grillen, die er felber verwirft, aufzu-
tifchen? Warum beim Homer einen wichtigen
Saz der homerifchen Geografie verhehlt, den
er beiläufig beim Virgil ἐκὼν ἀέκοντί γε θυμῷ
als wahr einräumte?

　Wir fagten, die aftronomifchen Grillen verwirft Hr. *Heyne* jezt felbft.· Dafs er fie vormals nicht verwarf, wollen wir aus den *Myth.*
Briefen I, 4. p. 27 in Erinnerung bringen.
„Homer, heifst es dort, läfst die·Götter zwölf
„Tage bei den Äthiopen oftwärts am Oceanus
„fchmaufen. Hr. *H.* (*comm. de fab. Hom.*
„p. 53), über die *commenta* der Grammatiker
„handfchlagend, vermuthet *ein altes Filofofem*
„*der zwölf Monate*, da die Götter, d. i. die
„Sonne, über den zwifchen uns und dem füd-
„lichen Erdkreife geglaubten Ocean, *zur*
„*anderen Hemiffäre*, nicht eben auf zwölf
„Monate, aber doch für den Winter gingen.
„*Zwölf Monate*, und eine *Erdkugel*, fchon
„vor Homer! Und diefes fo wichtig angekün-
„digte Filofofem ift gleichwohl dem Makrobius
„(*Sat.* I, 23) entwandt worden." Man erwartet
gewifs von Hn. *Heyne* das aufrichtige Bekenntnis, er felbft habe fich einft mit aftronomifchem

Grillenfange befchäftigt, aber jezt das Spiel
aufgegeben. Er hütet fich wohl. Sein College
Gatterer und *Coftard* mögen zur Schau fteben,
und die Stoiker mit ihren *fubtilioribus argu-
tiis*, die er bei Makrobius (*Sat.* I, 23) nach-
weifet: das ift, in der felbigen Rüftkammer, aus
welcher Hr. *Heyne* fein fpizfindiges Fangge-
räth mit verfchwiegenem Dank abholte.

Hn. *Heynens* ungrammatifche Erklärung von
Il. I, 423, dafs Zeus den Vater Okeanos in
feiner Wohnung bei den Äthiopen befucht habe,
führt die Frage herbei: Wo denkt fich Hr.
Heyne die Wohnung des Okeanos? Wenn der
Herfcher des Weltftroms, wie andere Strom-
götter, in feiner felfigen Quellgrotte wohnte
(Äfchyl. Prom. 300); an welchem Ende fchienen den Alten des Okeanos Quellen zu ent-
fpringen? Bei Il. XIV, 200, wo in der That
von einem Befuche des Urvaters geredet wird,
antwortet Hr. *Heyne* in der Note: „Der Dich-
„ter beftimmt nicht, in welcher Weltgegend
„der Palaft des Okeanos befucht werde. *Nicht
„im Weften; denn* dort ift der Palaft der Nacht
„und des *Sonnengottes. Es bleibt die *Südge-
„gend übrig:* wohin vielleicht die Äthiopen Il.
„I, 423 gehören." An diefer Erklärung mögen
die Jünglinge ihren Verftand üben. Der Dichter
beftimmt nichts über die Wohnung des Okea-

nos: fie bleibt alfo, erwarten wir, unbeftimmt,
ob im Weften oder Often oder wo fonft. Nein,
hören wir, nicht im Weften; das weifs er beftimmt! Woher denn? Aus Homer gewifs
nicht; aber vielleicht, wofern er nicht Einge-
bungeu hat, aus den nächftfolgenden Alten, bei
denen Homers geografifche Fabeln noch fortdauerten. Ein folches Zeugnis, wenn es geftellt werden kann, wird uns gültig fein; nur
müfste Hr, *Heyhe* es nicht ftellen wollen, der
eine gemeinfame und fortdauernde Geografie
des homerifchen Zeitalters eben ableugnete.
Was fagten ihm denn die nächftfolgenden Alten, warum Okeanos nicht dürfe im Weftlande
wohnen? Sie fagten ihm, meint er, die Nacht
wohne dort und der Sonnengott. Nun? und deshalb bliebe für den altenUrvater nichtRaum oder
Bequemlichkeit? weil etwa die NachbarinNacht
ihm die Wohnung zu dumpf machte, oder der
Nachbar Sonnengott zu fchwül? Eher begreifen wir, wie wenig für die Nacht, die allerdings am Weftrande haufen mufs, der Sonnengott ein Nachbar fein könne. Das war er
aber auch nicht. Schon die *Myth. Briefe* (II,
19. p. 155—160) führen Beweis: dafs dem Helios die älteften Dichter nach Homer einhellig
am *Oftgeftade* des umkreifenden Weltftroms
hinter Kolchis eine anftändige Wohnung für

fich und die Seinigen gaben, woraus er des
Morgens zur täglichen Sonnenfahrt fich auf-
machte; und dafs erft die fpäteren auch am
Weftgeftade ein Haus, nicht zum Wohnen, fondern zur Einkehr, bis er von der Schiffahrt um
den nördlichen Rand fich ein wenig erholt hätte,
ihm einrichteten. Zuverläffig ward Okeanos,
am Weftgeftade zu wohnen, von dem blofs
vorbeiziehenden Helios nicht geftört, und eben
fo wenig von der anwohnenden ftillen Matrone
Nacht. Und würde er dort geftört, was dann?
Dann bliebe, fagt Hr. *Heyne*, die *Südgegend*
übrig: wo er ihn gar zu gerne, zum Behuf feiner unglücklichen Worterklärung von Il. I, 423;
bei den Äthiopen feiner Alexandriner anfiedeln
möchte. Wenn das nicht wäre, fo könnten
wir ihm auch im Norden und Often noch übrigen Raum zeigen; und obgleich im Norden
nicht mehr, als im Süden, ein Haus für den
Okeanos zu finden ift, fo liefse doch vielleicht
am Oftrande fich eines bei Herodots pontifchen
Griechen (IV, 8) ausfragen. Aber Hr. *Heyne*
bezwinge feine Abneigung vor einer weftlichen
Wohnung des Okeanos. Nicht Hr. *Vofs* in den
Myth. Briefen und bei *Virgils Landbau* hat
fie dorthin gefabelt, fondern die älteften Dichter
nach Homer und die fpäteften. Im Weften, fagt
Hefiodus (Theog. 282), ward Pegafos *nahe den*

Quellen des Okeanos geboren. Dort aus einem
ßlberhellen und himmelſtüzenden Felsberge
(Theog. 775 bis 791) entfpringt der Weltſtrom,
der neun Theile feines Gewäffers um die Erdfcheibe rollt, und nabe bei feiner Quelle in das
vertiefte Mittelmeer ſtürzet, indefa der zehnte
Theil durch das untere Geklüft in das Schattenreich als umzingelnde Styx hinabriefelt. Nach
der Meinung der Alten wird diefer Silberfels
von Homer Odyff. XXIV, 11 Λευκάς, *der fchim-
mernde*, genannt, durch welchen, wie Hefychius meldet, der Okeanos ſtürzen foll. Bei
der weftlichen Himmelspforte, wovon in den
Myth. Br. 1, 27 geredet wird, erkennt Pindar
(Fr. LXIX. Schn.) die Quellen des Okeanos,
und mit ihm *Lucian in Tragop.* 91. Dort dachte
auch Äfchylus (*Prom.* 300) Okeanos Quellgrotte
am weftlichen Geftade des Greifenlandes (*Myth.
Br.* II, 16 — 19). Nach dem weftlichen Kampfe
gegen die Titanen oder fpäteren Giganten (*Myth.
Br.* II, 32) in dem Lande Tarteffus, fpülte dort
Pallas Athene, wie Kallimachus (*Lav. Pall.* 10)
fingt, ihre Streitroffe in den Quellen des Okeanos. Auch bei Quintus X, 195 erlegt Perfeus
die Medufa an dem Ende der Welt, wo die
Sterne finken, und die Quellen des tiefftrömen-
den Okeanos find. Bei demfelben III; 745
führt zur elyfifchen Infel am Weftrande der

Weg über des Okeanos Fluten und die Felsgrotte
feiner Gemahlin Tethys; wo alfo auch Zeus
XII, 156 die Urältern befucht. Bei Statius
(Theb. III, 409) wäfcht der Sonnengott an dem
hefperifchen Geftade fein goldenes Haar in der
Quelle des Okeanus. Und Silius XIII, 554 fezt,
wie Quintus, die elyfifchen Gefilde jenfeit dem
Okeanus, *dem heiligen Quelle benachbart.*

Kürzer werden wir mit anderen geografifchen Entfcheidungen uns abfinden dürfen.
Im Excurs bei Il. XVIII, 478, wo jene launige
Gefchichte, wie die Befchreibuug des Schildes
inf die Ilias gerathen fein könne, erzählt wird,
äufsert fich Hr. *Heyne* (p. 588. 590) auch über
die *Ründe der Erde und des einfchliefsenden
Stroms Okeanos;* ohne gleichwohl zu fagen,
woran er diefe Meinung der Alten als ältefte
oder homerifche erkannt habe. Wahrfcheinlich verfteht er die *Scheibenründe,* ungeachtet
er fich etwas dunkel ausdrückt. „Die *Hemi-
„ffäre* war fo vorgeftellt, dafs auf der felbigen
„Fläche zugleich Tag und Nacht, Sonne und
„Mond vorkamen." Denn bei Il. XVIII, 481
Obf. wundert er fich, wie man auf der Fläche
des Schildes eine bereits von Homer gekannte
Erdkugel mit Zonen geahndet habe; auch
fcheint er's bei Il. VIII, 13 Obf. nicht zu billigen, dafs dort Spätere den Tartaros auf die

entgegengefezte Hemiffäre deuteten, und den
Begrif einer kugelförmigen Erde hineintrugen.
Sehr wohl; hätte er nur angezeigt, wer vor der
Voffifchen Abhandlung im deutfchen Mufeum
1790 Homers Erdfcheibe famt dem ringförmi-
gen Strome Okeanos aufser Zweifel gefezt, oder
wo im Homer diefe Vorftellung am Wege liegt.
Er felbft in feiner geprtefenen Abhandlung *de*
fabulis Homericis von 1777, die er auch jezt
nicht zu bereuen im Excurs zu Il. VIII, 18 bekennt, fand ja, wie wir gefehen haben, bei
Homer fchon eine *Erdkugel* mit zwei durch
ein *Oceanmeer* gefchiedenen *Erdkreifen*, famt
den *zwölf Monaten* der fpäteren Sternkunde,
und alles diefes fchon in fymbolifcher Sprache
des grauesten Alterthums angedeutet. Auch fein
Kampffieger in der homerifchen Geografie wufste noch im Jahr 1786, da feine Geografie der
Argonauten gekrönt, und von Hn. *Heyne* den
Forfchern des alten Okeanos zum Leitftern em-
pfohlen ward, über die Geftalt der Erde nichts,
und über den umringenden Okeanos viel wun-
derliches, womit fchwerlich die Scheibenge-
ftalt zu vereinigen war. Denn ründe uns einer
das folgende Bild des Hn. *Schönemann* (p. 22
etc.): Oceanus helfst im Often der Euxinifche
Pontus, der nordwärts über Kleinafien und das
gefchmälerte Thracien bis an die Weftfeite von

Epirus und Peloponnesus (p. 63) reicht; dann
folgt der westliche Oceanus, oder das tyrrhe-
nische Meer um Circeji, welchem der südliche
Oceanus auserhalb Libyen sich anschliefst, und
ostwärts in der Gegend des kaspischen Meers
mit dem Pontischen zusammenläuft. Es ver-
steht sich bei jenen Preiskämpfern, dafs die
Länder wie auf unseren Karten aussehen, und
nur an den Enden so gestäupft werden, wie
etwa auf der homerischen Karte bei Blackwell.
Ja auch dieser nach Gutdünken hingegossene
Oceanus, der ein utopisches Meer, durchaus
kein homerischer Weltstrom ist, entspräng aus
Hn. *H.* eigenem Kopfe, dem geheimnisvollen
Urquell aller alterthümlichen Wissenschaft. Denn
im Excurs I zu Virgils Aen. VII zieht er seinen
Oceanus, dessen Begrif aber schon vor Homer
geschwankt haben soll, von Circe's Insel hinter
Sicilien bis zum Norden herum, und bringt die
Argonauten von Kolchis in diesen seinen Oceanus entweder durch den Tanaïs oder den Ister;
beide dem Homer unbekannte Ströme, wovon
der lezte in den wahren Oceanus nicht einmal
führen konnte. Stolz auf eine solche Erfindung
wendet er sich in der neuesten Ausgabe an den
Leser: „Erinnere dich, dafs dieses von mir
„schon in der ersten Ausgabe, und folglich vor
„dem Jahr 1775, geschrieben worden ist; damit

„du erkenneſt, daſs ich mir gleich bleibe." Gleich bleibt er ſich allerdings, im Wechſel der ungleichſten Behauptungen, die ohne Zwiſt in dem ſelbigen Gehirn aus und eingehen, oder wie unbekannte Hausgenoſſen neben einander wohnen. — Bei Il. VIII, 479, in der Note zu πείρατα γαίης καὶ πόντου, *Grenzen des Landes und des Meers*, ſteht er unſchlüſſig zwiſchen beiderlei Anſichten: ob πόντος das *äuſ- ſere Meer* ſei, welches gewöhnlich mit dem Namen *Okeanos* bezeichnet werde (*plerumque per Oceanum declaratum!*), oder das *innere Meer*, wie anderswo; beides laſſe ſich, meint er, vertheidigen. Bei Il. XXIII, 71 — 74 iſt ihm in der Note der Okeanos zwar wieder ein *Strom*; aber nun vollends — man denke! ein *Strom der Unterwelt*, über welchen die Todten erſt nach der Beſtattung kommen. In der Obſervation V. 74 betrachtet er dieſen hemmenden Strom *vor dem Hauſe des Aïdes* (*ante domum*), und macht aus, der Strom werde zwar nicht genannt, doch ſei er ohne Zweifel (*nec tamen dubito*) — der *Okeanos*: wenn auch die Stellen der Odyſſee X und XXIV nicht einſtimmen, und ihm kein ganz deutliches Bild der Gegend darbieten. Wie konnte er, gegen ſeinen Grundſaz, hier andere Homere zu Rathe ziehen? Wie, bei vorſchwebender Unähnlichkeit

oder Undeutlichkeit, für den hiefigen Homer
aus den dortigen fo zuverfichtlich den Namen
Okeanos herausgreifen? Die Undeutlichkeit
wird, hoffen wir, durch unfere Erklärung ihm
verfchwinden, und mit ihr die Unähnlichkeit.
Odyffeus fuhr (Odyff. X, 508 ff.) durch die Ein-
ftrömung des Okeanos nach der kimmerifchen
Nachtfeite fo weit, als die Voffifche Welttafel
zeigt; am niedrigen Geftade des Okeanos ging
er in die Todtenkluft hinab, bis wo die bekannten Höllenftröme fich mifchen (f. *Vofs* bei Virg.
Lb. IV, 480); dort fchweifte diesfeits der noch
unbeftattete Elpenor; und eben dafelbft Il.
XXIII, 71 die Seele des Patroklos.

Zwifchen zwei ungleichen Schlüffen, fo in
der Mitte zu ftehen, dafs man im Nothfall nach
dem einen oder andern hinlangen kann, mag
behaglich genug fein; noch behaglicher, zwifchen zwei verfchiedenen Arten des Schliefsens
fich hin und her zu wiegen. Bald ift Hn. *Hey-*
nens Grundfaz: So viel Köpfe der homerifchen
und nächftfolgenden Zeit, fo viel befondere
Meinungen von der Welt; daher fich über Homers fabelhafte Geografie allerlei vermuthen,
nichts ausmachen läfst. Bald nimt er mit uns
durchgehende Vorftellungen jedes Zeitalters an,
nach welchen er, bei Homer eine weftliche
Wohnung des Okeanos oder eine öftliche des

Helios zu vermuthen, eben fo beftimmt unter-
fagt, als er beftimmt die fpätere Kugelgeftalt
der Erde, und alle Neuerungen des Weltftroms
Okeanos, abweifet. Glaubt man, nun halte er
feften Fufs, fchnell flattert er wie ein Zefyr zu
feiner wankenden Blume zurück. So fchwebt
er wieder bei Il. VIII, 13 und 478, wo er in
den Noten die Erklärung des *Tartaros* mit gefälliger Leichtigkeit umfpielt. An der erften
Stelle follen wir blofs denken, was dafteht,
dafs der dortige Homer im Weften fich den
Eingang zum Schattenreich und zu dem darunter fich erftreckenden Tartaros gedacht habe;
und an der zweiten wiederum nur, was der
dortige Homer denkt, dafs im Tartaros, wohin ein Weg im Weften *aus dem Okeanos*
(Wo fteht das?) hinabführe, die eingekerker-
ten Titanen weder Sonne noch Luft haben.
Jener Tartaros bleibe für fich, und diefer für
fich. „Denn, fagt Hr. *Heyne*, aus einer Stelle
„in die andere etwas hineintragen, ift mifslich:
„weil ja die Poeten kein durchgehendes und
„mit fich felbft beftehendes Fabelfyftem haben,
„und die homerifchen Lieder mit anderen Er-
„dichtungen fpäterer Rhapfoden untermengt
„find; vollends aus dem Hefiodus anderes"
(vermuthlich, dafs es im Tartaros ftürmt) „dem
„Homer beimifchen, ift noch mifslicher und

„willkürlicher.. Daher kommt's, dafs jeder Aus-
„leger nach feinem Belieben andere und ver-
„fchiedene Dinge hinftellt, aber nichts bei-
„bringt, wobei fich alle beruhigen." O der er-
wünfchten Ruhe, wenn keiner hinfort mit dem
Unerklärbaren fich und andere beunruhigen
will, fondern alle dem Ausfpruch eines Un-
trüglichen fich gläubig vertraun! Möchte doch
bald ein neuer *Hermann* (der vorige foll dem
Hn. *Heyne* entronnen fein) den Wink auffaffen,
und uns, ftatt der vormals zufammengewinkten
Fabeln Homers und Hefiods, die felbigen in
*Fabeln der älteren und jüngeren Homere
und Hefiode* aus einander gewinkt wiedergeben! Dann eben fo vereinzelt die folgenden
Fabeln bis zu den fpäteften herab, die ja nicht
als Volksmeinungen ihrer Zeitalter im Zufammenhang, nein, als befondere Erfindungen jedes müffigen Kopfes, und als durchaus wider-
wärtige, alle mit allen ftreitende, zu behandeln
find! Welch ein Syftem von unverträglichen
Hirngefpinnften wird hervorgehen, welche or-
ganifirte Anarchie, welche fichtbare Finfter-
nis, indem der erhabene Wink, wie ein elek-
trifcher Bliz, das Chaos zugleich aufrüttet
und erleuchtet! Natürlich war's, dafs bei folcher Einficht Hr. *Heyne* in der Obfervation II.
VIII, 13 feine vom Hn. *Vofs* (Virg. Lb. IV,

357) fanft berührte Einmifchung des platoni-
fchen Tartaros zurücknahm. Weniger natürlich, dafs feine Obfervation bei Il. VIII, 480
Homers Tartaros ohne Sonne und Wind (der
allein mit dem ftürmifchen des Hefiodus zu vergleichen war) mit Pindars ewig befonntem Size
der Frommen in der Unterwelt (κατὰ γᾶς, Ol.
II, 107), und diefen·unterirdifchen Siz wieder
mit Pindars Seligeneiland im wehenden Okeanos (V. 129) verglich, ja noch Virgils ungleich-
artigen Tartaros (Lb. I, 36. f. *Vofs*), hinein-
mengte.

Solche Beweife von Wankelmuth laffen voraus ahnden, wie·der Sacherklärer mit dem homerifchen *Olympos* umgehen, oder vielmehr
umfpringen werde. Denn wirklich macht fein
Excurs darüber bei Il. I, 494 des Hin- und
Herfpringens fo viel, dafs ihn zu faffen kein
geringes Stück Arbeit ift. Etwas geordnet und
in Kürze gedrängt, enthalten die Collectaneen
diefs. Zuerft verheifst Hr. *Heyne*, von dem
Olympos uns einmal für allemal zu unterrich-
ten. Er thut es in der Folge noch oft; und wir
werden fehen, ob er den erften Unterricht immer befeftige. Indem er darauf über die Lage
und Geftalt des Berges Olympos, und über die
·Volksmeinung, dafs die Götter auf hohen Bergen
entweder wohnen oder verehrt fein wollen,

Volborths *Difputatio a* 1776 *apud Nos ha-
bita*, die doch nicht lauter wefentliches enthalte, und feine eigene *Commentatio* von dem
Pierifchen Mufendienft auf dem Pindus, in Erinnerung bringt, ftreuet er folgende Lehren aus:
„Der Berg Olympos, höher als alle benachbar-
„ten, und *ftets mit Nebel und Gewölk um-*
„*zogen*, ward von den Pieriern dem Zeus,
„deffen Altar auf der Spize ftand, und zugleich
„den Göttern als Wohnort geheiliget und be-
„fungen. Von diefem Berge entlehnten die ho-
„merifchen Lieder manchen Ausdruck, um die
„*Wohnungen der Götter*“ (die alfo bei Homer
nicht immer auf dem Berge find) „zu bezeich-
„nen: als der *vielhauptige* Olympos, der *viel-*
„*gewundene*, der *befchneiete*. Die Sage, dafs
„auf dem Gipfel kein Wind wehe, fcheint die
„Befchreibung des windftillen Olympos Od. VI,
„42 — 46 veranlafst zu haben.“ Wir fezen fie
her, weil fie nicht Windftille allein beweifet:

Zu dem Olympos empor, dem ewigen Size der
Götter,
Sagen fie: den kein Sturm noch erfchütterte, nie
auch der Regen
Feuchtete, oder der Schnee umftöberte; Heitre
beftändig
Breitet fich wolkenlos, und hell umfliefst ihn der
Schimmer.

Dafs die Heiterkeit der Berggipfel über der

Wolkenhöhe den Schnee der unteren Strecke
gar wohl zuläfst, und daher der *befchneite
Olympos* nicht, wie Hr. *H.* bei Il. I, 420 meint,
diefer Schilderung widerfpricht: bedarf kaum
einer Erinnerung. Weiter lehrt der Excurs:
„des Berges Haupt (oder Obertheil Il. XX, 5)
„hat mehrere Gipfel. Auf dem höchften der
„Gipfel *fizt* manchmal Zeus, Il. I, 498." (Bald
darauf wird auch im Vorbeigehen eingeräumt,
er *wohne* dafelbft.) „Aber die übrigen Götter
„*wohnen* in verfchiedenen Theilen des Gebirgs,
„Il. XVIII, 186. XX, 4. Da nun der Berg
„einmal für den Wohnort der Götter gehalten
„ward, fo fchmückten ihn die älteften Dichter
„auch mit einer *Regia* der Götter." Was will
Hr. *Heyne?* Auf dem Berg Olympos wohnte
ja Zeus, und umher feine Mitgötter: er felbft
als König auf der höchften Kuppe, weiter hinab
die andern. Was foll nun bei diefem Königs-
palafte noch ein befonderer? Diefs begreift
keiner ohne Literaturgefchichte. In den Myth.
Briefen I, 21 p. 135 ward die Heynifche Lehre,
an einigen Stellen Homers wohne Zeus famt
den oberen Göttern *in einem gemeinfchaftlichen Palafte*, gerade mit ihrer Beweisftelle
Il. XI, 76 widerlegt, und dagegen gezeigt, dafs
die beftändig *in verfchiedenen Häufern* des
Olympos umher wohnenden Götter nur zu Rath

und Schmaus in des Königes Palaſt auf dem
höchſten Gipfel ſich verſammelten. Hr. *Heyne*
läſst die *geſonderten Wohnungen* der olympiſchen Götter ſtehen; zaubert ſich aber dazu
noch eine ganz wunderbare, in der beſtrittenen
Stelle Il. XI, 76 ihm allein erſchienene *Regia
deorum*, συνοιϰία oder *Gemeinwohnung:* in
welcher, damit jene *geſonderten Wohnungen*
unbewohnt bleiben, er die ſämtlichen Olym-
pier mit einander Tag und Nacht zu beher-
bergen beſchlieſst.

Weil Zaubergeſtalten ſich am natürlichſten
im Dunſt ausnehmen, ſo benebelt uns Hr. *Heyne*,
bevor ſeine homeriſche *Regia* ſich darſtellt, mit
einer geheimnisvollen Vorkehrung, wobei er
die namloſen Geiſter der älteſten Dichter an-
ruft. Wir müſſen die grauliche Weihe unabge-
kürzt wiederholen. „Ausgeſchmückt haben die
„Geiſter der älteſten Poeten den Berg Olympos,
„da er einmal für den Siz der Götter war ge-
„halten worden, und eine *Regia* (einen Her-
„ſcherpalaſt) auf demſelben angelegt: und zwar
„*im Anfang ſo*, daſs ſie die *Regia* auf dem
„Berg, oder einem Theile des Bergs, oder über
„dem Berge in den Wolken, im Himmel, an-
„legten; *bald* aber, ohne auf den Berg einige
„Rückſicht zu nehmen, die in den Wolken und
„im Himmel angelegte *Regia* der Götter mit

„dem Namen Olympos benannten. Im Anfang,
„fagte ich, haben fie die *Regia* der Götter *auf*
„*dem Berge* angelegt, zuweilen auch *über dem*
„*Berge* in den Wolken und im Himmel; und
„hierin find fie mannigfaltigen Fantasmen
„(*phantasmata*) und Vorftellungen der Dinge
„und der Örter gefolgt. Aber jezt handeln
„wir vom Homer." Indem uns die Sinne ver-
gehen, entfällt dem Hn. *Heyne* felbft, was er
abhandeln wollte: dafs bei Homer, aufser den
vorher nachgewiefenen Wohnungen der einzelnen Götterfamilien, noch ein gemeinfamer
Palaft für alle zu finden fei. Er ıneldet uns
treuherzig Il. XI, 76 heifse es, *auf dem Berge
und deffen Höhen und Thälern* fein Wohnungen für die Götter gemacht worden. Einzelwohnungen alfo, die er im Vorigen fchon ab-
handelte! Oder foll *aedes* ein Palaft fein, deffen
Wohnzimmer durch mehrere Höhen und Thäler fich ausbreiteten; weil etwa Hr. *Heyne* nicht
blofs für die zwölf grofsen Götter, wie ehemals
(Virg. Aen. X, 1. ed. 3), fondern für hohe und
niedrige fich Raum fchaffen mufs. So habe er
denn einen Widerfpruch mit fich felbft weniger,
und in dem räzelhaften Ausdrucke fei nur eine
ungeheuere, durch mehrere Höhen und Thäler
bergauf und bergab gehende Gemeinwohnung
zu verftehn! Denn wirklich in der Note zu Il.

XI, 76 erklärt sich Hr. *Heyne* bestimmt für
eine Gemeinwohnung: „Wie in der Könige
„Häusern mehrere Häuser oder Hütten (*casae*)
„innerhalb des selbigen Hofes waren, so waren
„auf dem Olympos (worüber dieser Excurs
„nachzulesen ist), ausser dem gröfseren Hause
„des Zeus, noch Nebenhäuser für die übrigen
„Götter." Auch bei Il. I, 535 und 606 giebt
er seine Vorstellung, dafs die Götter aus dem
Saale des gröfseren Hauses in die Schlafkammern ihrer um den Vorhof stehenden Häuser-
chen zur Ruhe gehen. Selbst Hefästos bewohnt
ihm Il. XVIII, 376 ein Nebenhäuschen innerhalb der Ringmauer, und, was wir für sein
Besuchzimmer hielten, das ist der grofse Saal
im Herrenhause des Zeus. Aber wenn H. *Heyne*
in diesen drei Stellen eine Gemeinwohnung der
Götter zu finden wufste: so begreifen wir kaum,
warum er nicht jene doch leer stehenden Einzelwohnungen ganz schleifte, und Il. XVIII,
186. XX, 5, *die den Olympos umwohnenden,*
oder *auf dem Haupte des Olympos wohnenden* Götter ebenfals, in einer gemeinsamen über
Höhen und Thäler sich ausdehnenden *Regia*
zusammenfafste.

Die Verwirrung steigt. Hr. *Heyne* will im
Excurs weiter zeigen, dafs seine Gemeinwohnung der Götter bei Homer manchmal *über dem*

Olympos in den Wolken fchwebe, und wählt
zu Beweisftellen Il. V, 748 ff. XIII, 523, die er
unter dem Text auch feiner Abficht gemäfs
deutet. – Hier aber glaubt er noch immer bei
den *zerftreueten Einzelwohnungen auf den
Berghöhen des Olympos*, oder, wie wir aus
Gefälligkeit fie erklärt haben, bei der unge-
heuern *Gemeinwohnung auf dem Berge*, zu
verweilen, und läfst als Beweife dafür feine
Citate Il. V und XIII getroft mitlaufen. „An
„der Stelle Il. V, 748 (fagt er) fcheint der *Him-
„mel über dem Olympos* zu fein, oder ihn zu
„umgeben." Als ob der Himmel auch unter dem
Berge fein könnte! „Durch die geöfnete Him-
„melspforte fteigen Athene und Here herab,
„und fehn den Zeus auf dem oberften Gipfel
„fizen." Wer vorher die Note bei Il. V, 758
und die Obfervation Il. V, 750 gelefen hat, der
merkt wol ungefähr, dafs dem Excurfor hier
in dem *Himmel über dem Berge* etwas von
einem *himmlifchen Götterpalaft* vorfchim-
merte; ein anderer nichts. „An der Stelle Il.
„XIII, 523 (fährt er fort) fizt Ares *unter gol-
„denem Gewölk*, welches folglich fein Haupt
„umgiebt." Allerdings, wenn er darunter fizt.
Diefs auch angenommen, fo fäfse er auf dem
Berge fo tief, dafs ihm die Wolken über dem
Haupte fchwebten. Denn über dem Berg Olym-

pos, deſſen Gipfel nach Odyſſ. IV, 45 beſtändig
heiter und wolkenlos iſt, ein beſtändiges Gewölk anzunehmen, und einen von dem Gewölk
unten und oben umwölkten Götterpalaſt: wird
uns erſt in der Note bei Il. XIII, 523 zugemu-
thet. Indem wir dem Excurs wie betäubt nach-
ſinnen, ſchlieſst plözlich der Abſaz noch be-
täubender: „Es iſt alſo nicht zu verwundern,
„daſs *Himmel* und *Olympos* bald verbunden,
„bald beides vermengt, und eines für das an-
„dere geſezt wird." Und dann folgt, nach der
bisherigen Abhandlung einer homeriſchen *Berg-
Regia*, ein neuer Abſaz mit *Regia deorum in
nubibus conſtituta eſt:* der eine in den *Wolken*
angelegte *Regia* beweiſen ſoll — ohne Beweis;
weil Hr. *Heyne* die angeblichen Beweiſe im
vorigen Abſaze verſchüttet hat. Er erzählt nur
mit wiederholender Weitläuftigkeit, was ſein
Luftſchloſs alles mit einem Heroenpalaſte gemein habe, als Thüren, Schwellen, Hof und
Gehege, auch Hallen, beſonders einen gewaltigen Saal, wo Zeus mit den Göttern ſchmauſt
und rathſchlagt, und kleine Häuſerchen auf dem
Hofe für die übrigen Götter: eine wahre *συνοι-
κία* oder Gemeinwohnung; der Saal ſei von Erz,
wovon der eherne, auch wol eiſerne Himmel
genannt werde, und dergleichen mehr. Noch
einmal geräth er auf den ſpäteren Götterpalaſt

im *Sternhimmel* (bisher war alſo der Wolken-
himmel gemeint), und auf Ovids Milchſtraſse;
aber noch einmal beſinnt er ſich, daſs dieſes
den Homer nichts anzugehen ſcheine. „Was
„den angeht, ſagt er, das habe ich nur im
„Ganzen erinnert; welche Geſtalt das Einzelne
„nach der Vorſtellung des Poeten könne ge-
„habt haben, darüber ſei jedem frei die Frei-
„heit des Erdichtens, *libera eſto cuique fin-*
„*gendi libertas.*‟ Das nehme ſich der, der
bei Virgils Landbau III, 261 einen ganz anders eingerichteten Olympos Homers und der
Späteren zu ſehen glaubte. — Nun, liebe Leſer,
wem unter euch iſt eine unholdſeligere Verwirrung bekannt? Und auf dieſen umherſchwin-
delnden Excurs, welchen Hr. *Heyne*, wie ſeine
erſten Ausläufe über die Partikel *ei* (ſ. im Vorigen), für verdruckt hätte ausgeben müſſen,
weiſet er uns durch die ganze Ilias zurück.

Jezt noch die Noten und Obſervationen zu
den beiden Beweisſtellen eines ehernen Wolken-
palaſtes über dem Olympos; weil Hr. *Heyne*
ſich dort doch wenigſtens erinnert, was er beweiſen will. Bei Il. V, 750—753 meint er: Die
Göttinnen kommen aus dem Wolkenthore des
Himmels herab, und finden den Zeus auf dem
oberſten Gipfel des Olympos ſizen; folglich
muſs hier der gemeinſame Götterpalaſt über

dem Olympos in den Wolken gedacht werden. Aber, in dem selbigen Palaſt mit dem Wolkenthor (Il. VIII, 393) waren Here und Zeus, als ſie durch heftige Bewegung den Berg Olympos erſchütterten (199. 443), welches aus frei ſchwebendem Gewölke nicht geſchehen konnte; und ſelbſt jenes Thor wird (411) auf dem viel gebogenen Berg Olympos gezeigt. Verſuche es Hr. *H.* einmal mit der Voſſiſchen Anordnung. Der Berg Olympos erhebt ſich aus wolkiger *Dunſtluft* (ἀήρ) mit der Kuppe in die nimmer bewölkte Heitere, welche bis zu dem metallenen Himmelsgewölbe hinauf *Äther*, und, oft mit der unten angrenzenden Luft, auch Himmel genannt wird; auf dieſer heiteren Kuppe ſteht oben der Palaſt des Zeus, deſſen Thor eine gediegene Wolke ſchliefst; aufser dem Thore finden die Göttinnen den Zeus, wie er auf der ſelbigen Kuppe von einem vorragenden Hange nach Troja ſchaut; worauf ſie, das Ende des dünnen Äthers erreichend, von dem Berge über die tragende Dunſtluft zwiſchen Himmel und Erde dahinfahren. Wo bleibt nun die ſeltſame Erſcheinung des Luftpalaſtes über dem Olympos? Sie verſchwindet mit ihrem Truggewölk. Denn Il. XIII, 523 Wolken *über dem olympiſchen Luftpalaſte*, oder, wenn Hr. *Heyne* den aufgehen will, *über dem Berggipfel des Olym*

pos, fchweben zu fehen, ift Mifsverftand. Dem
Ares und den übrigen Göttern follte der Anblick der Schlacht durch vorgezogene Wolken
gehemmt werden. Dazu dienten nicht Wolken
über dem Haupte, fondern unterhalb an der
Seite des Bergs, wo der Wolkenbezirk über
der Dunftluft anfing; und durch den Glanz des
herabftralenden Äthers wurden fie vergoldet.
Wer alfo dem Homer einen begreiflichen Sinn
zutraut, der ftreiche das Komma nach ἧστο,
und verftehe: *Er faſs auf dem Gipfel,* ὑπὸ
χρυσοίσι νεφέεσσιν ἐελμένος, *von goldenen
Wolken befchränkt.*

Seht da die Zeugniffe für den olympifchen
Wolkenpalaft, den, ohne weiteren Beweis, Hr.
H. fogar in Il. XV, 19.7 hineintragen will. Bei
der Theilung der Welt, fagt der Dichter, erhielt Pofeidon das innere Meer, Aïdes das unterirdifche Todtenreich, Zeus den Himmel in
Äther und Wolken, d. i. das Gewölbe mit beiden Luftfchichten, Heitere und Dunft:

> Aber die Erd' ift allen gemein, und der hohe
> Olympos.

Hr. *Heyne* macht in den Noten aufmerkfam,
daſs *Himmel* und *Olympos* verfchieden fei,
und heifst uns jenen leidigen Excurs nachfehen,
wo nur Verbindung, ja Verwechfelung beider

behauptet wird. In der Obfervation dagegen
ftraft er die alten Ausleger, die eine Verfchiedenheit erkannten, und den Olympos als Berg
zur Erde rechneten. „Diefe Verwirrung“ (fagt
er) „könnten fie erfparen: denn der Olympos,
„der über *Wolken und Himmel ift*, ift die ge-
„meinfchaftliche Wohnung der Götter, obgleich
„er oft mit diefem (nämlich dem Berge) den
„felbigen Namen führt (*etfi faepe cum hoc
„eodem nomine appellatur*, auf Deutfchlatein);
„die Erde ift es gleichfals“ (nämlich Gemeinwohnung, wie der himmlifche Olympos), „weil die
„Götter gemeinfchaftlich für die Menfchen for-
„gen, und gemeinfchaftlich von ihnen verehrt
„werden (*quatenus communi cura homi-
„num provident dii*“ wahrfcheinlich ein Druckfehler!) Wir erwarteten einen vorzüglichen
Gebrauch des Wolkenpalaftes bei Il. VIII, 18—
26, woraus die goldene Kette auf den Berg
Olympos könnte herabgefenkt werden. Nein;
bei V. 19 ftellt die Note den Zeus in den *Himmel*, ohne Anzeige, ob das Gewölbe, oder der
Wolkenpalaft, oder dem Excurs zufolge, die
Höhe des Bergs Olympos gemeint fei; bald aber
bei V. 25 ftellt ihn die Note auf eine *vorfpringende Jähe des Bergs Olympos*, wo man auf
die Erde fehen, und eine Kette hinabfenken und
anbinden konnte. Denn der Berg, fagt Hr.

Heyne, müffe es hier fein, weil auf den Berg
V. 3 die Götter fich verfammelt hatten: welchen Vers er indefs in der Obfervation für verdächtig hält. Eine vom Olympos herabgelaffene
Kette behauptete Hr. *H.* fchon in feiner Abhandlung von den *homerifchen Fabeln;* und
nngeachtet die *Myth. Briefe* II, 41. p. 330 ihm
die Unfchicklichkeit vorftellten, bleibt er dabei.
An einer vom Berg Olympos herabgelaffenen
Kette mufs ihm Zeus die ganze Erdfcheibe mit
dem eingefchloffenen Meer in die Höhe ziehen:
fo wie der Wundermann Münchhaufen zur Si-
cherheit fein Haus auf den oberften Boden zog,
und die Leiter nachholte.

II. Über die *Einrichtung der Häufer,* worin Homers Helden und Götter wohnen, belehrt uns zwiefach ein zwiefacher Hr.
Heyne. Als Erklärer Virgils meldet er bei Aen.
X, 1: Im homerifchen Palafte fei ein grofses
Atrium, ein Zimmer für Gefchäft und Befuch;
zu beiden Seiten daran fein Gemächer, oder
kleinere Schlafkammern für die Hausleute, und
auf dem Olymp für die zwölf grofsen Götter:
wohl zu verftehen, in der olympifchen Gemeinwohnung, denn an einigen Stellen Homers habe
jeder Gott fein eigenes Haus. Was das *Atrium*
fei, wird bei Aen. VIII, 467 erklärt: Man trete
fogleich in ein Zimmer, wofür die Römer ein

Atrium gehabt; diefes erftrecke fich durch
das ganze Haus, ungefähr wie bei unferen
Landsleuten die *Dehle*, und habe im innerften
Winkel den Feuerheerd. Völlig ein Bild der
Hannöverfchen Bauernhäufer: die lange *Dehle*,
im Hochdeutfchen *Diele* genannt, mit dem Torf-
heerd am oberen Ende, macht das Gaftzimmer
der Heroen und der Götter; in den Seitenver-
fchlägen, wo der Bauer fein Vieh und Geflügel
hält, find die Schlafkammern der Familie, und,
an Jupiters *Dehle* entlang, der zwölf grofsen
Götter. Diefe Belehrung wiederholt Hr. *H.* in
der lezten Ausgabe Virgils von 1800, damit (wie
er bei Aen. VII Exc. 1 verlangt) der Lefer ein-
fehe, er bleibe fich gleich.

Zu der felbigen Zeit aber, als Erklärer Homers, deffen 8 Tome von 1799 an gedruckt
wurden, bemerkte Hr. *H.* in der Obfervation
bei Il. VI, 242 einen umhegten Raum: darin
zuerft einen Vorhof mit gefonderten Hütten an
jeder Seite; dann das Haupthaus, welches ein
gewaltiger Saal fei, mit einer Seulenhalle da-
vor, die auch vielleicht vor die Hütten des Hofes fich erftrecke; und hinten hinaus wieder
einzelne Häuferchen. In dem Haupthaufe oder
Saale werde den Tag über gewirthfchaftet und
gefchmauft; in den Hütten vorn und hinten
fchlafe und wohne die Familie und das Gefinde;

nur die Hausfrau mit ihren Mägden und Töch-
tern wohne in einer oberen Kammer, wahrfcheinlich über der Halle des Saals. Beiläufig
erfahren wir noch Il. VIII, 435, dafs das Haupthaus oder *Atrium* (hier der Saal, wo man
fpeifet und Gefellfchaft annimt) kein anderes
Licht habe, als durch die offene Thüre, wes-
wegen man Feuer anzünden, oder draufsen die
Gefchäfte abmachen müffe; und Il. XX, 11, dafs
das Haupthaus, nämlich der Saal, auch Halle
oder Seulengang heifse, weil feine Decke auf
Seulen ruhe. Am Schluffe der erften Obfervation fagt Hr. *Heyne*; er habe die Mühe nicht
gefcheut, die Wohnung des heroifchen Lebens
zu befchreiben; denn — *man könne nicht mit
vollkommenem Nuzen lefen, wenn man nicht
von der Sache eine deutliche Vorftellung habe.*
Doch wenigftens am Schlufs eine richtige Bemerkung!

III. Die *homerifche Mythologie* hat
den Hn. *Heyne* feit längerer Zeit befchäftigt;
und er verfichert (Exc. Il. VIII, 8), dafs feine
fchon im Jahr 1777 der Göttingifchen Societät
vorgelefene Abhandlung *de origine et cauffis
fabularum Homericarum*, der eine noch viel
frühere vorherging, ihm noch jezt im Wefentlichen nichts zu bereuen darbiete. Ein ähnlicher
Auffaz *de Theogonia ab Hefiodo condita* folgte

im Jahr 1799; und bald verbreiteten fich feine Lehren und Redensarten durch eigene und fremde Recenfionen, durch immer erneueten Vortrag im Hörfaal, in Epifteln, Vorreden, Anmerkungen, und zulezt durch das *Hermannifche Lehrbuch der Mythologie* 1787 und 1790, das aus einem nachgefchriebenen Collegium des Hn. *Heyne* entftanden war, und mit zwei anpreifenden Vorreden des Hn. *Heyne*, und eben fo viel anpreifenden Recenfionen des felbigen, den froheften Bewillkommnungen entgegen trat.

In der Abhandlung von 1777 wird der Urfprung der homerifchen Fabeln alfo erklärt (p. 37). „Nachdem die altväterifchen Landesreli-
„gionen der zerftreueten Horden Griechenlands
„durch Danaus und Kekrops mit ägyptifchen
„Begriffen, durch Pelops mit frygifehen, durch
„Kadmus mit fönikifchen vermifcht worden;
„entftanden bald filofofifche Myfterien und Tem-
„peldienfte, aus deren Schoofs eine Art von Na-
„turfilofofie über den Urfprung der Dinge und
„der Elemente Entwickelung, *wegen der Armuth der Sprache in fymbolifche Bilder von Gottheiten gefafst*, hervorging, und Dichter
„erft zu Kosmogonien, dann zu Theogonien
„begeifterte. Diefe Sinnbilder der Urfilofofie"
(*die Hr. Heyne durchaus nicht Allegorie, denn die fei fpäter, genannt wiffen will*),

„entlehnte Homer aus den Kosmogonien,
„und verwandelte fie in wahre Perfonen von
„übermenfchlicher Kraft, die an den Hand-
„lungen feiner Heroen Theil nahmen." (Oder
die vielmehr nur fo thaten, im Grunde aber
fyfifche und moralifche Säze ausdrückten. Hier-
von werden Beifpiele gegeben.) „Die uralte
„Kosmogonie liefs vor der Erfchaffung ein all-
„gemeines Gewirr herfchen: das bedeutet Eris,
„die Homer zu einer handelnden Perfon machte.
„Die Zeit der Verwirrung und Entwickelung
„wird durch Kronos, der feine Kinder verzehrt,
„und durch die verftofsenen Titanen bezeich-
„net. Darauf die Anordnung der Elemente durch
„Jupiter, Neptunus, Pluto. Das erfte Element
„fchien Waffer; daher Oceanus der Götter Va-
„ter. Anderen fchien es die Luft; daher Ju-
„piter die obere, und Juno die untere Luft, Bru-
„der und Schwefter, Mann und Weib; daher
„der ewige Zank, eigentlich Ungewitter; daher
„die Ambofse an Juno's Füfsen, Erddünfte und
„Meerdünfte, daher auch die vom Olympus
„herabgelaffene Kette, die vom Äther abftufen-
„den Elemente; daher ferner die Feffelung Ju-
„piters durch Juno, Neptunus und Minerva,
„oder richtiger Apollo, ein Bild, wie der Äther
„durch Luft, Waffer und Feuer (denn Feuer fei
„Apollo als Sonnengott) gehemmt worden; u.

„f. w. Dann (p. 52) da Apollo für den Ur-
„heber der Peft gehalten ward, *nach dem alten*
„*Symbol der Sonne*, die Pfeile als Strahlen
„ausfchickt; fo hat Homer die Peft im Lager
„der Achaier mit Recht vom Apollo abgeleitet.“
(Vergl. *Myth. Br.* II, 44.)

Durch diefe Vorftellung glaubte Hr. *Heyne*
dem von *Clarke* bei Il. I, 399 hingeworfenen,
und von *Ernefti* vernachläffigten Gedanken,
dafs Homers Fabeln aus alten filofofifchen Gedichten über die Entwickelung der Elemente
entlehnt worden fein, Licht und Anfehn zu verfchaffen. Zur Ausführung des Clarkifchen Gedankens nahm er den Stof aus *Blackwells* Schrift
über Homer: wo im 10. Abfchnitte die finnbildliche Mythologie dem Homer aus dem hierogly-
fifchen Ägypten durch Danaus, Orfeus und ähnliche, durch Fönikier und Kreter, durch Orakel
und Myfterien, zuftrömen foll. Wenn wir Hn.
Heynens zufammengelefene Gedanken richtig
gefafst haben: fo war in den vorhomerifchen
Kosmogonien z. B. der feratreffende *Apollo*
nichts weiter als ein fymbolifches Bild, um bei
der Armuth der Sprache die noch namlofe
Sonne gleichfam hieroglyfifch zu bezeichnen;
die Pfeile bedeuteten Strahlen, das Schwert
Strahlen, das ungefchorene Haar Strahlen. In
den folgenden Theogonien ward das Sonnen-

ſymbol ein Gott, mit anderen vergötterten Natur-
kräften verwandt, aber noch nicht aufser den
Wirkungen der Sonne thätig. Homer zuerſt
machte den Apollo zu einer wahren, auch aufser
dem Sonnenamte mithandelnden Perſon, die
aber auch ſo noch *verpeſtende Sonnenhize*,
oder was ſonſt von der *Sonne* ſich anbringen
liefs, ſymboliſch zu bedeuten fortfuhr. Eben
ſo waren die Amboſse an den Füfsen der Here
dem kosmogoniſchen Dichter ein Sinnbild der
unteren Dünſte, die goldene Kette des Zeus ein
Sinnbild der Elemente; bei Homer wurden ſie
wirkliche Amboſse, eine wahrhafte Kette; doch
behielten ſie für den Verſtändigen unter dem
eigentlichen Sinn noch den geheimen der Kosmogonie.

Wir anderen, deren ahndender Blick nicht
in die vorhomeriſchen Theogonien, in die noch
älteren Kosmogonien, und in die urälteſten Myſterien kekropiſcher und kadmeiſcher Natur-
filoſofie hinaufreicht, wir wiſſen nur hiſtoriſch:
dafs nicht vor dem bekannten, lange nach Homer aufblühenden Zeitalter der Filoſofie den
alterthümlichen Götterfabeln anſtändigere Begriffe, wie Pindar bekennt, untergelegt wurden.
Wir wiſſen, dafs Anaxagoras zuerſt in Homers
Fabeln Sinnbilder der Tugend, ſein Freund Me-
trodorus zuerſt Sinnbilder der Naturwiſſenſchaft

finden wollte; und daſs, nach einigem Sträu-
ben, die Prieſter ſelbſt es der Weltklugheit gemäſs achteten, die gefälligen Sinnbilder gehn
zu laſſen, und durch eigene zu vermehren.
Solcherlei Umdeutung ward in den Schulen der
Grammatiker gewöhnlich *Allegorie* genannt,
die vorzüglich Krates begünſtigte, Ariſtarch
aber verwarf. Man ſtritt, ob die Worte *Apollon*, *Amboſs*, *Kette* etwas *anderes ſagten*,
einen verdeckten Sinn durch ein Bild ausdrückten: das heiſst nicht, ob man einen anderen
Sinn hineinlegen *könnte*, und zur Erbauung des
Volks *dürfte* und *müſste*; nein, ob Homer
ſelbſt mit den Vorfahren dadurch etwas natür-
liches und der Gottheit würdiges hätte anzeigen
wollen. Heraklides eifert gegen die, welche
die homeriſche Allegorie und den filoſofiſchen
Sinn nicht verſtehn, und ſich bloſs an die my-
thiſche Hülle halten. Die ſelbige Art des Sinn-
bilderns hieſs auch *ſymboliſche* Deutung, von
σύμβολον, *Anzeige:* wie eben der Heraklides
(Gal. p. 442) bei Homer Filoſofie in *ſymboliſche*
Worte gehüllt behauptete; ingleichen φιλοσο-
φεῖν, *filoſofiſch* in tieferem Sinne verſtehn, und
was für andere Benennungen eines Sinnbildes,
verblümten Ausdrucks, Räzels oder Gleichniſſes
im Griechiſchen ſind. Hr. *Heyne* zuerſt machte
einen willkürlichen Unterſchied: *ſymboliſche*

Vorstellung und *Filosofem* follte für die uralte
Bedeutung feiner kosmogonifchen Sinnbilder
gelten, und *Allegorie* für die fpäter hineinge-
legte. „Von der äufserften Verfchiedenheit"
(fagt er wiederum bei Il. I, 396) „find *Allego-*
„*rie* der Filofofen und *fymbolifche Sprache*
„der älteften Menfchen: die, da fie nur finnlich
„dachten, und keinen Ausdruck für filofofifche
„Begriffe hatten, zu *fymbolifchen Bezeich-*
„*nungen* ihre Zuflucht zu nehmen genöthigt
„wurden; ohne Kunft freilich, und ohne den
„Wiz, der Spätere zur Allegorie verleitete.
„*Bekannt* ift ferner, dafs die älteften Köpfe,
„bevor fie die einzelnen Gegenftände der Natur
„erforfchten, fich mit dem Urfprung des Gan-
„zen eitel befchäftigten; und dafs hieraus in
„den älteften Zeiten der Griechen, vielleicht
„auch durch Einführung aus der Fremde, *kos-*
„*mogonifche* und *theogonifche Mythen* ent-
„ftanden, worin die Natur und ihre Verände-
„rungen, der Streit der Elemente, und die fol-
„gende Ordnung, durch Perfonen und Hand-
„lungen vorgeftellt wurden. *Bekannt* ift, dafs
„aus diefen älteren Fabeln der gröfsere Theil
„in die Poefie (Homers und anderer) überging,
„aber jener kosmogonifchen Tracht enthüllt,
„und in angenehme Erzählung verwandelt; *ob-*
„*gleich von Zeit zu Zeit bald Dichter bald*

„*Filofofen die felbigen zur Würze nüzlicher*
„*Lehren brauchten.*" (Nämlich, im alten kos-
„mogonifchen Sinne.) „Nachmals verirrten fich
„Filofofen und Grammatiker, dafs fie in den
„Urfprüngen der Mythen ihre eigene filofofifche
„Subtilität fuchten, und den Urhebern derfel-
„ben andichteten. Diefe wollten, dafs die My-
„then, die vormals *fymbolifche* gewefen waren,
„jezt *allegorifche* fein follten. Dafs beide Gat-
„tungen äufserft verfchieden von einander fein,
„habe ich fchon vor 30 Jahren bekannt ge-
„macht."

Über Worte verträgt man fich leicht, wenn
erft die Sache gefchieden ift. Wir wollen die
Vermuthung als möglich, als wahrfcheinlich
annehmen, dafs unter den älteften Pelasgerhor-
den eingedrungene Miffionare ihre fremdartigen,
für des Völkleins Sprache und Gemeinfinn zu
hohen Begriffe, oder die klügften der Wald-
menfchen felbft, was fie eher denken als aus-
fprechen konnten, nicht blofs in kräftige Me-
tafern, fondern in vieldeutige, mehr als räzel-
hafte Symbole gehüllt, und anderen, wir begreifen nicht wie, zu enträzeln gewufst haben;
wir wollen die vorhomerifchen Kosmogonien
mit ihrem Theogoniengefolge, worin Symbole
der entwickelten und geordneten Natur, als
Gottheiten geftaltet, zu handeln fchienen, be-

vor fie im Homer zu wirklichen Handlungen
belebt wurden, dem vermuthenden ohne Beweis
zugeben: der harmlofe Traum wird mit dem
gelaffenen: *Kann fein!* in die Nacht der unerklärbaren Urzeit zum beliebigen Herumfchwär-
men entfandt. Sobald aber der vermuthende
felbft den geheimen Sinn jener fantaftifchen Bilderfprache zu enthüllen, und dadurch ein neues
Licht, Er zuerft! über Homer und die folgenden Dichter zu verbreiten fich rühmt; dann
darf man wol fragen: Woher die neue Offenbarung? und welche Gewährfchaft des Verkün-
digers? Bis zum zweiten Bande des Hermannifchen Lehrbuchs würdigte Hr. *Heyne*, auf
die fpäteren Myfterien, befonders auf gewiffe,
ihm deutliche Spuren des höheren Alterthums
in den Hymnen der Orfiker, fich zu berufen.
Aber feitdem diefe Prachtnamen ihm geraubt
wurden, hat er nichts, aufser feinen nachhomerifchen Filofofen, und feinen Grammatikern,
die er als Währmänner nicht einmal zu nennen
fich getraut. Was unter den wizigen Enträzelungen, vorzüglich bei den fpäteften Grammatikern, ihm gefällt, das hebt er hervor mit den
Ehrentiteln, *fymbolifcher Ausdruck* und *Filofofem;* das andere läfst er verächtlich als fpätere *Allegorie* im Staube liegen: öfter fogar
giebt er die leibhafte Allegorie, beftäubt wie fie

ift, für ein altes Symbol. Dafs er auch felbft
mitunter ein Symbol ausgeheckt habe, wer wird
ihm die Ehre misgönnen? Gern habe er zuerft
(T. VIII. p. 567) den Pelops uns gedeutet: die
fpracharmen Halbwilden Griechenlands nannten
des Fremdlings weifsglänzende Schulter eine
elfenbeinene, natürlich weil Elfenbein ihnen bekannter und nennbarer war als weifser Glanz ;
die folgenden verftanden das Bild eigentlich,
dichteten ein rohes Mährchen hinzu, und fiehe,
der Mythus war fertig; nun kam Pindar, der,
wie Hr. *H.* naiv fagt, den wahren Urfprung der
Fabel nicht kannte, und einen allegorifchen
Sinn unterfchob.

Hr. *Heyne* dringt oft von neuem, und zulezt bei Il. XXIII (Excurf. III) auf jenen ihm
allerdings wichtigen Unterfchied, wovon er
fchon ehmals hinlänglich geredet habe: fo dafs
allegorifche Sprache mit *fymbolifcher* (die hinfort auch *mythifche* heifsen dürfe) nicht anders als boshaft (*maligne*) vermengt werden
könne. Wer einen fo harten Vorwurf verdiene,
wiffen wir nicht; gegen den Verfaffer der *My-*
thologifchen Briefe wäre er ungerecht. Jener nicht eben als boshaft bekannte Mann hat
nicht nur in der obigen, aus den *Myth. Br.*
(II, 41. p. 328) entlehnten Darftellung der Clarke-
Blackwell-HeynifchenHypothefe, fondern gleich

im Eingange des Werks (I, 3—5), den angeblichen Unterschied ehrlich angezeigt, und den
beweislosen mit ehrlichen Beweisen widerlegt.
Er hat (I, 5. II, 35) den Symbolen der Kos-
motheogonien die erschlichene Quelle der or-
fischen Myftik verstopft, und das ganze sym-
bolische Gewimmel des Heyne-Hermannischen
Lehrbuchs in den Sümpfen der Allegorie bei
den Grammatikern, woraus Natalis Comes und
Benjamin Hederich schöpften, den Neugierigen
entdeckt (I. p. 28. II. p. 330. 332). Und mit
den umständlichsten Erörterungen hat er alle
vom Hn. *Heyne* selbst für uralte Symbole gegebenen Verunstaltungen der Götter, als Flügel,
Schwänze und Hörner, Fischglieder und Zwit-
tergeschlecht, in die nachhomerischen Jahrhunderte, zum Theil in die späteften, herab-
gesezt. Über diesen ernsthaften, und wie im
Bewufstsein des Rechts handelnden Versuch
der Myth. Briefe, ob die gläubige Trägheit zum
Selbstforschen erweckt werden könnte, verschob
die *A.L.Zeitung* neun Jahre lang, sich anders
als durch beiläufige Achtungsbezeugungen zu
erklären.   Man wollte, bei den Bewegungen
der Partheien, theils ein ruhiges Wort der all-
richtenden Zeit abwarten, theils, was Hr. *Heyne*
sowohl seinem Ruhme, als dem Gewichte der
Anklage schuldig zu sein glaubte.   Hr. *H.* hat,

fich zu rechtfertigen, über die Mythologie im
Allgemeinen eine Folge von vier Abhandlungen
in den Commentationen der Göttingifchen Societät 1797, und hier wieder zwei lange Excurfe bei Il. VIII und XXIII, famt mehreren
langen Obfervationen bei Il. I, 396. 590. VIII,
18. XV, 18. XVIII, 395 u. p. 589, dabei über
einzelne Mythen noch viele zerftreute Anmerkungen entgegen geftellt; aber auf den gefo-
derten und zugleich erfchwerten Beweis feiner
von der Allegorie unterfchiedenen Symbole fich
im geringften nicht eingelaffen. „Meinem eige-
„nen Urtheile, fagt er Exc. Il. VIII, 18, zu
„wenig trauend, fing ich an die Urtheile ande-
„rer zu vergleichen, fogar ihre *Erdichtungen*;
„hierüber zu klopffechten, oder für das Mei-
„nige zu kämpfen, achtete ich meiner Perfon,
„meinem *Stande* und Alter nicht gemäfs. (Aber
das hielt er feiner nicht für unwürdig, auch
noch in diefer Ausgabe z. B. T. VIII. p. 536
einer *gelehrten Widerlegung* perfönliche fchon
mehr als einmal abgefertigte Befchuldigungen
von *Undank* entgegenzufezen; ein Verfahren,
das wir anderen zu rügen überlaffen, da uns
hier der Raum dazu fehlt). „*Wie follte ich*
„*auch jeden einzelnen Saz zu vertheidigen*
„*wagen*, da das Mehrfte auf *Meinung* und
„*Vermuthung* beruht? Doch dünke ich mir

„die Grundurſachen, aus welchen die ganze
„Beurtheilung und Auslegung der Mythen, be-
„ſonders der homeriſchen herzuleiten iſt, rich-
„tig bemerkt zu haben." Das heiſst, er dünkt
ſich die Richtigkeit ſeiner Vermuthungen richtig
zu vermuthen! „Denn (ſagt er im Folgenden)`
„leugnen zu wollen, daſs vor Homer über die
„Natur in Bilderſprache gedichtet worden ſei,
„wäre Hartnäckigkeit und muthwilliger Wider-
„ſpruch gegen Dinge, die *durch ſich ſelbſt*
„ſchon *evidentiſſima* ſind, in einer Gattung,
„die nicht über *Wahrſcheinlichkeit* ſich erhe-
„ben kann." Vertheidigen alſo und widerlegen
iſt nicht ſeine Sache. Nur weil die böſe Welt
ihm die Grundſäze verwirrt (Il. XXIII. Exc.
III), wiederholt er von neuem und wieder von
neuem, in allerlei Abtheilungen und Unterab-
theilungen geordnet, ſeine vermutheten und des
Beweiſes unfähigen Symbole der uralten Kosmogonien, bis durch die epiſche Umwandlung
zu der Ausartung in ſpätere Allegorie herab;
daſs man beinah an das immer wiederholte
Credo des Kosmogoniſchen Weiſen im *Vicar
of Wakefield* zu denken verleitet wird: *The
world is in its dotage, and yet the cosmogony
or creation of the world has puzzled philo-
sophers of all ages.*

Ohne Scheu nun giebt ſich Il. VIII, 18 (obſ.

et Exc.) die *goldene Kette* für ein kosmogoni-
fches Symbol der aufgefchichteten Elemente,
woraus Homer, der Taufendkünftler, eine wirkliche Kette zum Ziehn, mit eingefchloffener
kosmogonifcher Kraft zum Bedeuten, gemacht
habe. Denn blofs eine Kette, fagt Hr. *Heyne*,
woran die Götter und Zeus ihre Macht gegen
einander prüfen, wäre fo ungereimt, fo von
aller vernünftigen Vorftellung entfernt, dafs
fchwerlich ein Menfch darauf fallen könnte. Aber
gefällig und finnreich (*fuave et argutum*) wird
das Bild, *wenn wir annehmen*, die jezt wirkliche Kette fei aus ehemals finnbildlichen Gold-
ringen zufammen gefügt worden. Nun lafs
die Götter daran ziehen, wie fie wollen; wir
fehen nichts fo ganz ungereimtes, denn wir denken das Unfrige dabei. Die gutmüthigen Götter
führen mit dem Erbftücke der myftifchen Kosmogonie ein finnreiches Schaufpiel auf, um den
uralten Lehrfaz, dafs der obere Äther durch
Luft und Waffer mit der unteren Erde gleichfam verkettet fei, durch ihr gewaltfames Herab-
ziehn und Hinaufziehn, uns noch einmal recht
anfchaulich zu machen. Aber wie? *Annehmen*
dürften wir fchon in grauen Jahrhunderten vor
Homer dergleichen Sinnbilder, wovon erft Jahrhunderte nach Homer die Urheber nennen?
Wir dürfen! denn ihre vorhomerifche Herkunft

ist *durch sich selbst evident!* Aber die nachhomerischen Enträzeler, die zuerst alte Sinnbilder im Homer *annahmen,* deuteten sie auf so
mancherlei Art. Selbst bei unserer Kette wünsch-
ten die ersten uns bekannten Deuter derselben,
nämlich Plato die Sonne, wovon alles abhange,
und, welchen Hr. *Heyne* nicht anführt, des
umdeutenden Anaxagoras Bekenner Euripides
(Or. 980) die zwischen Himmel und Erde schwebende Sonne, sich zu denken; weit spätere
Grammatiker, die Eustathius ausschrieb, brach-
ten durch ahndenden Wiz unter mehreren sinn-
reichen Verkettungen auch eine vierringige Ele-
mentenkette heraus. Woran wird die lezte als
das ächte Symbol der uralten Kosmogonie erkannt? Weil sie, antwortet Hr. *Heyne,* der
ältesten Einfalt gemäſs ist, die ja nothwendig
die Folge von Erde, Waſſer und Luft bis zum
Himmel bemerkt haben muſs. Doch will er
nicht zürnen, wenn einer bei den Späteren
auch eine andere Erklärung des kosmogoni-
schen Sinnbildes (denn davon geht er nicht
ab) noch einfacher und natürlicher finden
möchte. Genug, was in dem Schwarme der
Deutungen bei Filofofen und Grammatikern die
alterthümlichste Einfalt zu haben scheint, das
heiſse uraltes Symbol, oder kosmotheogonifches
Filofofem in mythische Bilderfprache gehüllt;

das übrige, wenn auch die Überlieferer weit
an Alter und Anfehn vorragen, fei fpätere Allegorie, ein Spiel des ausfchweifenden Wizes,
eine träumerifche Spizfindigkeit, womit ein Geweiheter der alten fymbolifchen Naturfilofofie
nichts zu fchaffen hat.

Nicht weniger ftolz als die Kette, wollen
Il. XV, 18 die *Ambofse* an den Füfsen der ge-
züchtigten Here für alte kosmologifche oder
kosmogonifche Symbole der unter der Dunftluft liegenden Erde und des Meers angefehn
werden, obzwar fie für Homers oder eines Vorgängers Epos den Adel des kosmogonifchen
Sinns verhehlt, und zu gemeinen Ambofsen fich
erniedrigt. Ihre Anfprüche vertheidigt Hr.
Heyne fo: „*Wenn man nur etwas genauer*
„*nachdenke*, fo werde es wahrfcheinlicher,
„dafs ein Dichter der Vorzeit eine kosmologi-
„fche Vorftellung durch das Bild der Ambofse
„ausgedrückt, als dafs ein folgender Homer,
„welches an fich ungereimt fei, diefes Bild auf
„einen filofofifchen Saz angewandt habe." Wir
finden bei genauerem Nachdenken das eine fo—
undenkbar, als das andere; aber fehr denkbar,
dafs Spätere, um ihren Homer wegen unwür-
diger Religionsbegriffe zu rechtfertigen, die ge-
züchtigte Here famt den anhangenden Ambofsen
zu einem alten Sinnbilde der Natur umdeuten

konnten. „Etwas anderes, meint er, und ganz
„vom fymbolifchen Ausdruck verfchiedenes fei
„die allegorifche Deutung der Späteren." Wenn
jene Späteren Homers anftöfsige Fabeln für *alte
Sinnbilder*, auf Griechifch für *Allegorien* oder
Symbole, ausgeben, und Hr. *H.* das felbige
thut; fo ift keine Verfchiedenheit. „Einen alle-
„gorifchen Sinn habe das Bild der Amboſſe im
„Anfang nicht gehabt, aber wohl einen fym-
„bolifchen. Denn wie fonſt ein Sterblicher auf
„den Einfall gekommen wäre, von zwei an den
„Füfsen der Here hangenden Ambofsen zu er-
„zählen?" Und doch befinnt fich Hr. *H.* bald
nachher, daſs die gewöhnliche Marter des Auf-
hängens zum Geifseln durch angehängte Gewichte verftärkt worden fei. „Aber wenn wir
„nach alten Überlieferungen *annehmen*, daſs
„fchon vor Alters kosmogonifche Dichter ge-
„wefen, welche (in der Armuth der Sprache)
„die Atmoffäre oder die untere Luft durch Here
„wie den Äther durch Zeus, vorgeftellt (*per
Jovem declaraverant*) „fo konnten diefe, da
„fie fagen wollten, Erde und Meer fei unten,
„aber der Luft, wie die Luft dem Äther, gleich-
„fam verknüpft, leicht dahin kommen, daſs fie
„fich unter dem Äther eine Here, (weil zwar
für den Äther, aber nicht für die Luft, ein
eigener Name war!) „eine über Erde und Meer

„herabfchwebende Here, im Geifte bildeten,
„und dafs fie Erde und Meer (für welche die
„armfelige Sprache auch keine Benennungen
„hatte!) durch zwei an den Füfsen der Here
„hangende Gewichte anzeigten." — Wie finden
wir uns da heraus? Das Bild der angebundenen
Ambofse wäre für fich ungereimt, wenn es
nicht etwas bedeutete; bei Homer aber verlor
fich die Bedeutung; und gleichwohl find fie jezo
nicht ungereimt, fondern, fo gut, wie die Kette,
ein gefälliges, ein finnreiches Bild. Sie bedeuten nicht mehr, aber fie haben bedeutet; ein
Nachglanz der alten Bedeutung verherlicht fie
dem denkenden Gelehrten. Und woher weifs
diefer die vormalige Bedeutung? Durch *Nachdenken* über *innere Evidenz!* Durch *Annahme*
alter Überlieferungen! Man fcherzt mit uns.
Denn die ganze kosmogonifche Weisheit von
den Ambofsen hat Hr. Heyne aus den fpä-
ten Allegorien des Heraklides, Phurnulus
und ähnlicher Überlieferer genommen. Völlig
das felbige, was er unter dem Namen *Allego-*
rie zu verachten fcheint, wird uns mit der Benennung *Symbol* als etwas gar Köftliches in
die Hand gedrückt. Gute Kinder werden ehrbar den Zahlpfennig für Gold annehmen; wer
in den Spafs eingeht, ift boshaft.

I. 9

Mit feinem altpelasgifchen *Sonnenfymbol
Apollon* thut gleichwohl Hr. *Heyne* im Anfang
etwas verfchämt. Nachdem er auf feinen langen Spaziergängen durch die Mythologie den
Apollon immer und beftändig (f. *Myth. Br.* II,
41) als Gott der Sonne und fogar des Feuers,
der mit feinen Strahlen die Peft vor Troja ent-
zündet habe, ja als Nachfolger des abgefezten
Titanen Helios, und als das wahre Urbild des
rhodifchen, fälfchlich Helios genannten Koloff-
fes, betrachtet, und den Seinigen verkündigt
hatte; fo waren unfere Erwartungen gefpannt,
wie er in einer gemeinnüzigen Note bei Il. I, 44
jenem vom Berg Olympos mit Todesgefchofs
daherfchreitenden Apollon die fymbolifche (oder
allegorifche) Hülle vorfichtig entziehn, und den
Lehrlingen die liebe Sonne, die vom Himmel
herab hizige Krankheiten verurfache, in klarer
Geftalt zeigen würde! Umfonft! Die Note zu
48 fagt nur, die Peft vor Troja habe aus mancherlei Urfachen entftehen können, am wahr-
fcheinlichften aus der verdorbenen Sumpfluft
des Simoïs, der im Winter anfchwelle, und den
Sommer hindurch (wir dächten im Frühlinge,
wie andere Bergftröme) zurücktrete; hier aber
werde fie, nach damaligen Religionsbegriffen, als
Strafe des beleidigten Apollon angefehn: denn
dafs Apollon und Artemis mit Pfeilfchüffen Peft,

und anderswo hizige Fieber und Tod, zufügen,
fei bekannt, und jezt auch in *Büchlein über
die Gefchichte der Arzneikunde* zur Schau
geftellt. Welcher Lefer erräth, dafs die natürliche Urfache, die Hr. *Heyne* in den Sommer-
dünften der fchon verdünfteten Überfchwem-
mung fucht, unter der übernatürlichen verfteckt
liegen foll; weil ein fymbolifcher Apollon eigentlich Sonnenftralen, und eine fymbolifche
Artemis eigentlich Mondftralen abfchiefse, und
jener an fchwülen Sommertagen die Männer
durch hizige Fieber, diefe vermuthlich in thaui-
gen Nächten, die Weiberchen durch kalte, hin-
wegraffe? Übrigens wiffen wir nicht, in welchen *Büchlein über die Gefchichte der Arzneikunde* Hr. *Heyne* die Gefchoffe der beiden
Gottheiten bemerkte. Das bekanntefte Werk
diefes Namens von dem gelehrten *Kurt Spren-
gel* zählt keineswegs das Todtfchiefsen unter
die Heilmittel der heroifchen Zeit. Aber es enthält, aufser dem Beweife, dafs Homers Apollon
erft von Späteren zu einem Sinnbilde der Sonne
gedeutet worden fei, noch diefes merkwürdige
Gutachten, das ihm die Benennung *Büchlein*
wol nicht im zärtlichen Sinne zuzog: „Es ver-
„räth in der That eine feltfame Unkunde, oft
„fogar eine unwürdige Scharlatanerie, wenn
„man den Sängern der Ilias und Odyffee Philo-

„fopheme in den Mund legt, wovon fie nichts
„wiffen konnten.“

Endlich, am Schlufs einer Obfervation über
die Maulefel V. 50, wagt fich Hr. *Heyne* allmählich mit dem Sonnenfymbol hervor. „*Sci-*
„*licet*, obgleich von Apollon als Sonnengott
„*keine deutliche und ausdrückliche Erwäh-*
„*nung* vorkommt, fo wird doch *offenbar durch*
„*viele Zeichen*, dafs Apollon fchon vor Homer
„mit Helios vermifcht worden ift: wie felbft
„hier aus der *Peft*, aus den *Pfeilen*, womit in
„der *älteren Sprache* die Sonnenftralen ver-
„glichen werden; ferner weil er λυκηγενής,
„*frühe geboren*, heifst; weil *Leto* feine Mut-
„ter ift, und feine Schwefter auch *Pfeile* führt,
„*et alia*. Dafs vieles in den Mythen aus *fym-*
„*bolifchen* Andeutungen der Älteren genommen
„fei, *bezweifele niemand*. Von diefen find
„weit verfchieden die allzu fubtilen Spizfin-
„digkeiten der Späteren, z. B. bei Maximus
„Tyr. XXVIII. p. 68 R; f. Davis.“ O des glücklichen Forfchers, dem aus dem Alterthum etwas, wovon nach feinem eigenen Geftändnis
keiner der Alten fpricht, offenbar wird durch
folche Zeichen! Er finnt auf Beweis, die Peft
wirke ein fymbolifcher Sonnengott, die Pfeile
fein fymbolifche Sonnenftralen; und er beweifet
das Symbol — mit dem Symbol. Denn wie na-

türlich ift es, wie evident durch fich felbft, wenn
man nur etwas genau nachdenkt! Von Danaus,
her, da die Pelasger Horden Sonne und Mond
noch anftarreten, noch nicht Helios und Selene
lallen,konnten, war in filofofifchen Myfterien,
und bald darauf in filofofifchen Kosmogonien,
der Pfeilfchüz Apollon ein hieroglyfifches Symbol der hochftralenden Sonne, die Pfeilfchüzin
Artemis ein Symbol des Mondes. Als die Halbwilden fo ungefähr gefafst hatten, dafs aus den
leuchtenden Himmelskugeln finnbildliche Wefen, Apollon und Artemis, gleichfam Pfeile
herabfchöffen, filofofirte man weiter in Theogonien; aber ganz einfache, nicht künftliche
Filofofeme. Das Sonnenfymbol Apollon ward
feierlich ein Gott, das Mondfymbol Artemis eine
Göttin; Beide, als Zwillinge, von dem Äther-
gott Zeus mit *Leta*, der noch chaotifchen und
verbergenden Erde, troz der widerftrebenden
Dunftluft Here, gezeugt; der Bruder Apollon
fchofs heifse Stralen aus' dem Äther, die
Schwefter Artemis kalte aus der niederen Luft.
Niemand zweifele daran! Denn aus Überlieferungen der Urwelt, obgleich die älteften Zeugen darüber ftumm find, nahmen fpätere Filofofen diefe göttlichen Symbole, die wiederum
dem Hn. *Heyne*, zwar unter dem Namen Allegorie, ein Macrobius (Sat. I, 17), ein Herakli-

des, ein Phurnutus, überlieferten. Von den
felbigen weifs auch Hr. *Heyne*, wie dem fymbolifchen Sonnengotte der Theogonie neben der
Bogenkunde noch Mufik und Weiffagung verliehn werden konnte; vielleicht gar fchon eine
Vorübung zum fpäteren Amte eines Arztes, obgleich Päeon der eigentliche Arzneigott war.
Nun erfchien Homer, und mit ihm eine neue Geftalt der Mythen, die, nicht mehr auf ihren kos-
motheogonifchen Sinn eingefchränkt, nach Willkür des Dichters an der epifchen Handlung Theil
nahmen. Dem Sonnengott und der Mondgöttin
ward ihr mühfames Amt erleichtert; fie bedeuteten nur, wo etwas zu bedeuten vorfiel; übrigens konnten fie frei herumfchalten. Aber wie?
Homers Sonnengott heifst ja beftändig Helios
vom alten Stamme der Titanen, ein Sohn des
Hyperion und der Theia, und Bruder der Mondgöttin Selene und der Lichtgöttin Eos. Hat
vielleicht Helios nach des Danaus Zeit fich neben
dem fymbolifchen Apollon in die Sprache als
Sonne, in die Theogonie als Sonnengott, eingefchlichen? Habe er's, fo hat Apollon, diefs
weifs Hr. *Heyne* für gewifs (*Myth. Br.* II.
p. 333), den alten Titan Helios verdrängt: der
uralte, und doch jüngere Apollon, den fpäter
eingedrungenen, und doch älteren Helios. Oder,
wie nun bei Il. VIII, 480. XIX, 398 aus He-

raklides gedeutet wird, der vermifchte Apollon — Helios hiefs nur ὑπεριών, der hochwan-
delnde; und Spätere fabelten ihm einen Vater
Hyperion; vermuthlich auch die übrigen Angehörigen bei Homer und Hefiodus. Aber der
verdrängte Titan Helios lenkt noch immer allein
und ungemifcht den Sonnenwagen, oft fogar im
Angefichte des Apollon, z. B. Il. I, 603—605.
XXIII, 188—191. Od. VIII, 202—323; und
fo bis zu den fpäteften Dichtern herab. Vielleicht, könnte man antworten, thut er es als
Stellvertreter, als Diener des vornehm herum-
fchweifenden Apollon. Aber Apollon fährt nie
auf dem Sonnenwagen, weder bei Homer, noch
bei den folgenden; nur die liftigen Umdeuter
vertraun uns manchmal das Geheimnis, dafs in
dem fcheinbaren Helios ein Apollon oder Dio-
nyfos, oder was für andere Sonnenfymbole
bei Macrobius vorkommen, verborgen fei.

Man mufs lächeln, wie folche Köpfe felbft
die Beinamen, der *Delier*, der *Lykier Apol-*
lon, zu Beweifen des Sonnenfymbols zu ver-
drehn wiffen: Δήλιος, fagt Macrobius (Sat. I,
17) mit Phurnutus, wird Apollon genannt, weil
er alles mit Sonnenlicht *offenbart;* und Λυκηγενής, fagt ebendafelbft Macrobius mit Heraklides, wird er genannt, weil er, wie Eos ἀρι-
γένεια, *Morgendämmerung zeugt.* Lächelt

doch felbft Hr. *Heyne* bei Il. V, 422 über die
filofofirenden Grammatiker, welche die *kypri-
fche* Göttin, Κύπρις oder Κυπρογένεια, zu einer·
fruchtbaren thöricht und ungefchickt, wie er
fagt, umdeuteten. Den umgedeuteten Λυκηγενής indefs, nicht den Δήλιος, würdigt Hr. *H.
anzunehmen;* nur, weil er bemerkt, dafs feine
Vorgrübler gegen die Grammatik verftofsen,
erklärt er ihn *mane ortus,* oder *geboren* in der
Morgendämmerung. Bei Il. IV, 101 wiederholt
er, Λυκηγενής ftamme ohne Zweifel von λύκη,
Anbruch des Lichts; wie VII, 433 ἀμφιλύκη
νύξ, der *grauende Morgen,* von Pollux auch
λυκογενίς (Pollux fagt λυκαυγίς oder *Licht-
fchimmer*) genannt werde; und nun glaubt er
in Apollon offenbar die aufdämmernde Sonne
zu fehn. Als ob, auch diefes vorausgefezt,
alles in der Morgendämmerung geborene gleich
eine Sonne fein müfste, wie alle Kazen grau in
der Dunkelheit find! Selbft die deutungsfüch-
tigen Erklärer Homers, bis auf einen Villoifo-
nifchen Scholiaften, der den Heraklides ab-
fchrieb, verfchmäheten diefen in der Frühe
geborenen Apollon; einige fuchten ein Sonnenfymbol im Wolf, mehrere verftanden buch-
ftäblich einen in Lykia geborenen, Λυκηγενής
als zufammengezogenes Λυκιηγενής betrachtend.
Aber umfonft wird es fein, den Hn. *H.* an die

mannichfaltigen, in Lykia, in Delos, in Te-
gyra, im attifchen Zofter, einheimifchen Apol-
lonen, und wie fie alle in Einen Delifchen fich
vereinigten, zu erinnern; umfonft, dafs jener
in Lykia geborene nur von dem Lykier Panda-
ros, fonft nirgends bei Homer und anderen, genannt wird. Er verliebte fich nun einmal in die
fchöne Enträzelung bis zur Eiferfucht Heraklides und Makrobius, fagt er bei Il. IV, 101,
fanden fie als fpätere *Allegorie*; fo wie Er Hand
anlegte, ward die felbige ein ächtes *Symbol* der
alten Kosmogonie: *durchaus verfchieden*, heifst
es bei Il. I, 50, von jenen *allzu fubtilen Spizfindigkeiten der Spätern!* die er gleichwohl
nur den Befizern der Reiskifchen Ausgabe bei
Maximus Tyrius (diff. XXVIII. Heinf. XIII),
und in der dortigen Note bei Davifius nachwei-
fet. Auch Maximus fagt grade, was Hr. *Heyne*
fagt, dafs Apollons peftbringende Pfeile dem
Homer *Sonnenftralen* bedeuteten; und in der
Note werden die einftimmenden Zeugen, die
Hr. *Heyne* nicht nennen mag, Heraklides p.
418, Macrobius Sat. I, 17, Ammian. Marc.
XIX, 4, Schol. Il. I, 50, namentlich aufgeführt. Natürlich fühlt man fich in folcher Gefellfchaft nicht allzu wohl. Aus Ehrliebe verfucht Hr. *Heyne*, den befonnenern Alexandriner, der nach Euftathius Il. I, 48 alles Sinn-

bildern verwarf, und auf eigentlichen Wortfinn beftand, bei Il. XV, 365 zu fich hinüber
zu ziehn: „Ariftarch,“ meldet er aus den Scholien, „fchrieb ἥιε, und erklärte es vom Abfen-
„den der Pfeile oder Stralen: denn fchon damals
„ward der Sonnengott und Apollon für Eins
„gehalten.“ Die Worte nach *Pfeile* hat Hr. H.
den Scholiaften — geliehen; fo dafs wir durch
ihn neben *mangelhaften Auszügen* auch *be-
reicherte* befizen! Von Krates hingegen, dem
berüchtigten Erzfinnbildner, drängt er fich weg:
deffen Erklärung, dafs ἥιε den heilenden Apollon anrede, fei *inepta*; denn der Arzt Apollon
werde bei Homer bezweifelt, da noch Päeon
dafür gelte. Als ob nicht aus eben der Urfache fein pfeudoariftarchifcher Apollon =
Helios wegfiele! Ja, bei Il. XVIII, 239, wo
Krates den unwilligen Apollon = Helios unter-
gehn fieht, fagt er fich förmlich von dem Sinn-
bildner und fogar von dem Sinnbilde los: *Cra-
tes nodum folvebat, quia, quod perperam
ftatuebat, fol eft Apollo, isque favebat
Trojanis.* Verftändige doch der lezte Hr. *Heyne*
den vorhergehenden über das allegorifche oder
fymbolifche Unwefen, wodurch der Anbau der
griechifchen Mythologie gehemmt wird.

Noch ein Wort von τριτογένεια, *der am
Triton geborenen* Athene! Dem Hn. *Heyne*

dünkt bei Il. IV, 515 die Vorſtellung einer aus
Zeus Haupte geborenen (vom veralteten τρίας
Haupt) die älteſte zu ſein, welches ſchon die
Geſtalt der Fabel anzeigen ſoll. Ihre Geburt
am *Triton*, einem ausſtrömenden See in Libya,
könne Homer durchaus nicht gedacht haben,
da ihm die argonautiſchen Fabeln und die Herakleen unbekannt waren, von welchen dieſe
Sage Äſchylus (Eum. 287) und Herodot zu gefällig annahmen. Bei Il. V, 880 wird angemerkt,
daſs von der Geburt aus Zeus Haupte nichts
im Homer vorkomme, *wo nicht etwa* das dunkle
τριτογένεια darauf ziele. Die Umdeutung der
Tritogeneia zu einer Hauptgeborenen iſt der
von Λυκηγενής und Κυπρογένεια vollkommen
würdig. Homer und Heſiodus wuſsten nicht
anders, als daſs ſie Zeus aus ſeinem Leibe am
Triton geboren habe; und *Steſichorus zuerſt*,
wie der Scholiaſt des Apollonius IV, 1310 meldet, lieſs ſie gewaffnet aus Zeus *Haupte* her-
vorſpringen: es ſei am libyſchen Triton, welche
Fabel die herſchende blieb; oder in der böoti-
ſchen Stadt gleiches Namens, die ſich nach der
Gewohnheit die alte Sage zueignete (Schol.
Apollon. IV, 1310); oder auf dem Olympos, wie
in dem homeridiſchen Hymnus XXVI; oder,
dem Scholiaſten Pindars (Ol. VII, 66) zufölge,
in Kreta, welche Sage indeſs durch die Um-

deutung des Hauptes in ein Gewölk als die
neueste erscheint. Aber die Geburt aus dem
Haupte auch höher, auch bis über Homer hinauf gesezt; woraus folgt, dafs der Name *Tritogeneia* sie einzig anzeigen *könne*, und mit
Ausschliefsung des Tritons, *müsse?* Er kann
es, ruft man, weil die Alten das Haupt τρίτω
nannten! Welche? die Kreter, heifst es bei
Euftathius; die Athamanen, sagt Nikander bei
Hesychius; die Äolier, sagt der Scboliaft des
Ariftofanes! Alle, aus dem Zeitalter der fpäteren Umdeutung; und unter diefen die wahr-
haften Kreter: die, wenn ihr verfchimmeltes
τρίτα nicht Glauben fand, zugleich für den angeblichen Geburtsort Gnoffos (Solin. XI) einen
veralteten Namen *Tritta*, oder vielmehr *Trita*,
welchen Hefychius erhielt, und, verlangte man
durchaus den ftrömenden Triton der Volksfabel,
einen gleichnamigen Quellbach (Diodor. V, 72),
woran Zeus die Athene geboren habe, fo gefchickt, wie die Tegyräer einen Berg Delos, und
die Efefer einen Hain Ortygia, ausmittelten;
der übrigen Enträzelungen durch die heilige
Drei, durch den Gipfel des Dreiecks, durch
Erregung des Zitterns, und was man fonft wi-
zelte, nicht zu gedenken. Schwerlich demnach, wenn auch die Geburt aus dem Haupte
zur homerifchen Sage gehören follte, liefse den

Name *Tritogeneia* fich dahin deuten; uns bliebe
doch eine am *Triton*, aus dem Haupte oder anders, geborene Athene. „Nein,“ ruft Hr. *Heyne*,
„das vor Alter freilich verdunkelte τρίτω muſs
„für ein Haupt, und τριτογένεια für eine Haupt-
„geborene gelten, welche Mythe als eine der
„älteften fich fchon durch fich felber verräth;
„den Namen vom tritonifchen See abzuleiten,
„ift dem Homer fchlechterdings fremd (*alie-*
„*num utique*), der die Fabeln der Argonautiker
„und der Herakleendichter nicht kannte“. Was?
die Fabeln des Argonautenzugs waren dem Homer, oder fals der hinter die Homere fich ver-
ftecken foll, dem homerifchen Zeitalter unbekannt? Erwäge doch Hr. *Heyne*, was in den
Myth. Briefen (II, 23) bewiefen wird: „Ho-
„mer fand den in die libyfche Syrtenbucht aus-
„ftrömenden See *Triton*, an deſſen Bergufern
„geboren, Pallas Athene den Beinamen *Trito-*
„*geneia* führte, befonders zu nennen nicht An-
„lafs“. So wenig, fügen wir hinzu, als den
kolchifchen Fafis, und andere Namen der damaligen Weltkunde. „Indefs aus der beiläu-
„figen Erwähnung der *allbeſungenen Argo*
„hinter Thrinakia (Odyſſ. XII, 70) erhellt deut-
„lich, dafs ihm die ältere, von Hefiodus (Sch.
„Apoll. IV, 259. 283), von Pindar (Pyth. IV),
„von Menekles (Sch. Lycophr. 867), von An-

„timachus und anderen berührte Sage aus vor-
„lebenden Volksdichtern bekannt gewefen: wie
„die Argonauten den Fafis hinauf in den Welt-
„ftrom Okeanos, und darauf füdwärts bis über
„Libya fuhren, dann zu Lande das Schif in den
„Triton trugen, und von deffen Ausfluffe zu der
„fchrecklichen Infelgruppe hinter Thrinakia
„fich verirrten ...“ Was? die Fabeln älterer
Dichter von Herakles kannte Homer nicht? Bei
genauerem Nachdenken wird Hr. *Heyne* einem
anderen Hn. *Heyne* Recht geben, der bei Il.
I, 587. XIV, 249. XV, 18 ältere Herakleen ausdrücklich behauptet, und bei Il. VIII, 18 im
Excurs p. 520 eine Menge aus Herakleen und
mehreren alten Liedern genommener Volksfagen
aufzählt.

Sollen wir des Bedachtlofen noch mehreres
ausheben? Wie Hr. *Heyne*, dem die *Myth.
Briefe* (II, 32. p. 258 — 261) Verwechfelung der
fpäteren Giganten mit den alten Titanen vor-
warfen, nun felbft bei Il. VIII, 479 diefe Verwechfelung an den Scholiaften tadelt, aber im
Excurs zu II, 494. p. 187 von neuem den nachhomerifchen Gigantenkampf dem vorhomerifchen Alterthum zueignet? Oder wie er im
Excurs zu Il. XVI, 150 feine miskannten *Harpyen* gegen die *Myth. Briefe* (I, 31) zugleich
rechtfertigt und aufgiebt? „Sie hatte doch

„Rofsgeſtalt, ſagt er, die homeriſche Harpye
„Podarge, weil ſie weidete und Füllen gebar“.
Wer leugnet das? Aber es war angenommene
Geſtalt, wie in anderen Geſchichten, die Hr.
H. in dem beſtrittenen Buche nicht zu bemerken
ſcheint. Demeter ward als Stute vom hengſt-
ähnlichen Poſeidon überwältigt, und gebar das
Rofs Arion; Kronos wieherte um die Filyre:
war deshalb dieſen Gottheiten eigen die Rofsgeſtalt? „Ob die Stute Podarge, heiſst es wei-
„ter, Flügel gehabt, erhelle zwar nicht aus Ho-
„mer, aber aus Heſiodus (Theog. 269), wo die
„Harpyen *fliegen mit ſchnellen Fittigen;* denn
„Solen ihr (der Stute!) anzulegen, fiel den guten
„Leuten nicht ein.“ Daſs *mit Fittigen fliegen*
bei den älteſten Dichtern, ehe Bildner die Beflügelung einführten, *wie mit Fittigen laufen,*
bedeute, nach der Figur, *von Öl ſchimmern,*
wie von Öl (Odyſſ. III, 408), *von Feuer* ſtra-
len, *wie von Feuer* (Il. XV, 623); daſs noch
bei Pindar (Ol. I, 140) die *geflügelten* Rofſe
des Pelops nicht eigentliche *Flügel,* ſondern
nur übernatürliche Schnelle und Leichtigkeit
göttlicher Rofſe hatten: von dieſer Bemerkung
der *Myth. Briefe* (I. p. 204. vergl. p. 193) machte
Hr. *H.* hier keinen Gebrauch. Aber Hr. *Heyne*
hat bei Il. XXIII, 340 aus den *Briefen* den
Sinn der (zuerſt metaforiſchen, dann gebilde-

gebildeten) *Götterflügel* ziemlich gefaſst, daſs
ſie bloſs *Schnelligkeit des Laufes* anzeigen:
*viſum et phantaſiam celeritatis tantum ſigni-
ficatione movent.* Der Excurs fährt fort:
„Da die Harpyen bei dem ſelbigen Heſiodus
„ἠΰκομοι heiſsen: ſo darf man glauben, daſs ſie
„weibliche Bildung, *feminarum ſpeciem*, ge-
„habt: bei Homer iſt dieses nicht ſo klar; aber
„κοῦραι, Mädchen, heiſsen ſie Odyſſ. XX, 77
„und vorher 66; doch iſt dort ihre Geſtalt an-
„ders als hier; ſie weiden nicht, ſondern ſie
„fliegen, und rauben des Pandáreos Töchter.“
Hr. *H.* kann nicht ſagen wollen, daſs die har-
„pyiſchen Stuten bei Heſiodus Weibchen ſind,
welches alle Stuten zu ſein pflegen. Iſt alſo
unter weiblicher Bildung Mädchengeſtalt zu verſtehn; wie kann er die vorgeblichen Flügel dieſer Göttinnen ſeiner Stute Podarge anfügen?
Aber Homer hat auch Harpyen, die Mädchen
ſind, und Mädchen genannt werden. Wo genannt? Sehe Hr. *H.* die beiden Verſe noch
einmal an; er wird wahrſcheinlich mit uns her-
ausleſen: Die Harpyen raubten τὰς κοῦρας,
jene Mädchen, die Töchter des Pandareos.
Dieſe Harpyen gehn allerdings nicht auf der
Weide, auſser wenn ſie, wie ihre Schweſter
Podarge, einen Roman ſpielen; aber eben ſo
wenig *fliegen* ſie mit Fittigen, welches Hr. *H.*

hier verlangt, fondern als Göttinnen machen fie
die gewöhnlichen Luftfchritte, durch die hebende Kraft der Solen, worüber Hr. *Heyne* fich
ein Lächeln abzwingt. In der lezten Ausgabe
Virgils, wo bei Aen. III, 209 der Excurs über
die *Harpyen* durch die *Myth. Briefe* allerlei
Zufäze erhalten hat, wird ebenfals die Stuten-
geftalt, wenigftens der Podarge, aus Homer,
und die zugefügte Beflügelung aus Hefiodus bewiefen; aber die Mädchengeftalt bei Hefiodus,
die der obige Excurfor einräumte, fcheint dem
Excurfor hier zweifelhaft. „Wenn die Har-
„pyen, fagt er, ἠΰκομοι, *fchönlockig*, find: fo
„möchte man fie für *Mädchen* halten; fie kön-
„nen aber auch mit fchönen *Mähnen gezierte*
„Stuten fein.‟ Nach der neueften Interpretation vielleicht. Wir ungeweihten denken uns
bei κόμη *fchöngeordnetes, lockiges Menfchen-
haar*, welches die Bedeutung des *bufchichten
Wuchfes* manchmal den Gewächfen mittheilt;
und bei ἠΰκομος, welches Beiwort Homer, die
Homeriden, Hefiodus, Pindar, *nur Göttinnen
und Weibern* geben, beftändig eine *fchön-
lockige* Frau. Wenn Hr. *Heyne* fo einen, felbft
für Männer zu üppigen Lockenfchmuck feinen
harpyifchen Stuten nicht zueignen kann oder
will: fo laffe er fie an den homerifchen Beiwörtern *fchönmähniger* Roffe; ἐΰτριχες und καλ-

L.   10

λίτριχες, fich begnügen. ' Das vornehme *Jeci-
mus fundamenta fabulae*, brüftet fich auch in
diefem Excurs. So dreht fich Hr. *Heyné* aus
einer Unbefonnenheit in die andere, um nur
nicht zu geftehn: Mir widerfuhr etwas menfch-
lichès, als ich Homers Harpyen meinem Hermann für *geflügelte Pferde* gab.

Freilich war die Erhaltung thierifch gebildeter Gottheiten dem Hn. *Heyne* viel wichtiger,
als fie beim erften Anblick fcheinen mag. Da
er einmal die Religion der Griechen aus ägyptifchen, fönikifchen und andern morgenländi-
fchen Sinnbildern, die dem eicheleffenden Pelasger zuerft in Myfterien zum Anftarren, dann
allmählich in Kosmogonien und Theogonien
zum Enträzeln, gezeigt worden, mit Clarke und
Blackwell abzuleiten fich entfchlofs: fo war er,
in Ermangelung altpelasgifcherUrkunden, durchaus genöthiget, fcheinbare Spuren von Überlie-
ferung auszufpähn und nicht nur fpätere Allegorien als Symbole der Vorzeit, fondern auch
einzelne Misgeftalten der nachhomerifchen Fabel als hieroglyfifche Sinnbilder aus den älteften
Myfterien, zu betrachten. Er fand die edle
Menfchengeftalt der Götter häufig durch thierifche Glieder und Auswüchfe, durch Flügel,
Schwänze und Gehörn, durch Bockfüfse, Pfer-
deleiber und Stierhäupter, durch hervorrin-

gelnde Schlangen und Meerſcheuſale, durch
ein gräſsliches Doppelgeſchlecht, entſtellt. Froh
des räzelhaften Gewimmels, traf er auch hier
muthige Vordeuter, die zu noch kühneren Ahn‑
dungen ihn begeiſterten. Auf Winkelmanns An‑
ſehn, dem durch Flügel die *ſchnellwirkende*
Kraft der Götter bezeichnet ſchien, lehrte nun‑
mehr Hr. *Heyne:* „Bei den alten Pelasgern
„waren. die *Gottheiten alle mit Flügeln* ver‑
„ſéhn; aber ſchon *Homers* geläuterter Ge‑
„ſchmack entledigte die meiſten der entſtellen‑
„den Auswüchſe; welche die *Künſtler* mit der
„Zeit ganz verwarfen, und bloſs einigen ſym‑
„boliſchen Weſen, als dem Amor, der Vieto‑
„ria, der Nemeſis zurücklieſsen." Sein Her‑
mann faſste die Lehre ſo, daſs Homers geläu‑
terter Geſchmack nur noch dem Götterherold
Merkur die pelasgiſchen Flügel oder τάλαρα
(aus *talaria* verhört), den übrigen Gottheiten
ſchlichte Solen oder πέδιλα verliehn habe. S.
Myth. Br. I, 12—14. Auf Baxters, ſelbſt auf
Baxters Anſehn lehrte Hr. *Heyne:* „Die Men‑
„ſchen des höchſten Alterthums hüllten ſich in
„rohe Thierfelle, an denen die Hörner und die
„Schwänze blieben. Ähnlich verhüllt dachten
„ſie ſich ihre Götter, und *ließen unvermerkt*
„*Hörner und Schwanz mit dem Leibe zuſam‑*
„*menwachſen;* vielleicht auch abſichtlich, *um*

„ *die zuſammengeſezten Begriffe der Gotthei-*
„ *ten zu bezeichnen.* Selbſt die *Ziegenfüſse* der
„ Pane entſtanden aus dem teuſchenden Anblick
„ umgeworfener Ziegenfelle. Später behielten
„ Hörner und Schwänze nur ſolche Götter, *wo-*
„ *mit man den Begrif des Alterthums ver-*
„ *band*, als Pan, die Satyrn, Herkules.“ S.
Myth. Br. II, 30. Auf Gesners Anſehn lehrte
Hr. *Heyne:* „In den älteſten Büchern iſt die
„ Vorſtellung, daſs die Götter *beiderlei Ge-*
„ *ſchlecht* haben. Dieſs war ein Saz der *or-*
„ *fiſchen Filoſofie*, um die Wirkſamkeit der
„ Natur in der *allgemeinen Zeugung* zu be-
„ zeichnen .... Dahin gehört auch bei vielen
„ ein tüchtiger *Phallus*, der nachmals nur eini-
„ gen blieb, vorzüglich dem Priapus.“ S. *Myth.*
Br. II, 35 — 37. Für ſich ſelbſt lehrte Hr *Heyne:*
„ Die Verbindung der thieriſchen Geſtalt mit der
„ menſchlichen, wie man an den *Centauren*,
„ *Tritonen*, *Nereïden*, *Giganten*, abnehmen
„ kann, war für die alten Menſchen das ein-
„ fachſte Hülfsmittel, eine *zuſammengeſezte*
„ *Idee* auszudrücken.“ S. *Myth. Br.* II, 26.
p. 220. II, 31. p. 254.

Kein geringfügiger Nebenumſtand in Wahrheit iſt hier zu entſcheiden, ſondern eine das
innerſte Weſen der mythiſchen Darſtellung in
Poeſie und bildender Kunſt angehende Frage,

.deren Bejahung oder Verneinung der ganzen
Gefchichte der Kunft und der Religion eine andere Richtung giebt. *Sind*, wie Hr. *Heyne* annimt, *des rohen Alterthums halbthierifche
Göttergeftalten von dem feineren Waldfän-
ger Homer gröfstentheils, von den noch feineren Künftlern faft fämtlich, ihrer entftel-
lenden Flügel und anderer Auswüchfe entledigt worden?* Oder ward, umgekehrt den
*menfchlich geftalteten Göttern Homers und
der Vorzeit erft in fpäterer Zeit von dem
Künftler anfangs als Nothbehelf, zum Theil
auch von dem Myftiker als Symbol, Beflügelung und andere Misbildung verliehn?* Das
lezte behauptete Hr. *Vofs* in den *Myth*. Briefen, fo dafs fein durchgeführter Beweis kaum
Ausflüchte verftattete. Weshalb zwei wohl-
wollende Männer, Hr. *Schlichtegroll* und fein
Rec. in der A.L.Z. 1796. N. 105, über die Beflügelung diefeu Vergleich vorfchlugen: „Hr.
„*Vofs giebt zu*, dafs die Künftler die allego-
„rifche Benennung *beflügelt* früh fchon durch
„wirkliche Flügel ausdrückten .... Er beweift
„durch eine zahlreiche, gelehrte Induction, dafs
„wirklich die älteften Dichter den Gottheiten
„keine Flügel anlegten. Wer alfo zunächft an
„die Dichter denkt, kann mit Recht fagen, die
„Beflügelung der Götter ift von fpäterer Erfin-

„dung. Die älteften Bildner hingegen“ (wie Hr.
Voſs zugiebt) „fügten den Gottheiten wirk-
„liche Flügel an. Wer daher zunächft an die
„bildende Kunft denkt, fagt mit Recht: die
„älteften Götterbilder waren beflügelt.“ Hätte
Hr. *Heyne* nach diefem Vorfchlage fich erklärt;
wahrfcheinlich hätte Hr. *Voſs* fünf gerade fein
laffen, und, damit die Wahrheit in die Mitte
zu liegen käme, gutmüthig *zugegeben*, was
feine eigene Behauptung war.

Hr. *Heyne* hat zwar bei der Ilias feine Symbole halbthierifcher Gottheiten gröſstentheils in
aller Stille verabfchiedet. Keine Spur weiter
von Schwanz und Gehörn, felbft an den wilden
Dämonen, die Homer aus älteren Volksliedern
nahm; keine Spur von zwiefachem Gefchlecht,
wo nicht etwa die *deae feminae* Il. I, 603, etwas von Manngöttinnen, gleich der bärtigen
Afroditos, hinter fich verfteckt halten; durchaus nichts beftimmtes von blaufchuppigen und
fifchfchwänzigen Nereïden, obgleich Il. XVIII,
39 eine *Glauke* darunter ift, deren Namen
famt den übrigen Hr. *Heyne* aus Kosmogonien
herleiten will; ja, die Centauren Il. I, 268 werden gradezu *homines feri*, wilde Menfchen,
wie in den *Myth. Briefen*, genannt, ohne einige Andeutung fymbolifcher Roſsglieder. Aber,
nach fo empfindlichen Aufopferungen, nun auch

alles, fogar die *Beflügelung*, aus dem kosmo-
theogonifchen Uralterthum in die aufblühende
Zeit der Kunftbildner herabzufezen: ein folches
Anmuthen fchien ihm zu hart; wiewohl nicht
abzufehn ift, wozu der armfelige Reft ihm fonderlich helfen kann. Genug als Religion, als
wehmüthiges Andenken feiner altpelasgifchen
Thierfymbole, mufs und will er die theuren Fittige fefthalten! Dennoch ift fein Eifer fo ungleich, und, wo nicht grade ein Widerfpruch
ihn erregt, fo hinläffig, fo lau, dafs innere
Wärme der Überzeugung zu fehlen fcheint.
Statt jener Excurfe, worin den homerifchen
Harpyen die ftreitigen Flügel gefchüzt werden
follen, warum nicht ein erfchöpfender Auffaz
über die gefamte Beflügelung? Wer, die Sturm-
göttinnen zu beflügeln, fo freigebig war, der
mufste bei den Windgöttern Il. XXIII, 214
nicht karg mit einem paar Schwungfedern fein.
Hier aber wird *inceffus Ventorum*, ein *Gang*
der Winde über die Meerfläche, wie Hr. *Vofs*
ihn bewies, auch von Hn. *Heyne* erkannt, der
doch in der jüngften Ausgabe Virgils (Aen. I.
Exc. III) Windgötter mit braufenden Schwin-
gen uns abbilden liefs. Zum allerwenigften hätte
über die *goldgeflügelte Iris* (Il. VIII, 398. XI,
185) gegen die Erklärung der Myth. Briefe (I,
22. p. 143, vergl. I, 24. p. 153—155), *dafs ihr*

Gang von Goldſolen geflügelt werde, ein Wort
geſagt werden müſſen: da ſie die einzige Gottheit Homers iſt, der man, vor genauerer Unterſuchung, einen Flug auf goldſchimmernden
Flügeln zutrauen darf. Aber in *Notis* und *Ob-
ſervationibus*, auch in *Supplendis*, beobachtet
Hr. *Heyne* ein düſteres Stillſchweigen. Ja, die
Erklärung bei Euſtathius (Il. XI, 185), das *Gold*
bedeute nur Glanz, der *Flügel* nur Schnelligkeit der *windfüſsigen* Göttin, ward in den ver-
ſprochenen vollſtändigen Auszug, weil ſie der
Beflügelung ungünſtig war, nicht aufgenommen.
Laſst uns ſehn, was, bei ſolcher Mutloſigkeit,
Hr. *Heyne* den *Myth. Brieſen* entgegenſtellte.

Weder Homers Götter, behauptet Hr. *Voſs*,
ſind mit Fittigen verſehn, noch die Roſſe, womit ſie in ſchwebenden Wagen durch die Luft
eilen. Sie fliegen nicht, wie die Vögel, mit
ruhig geſtreckten Füſsen; ſie gehn und rennen,
wie ihre ſterblichen Vorbilder, mit wechſeln-
dem Schritt: nicht allein über die Erdfläche,
ſondern, als ätheriſche Weſen von erhöhter
Stärke und Leichtigkeit, auch über Waſſer und
Luft hinweg; nur der dünnere Äther trägt ſie
nicht. Den Gang der Götter in behenden und
weit geſchwungenen Schritten auf Waſſer und
Luft beſchleunigen *goldene*, von Hefäſtos mit
Schnellkraft beſeelte *Solen*, χρύσεια πέδιλα

(*Myth. Br.* I, 20.— 25); ihre luftwandelnden
Roſſe (I, 28 — 29) werden χαλκόποδες, ὠκυπέται,
mit ehernen Hufen ſchnellfliegende, genannt,
wobei man, weil nie ein ſterbliches Roſs
ſolche Beiwörter führt (p. 190), an beflügeln-
den Erzbeſchlag denken darf; auch ihre Luſt-
wagen *mit ehernen Rädern* ſind aus hebenden
Metallen des Hefäſtos zuſammengefügt (p. 186),
und werden von dem vorzüglichſten Metalle bei
den folgenden Dichtern, ſchon im homeridiſchen Hymnus an Demeter v. 375, durch den
Ausdruck, *goldene Wagen*, als ſchwebende
bezeichnet (p. 189). Dieſe umſtändlich erwie-
ſenen, und zur Aufhellung mancher Dunkelheit
angewandten Behauptungen werden von Hn.
Heyne nicht im Ganzen durch tapfern Gegen-
beweis überwältigt, ſondern im Einzelnen mit
Spott, mit verdrehtem Sinn, mit leichtfertiger
Interpretation, angezwackt. In der Obſervation zu Il. V, 768 ſagt er: „Homers Roſſe *flie-*
„*gen*, welches von jeder ſchnellen Bewegung
„gilt, und *laufen* durch die Luft: was ſie
„ſchwebend erhält," (nämlich ob Beflügelung
oder hefäſtiſches Erz) „das bleibt der Fantaſie
„überlaſſen." Alſo die *hebenden Erzhufe* nur
keck geleugnet, ſo tritt Fantaſie mit ihrer *Be-*
flügelung ein! „An *Solen*, es ſei der *Men-*
„*ſchen*" (Götter wollte er ſagen) „oder der

„*Pferde*, denkt kein Sterblicher, fo oft vom
„*Gange* durch die Luft die Rede ift, *adeoque*
„*nec Homerus*, und *folglich* auch nicht Ho-
„mer.“ Das folgt allerdings, und ift-dabei
wizig. Als ächtes Latein überfezt: *Kein Sterblicher, und fogar nicht einmal Homer:* wäre
es noch wiziger. Ebendafelbft bei V, 777, wo
der Göttinnen leichter, kaum auftretender Gang
am Boden mit dem leifen Gange der Tauben
verglichen wird, bemerkt Hr. *Heyne*, „dafs
„Homer von den Solen fchweigt, und dafs die
„verglichenen Tauben auch ohne Solen zu gehn
„pflegen.“ Mehreres fpizfindeln zu wollen“
(fchliefst er), „ift nicht meine Sache.“ Auch
ift diefs wenige nicht fehr fpiz. Hermes, der
offenbar Solen anhatte (Odyff. V, 44), wandelt
über die unendlichen Wogen hinweg, und
gleicht, indem er die elaftifchen Schritte mit
Macht auffchwingt und niederfchwingt, einem
fifchenden Meervogel, der häufig die Fittige in
die Fluten taucht; auch der verglichene Meervogel, meinen wir, legt keine Solen an. Bei
Il. XIII, 20, wo der zürnende Pofeidon von
der Höhe in Samos mit hurtigen Schritten, wovon Berge und Waldungen erbeben, nach Ägä
eilt, und in drei Schwüngen es ereilt, bewundert Hr. *Heyne* die Erhabenheit des Bildes.
„Nur foll man weder die *Schritte*, noch den

„*Abstand der Füfse*,' noch die *Solen* ausmeffen
„wollen; wodurch das Erhabene ins *Kindifche*
„fällt." Hr. *Vofs* hat fich diefer kindifchen Aus-
meffung nicht fchuldig gemacht, *Myth. Br.* I,
22. p. 140. Er hat, nach dem Beweife, p. 121,
dafs jeder Gott zu einer Fufsreife fich hebende
Solen anlegt, für die weit gefchwungenen
Schritte als Beifpiele den Pofeidon und die von
Berg zu Berg fchreitende Here (Il. XIV, 225)
angeführt, ohne das Mafs, wie weit jeder fort-
fchnellende Schwung reichte, oder (nach Hn.
Heynens Verdrehung) wie weit der Gott die
Beine auseinander fperrte, oder fogar die Länge
und Breite der Schwungfolen, zu beftimmen.
Eben fo wenig hat Hr. *V.* Harpyen in Stuten-
geftalt, welches der Exc. zu Il. XVI, 150 ihm
aufbürdet, mit Solen begabt, noch an den wirklichen Götterroffen die Erzhufe jemals Solen genannt.

Indem Hr. *Heyne* die mythifchen Hülfsmittel, wodurch jener fchreitende Gang über Waffer
und Luft gehoben und befchleunigt wird, mit
dergleichen Scherzworten abzufertigen meint;
enthält er fich gleichwohl, den *fchreitenden
Gang* felbft grade heraus zu leugnen. Vielmehr
nennt er ihn durchaus *inceffus*, fogar wo die
beiden Windgötter Il. XXIII, 214 über das
Meer wandeln; er erkennt Il. V, 772, dafs die

Götterroffe in gewaltigen Sprüngen durch Luft und Meer fliegen'; er bewundert Il. XXIII, 20, Poseidons Schritte, wovon schon der vierte das Ziel erreicht, er bemerkt Il. I, 46, dem meerwandelnden Apollon raffele der Köcher von der heftigen Bewegung des Gangs. Aber die scheinbare Nachgiebigkeit läuft wieder auf einen Scherz hinaus; denn bei Il. XIV, 228 wird dieser *inceſſus deorum* für eine Nachbildung des *Vogelflugs*, ja, des *ziehenden Gewölks*, erklärt, und denen, die etwas anderes zu sehn *vorgeben*, Unkunde der alten Sprache und Denkart zur Laft gelegt. „Wie der Gang der Götter dem „*Fluge* ähnlich erscheint, dafs fie die Erdfläche „kaum berühren: eben fo wandelt hier Here „mit *leichtem Schritt* über die Berghöhe, und „V. 285 über die Waldwipfel, die von dem „fchwebenden Gange" (die erfchütternden Fufstritte der Götter follen wir vergeffen!) „nur „fanft auffchauern; eben fo auch V. 229 über „das Meer. Wie das gefchehe, erzählt der „Dichter nicht: es ift finnliche Vorftellung der „Alten, die nach dem *Fluge der Vögel* fich der „Götter *Bewegung und Gang* bildeten; und „die, da fie *Wolken* fchnell durch die Luft „fchweben fahn, leicht *auf den felbigen* „*Wolken mitfchwebende Götter* fich denken „konnten."

Ein fchreitender Gang alfo, wo Arme und
Beine in Bewegung find; ähnlich dem hinfchlüp-
pfenden Vogelfluge, da die Füfse geftreckt ruhn;
und zugleich ähnlich dem ganz ruhigen Schweben auf Gewölk, ungeachtet Hr. *Heyne* bei
Il. XIII, 72 mit dem ehmals begünftigten fchritt-
lofen Schweben Heliodors nichts weiter zu thun
haben will: diefs Meifterftück der finnlichen
Vorftellung, wozu aber Kenntnis der alten Sprache und Denkart gehört, müfste für die Unkundigen gezeichnet werden. Hr. *Heyne* wufste
noch eine dritte Ähnlichkeit zu verbinden, indem er unter Il. XIII, 20 an der Thetis des
Statius (Achill. I, 99), die gleich dem Pofeidon
mit drei mächtig gefchwungenen *Schritten* das
Meer durchwandelt, die Bewegung einer *Schwim-*
menden bemerkte. Wahrfcheinlich, weil ihm
die fpäteren Meerfahrten auf fchwimmenden Un-
geheuern, oder fogar feine fymbolifchen Nereïden mit Fifchfchwänzen (*Myth. Br.* II, 26),
im Gedächtnis fchwebten. Vier fo ungleiche
Bewegungen zu vereinen, ift mehr, als was die
Hexe leiftete, die, um weder reitend, noch
fahrend, noch zu Fufs anzukommen, halb auf
einem gefahrenen Bocke ritt, und halb neben-
her trippelte.

Erft bei Il. XXIV, 340 folgt ein ernfthaftes
Wort über die goldenen Schwungfolen, die

Hermes, wie in den *Myth. Briefen* I, 20. p.
120—123 gezeigt wird, für die weite Fufsreise
anlegt. Hr. *H.* stimmt völlig bei: „Er legt sie
„*zur Reise* an, nicht aus anderer Urfache;
„wie fo viel andere an anderen Orten, wenn
„fie abreifen wollen, fich Schuhe anziehen.“
Damit nämlich, wie uns Erdebewohnern die
Schuhe den gewöhnlichen Gang, ihm jene den
Gang über Waffer und Luft erleichterten. „Auch
„find *keine Flügel* daran, welche man fonft,
„die Schnelligkeit des *Laufs* zu bezeichnen,
„anfügt: denn für fich find fie zum *Laufe* der
„Götter nicht nothwendig; fie geben dem *Blick*
„und der *Fantafie* nur *Andeutung der Schnel-*
„*ligkeit.* Vergl. Virg. Aen. IV, 238.“ Ganz den
Myth. Briefen gemäfs. Homer und die älteften
Dichter beflügelten keine Gottheit; die Worte,
fliegen und *geflügelt*, deuten blofs Schnelle
und Leichtigkeit an. Gegen die Zeit der Tragiker wurden allmählich von Künftlern die me-
taforifchen Flügel dem Blick und der Fantafie
dargeftellt, wodurch fie als neues Hebungs-
mittel, bald an die Solen, deren Kraft fie be-
zeichneten, bald an Haupt und Schultern gefügt, in die Poefie übergingen, und mit finnbildlichen Flügeln der zu gleicher Zeit fich ent-
hüllenden Myfterien vermehrt wurden. Aber
auch zu den hebenden Flügeln gefellten nur fpä-

tere Kunſtbildner und Dichter den eigentlichen
Vogelflug; die älteren, famt ihren befferen
Nachfolgern, behielten dabei den gefchwungenen *Lauf,* und die goldenen *Schwungfolen,*
bald flügellos nach älterer Sitte, bald nach neuerer geflügelt. Unter den lezten ift Virgil, welchen Hr. *H.* anführt. „Ein Scholion des Victo-
„rianifchen Codex fagt: Ariftoteles halte die
„Solen des Hermes für geflügelte; mit Unrecht.
„Ich fehe nicht, was er damit meine.“ Die Erklärung ift leicht. Ariftoteles erkannte *geflügelte,* das ift, nach älterem Sprachgebräuch,
hebende Solen, die, wie Euftathius bei Odyff.
I, 97 fagt, *gleichfam als geflügelte* den Gott
fortfchwangen; fo hatte Ariftoteles Recht. Der
Scholiaft aber dachte, nach fpäterem Sprachgebrauch, *wirklich geflügelte;* und fo gab er
ihm Unrecht, weil angeheftete Flügel erft lange
nach Homer aufkamen. Beigelegt alfo wäre
der ganze Streit, und von beiden wahrheitslie-
benden Männern die Beflügelung griechifcher
Gottheiten aus dem vorhomerifchen Alterthume
bis in das vierte nachhomerifche Jahrhundert
herabgefezt.

Keineswegs! Schon beim folgenden Vers
341 wandelt den Hn. *H.* die vorige Laune wieder an. Die goldenen Solen, *die den Gott über
Waffer und Land tragen, mit der Schnelle*

des Windes, erklärt er in der Note: *quibus in-*
dutus ille incedit, iter facere solet mari ter-
raque, summa celeritate; der Gott, meint er,
hat mit Solen sich nur geschmückt, wenn er
über Meer und Land eine Fußreise macht, zur
Schnelligkeit helfen sie ihm nichts. Dieses heraus zu dolmetschen, lehrt die Observation. „Der
„Sprachgebrauch ist bekannt, nach welchem
„dasjenige uns *trägt*, worauf gestellt wir vom
„Orte bewegt werden.“ Wahr, wenn es Be-
förderungsmittel ist. Den fahrenden trägt von
Orte zu Ort ein Wagen oder Schif, den Reiter
sein Thier, den Eisläufer sein Schlittschuh, den
Vogel sein Fittig, den Gehenden sein Fuß, sein
bequemer und sicherer Schuh, oder was sonst
ihm den Weg erleichtert; auch wol figürlich
ein an sich müssiger Theil dessen, was fortträgt,
der Verdeckstuhl, der Sattel, die Kajüte. Aber
wer sagt, daß den Reiter sein Stiefel forttrage,
den Fahrenden sein Fußsack, die Tänzerin ihr
festlicher Strumpf? „Schuhe und Solen kön-
„nen eigentlich niemand tragen, oder aufheben,
„oder gehen machen; sondern man wandelt auf
„Füßen, die durch die Sole geschüzt werden.
„Dieß ward vom Menschen auf den Gott ange-
„wandt.“ Wie sinnreich! Ein Erleichterungs-
mittel des Gangs ist Schuh und Sole, aber nicht
für den Stillsizenden; nur bei rechtem Gebrauch,

wie andere Mittel, zeigt es die Kraft, den Fufs-
gänger rüftiger zu heben und fortzutragen. „Of-
„fenbar wird alfo, dafs, *ihn trugen die Solen*,
„nicht anzeige, der Gott werde getragen und
„gefchwungen und in die Luft erhöht durch
„Kraft und Wirkung der Solen: welches den
„Regeln der Interpretation widerfpricht. Son-
„dern *tragen, getragen werden*, fagt man
„*fimpliciter* vom Gange, wie jeder weifs: fo
„*tragen die Füfse* z. E. die Thetis zum Olymp,
„XVIII, 148; wer wird hier fpizfindeln, auf
„welche Art die Füfse fie in die Höhe geraft.
„haben? *fo tragen die Wihde* den Fliegenden,“
u. f. w. Durch die Luft tragen oder befördern
den Gang die *Füfse;* bei fpäteren Dichtern tragen ihn zugleich *Flügel* und nachwehende
Winde. Warum nicht bei Homer *Solen* von
geheimer Kraft? Nein, folche Tragung oder
Beförderung verträgt fich nicht mit der neueren Interpretation? Aber auch den Virgilifchen
Merkur (Aen. IV, 241) *portant talaria*, tragen die geflügelten *Fufsfolen*, an welchen,
nach Hn. *Heynens* Geftändnis, die Flügel blofs
Andeutungen der Schnellkraft find. Sollen die
Solen kein mittragendes, den Luftgang beför-
derndes Mittel fein, fo dürfen es noch weniger
die angehefteten Scheinflügel, die Hr. *H.* ja
doch vertheidigen will. Noch einmal die Sache

gerade geſtellt. Homers Götter in veredelter
Menſchengeſtalt waren mächtiger, gröſser und
herrlicher, als wir Söhne des Staubs, und von
reinerem Ätherſtoffe gebildet. Sie trug kein
thieriſcher Flügel über Waſſer und Luft, ſondern, nach menſchlicher Weiſe, ihr leicht-
ſchwebender Schritt, dem hefäſtiſche Wunder-
ſolen noch mehr Leichtigkeit und Schwung
gaben, und, was geflügelten ganz unnüz war,
für weitere und gefahrvolle Wege ein ſchwebender Luftwagen von der Hand des ſelbigen
Kunſtgottes, mit gleichfals erleichtertem Ge-
ſpann. Dieſe Vorſtellung iſt ſo erwieſen, als
der ſinnlichen Denkart natürlich. Auch in den
nordiſchen Sagen, wie Hr. *Voſs* anmerkt, ſchrei-
tet durch die Luft ein Zauberer mit magiſchen
Stiefeln neun Meilen in einem Saz, den eine
noch ſchnellere Zauberin auf magiſchen Pantof-
feln einholt. Und wer kennt nicht die Luft-
ritte auf dem dämoniſchen Bock, auf dem Ne-
belgaul, auf der geſegneten Ofengabel? Edler
als ſolche Erleichterungen, aber von gleicher
Natur, ſind die Schwungſolen der griechiſchen
Mythologie, auf welchen nicht nur ätheriſche
Götter, ſondern auch der irdiſche Held *Perſeus*
(Myth. Br. I, 15) über Gewäſſer und Luft wan-
delte. Ihm, dem *Perſeus*, welchen unleugbar
nichts anderes, als die verliehenen Flugſohlen

(*geflügelte* nach älterem Sprachgebrauch), auf-
hob und fortfchnellte, weicht Hr. *H.* fo vorfichtig aus, wie dem *goldenen Pfeile*, worauf
Abaris fchwebend den Erdkreis durchflog, und
den übrigen mit lebendiger Kraft befeelten
Kunftwerken des Hefäftos, die in den *Myth.*
Briefen (I, 29. p. 187 — 189) aufgezählt werden.
Nur die der Ilias angehörenden Ἡφαιστότευ-
κτα fucht er durch feine Interpretation aus alter
Sprachkunde zu entkräften: dafs die von felbft
wandelnden Dreifüfse zu leicht rollenden, die
von felbft und mit Verftand handelnden Jungfrauen zu Bildern mit lebhaftem Ausdruck, die
von felbft thätigen Blafebälge zu einer Mafchine
mit gemeinfchaftlicher Windlade, und die Waffen des Achilles, die wie Flügel ihn hoben, zu
einer wohlpaffenden, nirgends klemmenden Rüftung herabfinken.

Das find fie, die Verfuche des Hn. *H.* gegen
die Schnellkraft der Götterfolen, die noch Nonnus (Dionyf. II, 599) zu den Kunftwerken des
Hefäftos zählt. Hätte er ihre Kraft auch ver-
nichtet, was wäre damit für die Beflügelung gewonnen? Flügel findet er nun einmal nicht
an den Gottheiten der älteften Dichter, fo wenig
als Schwänze, Hörner und andere Thierglieder;
bei den fpäteren aber erkennt er ja Il. XXIV,
340 die von den Künftlern entlehnten *Flügel an*

den Solen für Andeutung der felbigen Schnellkraft, die er zu beftreiten ausging. Leugnet er
wieder ab, fo werden ihm kraftlos auch die
Flügel mit den entkräfteten Solen und anderen
hefäftifchen Arbeiten; denn felbft die fpäteren
Götterflügel waren nicht immer thierifche Auswüchfe, fondern angefügte Kunftwerke des Hefäftos aus himmlifchem Metall, die in mehreren
Abbildungen des Alterthums der erfindfame Gott
mit dem Hammer auf dem Ambofs fchmiedet.
Er wende fich, wie er wolle; mit homerifchen
Flügelgöttern kommt er nicht durch. Auch
wagt er nicht einmal, fie, die er öffentlich im
Triumf einführen follte, anders als mit unruhiger Haft unter der Hülle des *Vogelflugs,* oder
eines *dem Fluge nachwehenden Windes,* her-
vorblicken zu laffen. Aber fiehe! wo keiner
es erwartete, im Winkel des Excurfes bei Il.
XXIII von der homerifchen Allegorie p. 567,
überrafcht uns der verfchmizte Merkur, „*omnis*
„*follertiae auctor et exemplum,*" der, obgleich
ihn noch Afchylus ohne Flügel herumlaufen fah
(*Myth. Br.* I, 19. p. 115), hier als Bote der
Götter, „*mit dem alten Symbol der Schnel-*
„*ligkeit, mit Flügeln verfehen,*" einfchleichen
will. So viel wird den Lefern der Ilias über
diefe wichtige Frage der Mythologie und der
Kunftgefchichte zu verftehen, oder nicht zu

verſtehen, gegeben. Wie vor der Göttingiſchen
Societät Hr. |*Heyne* (*Comment.* T. XIV) mit
der goldgeflügelten Iris, die er hier übergeht,
und anderem Göttergeflügel, als vorhomeriſchen
Nachkömmlingen uralter Flügelgottheiten aus
dem Morgenlande (wovon freilich in Griechenland 'erſt lange nach Homer, und nur in der
myſtiſchen Theologie, Spuren zu entdecken
ſind!) durchzuſchlüpfen verſucht habe: wird
dem Scharfſinne jener ruhmwürdigen Geſellſchaft nicht entgangen ſein. Da denn alſo,
mitten von einander gehaun, gleich Miltons
Teufeln, der ſymboliſche Spuk doch wieder zu-
ſammenfloſs; ſo wünſchen wir alle, die dem
Gepolter gram ſind, daſs endlich einmal eine
geweihete Klinge das Ungethüm durchziſche,
und, wie gebrannt, die erharſchte Wunde den
Spalt ſich von neuem zu ſchlieſsen abhalte.

Eine eigene Betrachtung verdiente noch der
Stil des Hn. *H.*; !aber wir ſind müde wie der
homeriſche Holzhauer, Il. XI, 86:

— —' nachdem er die Arme geſättigt,
. Ragende Bäume zu haun, und Unluſt drang in die
Seele,
Upd nach erquickender Koſt ſein Herz vor Ver-
langen ihm ſchmachtet.

. Wir meinen nicht jene im Vorbeigehen bemerkten Sprachfehler, deren mehrere in den Schulen

mit einem NB bezeichnet werden; noch jenen
mit Hegeſias wetteifernden Numerus, den natürlichen Ertrag eines gegen die poetiſche Eurythmie verhärteten Gefühls. Auch durch unreines und ungeordnetes, aber doch römiſch
gedachtes Latein könnte, obgleich mit Lächeln
des Unwillens, ein Cicero, oder wenigſtens ein
Manutius, zum Verſtändniſſe ſich durcharbeiten.
Wir meinen, was ſelbſt dieſes Verſtehen dem
Ausländer hemmt, das neumodiſche Katheder-
deutſch, das mit allen Nachläſſigkeiten in lateiniſchen Worten der höchſten und der niedrigſten
Tonarten ſich ausdrückt. Ein Engländer, der
Deutſch aus Büchern gelernt hatte, machte einſt
einem Danziger Kornhändler die neueſte Parla-
mentsverfügung über die Einfuhr in einem deutſchen Briefe bekannt; und dem Rec. gelang es,
aus dem buntſcheckigen Gewande von edlem
und unedlem Deutſch die engliſche Geſchäfts-
ſprache zu enthüllen. Wie ſelten wird ein
Ausländer, wenn er dieſes Latein, wie aus der
verborgenſten Tiefe der Römerſprache geſchöpft,
anſtarrt, einen deutſchen Erklärer bei der Hand
haben. Gewifs würden', wie im Anfange des
16 Jahrhunderts *epiſtolae obſcurorum viro-*
rum, ſo am Schluſſe des ſtolzen 18 Jahrhunderts *epiſtolae illuſtrium virorum* ein willkom-
menes Opfer auf dem Altare der Muſen ſein,

Es erregt herbe Empfindungen, dafs ein
Mann von fehr glücklichen Anlagen, die fchon
vor 40 Jahren einen Ruhnkenius, aufmerkfam
machten, von weit umfaffender Belefenheit,
von nicht gemeiner Weltkenntnis, von kluger
Beurtheilung der Zeitbedürfniffe, dem ftillen
Anbau der veredelnden Mufenkünfte, wozu
fein Lehramt ihn weihete, eine geräufchvolle
Wirkfamkeit durch Deutfchland und durch Europa vorzog; dafs er, der Weitwirkende, feiner
Ausgabe Virgils wegen, die fremde Rechnungen,
nicht immer genau, wieder vorrechnete, von
Anftaunern überfchäzt, die richtigere Selbft-
fchäzung allmählich vergafs, und je länger je
mehr Freude am Scheinen als Sein gewann;
dafs er endlich eine berichtigende und erklärende Ausgabe Homers, die wahrlich Luft und
Liebe zum Ding, unverdroffene Forfchbegierde,
wachen Blick, lauteren Wahrheitsfinn, und be-
hagliche Ruhe von aufsen und von innen verlangt, mitten im Getümmel vielfeitiger Gefchäfte, zerftreut und unmuthig, durch Bemerkungen
des erhafchten Augenblicks, durch flüchtige
Auszüge aus den Schäzen der Bibliothek, und
durch Umgehung deffen, was nicht alfo fich
bemerken und ausziehen liefs, fertigen zu können fich zutraute. Mehr noch als Umgehung
fand fich bei den eben beleuchteten Sachkennt-

niffen, ohne welche Homer kaum interpretirt,
durchaus nicht erklärt werden kann; es fanden
fich Verfuche des Eingrifs, und, wenn der
nicht glückte, der Unterdrückung, der Zerftö-
rung. In eine polemifche Flugfchrift zufam-
mengefafst, wären die verdeckten und wankenden Anfeindungen unverftändlich und un-
lesbar; das harmlofe Blatt möchte ungerügt
feinen Flug endigen. Aber in einem zum Un-
terrichte des Zeitalters, zur Ausbreitung gründ-
licher Wiffenfchaften und menfchlicher Gefinnungen beftimmten Buche, ein folcher Leicht-
finn, bei Sachen fowohl als bei Worten, macht
es redlichen Männern zur Pflicht, ohne Anfehen
der Perfon, vor unvorfichtigem Gebrauche des
mit Pomp erfcheinenden Buchs zu warnen, wie
man vor einer Ἰλιὰς κακῶν warnen mufs.

II.

BEITRÄGE

ZUM

KOMMENTAR DER ILIAS.

ILIAS I.

Vers 8. Das Fürwort hat in diefer Stellung fo viel Gewicht, dafs die Betonung σφωὶ den Vorzug verdient.

16. Ἀτρείδα δὲ μάλιστα δύω gehört zufammen, wie β, 406, Αἴαντε δύω. Der Überfezer gab hier, und an mehreren Stellen, was feine Sprache ihm bot.

20. Wir wählen die vorherfchende Lesart, παῖδα δ᾽ ἐμοὶ λύσαιτε φίλην, τὰ δ᾽ ἄποινα δίχεσθε; doch mit dem Wunſch, dafs ſich δέ-χοισθε finde, welches durch das obige ἰχέσθαι in δέχεσθαι verdorben, und von Späteren in δέχεσθε geändert fchein. Was Apion und Herodor überlieferten, παῖδα δέ μοι λῦσαί τε φίλην, τά τ᾽ ἄποινα δέχεσθαι, verſteht man zuerſt mit jenen als abhängig von Ὑμῖν μὲν θεοὶ δοῖεν, bis man durch ἀζόμενοι anders belehrt wird;

und selbst ἀζόμενοι zogen sie auf Ἀτρεῖδαι und Ἀχαιοί zurück.

27 — 31. Nach ἰόντα ein Ausrufungszeichen. Dann v. 29 das heftigere τὴν δ' ἐγώ, und nach λύσω ein Kolon; πρίν μιν καὶ γῆρας ἔπεισιν heißt wörtlich, *zuvor wird selbst das Alter ihr an-nahn:* eine Wendung wie σ, 283. Nach v. 31 wieder ein Gedankenschluſs; denn ἀλλά iſt hier *Auf denn!* Das aus νῦν abgeſchwächte νυ entſpricht faſt unſerm tonloſen *nun.*

Die Verſe 29 — 31 verdammten einige der alten Kritiker als unſchicklich.

39. Ἐπερέφειν νηόν, eine Kapelle decken, ausbauen; nicht bekränzen: wenn gleich figürlich, *mit Efeu ſich decken,* geſagt werden kann.

40. Πίονα μηρία, in Fett gewickelte Schenkelknochen: v. 460. Für τόδε wollte Ariſtarch τὸ δέ.

46. Dieſen Vers ſamt dem folgenden wünſchte Zenodot hinweg. So meiſterte man!

56. Ein Venediſcher Scholiaſt meldet, Zenodot habe hier und v. 198 ὄρτο gewollt; wahrſcheinlich, weil er es in Handſchriften fand. Die meiſten Grammatiker verwarfen dieſes als eine den Doriern angehörige Form. Gleichwohl wird in älteren Ausgaben v. 198 ὄρτο noch aus Handſchriften angeführt; und Od.

ξ, 343 lefen alle ὄρηαι, *du fiehſt*, von ὄρημαι, ſtatt ὄραμαι; nur daſs einige ὁρᾶαι aus ὁράαι erkünſtelten. Das doriſche ὁρώμεθα, *wir fehn*, zeigt Fiſcher bei Timäus Locrus; ποθόρημι hat Theokrit; der Gloſſarien nicht zu gedenken. Da aus der alten Sprache die Ionier und die Attiker mehreres, was ſpäter den Doriern eigen blieb, als Ausnahme behielten; ſo ſehe ich nicht, mit welchem Rechte man dieſes ὄρητο abwies.

57. *Als ſie ſich nun verfammelt, und in voller Verfammlung bei einander waren.* Nicht Tautologie, ſondern Fortfchreiten vom Entſtehn zur Vollendung: in der erſten Hälfte dringt die Volksmenge heran, in der anderen, auf vollen Sizen gereiht, erwartet ſie den Vortrag. Ein ähnliches Fortfchreiten wird anderswo verkannt: z. B. η, 482. ι, 212. Od. β, 378.

58. Er, der die Verfammlung berief, trit zum Vortrage in die Mitte auf einen erhöhten Stand, und ein Herold reicht ihm den Zepter, als Zeichen der Macht (β, 100), den er v. 234 zum Zeugen ruft, und v. 245 auf die Erde wirft.

60. Zenodots Lesart οἱ κεν, *die wir etwa dem Tode entfliehn*, läſst das Entfliehn eben ſo ungewiſs, und vermeidet die Unfchicklichkeit, daſs εἰ zweimal in doppelter Bedeutung

ſteht. Dieſes *wer etwa,* ſtatt *wenn etwa einer,* kömmt häufig vor, z. B. Od. γ, 355.

64. Ὅς κ᾽ εἴποι, *der ſagen möge*, leſen die Alten ohne Ausnahme. Nun zwei Wieniſche Handſchriften geben das verdorbene εἴπῃ.

66. Αἴ κέν πως βούλεται, für βούληται, aus der alten Sprache, zur Erleichterung des Versbaus. Nach ἀντιάσας kein Komma, welches ſchon Barnes wegließ.

73. Ὁ σφιν hat gegen ὅς σφιν für ſich den Wohlklang, und die ehrwürdigſten Zeugniſſe. Zenodot las, ὅς μιν ἀμειβόμενος ἔπεα πτερόεντα προςηύδα, weniger poetiſch.

77. Die alten Grammatiker lehren, in der Beſchwörungsformel ἦ μὲν, ſtatt ἦ μὴν, *wirklich,* habe ἦ einen Gravis, da ſonſt das verſichernde ἦ, *wahrlich*, circumflectirt werde. Über Ausſprache, dächte ich, müſsten wir ſie hören.

80. Merkwürdig, daſs für κρείσσων Zenodot κρείσσω, wie anderswo γλυκίω, ἀμείνω ſchrieb: ältere Formen gewiſs, die er vielleicht vorfand, vielleicht auch willkührlich einſchob.

82. Für ἀλλά γε leſen andere mit Recht ἀλλά τε, welches häufig nach εἴπερ τε folgt: ſ. v. 218.

86. Gegen Zenodots Κάλχα, für Ariſtarchs Κάλχαν, erinnert der Scholiaſt, ein Name auf ας, αντος, erfodere αν, wie Θόαν, Αἴαν. Um-

gekehrt fchrieb, μ, 231 Zenodot und ein anderer Πουλυδάμαν, Ariftarch aber Πουλυδάμα;
und Euftath meldet die Kunftregel, dafs Namen
auf μας ihr ν in der Anrede verlieren, wie ὦ
Ἀκάμα. Noch lehrt Priscian, ftatt o *Pallan*
oder o *Pallas* fage Virgil o *Palla*, wie Homer
Πουλυδάμα für Πουλυδάμαν, und Menander Δρία
für Δρίαν. Aus allem erhellt, dafs, da das uralte ανς fich in ας gemildert, man in der Anrede
das verdrängte ν bald zurücknahm, bald nicht;
und dafs, den fchwankenden Gebrauch durch
die Kunftregel von ʼμας zu binden, eine willkührliche Sazung war.

91. Ἀχαιῶν, nicht ἐνὶ στρατῷ, las Ariftarch,
famt Sofigenes, Ariftofanes und Zenodot. Gleichwohl behielten die übrigen Ausgaben ἐνὶ στρατῷ, wie es in dem felbigen Verfe, β, 82, zwar
auch mit der Abweichung, und o, 296 heifst.
Dies allein kennt Euftath, der gemeine Scholiaft, und die fämtlichen Handfchriften, felbft
die Venedifche. Welchen Grund wol hätte
Homer gehabt, feinen Vers, den man wenigftens o, 296 anerkennt, hier zu ändern? Im
Gegentheil, nach συμπάντων Δαναῶν wäre
Ἀχαιῶν weniger gut. Eher läfst fich denken,
dafs manchem Rhapfoden das häufige ἄριστος
Ἀχαιῶν von den Lippen fuhr, und, in fchäzbare Abfchriften verirrt, jene Kritiker misleitete.

97. Οὐδ' ὅγε πρὶν λοιμοῖο βαρείας χεῖρας ἀφέξει, nicht eher wird Apollon von der Peſt die ſchrecklichen Hände abwenden, nämlich von Erregung der Peſt, vom peſtbringenden Pfeilſchießen: wie Od. χ, 316 κακῶν ἀπὸ χεῖρας ἔχεσθαι, von Ausübung des Böſen. Dies jedem Bibelkundigen deutliche Bild befremdete einige Grammatiker; ſie fanden natürlicher, ſich Λοιμὸν als Peſtgottheit zu denken, deren Hände Apollon nicht abwende, oder abwehre: in welchem Sinne ἀπέχειν allerdings ζ, 96 und Od. υ, 263 gebraucht wird. Euſtathius läſst zwiſchen beiden Erklärungen die Wahl, uneingedenk, daſs bei Homer v. 51 Apollon ſelbſt die tödliche Seuche ſendet, wenn auch Sofokles Od. T. 28 den Loimos als feuertragenden Gott vorſtellt. Dem angeblichen Doppelſinn auszuweichen, änderte Ariſtarch oder ein Vorgänger, Οὐδ' ὅγε πρὶν Δαναοῖσιν ἀεικέα λοιγὸν ἀπώσει, aus v. 456, für deſſen ἄμυνον die Versnoth das unſchickliche ἀπώσει gebar. Markland endlich glaubte durch λοιμοῖο βαρείας Κῆρας ἀφέξει den Sinn der zweiten Erklärung noch poetiſcher zu beſtimmen, und die unerhörten λοιμοῖο Κῆρας durch θανάτοιο Κῆρας zu rechtfertigen. Man könnte mit Heſiods ἔργ. 92 Νούσων τ' ἀργαλίων, αἵτ' ἀνδράσι Κῆρας ἔδωκαν (ſo leſen die Grammatiker), ihm zu Hülfe kommen; oder mit

Mimnermus (Br. Anth. II, 5), wo eine Ker das Alter bringt, die andere den Tod. Aber hier gilts gefunde Erklärung, nicht Änderung.

98. Ἑλίκωψ und ἑλικῶπις, auch ἑλικοβλέφαρος, *mit leicht gewendetem, rafch umher. fliegendem Blick:* der Naturausdruck eines lebhaften Sinns.

100. Über Zenodots αἱ κέν μιν, *ob wir ihn etwa verföhnen,* lacht ein Scholiaft, da der Wahrfager den Erfolg zweifelhaft laffe. Thut er das nicht auch bei der gewöhnlichen Lesart? Bei v. 60 bemerkten wir eine ähnliche Unachtfamkeit.

106 — 108. Richtiger wol οὐ πόποτ' ἐμοί, wodurch ja ἐμοί nicht grade den ftärkften Nachdruck bekommen muſs. — Das von Ariftarch hier anerkannte εἶπας, nebſt ἔειπας und εἴπατε, wählte Homer als altedle Formen, die famt ihren verwandten, noch fpät in mehreren Mundarten zerftreut fortlebten. Unbefchränkt ift der Gebrauch folcher Wortformen in keiner Sprache; daher man nirgends, weil nicht die ganze Sippfchaft im Verkehr ift, auch die einzelnen Glieder abweifen darf. Mit Homer fagte Apollonius ἔειπας und εἴπατε, und Kallimachus dazu εἶπα und εἶπαν. — Οὐδὲ, οὐδὲ, billigten Ariftarch und Ariftofanes; denn kräftig fei hier die Wiederholung, bei οὔτε nicht. Jenes heiſst,

Gutes haft du nie auch gefagt, nie auch ge-
than; diefes fchlechtweg, *weder, noch.*

110. Auch diefen Vers fanden einige entbehrlich.

115. Zwei Gegenfäze, der eine mit οὐ —
οὐδὲ, der andere mit οὔτε — οὔτε, den lezteren
hebt ἄρ, welches Bentley miskannte: *Nicht*
an Wuchs und nicht an Bildung, ja weder
an Geift noch irgend an Kunftarbeiten. Δέμας, Leibeswuchs, Bau, wozu man ftattliche
Länge foderte: Tydeus aber war μικρὸς δέμας,
ε, 801. Φυή, Bildung, das ift, blühende Völligkeit und fchönes Verhältnis: fo war Odyffeus
φυὴν οὐ κακός, Μηρούς τε, κνήμας τε, καὶ ἄμφω
χεῖρας ὑπερθεν, Αὐχένα τε στιβαρόν, μέγα τε
σθένος, Od. θ, 134 — 136. Φρένες καὶ ἔργα, kluge
Erfindungen und gefchickte Ausführung weiblicher Arbeiten. Den Sinn diefes Verfes enthält Od. ο, 417, Καλή τε μεγάλη τε, καὶ ἀγλαα
ἔργ' εἰδυῖα. Manchmal wird εἶδος, Anfehn,
Geftalt, als allgemeiner Begrif jenen befonde-
ren |vorangeftellt: εἶδός τε, μέγεθός τε, φυήν
τε, Il. β, 58; oder wie δέμας gebraucht: μέγας
εἶδος, Od. σ, 4. Zuweilen, wie im Deutfchen,
fteht εἶδος für φυή, δέμας καὶ εἶδος ἀγητός, Il.
ω, 376; oder φυή für εἶδος: οὔτε φυήν, οὐτ'
ἄρ φρένας, Od. θ, 168; vergl. 169.

117. Zenodot wünfchte den Vers hinweg.

Ariſtarch und mehrere laſen σῶν ἔμμεναι, welches ſtatt σόον für den Rhythmus ſo viel kräftiger iſt, als ν, 773, νῦν τοι σῶς αἰπὺς ὄλεϑρος,
ſtatt σόος.

122—124. Ariſtofanes allein ſchrieb φιλο-
κτεανίστατε. — Γάρ und ἔπειτα dienen zur Ver-
ſtärkung der Frage und des Ausrufs, wie den
Römern *nam, enim, tandem,* und uns *denn*
oder *doch:* Virg. Lb. III, 70. S. 543. — Οὐδέ
τί πω, aus v. 108, giebt den falſchen Sinn,
noch gar nicht, wie β, 252; που laſen die Ausgaben des Soſigenes und Ariſtofanes, und, wie
ein anderer ſagt, alle: *Gar nicht wiſſen wir
wo von gemeinſamen Gütern,* die in Menge
verwahrt ſind. Durch Οὐδ᾽ ἔτι, *nicht bisher,*
erzwingt man eine unzeitige Laune.

139. Das richtige δῷσιν aus δῷ erklärt ſchon
Stefanus nach Euſtathius. Hierbei giebt der
Venediſche Scholiaſt die urſprüngliche Lesart
von zwei Stellen der Odyſſee α, 168. ϑ, 318,
wofür wir ihm Dank ſchuldig ſind. Ariſtarch
änderte Τροίην hier und Od. λ, 510, weil πόλιν
Τροίην nicht gut geſagt ſei. Da er ſelbſt β,
133 Ἴλιον, εὐναιόμενον πτολίεϑρον zu leſen
empfahl, ſo meinte er wol hier, Τροίη ſei das
Land, wie in Τροίης ἱερὸν πτολίεϑρον, die Stadt
aber Ilios. Auch die Stadt wird bei Homer
häufig Troja genannt,

I.   12

131. Μὴ δὲ muſs hier getrennt werden; weil δὲ den Saz mit Heftigkeit beginnt, wie Od. δ; 681, τίπτε δέ σε —; χ; 165, κεῖνος δ'. αὐτ' ατ; δηλος —.

133. Wahrſcheinlich iſt αὐτως, ſo hin, umſonſt, die ältere ioniſche Ausſprache, β, 138. Der Unterſchied αὐτως, umſonſt, und αὐτως, ſo, ward von Späteren erklügelt. Einigen war der Bau dieſer Periode ſo räzelhaft, dafs ſie die zwei Verſe wegwünſchten. Wörtlich heiſsen ſie: *Willſt du, daſs, während du ſelbſt dein Geſchenk behalteſt, Ich hingegen als entbehrender ſo daſize?* Ὄφρα, indeſs, hat hier den Conjunctiv, weil *oratio obliqua* iſt.

135—136. Man ſagt, nach ἔσται fehle der Nachſaz, und macht einen Strich. Aber ἀλλὰ iſt hier das häufig verkannte Ermunterungswort *Wohlan!* zu welchem, es geſchehe, gedacht wird. Alſo ſchreiben wir: Ἀλλ', εἰ — ἔσται; Clarke's Beiſpiel aus Ariſtofanes Plut. 468 iſt als Frage zu leſen ; dann verſteht ſich das Ausgelaſſene von ſelbſt.

137—139. Auch hier verwickelten ſich alte und neue Ausleger, die nicht wahrnahmen, dafs ein Gedanke im Verſtanz und in Leidenſchaft ſich anders bewegt, als in gelaſsner Proſe; einen proſaiſchen Gang zu gewinnen, warf mancher ſogar den lezten Vers hinweg. Wörtlich: *Fals fie aber es nicht gäben, dann müfste ich felbft wol mir es nehmen; (noch héftiger) dein eigenes, hingehend, oder des Ajas Gefchenk, oder des Odyffeus, werde ich neh. mend wegführen; und zürnen wol möchte der, zu welchem ich käme!* Nach ἕλωμαι ein Kolon, nach Ὀδυσῆος ein Komma.

141—144. Alte Formen vom Conjunctiv der Aorifte ἐρύσσωμεν, ἀγείρωμεν, θείωμεν (θῶμεν), βήσωμεν, wie fchon der kleine Scholiaft und Euftathius fie nahm. Eben fo ἰλάσσεαι für ἰλάσσηαι. Den 143 V. verwarf Zenodot.

146—147. Ἠὲ σὺ Πηλείδη, fprach der Grieche, nicht ἠὲ σύ, Πηλείδη.— Dann ὄφρ᾽ ἥμιν inclinirt, nicht das nachdrückliche ἡμῖν.

154. Die verfchriebene Regel des Ven. Scholiaften mufs fo lauten: Οὐ πώποτε, οὐδὲ πώποτε ftehn *nur* in vergangener Zeit, οὐ ποτε, οὐδέ. ποτε auch in künftiger. Sonft widerfpräche gleich der nächfte Vers.

156. Nach μεταξύ ein Komma, weil der Gedanke durch die Verspaufe geründet wird. Bekannt ift πολλὰ μεταξὺ πέλει.

158. Wir fchreiben ἀλλά σοὶ, nicht ἀλλά σοι, weil σοὶ den Nachdruck hat; nicht σοί, weil es dem Vocativ fich anfchliefst.

162. Πόλλ᾽ ἐμόγησα, lebhafter als Ariftarchs πολλὰ μόγησα, fchliefst häufig den Vers,

und ſteht, wie hier, Od. μ, 259, πάντων, ὅσσ'
ἐμόγησα.

163—168. Den Vorwurf, daſs Agamemnon,
ſo oft die Beute einer eroberten Stadt vertheilt
werde, das köſtlichſte für ſich behalte, wiederholt Achilles ι, 328. Zenodot misdeutete: *Nie
bekomme ich ſo köſtliches wie du, auch nicht
wann wir einmal Troja erobern.* Deshalb änderte er οὐδ' ὅτ' Ἀχαιοὶ, ſtatt ὁππότ' A.

170. Iſt die gegebene Lesart richtig, ſo muſs
abgetheilt werden, οὐδέ σ' ὄιω, ἐνθάδ' ἄτιμος
ἐὼν, ἄφενος καὶ πλοῦτον ἀφύξειν. In der Abtheilung, οὐδέ σ' ὄιω ἐνθάδ', ἄτιμος ἐὼν, ἀ. κ.
π. ἀφύξειν, wird ἄτιμος ἐὼν von ὄιω, dem es
ſchon locker genug anhängt, völlig getrennt;
nur nicht durch eine ſo ungeheure Kluft, als
wenn man mit den Alten ἐνθάδ' ἄτιμος ἐὼν auf
νῦν δ' εἶμι Φθίηνδε zurückziehn wollte. Lieſt
man aber mit Bentley οὐδέ σοι οἴω ἐνθάδ' ἄτιμος
ἐὼν ἀ. κ. π. ἀφύξειν; ſo iſt der zweite Vers, wie
das Ohr ihn faſst, auch durch den Sinn verbunden: *Nun gehe ich gen Fthia, und meine
dir nicht hier als Ungeehrter Reichthümer zu
ſammeln;* oder poetiſch: *Nimmer dir mein'
ich Hier, ungeehrt wie ich bin, noch Schäz'
und Güter zu ſammeln.*

175. Οἵ κέ με τιμήσουσι, die mich wol ehren
werden. Das Gewiſſe als möglich, als wahr-

fcheinlich gedacht. Diefe Farbe der Ironïe,. auch mit ὀίω, wie wir eben gefehn, hat Homer häufig. So v. 184, ἐγὼ δέ κ' ἄγω.

179—180. Der Misklang des gehäuften S ist dem Zürnenden gemäfs, wie er in Virgils *Disciffos nudis* Lb. III, 514 den Ausdruck des Gräfslichen verftärkt.

191. Ἐναρίζοι, die Lesart des kleineren Scholiaften, ift verdorben aus ἐναρίζοι, wie Euftathius mit den Lexikografen lieft. Zum Optativ des Aoriftes wird der dringendfte Wunfch in der gegenwärtigen Zeit gefügt. Eben fo ϵ, 672, μερμήριξε —, ἢ προτέρω Διὸς υἱὸν ἐριγδούποιο διώκοι, ἢ ὅγε τῶν πλεόνων Λυκίων ἀπὸ θυμὸν ἕλοιτο. Der Zeitgleichung wegen änderten andere bei Barnes ἐναρίξαι, welches auch Bentley wünfchte. Den 192 V. krittelte man weg.

193. Für die gebrechlichen Verfe, denen ἕως als Trochäus vor ὅ, ἐγὼ, ἐπῆλθον, ἵκοιο und τέως vor Ἀχαιοί, dienen foll, wäre das einfachfte Heilmittel die Änderung εἷος und τεῖος, zumal da εἷος mehrere Handfchriften Od. δ, 90. κ, 280. ϵ, 109 gewähren. Wenn nur ein ähnliches ως in ος überginge. Die Sprachähnlichkeit empfiehlt εἵω, das, wie die zugleich von ὥς entfproffenen οὕτω, πω, οὔπω und ὧδε, famt dem Demonftrativ ὁ, ἄφνω, προτέρω, μεσηγὺ, πολλάκι, ἄχρι, ἔμπα und mehreren, fein ς ver-

lor. So wird auch Od. o, 83 αὐτῷ ἀποπέμψεὶ
zu lefen fein. Vergl. *Hym. an Dem.* 138. Der
Vers εἴω ὃ ταῦϑ᾽ ὤρμαινε — fteht immer als
Vorderfaz.

195—196. Beide Verfe verwies hier Zenodot; in Athene's Rede v. 207 ftänden fie fchicklicher zur Ermunterung des Achilleus. — Aber,
fragten die Grammatiker, wie kann Athene,
von der Here gefandt, aus dem Himmel kommen, und v. 221 nach dem Olympos zu den
anderen Göttern zurückkehren; da v. 423 gemeldet wird, dafs geftern Zeus mit den fämtlichen Göttern auf zwölf Tage zu den Äthiopen
gegangen fei? Ihre Antwort war: entweder
fein die fämtlichen Götter nur die meiften, oder,
wenn alle, doch mit Ausnahme der Göttinnen.
Die alfo v. 222 Götter genannt würden. Andere
liefsen den Zeus vorangehn, und die übrigen Götter nachher, v. 424. Die wahre Antwort ift: mit Ab-
fendung des Schifs nach Chryfe v. 308, und dann
mit der Entfündigung des Heers v. 313 und dem
Hekatombenopfer v. 315, vergingen einige Tage;
nach welchen erft Achilleus, v. 318 von dem
fortzürnenden Agamemnon feiner Brifeïs' beraubt, die Mutter um Rache anflehte, und die
geftrige Abreife der Götter zu den Äthiopen
vernahm. Nicht Homer fchlummerte hier, fondern, was gewöhnlicher ift, die Ausleger.

198. Das richtige ὄρητο, welches Villoifons Scholiaſt aus Zenodots Ausgabe hier und v. 56 anführt, ſteht ſchon bei Barnes ſamt ὀρῆτο als abweichende Lesart.

201. Nicht μὲν φωνήσας, *ſie anrufend*, wie Euſtath und die Scholiaſten misdeuten, ſondern μὲν προσηύδα. Denn φωνεῖν τινὰ, Sof. Aj. 73. Apoll. R. III, 673, iſt dem Homer fremd. Dieſe Stellung des μὲν wird auch β, 22 verkannt. Vergl. *Hymn. an Dem.* 321.

202. Τίπτ' αὖτ', erklärt der kleine Scholiaſt τί δή ποτε. Nämlich αὖ und αὖτε ſtehn oft für δὲ, und werden, wie dieſes (v. 131) zur Ver-ſtärkung der Frage und des Ausrufs gebraucht.

203. Ἴδῃ, ſtatt ἴδηαι, ward dem ἴδης von Ariſtarch vorgezogen.

204. Zenodot las in Handſchriften, τὸ δὲ καὶ τετελεσμένον ἔσται: Ariſtarch in anderen, τὸ δὲ καὶ τελέεσθαι ὀΐω, mehr dem unentſcheiden-den Tone des Folgenden gemäfs. Aus beiden Lesarten verdorben ſcheint τετελέσθαι ὀΐω, welches Zenodot v. 212 annahm.

218. Μάλα τ' ἔκλυον αὐτοῦ, *ſehr auch hö-ren ſie den*. So v. 521, καί τε, *und auch*; ſo häufig δέ τε, *aber auch, und auch, atque*; ſo γάρ τε, *namque*. Od. η, 307; ſo ἤδη μέν τε, *ſchon auch*, Hef. α, 359; manchmal ſogar aus dem zwiefachen τε — τε ein μέν τε — δέ τε,

oder ein εἴπερ τε — ἀλλά τε, zufammengefezt.
So endlich die Relative ὅς τε, *wer auch*, das
alte *quisque*, οἷός τε, ὅτε τε, ἄςτε, ὁσαί τε,
und ähnliche, oft durch eine Partikel getrennt,
wie ὃς μέν τε, β, 145. Nur bedenke man, daſs
únfer, von dem alten *auk*, für *und* (Dän. *og*)
abſtammendes *auch* felbſt in gefchwächter Bedeutung durch den Sprachgebrauch bald mehr
bald weniger Bedeutung hat.

219 — 220. In Zenodots Ausgabe ſtand hier
der Eine Vers, Ὣς εἰπὼν, πάλιν ὦσε μέγα ξίφος,
οὐδ' ἀπίθησε.

225 — 233. Den verfeinerten Griechen misfiel diefe Schimpfrede; und Zenodot ſtrich alles
bis auf den Schwur.

229 — 230. Einige Grammatiker fezten ein
Komma nach εὐρὺν, und verbanden Ἀχαιῶν
δῶρα, ohne Gefühl für Rhythmus. — Weil die
Rede in gegenwärtiger Zeit ist, muſs ὅστις εἴπῃ
gelefen werden; εἴποι hieſse es in vergangener:
Od. π, 228, ἀνθρώπους πέμπουσιν, ὅτις σφέας
εἰσαφίκηται. Qd. χ, 415, οὔτινα γὰρ τίεσκον—
ὅτις σφέας εἰσαφίκοιτο. So viel genügt hier.
Da aber ὅςτις uns öfter befchäftigen wird, fo
erlaube man eine umftändlichere Anmerkung.
Auf ein Präfens folgt das Bedingte ὅςτις durchaus mit einem Conjunctiv: Il. γ, 279. τ, 260.
Od. α, 353. ε, 448. θ, 32. 210. μ, 40. 41. ν, 214.

ξ, 106. ο, 400. π, 76. 228. ω, 285. Die einzige Ausnahme wäre ὅτις (ἥτις) τοιαῦτά γε ῥέζοι, welches Il. ψ, 494 nach νεμεσᾷτον und Od. ζ, 286 nach νεμεσᾷ folgt. Aber gewiß ward hier ῥέζῃ verfälscht, durch Erinnerung an Od. α, 47. χ, 315, wo ὅτις τοιαῦτά γε ῥέζοι mit Recht steht. Auch bei einem Imperativ hat ὅστις den Conjunctiv: Il. ο, 109, Τῷ ἔχεθ᾽, ὅττι κεν ὔμμι κακὸν πέμπῃσιν ἑκάσῳ· so v. 148 nach ἔρδειν; Od. α, 316, wo ἀνώγει aus ἀνώγῃ verdorben ward; β, 25, und öfter; θ, 549; ν, 335. Nur in bezweckter Handlung hat es den Optativ: Od. δ, 600, Δῶρον δ᾽ ὅττι κέ μοι δοίης, κειμήλιον ἔστω; und τ, 403; auch gehört hieher die Ermahnung des Hesiodus, ἐργ. 406, sich ein Weib zu ersehn, ἥτις καὶ βουσὶν ἕποιτο. So Apoll. III, 12, δόλον τίνα μήσεαι, ᾧ κεν — ἀγάγοιτο. Den Conjunctiv erfodert es auch bei einem Futur: Il. β, 361, Οὔτοι ἀπόβλητον ἔπος ἔσσεται, ὅττι κεν εἴπω· so ε, 421. ι, 102. ω, 92. Od. ξ, 445 ἐθέλῃ, nicht ἐθέλει; ο, 447. ψ, 140. Imgleichen nach einem Conjunctiv: Il. α, 294, Εἰ δὴ σοὶ πᾶν ἔργον ὑπείξομαι (für ὑπείξομαι), ὅττι κεν εἴπῃς, nicht εἴποις; Od. γ, 355; σ, 334. Ist aber dieses ὅστις von einem Präteritum abhängig, so bekommt es den Optativ: Il. β, 215, ᾔδη —, ὅτι οἱ εἴσαιτο γελοίϊον Ἀργείοισιν ἔμμεναι. δ, 240. ε, 301. ζ, 177. ο, 731. ψ, 749.

Od. ι, 90. 94. 402. χ, 101. 140. ρ, 317. χ, 315.
415. Auch wenn es nach einem Optativ fteht:
Il. μ, 334, εἴ τιν' ἴδοιτο —, ὅςτις οἱ ἀρὴν ἐτά-
ροισιν ἀμύναι· fo δ, 540. ν, 118. ξ, 92. ρ, 640.
Od. α, 47. 229. 404, wo ἀπορραίσει', Ἰϑάκης
zu fchreiben ift; β, 336. η, 17. ϑ, 240. ο, 316.
358. π, 386. σ, 141. Wird die Handlung der
vergangenen Zeit noch fortdaurend gedacht, fo
folgt, wie auf ein Präfens, der Conjunctiv: Il.
α, 543, Οὐδέ τι πώ μοι Πρόφρων τέτληκας εἰπεῖν ἔπος, ὅττι νοήσῃς. ϑ, 408, Αἰεὶ γάρ μοι
ἐώϑεν ἐνικλᾶν, ὅττι νοήσω. Od. μ, 66, Τῇ δ'
οὔπω τις νηὸς φύγεν ἀνδρῶν, ἥτις ἵκηται, Ἀλλὰ
— φορέουσι. Einige Beifpiele find übrig, wo
ein folches ὅςτις den Indicativ annimt: Il. ψ,
234, κυνῶν μέλπηϑρα γένοιτο, ὅςτις ἐπ' ἤματι
τῷδε ἑκὼν μεϑίησι (nicht μεϑίῃσι) μάχεσϑαι.
ø, 63, ὄφρα ἴδωμι φίλον τέκος, ἠδ' ἐπακούσω,
ὅττι μιν ἵκετο πένϑος. Od. ϑ, 573. π, 236.
Auch wir fagen, lafs fehn, wer fie find, ftatt
fein.

239. Der Sinn fodert ὅδε als Ein Wort, wie
Od. λ, 148. In dem Scholion, wo das Gegentheil gefagt wird, ift wol ein Schreibfehler.

244. Statt τοῖς gab Ariftarch τότε. Was man
auch wähle, fo wird das andere hinzugedacht.

247. Ἐμήνιε, mit verkürztem ι, weil ein Vokal folgt: v. 422, μήνι' Ἀχαιοῖσιν.

249. Von Zenodots γλυκίω fiehe bei v. 80.

251. Zenodot las αἱ οἱ; aber οἱ hat wegen τριτάτοισι den Vorzug.

258. Statt βουλῇ fchrieben βουλὴν Ariftarch und einige Nachfolger, weil anderswo πέρι εἶναι φρένας und ähnliches fteht. Hier aber ift βουλή nicht *Rathfchlufs*, fondern *Rathsverfammlung*: als gleich vorzüglich *im Rathe* (nicht *an Rath*), und gleich vorzüglich zum Kämpfen, werden beide gelobt. Der felbige Gegenfaz ift β, 202. ι, 53. 54. ν, 727. 728. — Gerathener fcheint's, πέρι, *vorzüglich*, das an mehreren Stellen, wie Ϡ, 161. ι, 53: Od. β, 88. ξ, 146; ohne Widerrede ein Adverbium ift, auch in πέρι εἶμι, τίω, δείδια, ja felbft in πέρι πάντων, als folches zu betonen: welches fchon andere gethan haben. Wenigftens darf man an gleichen Stellen, wie hier und δ, 257, nicht ungleich περὶ und πέρι fchreiben. Vergl. *Hymn. an Dem.* 430.

260. Neftor, der zwei Menfchenalter durchlebt hat, zählt fich zu den ftärkeren Vorfahren; aber mit Befcheidenheit: jene verachteten ihn nie, fie felbft riefen ihn aus der Ferne, und er kämpfte das Seinige mit in folcher Gefellfchaft, wo wol keiner von den jezigen Menfchen mitkämpfen möchte. Diefer Zufammenhang fchüzt das zenodotifche ὑμῖν gegen ἡμῖν, wodurch

Spätere die befcheidene Würde zur gezierten
Demut erniedrigten.

262. Οὐδὲ ἴδωμι, *noch möchte ich fehen,*
ftatt, *noch werde ich.* So Od. γ, 354, ἔπειτα
δὲ παῖδες ἐνὶ μεγάροισι λίπωνται, *dann bleiben
ja wol noch Kinder im Haufe.* Und, wo mancher anfteht, Od. π, 437, Οὐκ ἴσθ' αὐτὸς ἀνὴρ,
οὐδ' ἔσσεται, οὐδὲ γένηται, *Nicht ift der Mann,
und wird nicht fein, und fchwerlich geboren
werden.*

265. Gegen die Ächtheit diefes Verfes wird
eingewandt, er fehle in den meiften bewährten
Handfchriften, auch kein einziger Scholiaft noch
Euftathius erkenne ihn irgendwo; dafs man
annehmen dürfe, er fei fpäter aus dem Schilde
des Hefiodus v. 182 beigefchrieben. Uns wäre
es auffallender, wenn Homer in der Kentauren-
fchlacht den berühmteften Mitkämpfer verfchwieg, als wenn den Vers ein Abfchreiber
und fein Gefolge auslief, und kein Scholiaft
etwas darin zu erklären fand. Wer die Zahl
der Helden aus dem Hefiodus ergänzen wollte,
der hätte nicht an dem Einen Verfe fich be-
gnügt, fondern wenigftens den vorhergehenden
mitgenommen. Noch mehr, den befchuldigten
Vers erkennt Chryfoftomus *or.* 57, und felbft
Euftathius, ohne Anzeige, dafs er in einigen
Ausgaben fehle: Τόν τε Πειρίθοον, fagt er 75,42,

καὶ τὸν Ἐξάδιον παρεισοδιάξει, καὶ τὸν Καινέα,
καὶ τινα Πολύφημον, καὶ ἄλλους. Wer fonſt
ſind dieſe ἄλλοι, als Dryas und Theſeus? Kaum
alſo ſpricht die Kritik ein Zweifelhaft aus, gewiſs kein Schuldig. Καινέα und Θησέα wahrſcheinlich mit kurzem α, wie Τυδέα, ζ, 222,
von Τυδέος, ψ, 472.

269. Μεθομίλεον ſchrieb Ariſtarch getrennt,
dafs μετά ſeinen Ton behielt: alſo μέθ', abhängig von τοῖσι.

270. Ἐξ ἀπίης γαίης, nicht Ἀπίης. Bei Homer iſt es ein entlegenes Land, Od. π, 18; bei
den Tragikern der Peloponnes.

273. Ariſtarch las nicht ξένιον im Aoriſt,
ſondern ξένιεν, für ξένισσαν, aus welchem jenes verdorben ſcheint. Auch Pindar hat dieſes
ἴεν, Iſthm. I, 34.

276. Ein Venediſcher Scholiaſt heiſst ἴα mit
gedehntem α ausſprechen. Alſo in Einer Silbe,
wie ε, 256, τρεῖν μ' οὐκ ἐᾷ Παλλὰς Ἀθήνη. Das
gölte denn auch Θ, 399. Od. ψ, 77. 244; obgleich auf ἴα ein Vokal folgt. Wahrſcheinlich
um es von ἴα, ich war, zu unterſcheiden, deſſen α in den folgenden Vokal zerfloſs: Od. ε,
222, Τοῖος ἔ' ἐν πολέμῳ.

277. Μέτι σὺ Πηλείδη, nicht σύ, wie v.158.
Weil Homer nur die Form ἐθέλω hat, ſo ſchreibt

man Πηλείδη, 'Θελ', dafs δύ, wie Ariftarch will, den Accent des verfchlungenen έ bekommt.

282—283. Durch σὺ δὲ παῦε τεὸν μένος· αὐτὰρ ἔγωγε λίσσομαι, welches wie ο, 401. ω, 244 einen Gegenfaz erwarten läfst, ward man verleitet, 'Αχιλλῆϊ μεθέμεν χόλον in 'Αχιλλῆα zu verwandeln: *Du beruhige deinen Mut; und ich felbft flehe, dafs Achilleus ablaffe vom Zorn.* Denn dafs 'Αχιλλῆϊ folchen Sinn nicht verftatte, hat fchon Henr. Stefanus bemerkt. Aber der Gedanke: *Ich felbft flehe, gegen Achilles* ('Αχιλλῆϊ) *abzulaffen vom Zorn:* pafst beffer zum Folgenden? Was alfo? Kann αὐτάρ das erfoderte *denn* bedeuten? *Du ftille dein Herz; ich felbft ja flehe, dafs du dem Achilleus ablaffeft vom Zorn.* Mir ift kein Beifpiel bekannt. Wäre denn ἦ γὰρ ἔγωγε zu lefen, wie ν, 744? oder αὐτὸς ἔγωγε? Das lezte, dächte ich.

289. 'Ατιν' οὐ πείσεσθαι ὀΐω, *worin fie fchwerlich gehorchen werden.* So fafst es Ohr und Verftand. Getrennt für das Auge 'ά τιν' οὐ, hiefse es, *worin einer, denke ich, nicht gehorchen wird.* Das fiele aus dem leidenfchaftlichen Tone, dem eher ά οὐ τινα entfpräche.

291. Προθίουσι aus Θέω, der alten Wurzel von τίθημι, hätte Homer fchon deswegen, weil

das Wort jezt *vorlaufen* bedeutete, vermieden; auch findet fich jenes nirgendwo in gegenwärtiger Zeit. Die unveraltete Form war προτι- 9οῦσι, die bei Herodot und den Attikern fortblühete: f. Fifcher z. Well. II, 450. Der Sinn ift, *zur Wahl vorlegen*, *frei ftellen*.

294. Σοὶ mit Nachdruck behält den Accent, ohne Nachdruck würde τοι ftehn. Εἰ ὑπείξομαι; alt für ὑπείξωμαι, und dazu ὅττι κεν εἴπῃς, nicht εἴποις, v. 230. Bentley's Bedenklichkeit gegen ἔργον εἰπεῖν ift nichtig; ἔργον gehört zu ὑπείξομαι, und, *was du auch fageft,* heifst fo viel als, *wenn du nur etwas fagft, nur redeft.*

295 — 296. Den zweiten Vers wünfchte man weg, weil im vorigen ἐπιτέλλεο bis ἔμοιγε fich erftrecken könnte. Die froftigen Grammatiker! Μὴ γὰρ ἔμοιγε, in Beziehung auf ἄλλοισι: anderen gebeut, *denn mir nicht follft du befehlen.* Stärker ift hier ἔγωγ᾽ ἔτι, als ἔγωγέ τι. Σοὶ mit dem Accent.

302. Εἰ δ᾽ ἄγε ift überall eine Ermunterungsformel, wofür auch Hefychius fchlechtweg durch ἄγε δή fie erklärt. Aber mehrere der alten Grammatiker nehmen εἰ δὲ für εἰ δὲ βούλει; und einige neuere fcheiden es deshalb von ἄγε durch ein Komma, ohne zu erwägen, dafs, wenn auch die Annahme gölte, elliptifchen For-

meln die Grundbedeutung durch den Gebrauch
fich abfchwächt. Ich wüfste mit diefem unbe-
hülflichen, *Aber*, *wenn du willft*, die heftige
Rede an Antilochos Il. ψ, 579—585, nicht einmal zu erklären. Und wie wäre ein volles εἰ
δὲ βούλει bei Kallimachos in *Dian.* 81 zuläffig,
wo der Aufruf, wie bei dem Argonautiker v.
255 (253) in der Mitte fteht: κἀμοί τι Κυδώνιοι,
εἰ δ'ἄγε, τόξον — τεύξατε! oder bei Apollonius
im Anfange des dritten Gefangs: Εἰ δ' ἄγε νῦν,
'Ερατώ! An allen den Stellen pafst kaum ein
gefchwächtes *fodes*, noch weniger giebt δὲ
einen fchicklichen Sinn; vielmehr entfpricht
εἰ δ'ἄγε ganz dem virgilifchen *eia age* Aen. IV,
569. Man wird genöthigt, mit anderen bei Euftathius eine altionifche Interjection εἰ oder εἴ,
gleichfinnig dem verlängerten εἶα, zu erkennen.
Denn dafs unter den verwandten Ausrufungen
αἴ, ἰ, ἤ, εὖ, ἴα, εἶα, εὐαν, woher die Zeit-
wörter αἰάζω, εἰάζω, εὐάζω, ein εἰ follte gefehlt haben, ift unmöglich. Zu folchem εἰ
konnte Homers Sprache ein verftärkendes δὲ
fügen, welches wir v. 131 bemerkt; und εἰ δὲ
war völlig, was εἶα δὴ bei den Tragikern. So
dürfen wir die unfügfame Nothhülfe jener El-
lipfe auch ι, 262 ablehnen: Εἰ δὲ, σὺ μέν μου
ἄκουσον ift unfer: *Auf, du höre mich an!* Sogar ι, 46, wo εἰ δὲ καὶ αὐτοὶ noch etwa aus

v. 42 den Begrif des Wollens.hernehmen ·könnte,
lieſt ein Scholiaſt: εἰ δὲ, καὶ αὐτοὶ φευγόντων,
und ἄγε δὴ καὶ οὗτοι φευγέτωσαν. Welches zugleich anzeigt, daſs Heſychs Gloſſe Εἴγε vor Εἰδεῖ
ſo zu verbeſſern ſei: Εἰ δὲ, ἄγε, ἄγε δή. Jener
Scholiaſt findet ein aufmunterndes εἰ, wovon ihm
das attiſche εἶα zu ſtammen ſcheint, auch Il. ω,
74, Ἀλλ' εἴ τις καλέσειε θεῶν Θέτιν ἆσσον ἐμεῖο;
hier aber bemerkt ein anderer, εἰ ſtehe für εἶθε,
und man müſſe nicht unterabtheilen. Man ſchrieb
alſo, ἀλλ' εἰ, τις καλέσειε —, und erklärte das
εἰ durch ἄγε. Dieſes verkannte εἰ wird mehr-
reren Stellen Licht ſchaffen: zuerſt v. 453 — 455.

304. Homer hat μαχήσασθαι und μαχέσα-
σθαι; aber die Form μαχέσσασθαι meidet er,
wie Ariſtarch bemerkt.

309 — 311. Zum ariſtarchiſchen ἐν fugt nicht
das folgende ἐς, weil Homer die Vorwörter gern
wiederholt; deswegen müſste nach ἀνά auch
ἀν δ' ἀρχὸς ἐβή folgen. Offenbar iſt ἐν viermal
zu wiederholen, wie Od. λ, 3 — 5, und ἐκ unten v. 436 — 439.

320. Ein Scholiaſt macht aufmerkſam, daſs
auch des Odyſſeus Herold Eurybates hieſs, in
Beziehung auf die beiden Pylämenes, die mancher verwechſelte.

324 — 325. Nach ἕλωμαι ein Komma, um nicht
die Misdeutung des Scholiaſten zu begünſtigen,

L   13

der *ἕλωμαι σὺν πλεόνεσσι*, troz dem zwifchen-
ftehenden *ἐλθὼν* verband, als ob Agamemnon
fie und noch mehreres dazu abholen wollte.

338—342. *Sie beide felbft, die Boten Zeus
und der Männer, follen des Schwurs Zeugen
fein vor Göttern und Menfchen, ja vor ihm,
dem graufamen Könige; diefes Schwurs:
Wenn man wieder einmal meiner bedarf, das
fchmähliche Leid abzuwehren den anderen;
dann...!* Jeder denkt das Verfchwiegene hinzu: dann wird erfolgen, was er um mich verdient hat, der Rafende, der nicht voraus und
zurück fchauen kann, wie ihm im Kampf die
Achaier gefichert fein mögen! — Ein Scholiaft
deutet: er rufe fie zu Zeugen der Beleidigung,
damit er nicht fcheine als Verräther die ge-
fchlagenen Achaier zu vernachläffigen. Diefe
Misdeutung brachte vielleicht das *δὲ* nach *εἴποτε*: Sie fein mir Zeugen der empfangenen
Schmach; und wenn man einmal meiner bedarf; dann ... werde ich ftille fizen. — Zwar
können wir *δὲ* als Verficherung für *δὴ* entfchuldigen; wahrfcheinlicher aber lefen wir
εἴποτέ κ' αὖτε — γένηται, da nach *μάρτυροι ἔστε*
und ähnlichen das *εἰ* immer ein *κε* zur Begleitung hat, γ, 281. η, 77. Od. ξ, 395. 'Ολοιῇσι
erkennt Hefychius, das Etymologikon, und nun
auch die Venedifche Handfchrift famt dem Scholiaften, der keiner Abweichung gedenkt; die

felbige Handfchrift hat χ, 5 ὀλοιή; und im Hymnus an Afrodite fchliefst v. 225 mit γῆρας ὀλοιὸν; verwandt fcheint auch das hefiodifche ὀλώϊον, Θ, 591. Aus der ungewöhnlichen Form ward ὀλοῇσι verderbt, welches einige Grammatiker fo anzog, dafs fie jenes, wie Euftathius fagt, für eine kühne Änderung ausgaben. Sie freuten fich des gewonnenen Beifpiels für ihren στίχος λαγαρὸς, oder lückichten Vers, deffen Scheinlücke durch Verlängerung der Silbe λο vor dem breittonigen ῇ gebüfst werde; ja, Clarke wittert darin fogar Ausdruck der Leidenfchaft.

344. Statt μαχέοιντο Ἀχαιοί hätte Homer μαχέοιατ' Ἀ. gefagt. Aber da οἶδε den Begrif des Präfens hat, fo erfodert ὅππως, was Schäfer gab, μαχέωνται. S. β, 3.

349. Ἑτάρων ἄφαρ ἕζετο νόσφι λιασθείς. Hier mufs ἑτάρων νόσφι verbunden werden, wie β, 47; nicht ἑτάρων λιασθείς; denn in ὅπαιθα δὲ τοῖο λιασθείς φ, 255 hängt τοῖο von θπαιθα ab, wie σ, 421. Leicht aber kömte, wie Thierfch vermutet, ἄφαρ aus ἑτάρων ἀπ' ἄρ' ἕζετο verdorben fein. So ψ, 231, Πηλείδης δ' ἀπὸ πυρκαϊῆς ἑτέρωσε λιασθείς; ein ἄρ' vor ἕζετο ift gewöhnlich.

350. Am Ufer ift die See πολιή, *grau von Schaum*; draufsen wogt fie οἶνοψ, *dunkel wie Wein*: f. v. 482.

351. Zenodots χεῖρας ἀναπτάς, *die Hände aufbreitend*, und Anderer χεῖρας ἀνασχών, *sie aufhebend*, sind fehlerhaft; denn die Mutter anflehend streckt er die Hände gegen das Meer.

363. Ἵνα εἴδομεν, alt für εἰδῶμεν: daher auch einige εἰδόμεν betont verlangten. Mit Recht, wie es scheint.

366 — 392. Die ganze Stelle verwarfen Grammatiker, weil mehreres darin Wiederholung sei, und Achilleus selbst sage, die Mutter wisse schon alles; wenigstens wurden die wiederholten Verse 372 — 379 bedroht. So eigenmächtige Urtheile verdienen keine Antwort.

381. Einige Alte nahmen Anstoss an μάλα φίλος, und schrieben: ἐπεί ῥά νύ οἱ φίλος ἦεν.

391. Τήν bis ἄγοντες hat einen geschlossenen Sinn, der, durch ein Komma getrennt, κούρην Βρισῆος näher bestimmt: *Jene ...*, *des Brises Tochter*. Diese Stellung wird oft verkannt.

393. Ἐῆος schreiben wir, als Genitiv von ἐΰς, weil es bei Homer überall *gut* in heroischer Bedeutung, d. i. *edel* und *tapfer* heifst. Denn die Stellen τ, 342. Od. ξ, 505. ο, 449 widerlegen die Grille einiger Grammatiker, es heifse *eigen*, und man müsse, wie ἑός, auch ἑΰς und ἑῆος schreiben. Für diesen Sinn wäre Zenodots ἑοῖο das richtige. Neben ἐΰς hatte man ἐΰς, wovon ἐΰ in δῶτορ ἐάων Od. θ, 335.

Σύ vor.dem Zwifchenfaze, bekommt wol beffer den Accutus.

396. Ariftarch fchrieb γάρ σεο, weil σεο ohne Nachdruck mit ἄκουσα zu verbinden fei; fchriebe man γάρ σέο, fo verbände man falfch σέο πατρός. Herodian dagegen behauptete, σέο ftehe mit Nachdruck, *von dir felbft*, und keiner anderen. Mir fcheint Ariftarch Recht zu haben. Die Verfe 396—406 gab zwar Zenodot, erklärte fie aber für verwerflich.

399. Nach einem älteren Liede empörten fich, den herrifchen Zeus zu feffeln, die Götter des Olympos, geführt von den nächften Angehörigen, der vermählten Schwefter, dem zunächft herfchenden Bruder, und der hauptgeborenen Lieblingstochter. Aber Thetis, der ihr Vater Nereus es mochte geweiffagt haben, brachte zur Rettung den hundertarmigen Briareus. Wenn Thetis den Zeus hieran erinnert, unfehlbar wird er, da die Häupter jener Verfchwörung jezt den Achaiern beiftehn, ihrer Bitte, die Troer zu begünftigen, Gehör geben. Diefe Beziehungen überfah Zenodot, indem er Φοῖβος Ἀπόλλων ftatt Παλλὰς Ἀθήνη gab; denn Apollo galt bei dem Aufftande weniger als die kriegskundige Tochter des Zeus, und jezt war er ein Vertheidiger der Troer. Zur Strafe, fagt Didymos, mufsten Pofeidon und Apollon dem Lao-

medon um Lohn dienen, und Here ward von
Zeus in den Banden, womit man ihn umfchlungen hatte, zur Züchtigung aufgehängt. Das
lezte ift falfch; jene Züchtigung war die Folge
eines anderen Vergehns, o, 24.

402. Der Hundertarm ward Briareus in älteren
Gedichten, in fpäteren auch Ägäon genannt.
Bei Hefiodus ift Briareus ein Sohn des Uranos
und der Gäa, welchem Pofeidon feine Tochter
Kymopoleia zur Gemahlin gab; des Namens
Ägäon gedenkt er nicht. Nach dem Scholiaften
des Apollonius I, 1167 machte des Hefiodus
Zeitgenofs Eumelos in der Titanomachie den
Ägäon zum meerbewohnenden Sohne der Gäa
und des Pontos; und Ion fagte in einem Dithyrambus, dafs ihn, den Sohn der Thalaffa, Thetis aus dem Meere zur Befehüzung des Zeus
heraufgebracht habe. Da Homer ihn *ftärker
als feinen Vater* rühmt, fo fcheint er eher die
eumelifche Abftammung zu erkennen. Unter
den Meergöttern liefsen ihn auch Ovids Vorgänger, *Met.* II, 9, auf umfchlungenen Wall-
fifchen umherfchwimmen; ja, einigen Späteren
bei dem genannten Scholiaften war er felbft ein
fifchfchwänziges Ungeheuer. Um den hefiodi-
fchen Briareus zu gewinnen, änderte Zenodot:
ὁ γὰρ αὖτε βίῃ πολὺ φέρτατος ἦε Πάντων, οἵ
γαίης᾽ ὑπὸ Τάρταρον εὑρόεντα: wo man nicht

begreift, durch welche Macht Thetis den Kerker des Tartaros geöfnet habe. Βίῃ ἀμείνων, wie λ, 786, fchrieb Ariftarch; andere βίην. Der Olympos ift bei Homer und Jahrhunderte nach ihm beftändig der Berg.

406. Nicht οὐδ᾽ ἔτ᾽ ἔδησαν, als hätten fie fchon gefeffelt; auch nicht οὐδί τ᾽ ἔδησαν, denn Homer hat οὐδί τι fo wenig, als μηδί τι: f. β, 179. Vielmehr οὐδί τι δῆσαν: welches οὐδί τι auch Od. β, 182 die richtige Lesart ift.

407. Λαβὶ γούνων, mit ausgelaffenem μιν, wie β, 316, τὴν δὶ πτέρυγος λάβεν. σ, 155, τρὶς μέν μιν μετόπισθε ποδῶν λάβε.

420. Der Berg Olympos ragt mit den Gipfeln, wo die Wohnungen der Götter find, über die Gewölke in den heiteren Äther empor, Od. ζ, 42; unten hat er Schneekuppen. Darin fanden die Grammatiker Widerfpruch.

423—424. Ζεὺς γὰρ ἐς Ὠκεανὸν μετ᾽ ἀμύμονας Αἰθιοπῆας χθιζὸς ἔβη μετὰ δαῖτα: fo lafen Strabo, Euftathius und der kleine Scholiaft, auch die Handfchriften, deren nur einige ἐπ᾽ Ὠκεανὸν haben, alle mitfamt der Venedifchen. Hier aber erfehn wir aus dem Scholiaften, dafs man, zur Vermeidung des doppelten μετὰ, theils das erfte in ἐπὶ, theils das zweite in κατὰ verwandelte, und dafs Ariftarch beides aufnahm: ἐπὶ vermutlich als das gemei-

nere, und κατὰ, weil es in fünf fchäzbaren
Abfchriften, félbft denen des Antimachus und
des Ariftofanes, ftand. Das Anfehn Ariftarchs
und feiner Abfchriften kann gegen die anderen
Kritiker und deren auch unverächtliche Abfchriften nichts entfcheiden; fo wenig als gegen
ihn, dafs fein ἐπὶ von den erhaltenen Zeugen
niemand, fein κατὰ nur Apollonius anerkennt;
das Endurtheil giebt der homerifche Sprachgebrauch. Den erften Vers fchüzen die ähnlichen,
α, 222, Δώματ' ἐς αἰγιόχοιο Διὸς μετὰ δαίμονας
ἄλλους. δ, 70 Αἶψα μάλ' ἐς στρατὸν ἐλθὲ μετὰ
Τρῶας καὶ Ἀχαιούς. Od. θ, 294, Οἴχεται ἐς
Λῆμνον μετὰ Σίντιας ἀγριοφώνους und v, 146,
Βῆ δ' ἴμεν εἰς ἀγορὴν μετ' ἐϋκνήμιδας Ἀχαιούς.
Hier auch bezeichnet εἰς den Ort, μετὰ die
Verfammelten, unter welche man geht. Für
ἔβη μετὰ δαῖτα fpricht τ, 346, οἴχονται μετὰ
δεῖπνον, fie gehn *nach Frühkoft*, zu des Früh-
mahls Empfange, wie Od. α, 184, ἐς Τεμέσην
μετὰ χαλκόν, nach Erz, und v, 159, μεθ' ὕδωρ,
nach Waffer. Wir haben, fieht man, den felbigen Begrif, wie Od. α, 22—25, Αἰθίοπας με-
τεκίαθε —, ἀντιόων ἑκατόμβης, und Il. ψ, 205
—207. Eben fo find auch des Sängers Worte
Od. χ, 351 zu verftehn: Ὡς ἐγὼ οὔτι ἑκὼν ἐς σὸν
δόμον, οὐδὲ χατίζων, Πωλεύμην, μνηστήρσιν
ἀεισόμενος, μετὰ δαῖτας: dafs ich nie —, den

Freiern zu fingen, den Feftfchmäufen nachging. In gleicher Bedeutung braucht Homer zwar das allgemeinere εἰς oder ἐπί, Il. ι, 483 ἐς δαῖτ' ἰέναι, β, 381 ἐπὶ δεῖπνον, Od. ϑ, 395 ἐπὶ δόρπον; aber κατά niemals. Verfchieden ift Il. π, 646 κατ' αὐτοὺς αἰὲν ὅρα, er fchauete *gegen fie hin*; und des Scholiaften Beifpiel aus Sofokles, Ἐγὼ κατ' αὐτὸν, ὡς ὁρᾷς, ἐξέρχομαι· unten aber v. 484 ἵκοντο κατὰ στρατὸν ift Ariftarchs Änderung aus μετά. Wer alfo κατὰ δαῖτα einführte, dachte vielleicht ὄντας hinzu, als fie *bei dem Feftfchmaufe* waren, wie in Anakreons Od. XLII, 13, Στυγίω μάχας παροίνους Πολυκώμους κατὰ δαῖτας. Auch dann bleibt es verwerflich gegen μετά, welches die Abficht des Mitfchmaufens ausdrückt. Die Wiederholung des μετά ift ein geringfügiger Übelftand, den auf Koften des Begrifs zu vermeiden, Homer auch anderswo verfchmäht: Il. ρ, 432 ἐπὶ νῆας ἐπὶ πλατὺν Ἑλλήςποντον. Od. α, 183 Πλίων ἐπὶ οἴνοπα πόντον ἐπ' ἀλλοθρόους ἀνθρώπους. — Man dachte fich die Erde als Scheibe unter dem Gewölbe des Himmels vom *Okeanos* umftrömt; am Südrande vom Often bis nach Weften herum wohnten die *Äthiopen*, unfchuldige Götterlieblinge, wie andere Randvölker: f. Homers Welttafel. Aus Od. ε, 282 — 283 erhellt, dafs mit dem Götterbefuch die öftlichen Äthiopen an

ihrem vielleicht zwölftägigen Opferfeste geehrt
wurden. Die allegorifchen Grillen der Grammatiker übergehn wir.

424. Einige fchrieben ἕπονται, ſtatt ἕποντο:
Zeus ging voraus, und die Götter folgen. So
hoben fie den erträumten Widerfpruch, den wir
bei v. 195 gerügt.

425. Αὖτις, nicht αὖϑις, wiederum; αὖϑι,
für αὐτόϑι, auf der Stelle.

427. Καί μιν γουνάσομαι, καί μιν πείσεσϑαι
ὀίω. Das zweite μιν, welches, wie v. 289 αὐ-
τούς beſſer hinzugedacht wird, iſt aus καί μὲν
verdorben. Ein verſtärkendes μὲν nach καί hat
Homer v. 269 und häufig.

428. Statt ἀπεβήσατο hat die Venedifche
Handfchrift und eine Wienifche ἀπεβήσετο, die
ältere Form, die in dem ähnlichen Verfe β, 35
herſcht, und dort Zenodots beſſere Lesart genannt wird. Ariſtarch erklärte fie γ, 262 für
richtig, behielt aber die gemeinere; anderswo
κ, 513 nahm er fie auf. Standhafter war man
bei ἐδέσετο. Diefe und noch einige find Mifchlinge beider Aoriftformen, nicht Imperfecta von
gefabelten Futurpräfenten.

432—435. Mit günftigem Winde konnten fie
in des Hafens tiefes Fahrwaſſer hineinfegeln;
dort aber, nach eingenommenen Segeln, ruder-
ten fie vorfichtig zur Anfuhrt. So auch die

Freier Od. π, 352. Ariſtarch, der ἐγγύς ſtatt ἐντός ſchrieb, verlangte die übertriebene Behutſamkeit, ſchon in der Nähe des Hafens die Segel herabzuziehn: welches nur bei Nacht und Unſicherheit der Einfahrt, wie Od. ν, 278, nöthig war. Daſs λιμήν Hafen ſei, und ὅρμος Anfuhrt im Hafen, oder auch auf der Reede Od. ο, 494 — 496, entging einem Ariſtarch ſchwerlich.

. 434 — 437. Zenodots maleriſches ὀφέντες verwandelte Ariſtarch in ἀφέντες, andere in ἐφέντες. Homer ſagt προερέσσαι, fortrudern, und προερέσσαι ἐρετμοῖς, mit Rudern fortſchieben; das lezte verderbten ſchon alte Abſchreiber in προερέσσαι ἐρετμοῖς. Die älteſten *Anker* waren Gewichte von Steinen, die man vorn hinablieſs, indem das Steuerende an den Strand gebunden ward: Od. ι, 137. Ῥηγμῖν heiſst nie Ufer, wie die Grammatiker vorgaben, ſondern gebrochene Flut am Ufer, Wogenſchlag, Brandung: ν, 229. Od. μ, 214. Apoll. R. I, 1004. IV, 1575.

444. Weil auch ohne dieſen Vers die Rede zuſammenhängt, ſo verurtheilten ihn Grammatiker.

446 — 447. Zenodot zog beide Verſe in eins, die Chryſeïs übergehend: Ὣς εἶπεν (nicht εἰπὼν)· τοὶ δ᾽ ὦκα ϑεῷ ἱερὴν ἑκατόμβην —. Dieſes ἱερὴν

aus v. 443 gab auch Ariſtarch, obgleich κλειτήν hier bedeutender iſt.

449. Οὐλοχύτας ἀνέλοντο, *ſie nahmen ſich das Voropfer von ganzer Gerſte aus dem* Korbe: Od. δ, 761. *Gerſte*, als älteſte Feldfrucht der Griechen; *ganz*, wie man vor Erfindung des Mahlens ſie afs. Die Römer nahmen geſalzenes Dinkelſchrot, *mola ſalſa:* ſ. bei Virg. Ecl. VIII, 82. Beiderlei Voropfer waren dankbare Erinnerung an die Wohlthaten des Anbaus.

453 — 455. Anſtöfsig iſt ἤδη μέν vor ποτὲ — πάρος, noch mehr im dritten Vers ἠδ' ἔτι καὶ νῦν; beides wird, da ἤδη auch v. 456 anfängt, höchſt widerlich und verdächtig. Anrufungen beginnen gewöhnlich mit εἴποτε, und ſo die völlig ähnliche v. 39. 503. ε, 116. Od. ρ, 240. Nicht anders las auch hier der Scholiaſt, deſſen Erklärung iſt: Εἰ προήκουσάς μου, καὶ νῦν δίκαιος εἶ ἀκοῦσαι. Statt ἤδη μέν ſteht π, 236 ἦ μὲν δή in der ſelbigen Anrufung. Getroſt alſo leſe man: Εἰ μὲν δή ποτ' ἐμεῦ πάρος ℓ. ε. Dazu τιμήσας μὲν ἐμέ, nicht τίμησας, weil dieſes ein Bindungswort haben müſste. So traf Heyne unter mehreren Ahndungen ſchon das Richtige. Für den Nachſaz iſt weder ἠδὲ zu gebrauchen, noch ein geändertes ἤ τε, welches nach εἰ μὲν nur als verſicherndes *wahrlich*

fteht, wie *κ*, 449. *μ*, 67. *χ*, 49. Od. *α*, 287. *μ*,
137; eben fo wenig ἦτοι καὶ νῦν μοι, *fiehe*,
auch jezt. Es bedarf einer Aufmunterung, wie
ἄγε, *auf!* und jn folchem Sinne haben wir v.
302 εἰ δὲ erkannt. Mithin: Εἰ δ' ἔτι καὶ νῦν
μοι —. Eben fo *π*, 238; und, wo fich das
vorangehende εἰ μὲν δή noch in den meiften
Handfchriften erhalten hat, *ξ*, 234: Εἰ μὲν δή
ποτ' ἐμεῦ ἔπος ἔκλυες, εἶδ', ἔτι καὶ νῦν πείθευ.

459. Ἀὐέρυσαν in der Opferfprache ward als
Ein Wort betont. Den Opferthieren für die
oberen Götter ward zum Schlachten der Hals
aufwärts gebeugt, für die unteren niederwärts.

460—464. Die Schenkel der Menfchen und
der Thiere heifsen μηροί, niemals μηρία oder
μῆρα. Die lezteren find, wie die Grammatiker
einhellig lehren, aus den Oberfchenkeln gefchnittene Knochen; woran gern noch ein wenig Fleifch fein mochte. Nach alter Sitte, deren
Urfprung Hefiodus Th. 535 — 557 erzählt, wurden nur diefe Knochen auf dem Altar geopfert,
nachdem man, damit fie zu guter Vorbedeutung
ganz aufbrennten, fie mit Fett in der Nezhaut
umwickelt, und darauf Schnizel von allen Gliedern gelegt hatte. Spätere, die Äolier ausgenommen, fügten zu den Schenkelbeinen, als
Anzeigen der Stetigkeit und Kraft, noch das
Untere des Rückgrats, das Kreuzende oder

heilige Bein, als Beginn des Lebens. Demnach
find α, 40, πίονα μηρία *in Fett gewickelte
Schenkelknochen*, wie Θ, 240 δημὸς καὶ μηρία,
und bei Theokrit XVII, 126 πιανθέντα μηρία.
Manchmal aber, wie hier und bei Sofokles,
Antig. 1006—1022, werden die μηρία, als Haupt-
theile der Schenkel, auch μηροί genannt; fo
figürlich, wie Il. ε, 305, ἔνθα τε μηρὸς ἰσχίῳ
ἐνστρέφεται, *wo der Schenkel in der Hüfte
fich dreht*, d. i. der Schenkelknochen im Hüftknochen. Nach gleicher Figur nennt fie Äfchylus Prom. 496 κνίσσῃ κῶλα ξυγκαλυπτά, *Ge-
lenke mit Fett umwickelt.* Weshalb fowohl
Homers μηροί, als diefe κῶλα, in den Scholien
für Schenkelknochen erklärt werden. Vergl.
Myth. Br. II, 76—78 (erfte Ausg. 38—40). Von
dem geopferten Schweine verbrennt der Sauhirt Od. ξ, 427 nicht die Schenkelbeine, fondern
blofs die auf das Fett gelegten Abfchnizel. An
fünfzackigen Spiefsen röftete man die edleren
Eingeweide, als Herz, Lunge, Leber, über der
Flamme, die der Priefter durch das Schenkel-
opfer geheiliget, β, 426, und vertheilte fie unter
die Opferer und Gäfte. In fpäterer Zeit hatte
man dreizackige; nur dafs einige, wie die Ky-
mäer, der alten Sitte getreu blieben; auch gab
man, was Homer nicht anführt, den Göttern
von den Eingeweiden ihr Theil.

465. Τἄλλα für τὰ ἄλλα, jenes andere. Siehe β, 1.

468. Δαῖς εἴση, für ἴση, ist allenthalben ein gleichvertheiltes, gemeinfames Feſtmahl. Denn die Opfer waren eigentlich Schmäufe, wozu man die Götter einlud; und diefen ward von dem Fleifch, wie den übrigen Gäſten, ihr Theil zugemeſſen: Od. γ, 44. 66, ξ, 434—436. Der heilige Gebrauch ſtammte von den erſten Geſezgebern, welche die rohen, der zufälligen Waldkoſt eben entwöhnten Menfchen, an leckeren Gaſtmählern durch gleiche Theilung vor ausfchweifendem Unfug zu bewahren gefucht hatten.

470. Κρατῆρας ἐπεστέψαντο ποτοῖο, die Mifchkrüge füllten fie bis zum Rand (umrandeten fie) mit Getränke. So finden wir ϑ, 232 κρατῆρας ἐπεστεφέας οἴνοιο. Die Sitte der Bekränzung entſtand ſpäter.

471. Νώμησαν δ' ἄρα πᾶσιν, ἐπαρξάμενοι δεπάεσσι, fie reichten allen umher, von neuem anfangend mit den Bechern: nämlich, von dem Ende wieder anfangend, woher der Schenke zur Rechten fortging. Denn Od. φ, 141 befiehlt Antinoos: Ὄρνυσϑ' ἑξείης ἐπιδέξια, πάντες ἑταῖροι, Ἀρξάμενοι τοῦ χώρου, ὅϑεν τέ περ οἰνοχοεύει. Und rechtshin gèht unten v. 597 auch Hefäſtos, da er den Weinfchenken fpielt. In

diefer gewöhnlichen Richtung hatten während
der Mahlzeit v. 469 die Jünglinge das Getränk
vertheilt; und jezt, da dem Gott ein Trankopfer mit Gefang follte gebracht werden, wiederholten fie ihren Gang rechts herum. *Wiederholt anfangen* heifst ἐπάρξασϑαι, fo oft es
fonft vorkommt: ι, 176, nach der Mahlzeit
v. 92; Od. γ, 340, zum Trankopfer; Od. η,
183. σ, 117. φ, 263 und 272, wo doch endlich.
Euftathius p. 759, 9 aus klügeren Alten die
richtige Erklärung giebt, τὸ ἐπὶ τοῖς φϑάσασι
πάλιν ἀρξασϑαι. Auch in ἐπικρῆσαι, Od. η, 164
erkennen wiederholte Mifchung fowohl der
Scholiaft als Euftathius. Hieraus ergiebt fich,
dafs Od. α, 147 — 149 diefer Vers nicht Statt
findet, und dafs in dem Hymnus an Apollon
v. 125 ἐπήρξατο aus ἀπήρξατο ift: Apollon, heifst
es, ward nicht gefäugt; fondern Themis brachte
ihm Nektar und Ambrofia, als Erftlinge der
Götterkoft.

473. *Päan*, ein Gefang, worin man Heil
erflehte, wie hier, oder für Heil dankte, wie
χ, 391; ohne Beziehung auf den heilenden Gott
Päeon ε, 401, der nachmals mit Apollon verwechfelt ward.

474. Diefen Vers verwarfen einige, als Zufaz von jemand, der geglaubt, Apollon fei
Päeon genannt worden, und als müffig.

482. Κῦμα πορφύρεον, *die purpurne Woge,* weil das wogende Mittelmeer in dunkele Röthe des Purpurs ſpielt, ſo wie hingegen φ, 326 der geſchwollene Skamandros ſeine von Blut purpurne Woge hebt. Daher wird πορφύρειν, *aufpurpern,* vom Aufwallen des Meers ξ, 16, und des unruhigen Herzens φ, 551, gebraucht. Dies röthelnde Dunkel der empörten Meerwoge meint auch der Ausdruck οἴνοψ πόντος, das *weinfarbene Meer:* ψ, 316, Μήτι δ' αὖτε κυβερνήτης ἐνὶ οἴνοπι πόντῳ. Νῆα θοὴν ἰθύνει ἐρεχθομένην ἀνέμοισι. Dem abſchiffenden Telemachos ſendet Athene, Od. β, 421 Ἀκραῆ ζέφυρον, κελάδοντ' ἐπὶ οἴνοπα πόντον, der v. 427 ihm grade in das Segel weht: ἀμφὶ δὲ κῦμα Στείρῃ πορφύρεον μεγάλ' ἴαχε: wo alſo des *weinfarbenen* Meers Woge mit *purpurnem* Dunkel rauſcht. Vergl. bei Virg. Lb. IV, 373. S. 855, und Aratus φαιν. 157.

484. Ἴκοντο μετὰ στρατὸν, wie v. 478 ἀνάγοντο μετὰ στρατὸν iſt die älteſte Lesart der meiſten Handſchriften; κατὰ στρατὸν, welches der Urheber des κατὰ δαῖτα v. 424 Ariſtarch einführte, hieſse nach Homers Sprachgebrauch, ſie kamen *durch das Lager umher,* wie ε, 495 κατὰ στρατὸν ᾤχετο.

486. Ἐπὶ ψαμάθοις, nicht ψαμάθου, So

L. ·14

Hymn. an Apoll. 507; und Od. χ, 387 ἐπὶ ψα-
μάθοισι κέχυνται.

488 — 492. Den ganzen Absaz misbilligte
Zenodot; hinweg liefs er v. 491. Wahrfcheinlich fchrieb er im vorigen οὐδέ. Aber wie pafste
dann v. 492? Einige Handfchriften haben Πυ-
λῆος υἱός, das lezte jambifch, wie δ, 473; vielleicht beffer. Ἐς πόλεμον ohne ftüzendes γ;
weil fchon der Abfchnitt verlängt. Φθινέθειν
heifst *verderben*, tranfitiv und intranfitiv: hier
das erfte, wie α, 250; denn gewöhnlich war
θυμὸν ἴδων, Od. κ, 379. Vergl. *Hymn. an
Dem* 354.

493. Ariftarch wollte ὅτεδὴ, wie δηλαδὴ, mit
Widerfpruch anderer Grammatiker.

497. Ἠήρ und ἀήρ heifst bei Homer und Hefiodus *Dunft, feiner Nebel*, d. i. jener bläuliche
Duft in warmen Bergländern, und, weil diefer
bis zu den Wolken und dem darüber gebreiteten
Äther fich erftreckte, die untere *Dunftluft*
felbft, hiernächft auch *Dunkelheit* überhaupt,
Z. B. Il. ξ, 288, wo die idäifche Tanne δι'
ἠέρος αἰθέρ' ἴκανεν, durch trübes Gedüft zum
Äther emporftieg. Hef. Lb. 548, Ἠῶς δ' ἐπὶ
γαῖαν ἀπ' οὐρανοῦ ἀστερόεντος Ἀὴρ πυρφόρος.
ἐντέταται μακάρων ἐπὶ ἔργαις: *Früh ift über
die Erde vom Sterngewölbe des Himmels
Weizenernährender Dunft auf der Mächtigen*

Äcker gebreitet. So gebraucht dies Wort häufig Hippokrates *de aeribus, aquis et locis:* In den Abendländern, fagt er c. 8, find die Waffer nicht klar, ὅτι ὁ ἀὴρ τὸ ἑωϑινὸν κατέχει ὡς ἐπὶ τὸ πολύ, weil der *neblichte Dunſt* die Morgenzeit grofsentheils einnimt. Vergl. Coray T. II. p. 71. 127. Demnach ift ἠέριος eigentlich *im Morgennebel,* ehe die aufgehende Sonne ihn zerftreut: ἠέριοι, in *neblichter Frühe,* überfallen Od. ι, 52 den Odyſſeus die Kikonen, und Il. γ, 7 die Kraniche das Pygmäenvolk. Für *Frühe* braucht ἠέριος auch Apollonius III, 417. 915; übrigens für *umnebelt* I, 580. IV, 267. 1239. Ein Beifpiel, wo ἠέριος für *aerius, in der Luft,* ftehe, kennen wir nicht; aber ἀέριος heifst bei den Orfikern und denen, die Stefanus anführt, *in der Dunſtluft ſchwebend:* welche Dunſtluft der ſpäteren Weltkunde, zugleich mit dem Äther über dem Monde erhöht, unferem Begriffe von Luft entfprach. Μέγαν οὐρανὸν Οὔλυμπόν τε: fo verbunden, ift οὐρανὸς die obere Glanzluft, der Äther, in welchen der Götterberg fo hoch ragte, dafs Offa und Pelion, darauf gefezt, die metallene Himmelsvefte berühren konnten.

498. Über εὐρύοψ, *weitfichtig,* vergl. *Hymn. an Dem.* 3.

510. Ὀφέλλωσίν τέ ἑ τιμῇ ſcheint unrichtig,

wegen des matten *ἐ* nach *υἱὸν ἐμὸν*, und weil
ὀφέλλειν ἄνδρα τιμῇ ſtatt *ἀνδρὶ τιμὴν*, beweislos
iſt. Einige Handſchriften bieten *ἐ τιμὴν*, gegen
den Sprachgebrauch; einige *οἱ τιμὴν*, gegen
den Vers. Dürfte man ein altes *ὀφελλίω* annehmen, ſo möchte *ὀφελλήσωσί τε τιμὴν* zu leſen ſein.
Aber der ganze Saz, *bis ſie meinen Sohn geehrt, und die Ehre gehäuft haben*, iſt durch
Steigerung nur beſchönigte Tautologie. Vielleicht alſo: *ὄφρ' ἂν 'Αχαιοὶ ῾Υἱὸν ἐμὸν τίσωσιν·*
ὀφέλλωσιν (oder *ὀφείλωσιν*) *δέ τε τιμὴν; denn*
ſchuldig ſind ſie ihm Ehre. Il. λ, 687, *πο-
λίσιν γὰρ 'Επειοὶ χρεῖος ὄφειλον*: vergl. 685. 697.
Od. Ꝋ, 462, *ὅτι μοὶ πρώτῃ ζωάγρι' ὀφέλλεις*,
beſſer *ὀφείλεις*.

513. Καὶ *εἴρετο δεύτερον αὖτις* ward verſchrieben *ἤρετο — αὖϑις*, geändert *ἔγρετο*.

517. 'Οχϑίω hat, wie *ἄχϑομαι*, den Grundbegrif einer drückenden Laſt, die man ſchwer
trägt, mit Unmut empfindet.

518. Fürwahr doch ein heilloſes Ding, da
du mich antreiben willſt, in Feindſchaft zu fallen mit Here, wann ſie —. 'Εχϑοδοπῆσαι, ſich
verhaſst machen, ſich Feindſchaft zuziehen.
Weil das erſte *mich* der *Here* entgegen ſteht,
muſs es durch *ὅτ' ἐμ'* etwas gehoben werden,
obgleich die Venediſche Handſchrift *ὅτε μ' ἐχϑο-
δοπῆσαι* hat. Ariſtarch ſezte nach *ἐφήσεις* ein

Komma, und dann 'Ηρη ότ' άν —: weniger
gut.

522. Statt μή σε νοήσῃ lafen Ariftarch und
mehrere μή τι νοήσῃ, in der Bedeutung, dafs
nicht etwa bemerke.

524. Καταντύσομαι wählte Ariftarch vor έπι-
ντύσόμαι. *Herabwinken* ift der Stellung gemäfs, da Thetis die Kniee umfchlungen hält;
auch hat man als Medium nur κατανεύσομαι,
und ἀνανεύσομαι.

·526—527. Wörtlich: *Nicht ift von mir et-*
was wandelbar, durch geänderten Entfchlufs,
oder betrüglich, durch falfche Verheifsung,
noch unvollendet, durch Ohnmacht. 'Ατελεύ-
τητον ohne γ', haben viele Handfchriften; vergl.
v. 491.

528—530. Indem der Weltherfcher mit dem
Blicke der Gewährung zuwinkt, macht die geheim ausgehende Kraft, dafs die ambrofiaduf-
tenden Haupthaare ihm vorwärts fliegen, und
der grofse Olympos bebt. Gleich erhaben ift
die Vorftellung, wie vor der empfundenen Kraft
nahender Gottheiten ihr Tempel zittert, und
Gebirge und Meerwogen aufhüpfen, wie von
des neuen Weltjahres eintretender Seligkeit das
unermefsliche All fchauert, wie Pluto's abfo-
dernde Gewalt das Unterirdifche durch Donner
erfchüttert: f. bei Virg. Ecl. IV, 50. Lb. IV, 493.

Die Grammatiker leiten allein aus der Leibes-
kraft des riefenmäfsigen Gottes das Wunder
her, dafs fchon ein Wink den Olympos aufrüt-
tele. Ein Wink alfo, wobei der ganze Kolofs
wenigftens in leifer Bewegung war! Dann hätte
er ja durch jeden Tritt, und fo oft er fich regte,
ein Erdbeben hervorgebracht; ein ftärkeres
aber der hundertarmige Briareys! Nicht diefer
ungeheure Wuchs, nein die befeelende All-
macht wars, was den Fidias zu feinem erhabenen Bilde begeifterte. Durch κυάνεος wird
bläuliche Schwärze, im Gegenfaze der rufsich-
ten, ins Röthliche fpielenden, bezeichnet. Άνα-
κτι, in der Harleyifchen Handfchrift ift Änderung eines, der die Verspaufe nach άνακτος
nicht beachtend, die zwei zufammenftofsenden
Genitive anftöfsig fand; ein Komma macht gut.
Zenodot fchrieb κρητός, wahrfcheinlich nach
Älteren; denn das ionifche κρατός war ihm
nicht unbekannt. Vielleicht war jenes verdorben aus κρῆθεν. Hef. άσπ. 7, ' τῆς καὶ ἀπὸ κρῆθεν, βλεφάρων τ' ἀπὸ κυανεάων. —

531. Διέτμαγον ift blofse Verirrung der Unwiffenheit, welche διέτμαγεν für einen Singular
hielt.

532. Εἰς ἅλα ἅλτο fagte fchwerlich Homer,
da εἰς ἅλαδ' ἅλτο wohlklingender und gewähl-
ter war. So urtheilt Bentley, und erinnert an

Od. *, 351, τεταρῶν, οἵχ' εἰς ἅλαδε προρέουσι.
Auch Apollonius IV., 1768 ſagte μετὰ νῆαδ' ἰχέ-
εϑαι, damit nicht drei Vokale zuſammenkämen;
obgleich α vor ι leidlicher war.

534. Statt ἰδίων laſen andere hier und v. 581
ἰδρίων. Gewöhnlich iſt ἕδος bei Homer *Wohn-
ſiz, Lage, Sizung*; aber auch *Siz* für *Seſſel*,
Il. ι, 194. (Apoll. II, 429.)

535. Wenn ſie den Zeus nicht abwarten, ſagt
ein Scholiaſt, ſo müſſen ſie nicht bloſs ſtehn
gegen den kommenden, ſondern entgegen gehn;
darum ſei zu leſen ἀλλ' ἀντίοι ἦλϑον. Der Mann
wuſste nicht, daſs ἀντίοι ἕσταν das ſelbige iſt.
Denn wird στῆναι, *ſich ſtellen*, in Ruhe gedacht, wie παρ' αὐτῷ, ſo heiſst es *ſtehn*; in
Bewegung, wie παρ' αὐτὸν, *hintreten*. Od. ρ,
447, Στῆϑ' οὕτως ἐς μέσσον, *trit ſo in die Mitte*.
Il. ι, 497, Οἱ δ' ἐλελίχϑησαν, καὶ ἐναντίοι ἕσταν
Ἀχαιῶν· Ἀργεῖοι δ' ἐπέμειαν. Unſer *ſtehn* und
ſizen wird eben ſo in der Richtung *dahin* gebraucht: *Steh dorthin*, ſtelle dich; *Jeſus ſtund
mitten unter ſie:* Kaiſersberger.

540. Τίς δ' αὖ; wer doch wieder? v. 131.

543. Οὐδέ πω τέτληκας umfaſst mit dem Vergangenen das Gegenwärtige; deshalb folgt ὅττι
νοήσης: v. 230. Νοήσεις iſt gegen die Grammatik.

549. Ὄν δέ κ' ἐγὼν, ſtatt des bekannteren ὅν
δ' ἂν, leſen die beſſeren Handſchriften.

551. Βοῶπις Ἥρη, die groſsäugige, eigentlich
rindsäugige. Denn von der Groſsheit oder, wie
Varro ſagt, Majeſtät des Rindes entlehnte das
griechiſche Hirtenalter die Vergröſserungsſilbe
βου oder βο, ohne niedrigen Nebenbegrif. Wer
dies veraltete Bild mit übertragen will, der muſs
neben der *farrenäugigen* Here auch die *hunds-
äugige* Helena ſamt dem *Prahlochſen* Ajas aufnehmen, und überhaupt bildliche Ausdrücke,
wie *egregius Caeſar, ingruere,* ſelbſt das franzöſiſche *reculer,* getreu wiedergeben.

552. Ποῖον τὸν μῦθον, *welche Rede da?*

553. Οὔτε — οὔτε, ſagen die Grammatiker,
iſt lebhafter, als οὔτε — οὐδέ, welches man
ehemals las. Vielleicht verdorben aus zwiefachem οὐδέ, das aber hier unzeitige Lebhaftigkeit hätte.

558 — 559. Auf ein Präteritum folgt ὡς mit
dem Optativ, β, 3; hier mit dem Conjunctiv,
weil der zugewinkte Beſchluſs fortdauert: *Du
haſt verheiſsen, daſs du Achilleus ehren wol-
leſt,* nicht blofs, dafs du damals *wollteſt.* Πολέας ſchrieb Zenodot mit Recht πολεῖς: ſ. β, 4.

561. Δαιμόνιος, vom Dämon geleitet, daſs
man ſeltſam, es ſei gut oder böſe, handeln
muſs.

566—567. Μή νύ τοι ού χραίσμωσιν, ὅσοι Θεοί εἰα᾽ ἐν Ὀλύμπῳ, Ἆσσον ἴοισθ᾽, aus ἴοντα: *fonft möchten dir nicht frommen die fämtlichen Götter gegen mich annahenden.* So η, 144 und öfter, χραισμεῖν τινὶ ὄλεθρον, *einem gegen das Verderben helfen, es ihm abwehren.* Ἆσσον ἰέναι gilt von jeder Annäherung, fowohl friedlicher, v. 335. ι, 508. ψ, 8, als feindlicher, wie hier. Zenodot fchrieb ἄαπτος, *unanrührbar*; Ariftofanes ἄεπτος, *dem man nicht folgen darf*, oder *unausfprechlich:* Ariftarch ἄαπτος und nahm es für ἀπτάητος, *unerfchrocken*, andere für ἄιαπτος, *unverlezlich*, oder für Zenodots ἄαπτος. Unfer *unnahbar*, dem man nicht nahen darf, folgt der Analogie von *unzugänglich, unwiderftehlich.* Zeus erinnert die widerfpenftige Gemahlin an die ehmalige in einer alten Heraklee befungene Züchtigung, ξ, 249—257. ο, 16—24, da er fie mit den Ambofsen an den Füfsen aufgehängt geifselte, und die helfenden Götter vom Olympos warf. Verfpätete Vorftellungen des rohen Alterthums: Myth. Br. I, 3.

572. Statt λευκολένῳ Ἥρῃ wünfchte ein Grammatiker τετιημένη ἦτορ.

575. Ἐν δὲ Θεοῖσι κολῳὸν ἐλαύνετον, wenn ihr unter die Götter den Aufruhr ftürmt, hineinfchwingt.

579. Σὺν δ' ἡμῖν δαῖτα ταράξῃ. Ein Scholiaſt will lieber ἡμῖν ohne Nachdruck. Aber
ἡμῖν iſt *uns hier*, mit Hinweiſung, *uns allen*.

580—583. In den Scholien ſind von dieſen
Verſen drei verſchiedene Anordnungen bemerkt.
Einige ſezten nach v. 580 ein Komma, und nahmen ἐξ ἰδίων στυφελίξαι im Optativ als Nachſaz,
dem ὃ γὰρ πολὺ φέρτατός ἐστιν ſich anſchloſs.;
daſs dás folgende einen beſonderen Saz machte.:
Denn fals es will der olympiſche Stralſchwin-
ger, möchte er uns von den Sizen tummeln;
denn bei weitem der mächtigſte iſt er. Andere
ſezten zuerſt nach dem Infinitiv στυφελίξαι
ein Komma, dann nach ἐστίν, dann wieder
nach v. 582, wo ſie ἐθέλῃς aus dem vorigen hin-
zudachten, und erklärten v. 583 als Nachſaz:
Denn fals der Donnerer uns forttummeln will
(er iſt ja bei weitem der mächtigſte), du aber
zu ihm mit freundlichen Worten dich wenden
willſt; bald dann —. Noch andere ſchloſſen
den Vorderſaz mit v. 581, und nahmen v. 582
als Nachſaz: *Auf, ſo müſſeſt du ihn mit*
freundlichen Worten anreden. Dies meldet
der Scholiaſt, der die Ausgaben der alten Grammatiker verglich. Aus ſpäteren giebt Euſtathius die Erklärung, der Vorderſaz gehe bis
στυφελίξαι im Infinitiv, und der Naſaz ſei ver-
ſchwiegen: *Fals der Donnerer uns von den*

Sizen verſtoſsen will; *ſā —*; nämlioh ſo wird er es ausführen, ἀνύσει, oder ſo würde er wol verſtoſsen, πάντως ἂν στυφελίξῃ. Vielleicht hat ſogar mancher, ὁ γὰρ πολὺ φέρτατός ἐστιν, ſich als Nachſaz gedacht: *Fals er verſtoſsen will, ſo hat er ja die Gewalt.* Bei ſolcher Verlegenheit für εἴπερ κ' ἐθέλῃσι στυφελίξαι einen Nachſaz, auszumitteln, wie ſchlecht fügt ſich jenes zum vorigen! Und wie natürlich, wenn στυφελίξαι im Optativ als Nachſaz genommen wird! Offenbar verirrte man ſich in ſo wunderliche Misdeutungen, weil einen Optativ der Möglichkeit ohne ἂν oder κε zuzulaſſen bedenklich ſchien, daher Bentley στυφελίξει vorſchlug. Gleichwohl ſteht dieſer Optativ ohne ἂν Il. ε, 303, ὃ οὐ δύο γ' ἄνδρε φέροιεν. Und wollte man hier δύο κ' ἄνδρε einführen; ſo widerſtrebt Il. η, 48, ἦν ῥά νύ μοί τι πίθοιο. κ, 246, καὶ ἐκ πυρὸς αἰθομένοιο Ἄμφω νοστήσαιμεν. Od. ν, 248. ξ, 122. Dazu viele Beiſpiele bei Spätern, die Matthiä Gramm. S. 723, und andere geſammelt. Dazu bei Ariſtofanes Ἐκ. 667, πῶς γὰρ κλέψαι; wogegen Brunck ſich umſonſt auflehnt; auch v. 808; vergl. Equit. 1057, und Ran. 1437, Εἰ τις πτερώσαι Κλεόκριτον Κινησίᾳ, Αἴροιεν αὖραι πελαγίαν ὑπὲρ πλάκα: wo Bergler richtiger ſah, als Brunck und Gregorius.

584. Δέπας ἀμφικύπελλον, ein Doppelbecher

mit einem gemeinfchaftlichen Boden in der Mitte. Dergleichen kannte noch Ariftoteles, der damit (*hift. anim.* IX, 40) die Bienenzellen vergleicht. Ἐν χειρὶ τίϑει, nicht χερσὶ, hatten die angefehnften Ausgaben der Grammatiker; wie v. 596 ἐδέξατο χειρί. Das häufige ἐν χερσὶ τίϑει, wo etwas gröfseres zugeftellt wird, ver- irrte fich hieher und Od. γ, 51. ϑ, 406. ν, 57. ο, 120.

587. Ἐν ὀφϑαλμοῖσιν ἴδωμαι. Zur Verftär- kung des Begrifs *Sehen* braucht der Grieche ὀφϑαλμοῖς, mit eigenen Augen, *fuis oculis*, Il. γ, 28; und ἐν ὀφϑαλμοῖς, vor Augen. So ἐν ὀφϑαλμοῖς εἶναι, *in oculis effe*, und ἐξ ὀφϑαλμῶν γενέσϑαι, *ab oculis abeffe*, Anders ἐν πτεροῖσιν ἀκάμαντας ἵππους, Pind. Ol. I, 140, *in Be- flügelung unermüdliche Roffe*, d. i. mit Flü- geln; und die bekannten Beifpiele, wo ἐν *mit* bedeutet.

590—594. Here hatte den Herakles, indefs fie den Zeus von dem Schlafgotte betäuben liefs, nach Kos verftürmt; der erwachte Zeus geif- felte fie, und, wer fie zu retten kam, den warf er von der Schwelle des olympifchen Palaftes auf Meer und Erde hinab: ξ, 252—258. ο, 18 —24. Seinen eigenen Fall erzählt Hefäftos mit dem luftigen Zuge, wie ihn der Vater am Beine gepackt, und fo unbändig gefchleudert, dafs er den ganzen übrigen Tag geflogen, bis er faſt ohnmächtig Lemnos erreicht. Die Scholiaſten meinen, durch dieſen Fall ſei er gelähmt worden. Warum er allein von den geſchleuderten? Schon als Kind hatte ihn die Mutter, *weil er lahm von Geburt war*, bis an den Okeanos ge‑ ſchnellt: σ, 395 — 405. Od. Θ, 310 — 312. Fal‑ lend ſohwang er ſich jezt als luftwandelnder Gott nach ſeinem Lieblingseilande *Lemnos,* wo den brennenden Berg Moſychlos noch Antima‑ chus und Erotoſthenes anführten (Schol. Ni‑ candr. Ther. 472), und wo die *Sintier*, ein thrakiſcher Stamm, rauh von Sitten und Spra‑ che, ſich früh im Schmieden auszeichneten.

595—600. Die erregte Leidenſchaft wird, wie in der Geſchichte des Therſites β, 212—270, und bei dem Bogenverſuch Od. φ, 360—376, in ein Lachen aufgelöſt. Here, noch erſchrocken von der Drohung, lächelte gleichwohl. Aber die Götter, als Hefäſtos den Spaſs fortſezte, erhuben ein unbändiges Gelächter, daſs, ſtatt der blühenden Schenkin Hebe (δ, 2), das Ungeheuer mit der zottigen Bruſt (σ, 410) die Becher umherzutragen ſich anſtrengte; weil dabei (läſst der Dichter hinzudenken) ſein hin‑ kender Gang ſich noch lächerlicher ausnahm.

597 — 598. Ἐνδέξιος oder ἐπιδέξιος, welches Od. φ, 142 von der ſelbigen Richtung des Wein‑

fchenken gebraucht wird, heifst bei Homer immer *rechtshin* fich wendend, von der linken zur rechten Hand. Verfchieden ift aber die Beziehung, wie Ariftoteles (*de coelo* II, 2) bemerkt. Dem Wahrfager galt für glücklich der Vogelflug, der ihm, dem nördwärts blickenden, *rechtshin* nach Often, dem Anfange der Lichtfeite, ging, μ, 239. Rechtshin, nach der eigenen Rechten, ging der Weinfchenk, wenn auch dem Gafte linksher der Becher kam. So gehn die Geftirne von ihrer Linken zur Rechten hin; fo auch der Griffel des Schreibenden. Die Griechen, fagt Herodot II, 36, fchreiben und rechnen die Hand von der linken Seite zur rechten führend; die Ägypter von der rechten zur linken; und dabei behaupten fie, dafs fie felbft es rechtshin thun, und die Griechen linkshin. Er fagt nicht, welche Beziehung fie annahmen. Die Wendung rechtshin oder rechtsum, da das Bewegte von feiner Linken zur Rechten geht, war dem Griechen heilig und von günftiger Vorbedeutung. Rechtshin wandte er fich im Gebet, Theogn. 922 Br.; auch feit Numa der Römer im Adoriren, Plin. XXVIII, 2. f. 5. Plaut. Curc. I, 1, 70; rechtshin trug der Herold die Loofe herum, Il. η, 184; rechtshin umging Odyffeus bettelnd die Freier im Saal, Od. ρ, 365; und rechtshin, wie der Weinfchenk ging, ftan-

den die Freier nach einander zum Verfuche des
Bogens auf, φ, 141. Woher denn die Meinung
der Scholiaften, dafs ἐπιδέξια und ἐπιδέξια von
von der rechten Seite, alfo linkshin fei, und
dafs Od. φ, 142 der Mifchkrug, dem unfer
Grundrifs des homerifchen Haufes die linke
Vorderecke des Saals anweifet, dem Eingehenden zur Rechten ftehe? Wahrfcheinlich daher,
Homers Sprache konnte ἐπιδέξια auch für
rechts gebrauchen, wie die unfrige, *das Haus
liegt rechtshin*, das Ruhende in Bewegung gedacht. So hat Odyffeus, Od. ε, 276, das Bä-
rengeftirn ἐπ᾽ ἀριστερά, *linkshin*, d. i. zur Linken; und fo wird Il. β, 525 die Stellung ἐπ᾽ ἀριστερά durch das Scholion ἐκ τοῦ ἀριστεροῦ μέρους erklärt. Weil nun bei den Späteren diefe
Bedeutung von ἐπιδέξια, *rechts*, die herfchende
ward (Pind. P. VI, 19. Theokr. XXV, 18. Apollon. I, 930. II, 347. 1268. IV, 1623), und das
darunter verftandene ἐκ τοῦ δεξίου μέρους, wie
das lateinifche *a dextra parte*, nicht nur *an
der rechten Seite*, fondern zugleich *von der
rechten* bedeutete: fo kam es, dafs einige,
durch die vielfachen Beziehungen irre gemacht,
in den wunderlichen Irthum, *zur Rechten hin*
fei von *der Rechten her* abglitten; indefs andere mit der neueren Bedeutung *gefchieht fich
zu helfen fuchten*. Τοῖς ἄλλοισι θεοῖς, den an-

deren Göttern dort. Die Grammatiker wählten meist die alte Schreibart οἰνοχόει.

599—600. Bentley's γέλος für γέλως ist nicht homerisch; denn γέλον Od. υ, 346 muss γέλω heissen. Ποιπνύειν, mit Ämsigkeit schaffen. In dem schwerfälligen Ausgange ist die Anstrengung des Hinkenden nachgeahmt. Statt ποιπνύοντα fand ποιπνύσαντα der Leipziger Scholiast in allen Handschriften. Auch Θ, 219 haben alle die gewähltere Form ποιπνύσαται, und Od. υ, 149 die meisten ποιπνύσασαι, einige ποιπνύουσαι. Nach der Analogie von ἀνύω, πηγνύω, ὀμνύω, δεικνύω, ῥηγνύω, τινύω ist υ kurz; so bei Homer ἐποίπνυον Il. υ, 421. Od. γ, 430, und bei Pindar ποιπνύων, Pyth. X, 101. Verdorben scheint also ποιπνύοντα hier und ξ, 155; auch ποιπνύον aus ποιπνυσαν Il. ω, 475 und bei Apollonius IV, 1399.

601—604. Den ganzen *übrigen* Tag hindurch (so steht πᾶν ἦμαρ υ. 472 und 592) hielten die Götter, froh der Aussöhnung, einen Nachschmaus mit Nektarnippen und Reigengesang, wozu Apollon die Leier rührte. Alles der heroischen Sitte gemäss. So, *nachdem die Begierde des Tranks und der Speise gestillt war*, spielten Femios und Demodokos zu Gesang und Reigentanz, Od. α, 150. 422. Θ, 72, 262. 485; wiewohl ρ, 270. 355 die üppigen Freier

auch nach geftilltem Hunger bei der Mufik noch
fortfchwelgten, und erft gegen Abend v. 605 zu
Reigentanz und Gefang auffianden.

603 — 604. Man denke nicht blofs Saitenfpiel
und Gefang, fondern nach griechifcher Art
einen Reigen, wo Gefang mit Tanz, oder lebhaft nachahmenden Geberdungen, verbunden
war. Wie nun Od. ψ, 143 — 147 nach der Harfe
Männer und Weiber, und Il. σ, 567 — 572 Jünglinge und Jungfrauen, mit Gefang tanzen: eben
fo hier die Mufen, und vielleicht die Götter-
jünglinge, um den anführenden Apollon mit der
Harfe, die nach Pindar dem Apollon zugleich
und den Mufen zum Tanzfchritt und Gefange
den Takt beftimmt. Natürlich, dafs es mannigfaltige Reigen gab. Im lezten Gefange der
Odyffee v. 60 fingen die Mufen ohne Apollon,
ἀμειβόμεναι ὀπὶ καλῇ: weshalb fie auch hier
fich felbft, nicht dem vorfpielenden Apollon,
antwortend gedacht werden müffen. In Hefiods
Theogonie v. 1 — 70 wird bei den Reigen der
Mufen kein chorführender Apollon erwähnt;
im Schilde 197 — 202 rührt zum Chortanz der
Unfterblichen Apollon das Saitenfpiel, indem
die Mufen den Gefang anheben. Im homeri-
difchen Hymnus an Apollon v. 186 — 206 geht
Leto's Sohn zu Zeus olympifchem Palaft, um
der Götter Verfammlung mit Saitenfpiel und Ge-

I. 15

fang zu beluftigen: die Mufen fingen, mit fchöner Stimme fich antwortend, indem die Chariten und die Horen, auch Harmonia, Hebe und
Afrodite, famt der ftattlichen Artemis, und die
Jünglinge Ares und Hermes, zum rhythmifchen
Geberdenfpiéle des Tanzes fich gefellen, Apollon felbft aber, fchön und erhaben einherfchrei-
tend, mit rege gefchwungenem Fufs und Leibrock, die Gitarre erklingen läfst. Dagegen in
dem Hymnus an Artemis XXVII, 13 — 20 hängt
die ausruhende Jagdgöttin in Apollons delfifcher
Wohnung ihr Gefchofs auf, und führt die Chortänze der lobfingenden Mufen und Chariten:
wie fie Od. ζ, 102 nach der Jagd mit den begleitenden Nymfen im Gefange tanzt, παίζει,
ein Bild der Naufikaa, die auch nach vollendeter Arbeit mit ihren Jungfraun einen Ballreigen
aufführt. — An den Schmäufen der Heroen
nahm nur die Hausfrau Theil, z. B. Arete Od.
η, 141. λ, 335. V, 57, Klytemnäftra λ, 422,
Helena ο, 122 — 170; hier aber erfchienen vermählte und jungfräuliche Göttinnen als Beam-
tete am rathfchlagenden Mahl.

605 — 608. Die oberen Götter wohnten auf
den Bergwindungen des Olympos umher in befonderen Paläften, und auf dem erhabenften
Gipfel Zeus, in deffen Königsburg fie fich täglich zu Schmaus und Rath nach heroifcher Sitte

verſammelten: λ, 76. σ, 186. υ, 5; namentlich
finden wir in geſonderten Wohnungen den Hefäſtos, σ, 369. Od. Ϙ, 268, die Muſen, die
Chariten und den Himeros, Heſ. Th. 62 — 64.
Sie machten den Weg mit Goldſohlen von hebeu-
der Kraft, die ſie beim Schmaus ablegten:
Myth. Br. I, 20. 21. Die Wohnungen der Götter hatte Hefäſtos, der Verfertiger aller Kunſtwerke, aus Erz gebaut, v. 426. σ, 371, und
von auſsen und innen mit Gold, Silber, Elektron
und Elfenbein ausgelegt, Od. δ, 72—74. Auf
dem Berge Olympos hatten die Götter, wie andere Erdebewohner, Tag und Nacht, β, 48. λ, 2.
Einige laſen οἱ μὲν δὴ κείοντες: aber κακκείοντες
ſteht allenthalben, wo der Vers wiederkehrt.
Ariſtarch und ein anderer verlangten ἦχι ſtatt
ἦχι, weil bei den Doriern ἄχι ſei. Ἰδυίησι
πραπίδεσσι, lehren die Grammatiker, gelte als
Adjectiv, *kundig;* als Particip, *kennend,* werde
εἰδυῖα gebraucht, κέδν᾽ εἰδυῖα. Daher auch eine
Nymfe bei Heſiodus, Th. 352. 960 Ἰδυῖα heiſst.

609. Zenodot ſchrieb πρὸς ὃ λέχος, oder οὖ,
wie andere berichten. Das ſtreitige ὃν wünſcht
Bentley getilgt: Ζεὺς δὲ πρὸς λέχος ἤϊ᾽. Ich
glaube, Homer gab Ζεὺς δὲ ποτὶ λέχος ἤϊ᾽, wie
Od. λ, 595 ποτὶ λόφον, und 591 ποτὶ νέφεα;
Il. ζ; 286 ποτὶ μέγαρ᾽, und ρ, 264 ποτὶ ῥόον.
Vor Ὀλύμπιος ein Komma.

611. Zenodots 'Ενθ' ἐκάθευδ' ift unhome-
rifch; auch ἐλθόντες δ' ἐκάθιζον, Od. π, 408,
mufs δὲ κάθιζον gefchrieben werden, wie Od.
θ, 6. 422. Aber die Scholiaften, um den Imperativ κάθευδε zu unterfcheiden, betonen hier
καθεῦδε, wie κατεῖχον, weil noch das einfache
εὗδε im Gebrauch fei. Ein willkührliches Gefez, das die Urheber fchon γ, 426 bei κάθιζε,
wo der felbige Fall ift, wieder vergafsen. Beide
Wörter, obgleich zufammengefezt, wurden des
untrennbaren Begrifs wegen als einfache behandelt.

ILIAS II.

1. Gegen Zenodot, der ἄλλοι, das ionifche
οἱ ἄλλοι, vermutlich nach Handfchriften las,
erinnern die Grammatiker, dies fei neuionifch,
Homer gebrauche den Artikel nie. Das heifst,
Homers ὁ ἀνὴρ fei *Der Mann, jener*, mit ftärkerer Hinweifung, als das fpätere ὁ ἀνὴρ, *der
Mann*. Gleichwohl erkennen fie α, 465 τἄλλα,
welches offenbar das fchwächer hinweifende
τὰ ἄλλα ift, imgleichen ε, 396 ωὐτός aus ὁ αὐ-
τός, θ, 360 οὑμός aus ὁ ἐμός, λ, 288 ἄριστος aus
ὁ ἄριστος: einzelne Ausnahmen, die dem fpäteren Gebrauche vorfpielten.

3—4. Ein Scholiaft hat κατὰ φρένας, ὥς, wie
ο, 61 κατὰ φρένας· αὐτὰρ, und Od. κ, 438 μετὰ

φρεσὶ μερμήριξα: die Abschreiber dachten an das gewöhnliche κατὰ φρένα καὶ κατὰ θυμόν. — Aber ὡς Ἀχιλῆα τιμήσῃ, ὀλέσῃ δὲ — ist nach μερμήριζε ein Sprachfehler. Denn nach einem Präteritum wird ὡς, es bedeute ἵνα, *daſs*, oder ὅπως, *wie*, in ungewiſſem Falle, durchaus mit dem Optativ gefügt; mit dem Conjunctiv nicht anders, als wenn von Gegenwärtigem oder Künftigem die Rede ist. So γ, 110 λεύσσει, ὅπως ὄχ᾽ ἄριστα γένηται: Od. ν, 365 φραζώμεθ᾽, ὅπως ὄχ᾽ ἄριστα γένηται. Aber Od. ι, 420 βού- λευον, ὅπως ὄχ᾽ ἄριστα γένοιτο. Ebend. v. 554 μερμήριζεν, ὅπως ἀπολοίατο: ο, 170 μερμήριζε —, ὅππως οἱ ὑποκρίναιτο: v. 203 συμφράσσατο —, ὅππως τελέσειεν: Il. ξ, 160 μερμήριζε —, ὅππως ἐξαπάφοιτο. Zu verbeſſern ist also Il. α, 344 μαχέοιντο in μαχέωνται: Od. γ, 129 γένηται in γένοιτο, wie eine Wiener Handschrift hat; und Od. ξ, 329 ὅππως νοστήσῃ in νοστήσει᾽ Ἰθάκης, welches einige Abschreiber für νοστήσει hiel- ten, unkundig der Regel, nach welcher an der wiederholten Stelle τ, 298 richtig ὅππως νοστή- σειε — φίλην steht. Da dieſe Regel bei Homer keine Ausnahme, ſondern nur, wie oben α, 559, einige feinere Beſtimmungen· verstattet; ſo er- giebt sich, daſs μερμήριζε —, ὡς Ἀ. τιμήσῃ, ὀλέσῃ δὲ —, durch Erinnerung an α, 559, aus τιμῆσαι, ὀλέσαι δὲ verdorben ist. Spur des

Wahren enthält die von den Scholiaften bemerkte Lesart τιμήσει' ἀλέσῃ δέ. Die Form τι-
μήσειε muſs hier nachftehn, weil ſie keine Verweilung dem entgegengeftellten ὀλέσῃ zuliefse,
und den Gleichlaut, den Homer in folchen Stellungen liebt, zerftörte. — Statt πολέας fchrieb
Zenodot, wie der Venediger A. meldet, πολῦς,
als gäbe es πολέας; wahrfcheinlicher fagt bei
α, 559 der Leipziger, daſs er πολεῖς fchrieb,
und jenen teufchte gewiſs ein Schreibfehler oder
fein Auge. Diefes zufammengezogene πολεῖς
erkennen wir allenthalben, wo nicht πολέας
dreifilbig bleibt, aufser hier und Od. γ, 262;
lafst uns die paar Stellen nachholen. Der Nominativ πολέες erfcheint als πολεῖς nur Il. λ,
708, wenn nichts verfchrieben ift.

6. Πέμψαι ἐπ' 'Ατρείδῃ, nicht 'Ατρείδην: denn
es ift ἐπιπέμψαι, wie v. 39 θήσειν ἐπ' ἄλγεα Τρω-
σί, und v. 89 πέτονται ἐπ' ἄνθεσιν. Οὖλος Ὄνειρος, ein verderblicher Traum: vom alten ὄλω,
ich übe Gewalt, verderbe. So ε, 461 οὖλος
Ἄρης. φ, 536 οὖλος ἀνήρ. Noch in der orfifchen Argonautik 776 (774) hat οὖλος Ὄνειρος
diefe Bedeutung; bei Apollonius III, 618 find
dafür ὀλοοὶ ὄνειροι. Aber der Verfaffer des orfifchen Hymnus an den Traumgott fcheint οὖλε
Ὄνειρε als kräftiger gedacht zu haben. Die
gewöhnlichen Träume wohnen am Eingange der

Unterwelt, Od. ω, 12 Orf. Arg. 1142 (1140),
woher fie, eitele und wahre, aus den bekannten Pforten gehn, Od. τ, 562. Zeus jedoch,
als Gott der Weiffagung, deffen Ausleger Apollon ift, hat vorbedeutende Traumgötter um fich
auf dem Olympos, α, 63, deren einen auch Here
in der Argonautik v. 776 vom Himmel fendet.

.8. Βάσκ' ἴθι: dies ἴθι erklärt ein Scholiaft
richtig durch ἄγε, wie in Virgils *Vade*, *age*.
Bei Ariftofanes dient es häufig zur Ermunterung: Ἴθι νῦν, φράσον, Ran. 519. Ἴθι νῦν,
ἄκουσον, Pax. 670. Man denke fich den Schlaf-
gott als fchreitendenLuftwandler, nicht in fchwe-
bendem Fluge; wie Flaxmann in feinen durchaus unhomerifchen Zeichnungen ihn darftellt.

11. Das Beiwort καρηκομόωντες bezeichnet
die alterthümliche Haartracht der Achaier, die
um das ganze Haupt wallte, zum Schmucke
fowohl, als zum Schrecken in der Schlacht.
Die Abanter v. 542 liefsen das Haar nur am Hin-
terhaupte lang wachfen, die Thraker δ, 533 auf
der Scheitel, und die Troer zum Theil ρ, 52
ringelten es in Gold und Silber.

12. Über die alte Form πανσυδίῃ mit ν vergl.
Aratus φαιν. 713. Für ἕλοι, wie Zenodot las,
hatten fpätere Ausgaben ἕλοις, als ob Zeus dem
Traume die Anrede felbft vorfagte: f. folg.
Anm.

15. Viele, die des helleren Zeitalters Begriffe fchon in ihrem Homer zu finden trachteten, verfuchten den Vorwurf der Unwahrheit von Zeus abzuwälzen. Troja's Eroberung, fagten fie, verheifse er, wenn Agamemnon *mit aller Macht*, nicht ohne den Achilleus, angreifen werde; *jezo* fei nicht *gleich*, fondern nach erfüllter Bedingung; und dafs Here wirklich die den Troern günftigen Götter umgeftimmt habe, werde von Athene *ε*, 832 bezeugt. Noch pfiffiger wufste Hippias bei Ariftoteles, *de Sophift. Elench.* I, 4. *Poet.* 23, die abweichende Lesart διδομεν δέ οἱ εὖχος ἀρέσθαι, die, ftatt Τρώεσσι δὲ κήδε' ἐφῆπται, aus φ, 297 eingefchlichen war, für den frommen Zweck zu benuzen. Er verwandelte διδομεν durch Betonung in den Infinitiv διδόμεν: *melde du, dafs die Götter ihm Ruhm gewähren*; und glaubte den Zeus gerechtfertigt, wenn er nicht felbft log, fondern den Traum lügen liefs. Seine Lesart beweift fich als falfch, weil fie v. 32 nicht wiederholt wird; auch übergehn fie die gelehrten Alexandriner mit verachtendem Stillfchweigen.

Übrigens hat das untergefchobene ἕλοις v. 12 den felbigen Zweck, die Lüge dem Traum aufzubürden; und mit ἕλοις ward vielleicht auch das Folgende zu einer graden Anrede verfälfcht. Wie hätte Hippias fein διδόμεν anfügen können,

wenn nicht vorherging: οὐ γὰρ ἔτ᾽ ἀμφὶς Ὀλύμ-
πια δώματ᾽ ἐχόντας Ἀθανάτους φράζεσθαι
ἐπεγνάμψαι γὰρ ἅπαντας Ἥρην λισσο-
μένην? Dazu dann der Schluſs: Τρώεσσι δὲ
κήδε᾽ ἐφῆφθαι.

19. *Ambrofifcher* Schlummer, der wie Ambrofia erquickt. So auch die ambrofifche Nacht,
und ambrofifche Nahrung. Aber ambrofifche
oder nektarifche Gewande, ambrofifche Solen,
ambrofifche Haare, die wie Ambrofia duften.

22. Τῷ μὲν ἐεισάμενος προςεφώνεε füge man
τῷ ἐεισάμενος μὲν προςεφώνεε. So wird μὲν
auch α, 201, und σφέας δ, 284, durch φωνήσας
von feinem Zeitworte getrennt; und γ, 386 entfpricht völlig. Vergl. Hymn. an Dem. 321.

27. Die Scholiaften erklügeln ὅς σεὺ, weil
σεὺ mit Nachdruck dem Achilleus entgegen-
ftehe. Einige verurtheilten den Vers, weil er
α, 74 wieder vorkomme, und dort fchicklicher
fei.

33. Ἀλλὰ σὺ σῇσιν ἔχε φρεσί. Aus der Aus-
einanderfezung über das fcharfzifchende S zu
Hymn. an Dem. S. 48 ergiebt fich, daſs σὺ ἧσιν
ftatt σὺ σῇσιν zu lefen fei.

·35. Das alterthümliche ἀπεβήσετο, wie α,
428, wird hier von den meiften und beften Handfchriften anerkannt.

36. Ἔμελλε fchrieb Zenodot, andere ἔμελλον.

Die felbige Verfchiedenheit ift Od. β, 156. Ἁ
ἔμελλον verdient den Vorzug, als ältere Fügung,
wie σπάρτα λέλυνται, ἔργα γίνοντο.

40. Διὰ κρατερὰς ὑσμίνας heifst *wegen der*
Schlachten, oder die Schlachten *hindurch.*
Für den Begrif, *durch* die Schlachten *umher*,
wird κατά erfodert, wie der kleinere Scholiaft
las; auch hat Homer überall κατὰ κρατερὰς
ὑσμίνας.

41. Ὀμφή, weiffagende Stimme.

43 — 44. Περὶ δὲ, wird durch den Takt gehoben; περὶ δ' αὖ änderte man, eine derbere
Länge zu gewinnen. So auch ὑπαὶ aus ὑπὸ,
welches dem oft wiederkehrenden Verfe anderswo unverlezt blieb.

45. Agamemnons Schwert, bemerkt man,
hat hier filberne Buckeln, und λ, 30 goldene.
Zugleich alfo.

48. Gleich nach dem Traume ward es Tag.
Morgenträume gelten als vorbedeutende; vorher konnten fie durch die Verdauung erregt
worden fein: Od. δ, 481. Mofch. II, 2—5.
Eos, die Göttin des Lichts, wohnt mit ihrem
Gemahl Tithonos am Oftrande der vom Okeanos
umftrömten Erdfcheibe, neben dem Bruder Helios: vor welchem fie durch das Morgenthor
unter das Himmelsgewölbe in einem zweifpän-
nigen Wagen (Od. ψ, 245) herauffährt, um mit

ihm durch das weftliche Himmelsthor zum Okeanos hinabzulenken, wo ein goldenes Schif beide
zur öftlichen Wohnung in geflügelter Eile bringt.
Sie ftieg zum Olympos, heifst alfo blofs, fie
erleuchtete auffteigend den Götterberg, der in
der Mitte der Erdfcheibe nahe an den Gipfel
des metallenen Gewölbes ragte. Das felbige,
was Apollon. IV, 885. Die Venedifche Handfchrift famt mehreren achtbaren erkennt προς-
εβήσετο· die alte von den Grammatikern genehː
migte, aber oft mit der gemeineren εβήσατο
vertaufchte Form, α, 428. Wie viele Tage der
Ilias verfloffen fein, fragen die Grammatiker,
und zählen: Neun Tage Peft, am zehnten des
Achilles Zorn, dann zwölf Tage bis zur Rück-
kehr der Götter; alfo beginne jezt der drei-
undzwanzigfte Tag. Dafs nach dem zehnten
noch ein paar Tage zu rechnen fein, α, 195,
entging ihnen.

50. Die Venedifche Lesart κέλευσε ftatt κέ-
λευε wird durch den wiederkehrenden Vers
ψ, 39 gefchüzt, wo Ariftarch κέλευσαν einführte.

53. Βουλὴν ἷζε fchrieb Zenodot; βουλὴ ἷζε
Ariftofanes und Ariftarch, vielleicht weil ἵζειν
öfter für *fizen, fich fezen*, vorkömmt. Dann
aber pafst nicht v. 55, der nach Homers Weife
den vorigen Gedanken wieder aufnehmen foll,

wie in der ähnlichen Stelle *, 300 — 302. Dafs
ἴζειν *fezen* geheifsen habe, könnte fchon aus
καϑίζειν gefchloffen werden, hätten wir auch
nicht ω, 553, Μή μέ πω ἐς ϑρόνον ἴζε, und bei
Apollonius II, 36 Ἷζον ἑοὺς ἑταίρους. Das Wort
γέροντες, die *Älteften*, bezeichnet hier die
Würde, wie πρεςβύτεροι, nicht Alter; da es
auch jüngeren Fürften gegeben wird. Zum
Kriegsrath gehörten nur ausgezeichnete Könige,
wie 404 — 408, nicht alle, v. 188' — 194.

54. Πυληγενέος ift gegen die Analogie; Πυ-
λοιγενέος vergleichen die Grammatiker mit ὁδοι-
πόρος, χοροιτύπος. Weil Νεστορέῃ für Νέστο-
ρος ftcht, unterfcheide man nach νηΐ, wie ε,
741. Γοργείη κεφαλὴ, δεινοῖο πελώρου.

55. Statt diefes Verfes gab Zenodot: Αὐτὰρ
ἐπεὶ ἤγερϑεν, ὁμηγερέες τ' ἐγένοντο, Τοῖσι δ' ἀνι-
στάμενος μετέφη κρείων 'Αγαμέμνων. Der erfte
Vers fände nur bei einer Volksverfammlung
Statt, nicht bei einer Sizung weniger Fürften.
Der zweite ift leer gegen den unfrigen, der
*, 302 gleichfals von der vorläufigen Berath-
fchlagung der Anführer gebraucht wird; denn
dafs auch hier der Redende aufzuftehn pflegte,
wie ι, 13, wufsten Homers Hörer, weshalb er
v. 76 es vorausfezte.

56. Zenodot las, Θεῖόν μοι ἐνύπνιον ἦλϑέν
Ὄνειρος, *als göttliche Schlaferfcheinung kam*

mir ein Traumgott. Bei Ꝋειος erklären die Grammatiker ἐνύπνιον wie ein Adverbium, *im Schlaf.* Auch dann möchten wir's, *als Schlaferſcheinung,* verftehn. Diefen Vers ξ, 495 noch einmal zu lefen, ift den Grammatikern nicht recht.

57. *Ambroſiſch* heifst die Nacht, weil ſie wie Ambroſia die Lebenden durch Schlaf, die Gewächfe durch Thau erquickt.

58. Εἶδος, anfehnlicher Wuchs, welcher μίγεϑος, ftattliche Länge, und φυήν, fchöne Bildung, vereinigte: f. α, 115.

60—70. Zenodot, wie Euſtathius meldet, war über die dreimalige Wiederholung ärgerlich, und wollte Homers Fehler gut machen, indem er zufammenzog: Ἠνώγει σὲ πατὴρ ὑψίζυγος, αἰϑέρι ναίων, Τρωσὶ μαχήσασϑαι προτὶ Ἴλιον. Ὡς ὁ μὲν εἰπών.—. Man hört, dafs die Grammatiker, die Euſtathius ausfchrieb, folche Dienftfertigkeit fpafshaft fanden.

72. Αἴ κέν πως Ꝋωρήξομεν: verkürzt.

73. Ἠ Ꝋέμις ἐστί, mufs überſezt werden, *wie es vergönnt ift;* d. i. fo weit Schicklichkeit es geftattet. Il. ξ, 386, τῷ δ' οὐ Ꝋέμις ἐστὶ μιγῆναι ἐν δαὶ λευγαλέῃ. ψ, 44, Οὐ Ꝋέμις ἐστὶ λοετρὰ καρήατος ἆσσον ἱκέσϑαι. Er wufste, das Volk war unmutig über des Kriegs Dauer, die Peft, und den Abfall des Achilleus. Auffo-

derung zur Schlacht konnte Widerfpruch erregen, und den Abfall mehrerer. Zum Verfuch, ob es fich umftimmen laffe, will er den
Rückzug vorfchlagen, aber behutfam, *fo weit
es füglich zu wagen fei.*

76—83. Diefe acht Verfe verwarfen einige;
denn dafs ein Agamemnon ftehend geredet
habe, fei unfchicklich, Neftor fage was alber-
nes, und ohne fie fei ein befferer Zufammenhang. Wer möchte auf fo etwas antworten?

81. Νοσφιζοίμεϑα μᾶλλον, wir würden uns
gar fehr von ihm fondern. Μᾶλλον für μάλιστα, wie mit einem Comparativ, Il. ω, 243,
ῥηΐτεροι μᾶλλον, und häufig bei den Attikern.

82. Durch die Abweichung ἄριστος Ἀχαιῶν,
die wir α, 91 bemerkt, ward ἐνὶ στρατῷ auch
hier in mehreren Handfchriften verdrängt. So
hätte man v. 80—83 dreimal Ἀχαιῶν.

86. Nach βασιλῆες ein Punkt, weil eine neue
Handlung beginnt.

87. Ἀδινός, gedrängt, entweder an Zahl,
oder an Macht: mit gedrängter Macht wirkend,
ἀδινὰ στοναχίζων, ἀδινὸν κῆρ, eindringlich, Σει-
ρήνων ἀδινάων. Der Gleichlaut μελισσάων ἀδινάων, ἐρχομενάων, verftärkt den Begrif der Häu-
figkeit.

90. Πεποτήαται für ποτέονται, aber mit Kraft:

fliegend find fie entflogen, wie Od. λ, 221, und Virgils *fugere ferae*.

93. Ein vorahndendes Gerücht (denn aus dem Gefchehenen vermutete man, Agamemnon würde auf Heimkehr antragen) durchlief hizig das Volk, dafs fie defto haftiger zur Verfammlung eilten, und dort über die erwünfchte Vermutung durch einander wogten und fchrien. Solch ein Gerücht ward als Göttin *Offa* gedacht, die der wahrfagende Zeus umherfendete. Od. ω, 412. Des gemeinen Gerüchts Göttin nennt Hefiodus ἔργ. 761 — 764 *Feme* oder *Fama*, die von fpäteren Künftlern, wenn fie wahres meldete, mit weifsen Flügeln, wenn unwahres, mit fchwarzen, gebildet ward. Mit der Offa vermengt, heifst fie bei Sofokles des Zeus holdredende Sage, der goldenen Hofnung Kind, Oedip. T. 151. 157. Bei Pindar wird fie Echo und Angelia genannt, Ol. XIV, 29, VIII, 106. Δεδήει, fie hatte fich entflammt, war in hiziger Gefchäftigkeit.

95 — 96. Τετρήχει δ' ἀγορὴ, die Verfammlung hatte die Geftalt einer *rauhen* aufwallenden *Meerfläche* gewonnen, fie wogte verworren durch einander, wie η, 346 die ängftliche Verfammlung der Troer. Ὑπὸ δὲ στεναχίζετο γαῖα, und unten dröhnte der Boden, λαῶν ἰζόντων, da das Volk in unruhiger Bewegung die Size

einnahm, d. i. da es bald faſs, bald-wieder zum
Plaudern durch einander wogte; denn erſt v. 99
faſsen ſie ruhig auf den Bänken. Ὅμαδος δ' ἦν,
und es war ein verwirrtes Geſchrei der Menge :
welches nachher ἀϋτή und κλαγγή heiſst. Rhyth-
miſcher als ὑπὸ δ' ἐστοναχίζετο leſen mehrere
ὑπὸ δὲ στοναχίζετο, die Venediſche Handſchrift
ſamt dem Scholiaſten στεναχίζετο.

99. Ἕζετο, *es faſs*, haben alle Handſchriften; ἵζετο, *es ſezte ſich*, verſchrieb ein Scholiaſt. Das richtige καθ' ἕδρας, ſtatt καθέδρας,
gewährt die Venediſche: *ſie blieben gehemmt,
jeder auf ſeinem Siz.*

100. Wer in der Volksverſammlung etwas
vortragen wollte, ἀνέστη, der trat von ſeinem
Siz in die Mitte hervor, auf eine Erhöhung,
Od. β, 37. Einſt, als Agamemnon, Il. τ, 77,
ſchwach von der Wunde war, redete er blofs
vom Siz, nicht in der Mitte, ſich erhebend.
Eben ſo trat Eris, λ, 5, in die Mitte des Heer-
lagers auf ein hohes Schif. In die Mitte traten
zum Vortrag auch die lemniſchen Weiber bei
Apollonius I, 656—673. Wer dem Vortragen-
den blofs antwortete, der ſtand auf, ohne her-
vorzutreten. Zugleich mufste jener, zum Zeichen der Macht, einen Zepter in der Hand
führen, ohne welchen auch kein Herold ſein
Amt verrichtete: Od. β, 37. Il. ψ, 567. β, 234.

γ, 216 — 218. In Athen beſtieg der Vortragende, durch einen Kranz ausgezeichnet, den Redner-ſtein. S. bei Virg. Lb. II, 495.

101. Statt des Zepters, wodurch anderen ein Herold Macht zum Vortrage verlieh, führte der oberſte Machthaber Agamemnon ſeinen eigenen Erbzepter. Zeus ſelbſt, von welchem die Macht der Könige ſtammt, hatte ihn, ein Kunſtwerk des Hefäſtos, durch Hermes dem Pelops geſandt; dann erbten ihn deſſen Söhne Atreus und Thyeſtes nach einander, und zulezt er, der ältere Atreide.

103. Hermes war Friedensbote der Götter, wie Iris Kriegsbotin. Den Beinamen *Argos-würger* führte er von der ſchlauen Bewältigung des vieläugigen Argos, den Here zum Wächter der Kuh Io beſtellt hatte.

107. Θυέστα alt für Θυέστης. Von φόρημι kommt φορῆναι und φορήμεναι. Stefanus ſchreibt φορῆναι von einem nichtigen φοραίνω.

108. Von dem mächtigen argeïſchen Reiche der Perſeïden, welches Atreus nach Euryſtheus Tode bekam, ward der ganze Peloponneſus *Argos* genannt; oft auch, weil ein Theil Theſ-ſaliens v. 681 das pelasgiſche Argos hieſs, hatte jenes den Beinamen das *achaïſche*, denn die Argeier gehörten zum Achaïerſtamm, oder das *iaſiſche* Od. σ, 245, von dem alten Könige

L. 16

Iaſos. Agamemnon alſo, der Beherſcher des argeïſchen Reichs, deſſen Siz Mykene war (denn die Stadt Argos gehörte dem Diomedes), übte feine Gewalt durch ganz Peloponneſus, und in den benachbarten Inſeln. So ward es ihm möglich, die griechiſchen Völker gegen Troja zu vereinigen.

109. Andere ſchrieben wie ι, 16, ἐπ' Ἀργείοισι μετηύδα, vielleicht wegen des vorhergehenden Ἄργεϊ.

110. Ἥρως, Held, wird jeder Kernmann genannt, wie Od. 9, 483 Demodokos, und σ, 422 Mulios der Herold, auch in Virgils Moretum v. 60 der tüchtige Simulus. Danaer, ein Ehrenname der Argeier, von Danaos, der, nach ſpäterer Fabel, aus Ägypten in Argos einwanderte. Der Sinn iſt im Altdeutſchen: Ihr Recken und Wjgande von des Danaos Biederſtamm, werth des Ares Waffengenoſſen zu ſein! So angeredet, werden ſie des Abzuges ſich wol ſchämen.

111 — 118. Zenodot, dem die Wiederholungen misfielen, wünſchte dieſe acht Verſe hier weg, und ι, 18 — 25 erhalten; oder wenn man ſie hier ließe, ſo müſsten wenigſtens dort die drei lazten getilgt werden. Im erſten Fall knüpfte er alſo an, — θεράποντες Ἄρηος, Λώβη γὰρ τάδε γ' ἐστι καὶ ἐσσομένοισι πυθέσθαι. Im

zweiten las er Ζεύς με μέγας Κρονίδης, statt μέγα : dies wollte auch Ariftarch, verweifend auf μέγας ὠδύσατο Ζεύς, σ, 292. Aber μέγα ift lei-denfchaftlicher.

115. Von δυςκλεής wird δυςκλεία nach neue-rer Grammatik zufammengezogen in εῆ, attifch εᾶ; nach älterer in εία (nicht εϊα, weil die Zu-fammenziehung aus Gravis und Acutus be-fteht), wie Il. κ, 281 ἐϋκλείας in ἐϋκλείας. So μυθέται in μυθεῖται Od. θ, 180. Und diefes εε wird wieder in ε verkürzt: ἀκλέα Od. δ, 728, ἐπερδέα Il. ρ, 330, νηλέϊ Il. γ, 292. So μυθεῖται in μόθεαι Od. β, 202. Auf ähnliche Art σκίος, σκίεϊ, σκῷ (σκεί fehlt), aber σκίσι, σκίσσι; und Ἡρακλέης, Ἡρακλῆς, έεος, ῆος, ίος, ίεα, ῆα, έα.

122. Der Troer und Verbündeten waren 50000 (θ, 558), die Achaier fchäzten einige auf 120000, andere mit Ariftarch auf 140000.

123. Εἴπερ γάρ κ' ἐθέλοιμεν herfcht bis λέξα-σθαι v. 125 ; denn vor ἡμεῖς wird εἰ wiederholt. Um leichter zu verbinden, ftrichen einige den bedeutenden v. 124, wo Agamemnon fchlau als ficher vorausfezt, dafs nach gefchlachtelem Friedensopfer, *wann Troja befiegt wäre*, die Zählung gefchehen könnte. Beffer hätten fie doch durch ein untergefchobenes λεξαίμεθ' ἐφί-στιοι fich profaifche Deutlichkeit verfchaft.

127. Τρώων δ' ἄνδρα ἕκαστον ἑλοίμεθα οἰνο-
χοεύειν, wie in unseren Ausgaben steht, hieſse:
*Wenn wir aus den Troern jeden einzelnen
Mann uns zum Weinſchenken nähmen.* Es
ſoll aber heiſsen: *Wenn wir jedes Theils* (in
jedem Zehend) *aus den Troern einen Mann,*
oder nach deutſcher Art, *wenn wir je einen
uns aushöben.* Alſo ἕκαστοι. Il. ψ, 55, Ἐσ-
σύμενως δ' ἄρα δόρπον ἐφοπλίσσαντες ἕκαστοι
Δαίνυντο, *da ſie in jeder Abtheilung* (Schaar
bei Schaar) *die Koſt ſich bereitet:* wo wol keiner δόρπον ἕκαστον als eben ſo gut hingehn
liefse. So ι, 66 φυλακτῆρες ἕκαστοι, jede Schaar
Hüter; Od. ι, 166 ἕκαστοι ἠφύσαμεν, wir jedes
Theils, jede Schifsmannſchaft; 220, jede Art
Lämmer. Die Nothwendigkeit dieſes ἕκαστοι
empfand der Verdeutſcher und beſſerte, noch
eh aus den Scholien bekannt ward, daſs mehrere mit Ixion ἕκαστοι geleſen, und nur einige
ἄνδρα ἕκαστον verknüpft hatten.

129 — 132. Wenn die Zahl der Achaier, auf
120000 Mann geſchäzt, ſich wie eins gegen zehn
verhielt; ſo mochten der eigentlichen Troer an
12000 ſein, die mit 38000 Verbündeten jene ϑ,
558 angegebenen 50000 ausmachten. Auch ſo
blieb den Achaiern eine mehr als doppelte
Übermacht, mit welcher zu fliehn den Helden
des Danaerſtamms ſchimpflich ſein muſste, wie

Agamemnon, obgleich anrathend, zu verſtehen
gab. Einige, welche die 50000 für Troer ohne
Verbündete nahmen, verwarfen v. 130—133;
die zehnfache Überlegenheit, ſtatt einer zwiefachen, meinten ſie, wäre poetiſche Figur. Die
leichtſinnigen Verſtümmeler!

131. ·Für ἔασιν hatte Ariſtarch in der zweiten Ausgabe ἔνειοιν, wie ε, 477 οἵπερ τ᾽ ἐπί-
κουροι ἔνειμεν. ·

133. Ariſtarch las nicht Ἰλίον, ſondern Ἴλιον
ἐκπέρσαι, εὐναιόμενον πτολίεθρον. Mit Recht.
Nur in unmittelbarer Verbindung ſagt Homer
ein paarmal: Δῖον τ᾽ αἰπὺ πτολίεθρον, β, 538,
und Πύλον —, Od. γ, 485; doch öfter auch
dann Ἕλος τ᾽, ἔφαλον πτολίεθρον, Il. β, 584;
Μεδεῶνά τ᾽, ἐϋκτίμενον πτολίεθρον, β, 501;
Λῆμνον, ἐϋκτ. πτ. Od. θ, 283: wie Heſiodus ἀσπ.
81, Τίρυνθον, ἐϋκτίμενον πτ., wo den Genitiv
Τίρυνθος unterzuſchieben, durch Τίρυνθόνδε bei
Stefanus von Byzant uns verboten wird. Trennt
vollends den Stadtnamen ein Handlungswort,
ſo ſteht er nie, wie der Volksname Τρώων —
πτολίεθρον, α, 164, im Genitiv, ſondern von
jenem abhängig: Οἱ δ᾽ Ὑποθήβας εἶχον, ἐϋκτ.
πτ. β, 505; auch 546. 569; und Νήρικον εἷλον,
ἐϋκτ. πτ. Od. ω, 376. So haben Ἴλιον ι, 402
alle Handſchriften, θ, 288 doch Eine, und φ,
433 fand es der Scholiaſt A; hier alſo, und wo

es fonſt verdrängt ward, *ϑ*, 33. v. 380, muſs man es herſtellen.

136. Wörtlich: *Und jene vielleicht, unſere Weiber ſowohl, als —*. Bentley, um αἱ leichter zu verbinden, wünſchte das τ vor ἄλοχοι hinweg.

137. Εἶατ'ι ἐνὶ μεγάροις iſt homeriſcher, als die Lesart εἶαται ἐν. In der gegenwärtigen Zeit findet ſich εἶατ' ἐπήρετμοι, Od. β, 403.

138. Das altioniſche ωἅτως bezeichnet ein nachläſſig wegwerfendes *ſo, ſo hin*, α, 133. Auf dem verkürzten οὗ vor εἵνεκα ein Circumflex, ein Dehnungszeichen, wo der Vokal nicht gedehnt, nur erhöht werden ſoll, iſt ein Beweis, daſs die Accentlehre der ſpäteren Griechen, gleich unſerer Orthografie, auch Zeichen für das Auge, die das Ohr nicht vernahm, zuließs. Für das Ohr müſste οὗ εἵνεκα, v. 296 τῷ οὗ, *v*, 275, οἷος betont werden.

141. Dieſen Vers verurtheilten einige, weil Agamemnon die Unmöglichkeit der Eroberung zu beſtimmt ausſpreche. Beſtimmt wohl; aber mit Gründen, wodurch, wie er hofte, kein Tapferer könnte beſtimmt werden.

143. Πᾶσι μετὰ πληϑύν, allen unter der Menge umher: ρ, 149, μεϑ' ὅμιλον, unter dem Schwarm; Od. π, 419, μεϑ' ὁμήλικας. Dieſen Vers verwarf man als müſſigen Zuſaz.

144—154. Gegen Wunſch und Erwartung ſtürmte das Volk, um ſtracks die Heimfahrt zu beſchleunigen, ſo plözlich aus einander, daſs die übrigen Fürſten, der Abrede gemäſs zur Ausdauer zu ermahnen, nicht Zeit hatten.

144. Κινήθη δ' ἀγορή, ὡς κύματα — hieſs in Zenodots Ausgabe φη κύματα: nämlich φη in der Bedeutung von ὡς, und, wie bei ξ, 499 geſagt wird, gleichfals ohne Accent. Dieſes befremdende φη, das dem enniſchen·ceu und dem altdeutſchen ſam zu gleichen ſcheint, verwarf Ariſtarch ſowohl hier, wo ſich ein ὡς einſchieben lieſs, als auch ξ, 499 durch gewaltſame Umdeutung des φη κώδειαν ἀνασχὼν, indem er φῦ für ἔφη nahm, und ein ὡς hinzudachte: wovon wir dort reden werden. Der Scholiaſt, der die merkwürdige Kenntnis giebt, entſcheidet an beiden Stellen den Streit mit der Verſicherung, Homer habe φη für ὡς niemals geſagt, aber wohl geſteht er an der zweiten, die Späteren, ein Antimachus zum Beiſpiel und ein Kallimachus. Beide, wie bekannt, Liebhaber von Archaismen. Er fügt die unſchuldige Vermutung hinzu, Antimachus möge wol durch das misverſtandene φῦ ξ, 499 getäuſcht worden ſein, daſs er φη γέρων für ὡς γέρων geſagt habe. Für dies alterthümliche φη alſo ſtehn die Handſchriften Zenodots (denn willkührliches Unterſchieben

hätte man wol gerügt), dann die fonft unerklär-
bare Stelle ξ, 499, und das Anfehn fo fprachkundiger Dichter, wie Antimachus war und
Kallimachus; ungerechnet die von Euftathius
bei ξ, 499, S. 996, 21, erwähnten Neueren,
welche Zenodots φη annahmen. Dagegen Ariftarch, der Ungewöhnliches gern dem Gangbaren aufopferte, hier mit kahlem Ausfpruch, und
dort mit windfchiefer Erklärung, und fein Nachfprecher, der fafelnde Scholiaft. Von der gefunden Vernunft, meinen wir, wird dies altionifche φη anerkannt, und künftig in die Wörterbücher als ein ächthomerifches Wort einge-
tragen: man nehme es nun, wie ein fcharffinniger Gelehrter in der Jen. A. L. Zeitung 1809.
N. 245. S. 143, für ἥ mit dem Lippenhauch,
oder, was eben fo denkbar ift, für ein urfprüng-
liches Subftantiv von φάω, das Schein, Geftalt,
Ähnlichkeit (wie etwa εἰκός) bedeutet habe,
und, gleich unferen *laut*, *kraft*, *ftatt*, in ein
Adverbium der Ähnlichkeit übergegangen fei;
ein Wort alfo, das dem römifchen *inftar* an
Bildung und Sinn entfpreche. Auf gleiche Art
möchte χρή nicht für ein verkürztes χρῆσι, fondern für χρέη, χρείη zu erklären fein, welches
dann völlig wie das verwandte χρεώ gebraucht
würde, indefs ἐχρῆν als Defectiv auch für ein
Präfens gölte.

145. Das ikárifohe Meer, das von der Infel Ikaria vor Samos den Namen führt, war durch Stürme berüchtigt. *Luctantem Icariis Fluctibus Africum Mercator metuens;* fagt Horaz in der erften Ode. Τὰ μέν τε für τάτε μεν, wie ν, 706 τὰ μέν τε, ι, 340, οἱός πέρ τε, α, 81 εἴπερ γάρ τε, γ; 61 ὅς ῥά τε.

148. Ἐπὶ τ᾽ ἠμύει ἀσταχύεσσιν, wörtlich: Und wenn das Saatfeld *fich herabneigt* mit den Ähren. Il. τ, 405, ἄφαρ δ᾽ ἤμυσε καρήατι. Das ν vor dem Vokal ift mittelzeitig: α, 247.

152. Die Schiffe waren durch lange Graben auf den Strand gezogen, und, um trocken zu ftehn, mit Pfählen unterftüzt worden.

156—167. Der Wiederholungen Feind Zenodot änderte, Εἰ μὴ Ἀθηναίη λαοσσόος ἦλθ᾽ ἀπ᾽ Ὀλύμπου, und fügte daran v. 168. Andere fanden v. 160—162 und 164 hier weniger gut, als im Munde des Odyffeus v. 176—180.

161. *Helena,* Fürftin von Lakedämon, heifst *Argeierin,* weil das Reich Argos den ganzen Peloponnefus umfing, v. 108. Zenodot fchlofs den vorigen Vers durch ein Komma, und verband Ἀργείην θ᾽ Ἑλένην.

163. Die Scholiaften fanden überall κατὰ λαόν, *durch das Volk umher,* ftatt μετὰ, unter das Volk.

164. Die beliebteften Handfchriften, fagt ein

Scholiaft, hatten σφῖς ἀγανοῖς ohne δὲ, wie Ariftofanes; σοῖς δ' ἀγανοῖς halten wir mit den anderen für beffer. Φῶς, ein vorfcheinender Mann,
der v. 188 ἔξοχος ἀνὴρ genannt wird.

, 166. Μηδὲ ἴα änderte Bentley μήδ' ἴαα, aus
Scheu des einen Hiatus den anderen zulaffend.
Warum denn nicht lieber μὴδ' εἴα? denn das
unhomerifche μηδέ τ' ἴα konnte ihm nicht einfallen. Aber alle Änderung verbietet Od. δ,
805 οὐδὲ ἰῶσι, und κ, 536, μηδὲ ἰᾷν.

168. Diefen in allen Ausgaben und vielen
Handfchriften befindlichen Vers übergehn einige
der achtbarften Handfchriften mit der Venedifchen, und der Scholiaft A, bei welchem auf
ἄιξασα fogleich εὗρεν folgt. Den Hang der
Grammatiker, ein poetifches Gemälde in einen
hiftorifchen Bericht abzukürzen, haben wir
fchon öfter bemerkt. Bei Homer, der fich
felbft der fieherfte Gewährsmann ift, folgt auf
die Abfahrt vom Olympos immer fogleich die
Ankunft: α, 44—48. β, 16. 17. δ, 74. 78. ν,
19. 20, τ, 114. 115. ω, 121. 122. Od. α, 102.
103; aufser wo etwas dazwifchen gemeldet
wird, wie Il. τ, 187—214.

169. Das rafche εὗρε ohne δὲ ift auch δ, 89.
ε, 169. Ἀτάλαντος, einem die Wäge haltend,
gleich.

170. Εὔσελμος, mit wohl abgetheilten Ru-

derborden. Vom Dichter wird das Ganze mit der Tugend des Befonderen gelobt.

172. In Profa: Odyffeus, der ohne Anftalt zur Abfahrt traurig auf Rath fich befann, fafste plözlich, wie durch göttliche Eingebung, den klugen Entfchlufs, ungefäumt das Volk durch entlehnte Obergewalt zu hemmen, v. 179..183 —187.

179. Statt μηδέ τ' ἐρώει, die Lesart anderer μηδ' ἔτ' ἐρώει, und nicht länger zaudere, handele ungefäumt. Denn μηδέ τε ift, wie οὐδέ τρ (α, 406), beifpiellos. Das einzige μηδέ τ' ἰοντος Od. α, 289 ift verdorben aus μηδ' ἔτ' ἐόντος, welches in Handfchriften und β, 220 fteht.

183. Der Eilfertigkeit wegen warf er den Mantel ab, wie Thoas Od. ξ, 500. Was den Späteren unanftändig fchien, dafs ein Odyffeus in blofsem Leibrock durch das Lager gelaufen fei, entfchuldigten einige mit Ariftoteles, er habe durch die befremdende Erfcheinung, wie einmal Solon, im unruhigen Volk Aufmerkfamkeit und Gehör fich zu verfchaffen gefucht; andere, Homer zeige ihn in niedriger Geftalt als Diener Agamemnons, der dagegen im Purpurmantel auftrete; noch andere, der Mantel fei ihm von felbft abgefallen.

184. Diefer Eurybates wird Od. τ, 244 —

248 befchrieben. Ein gleichnamiger Herold diente dem Agamemnon, Il. α, 320.

186. Mit Agamemnons Zepter erhielt er die Macht, in des Heerführers Namen zu befehlen und zu ftrafen. Δέξατό οἱ, *er nahm von ihm,* wie ο, 87, Θέμιστι δέκτο.

187. Σὺν τῷ ἔβη, wie v. 47. Weniger gut las Zenodot σὺν τῷ βάς, mit dem Folgenden es verbindend.

188. Gemeint find die Könige, die nicht im Kriegsrathe fafsen, und die unteren Gebieter.

190. Δαιμόνιε, dämonifcher, vom Dämon getriebener, feltfam handelnder, α, 561. Δειδίσσεσθαι heifst gewöhnlich *fcheuchen,* hier *fcheuen,* bange fein; auch bei Apollonius II, 1221, μὴ δὲ λίην δειδίσσεο θυμῷ. So ward vormals *fcheuchen* und *fcheuen* für einander gebraucht.

192. Ἀτρείωνος, ftatt Ἀτρείδαο, fanden die Scholiaften in vielen Ausgaben und Erklärungen, felbft bei Ariftofanes und anderen Achtbaren. Homers heutiger Text enthält nur Ἀτρείωνι und Ἀτρείωνα, und zwar, wo der Vers die andere Form nicht zuliefs. Aber Πηλείωνος ward an mehreren Stellen, wo auch Πηλείδαο ftehn konnte, vorgezogen: als μεγαθύμου Πηλείωνος, ρ, 214. σ, 226. τ, 75; κλυτὰ τεύχεα Πηλείωνος,

ϱ, 208: offenbar weil die feltnere Form dem
Tone mehr Feierliches gab. Demnach mufs
Ἀτρείωνος hier, und vielleicht noch anderswo,
zurückkehren. — Einige Grammatiker klügel-
ten heraus, nach v. 192 möchten v. 203 — 205
fchicklicher den Königen gefagt fein, als dort
den Gemeinen. Von beiden Anreden giebt Xenofon, Mem. I, 2, 58, nur den Anfang, weil
der Kundige, Und fo weiter, hinzudenken
mufs.

193 — 197 verwarfen einige als unzweck-
mäfsig; dagegen bewundert fie Dionyfius vor
Halikarnafs, *art. rhet.* IX, 8: jene mit ftum-
pfem Sinn, diefer mit fpizfindigem.

194. Ihr anderen habt nicht mit uns im Rath
Agamemnons wahre Meinung gehört. Milder:
nicht wir alle. Mit gleicher Milderung fagt er
Od. η, 307, δύςζηλοι γάρ τ' εἰμὲν. Einige, die
alle Könige für Theilnehmer des Kriegsraths
hielten, nahmen hier eine Frage an: Haben
nicht wir alle gehört? wozu v. 192 nicht pafst.

196. Zenodot gab διοτρεφίων βασιλήων, eine
Lesart, die fchon Ariftoteles *Rhet.* II, 2 anführt. Man wollte vielleicht die Allgemeinheit
des Ausfpruchs bezeichnen; die beftand aber
auch mit βασιλῆος, wie in der ähnlichen Stelle
α, 80. Oder ift βασιλῆος eine Änderung von

Alexandrinern, welche dem folgenden ἒ die alte Bedeutung der Mehrheit nicht zutrauten?

199. Durch schmeichelnde Zurede hemmt er, nach Athene's Rath, φῶτα ἕκαστον, jeglichen Ehrenmann; für die Schreier des Volks empfahl ihm feine Klugheit etwas nachdrücklicheres. Der Königsstab war, wie noch jezt unter Völkern ohne neuere Verfeinerung, ein nicht müssiges Zeichen der Obermacht.

201. Die lautesten Schreier, weiss der erfahrene Ithaker, sind weder tapfere, noch verständige, sondern des Stocks würdige Taugenichte.

203. Des heerführenden Königs Sinn, welchen in der Versammlung zu entwickeln der stürmische Aufbruch hinderte, hat Odysseus mit dessen Machtstabe erklärt. Wir werden doch, fügt er hinzu, nicht alle Mitkönige fein wollen! Indem er zugleich mit dem Volke sich selbst und die Fürsten der Gewalt des Einen, von Zeus geordneten Heerfürsten unterwirft, wie tief sinkt einer, den man weder im Kampf noch im Rathe zählt!

SCHNEIDERS UND HERMANNS AUSGABE
DER
ORFISCHEN ARGONAUTIKA.

(Jen. Allgem. Literatur-Zeitung. Junius 1805.)

Die Verdienfte unferer Landsleute *Efchenbach,*
Gesner und *Ruhnkenius* um die Läuterung der
Orfifchen Gedichte erhalten einen nicht unbe-
deutenden Zuwachs durch zwei unferer bele-
fenften und mutigften Sprachforfcher. Liege
die Frucht auch etwas unter Spreu und Mis-
korn verfteckt; die alles entfcheidende Zeit
wird Schwinge und Sieb führen, und den reinen Ertrag aufbewahren.

Hr. *Schneider* hat fich aus alter Vorliebe
die Argonautika zur kritifchen Behandlung, und
zur Erklärung der Worte und des Inhaltes, aus-
gewählt; aber auch für die übrigen Orfifchen
Werke, dem folgenden Bearbeiter Beiträge gefandt. Hr. *Hermann* wiederholt *Gesners* voll-

ſtändige Ausgabe des Orfiſchen Nachlaſſes: den
Text nach eigeuem Urtheile geordnet, die Anmerkungen mit Vorſchlägen der ſpäteren Kri-
tiker·und eigenen Erörterungen, die ſelten einmal über Worte hinausgehen, vermehrt. Die
Hauptſorge indeſs hat auch er auf die Argonautika, ſowohl unter dem Text, als in einer weitläuftigen Diſſertation *de aetate ſcriptoris Ar-
gonauticorum* p. 673 — 826, gerichtet.

Die Variantenſammlung der *Gesneriſchen*
Ausgabe hat Hr. *Schneider* nicht nur aus *Ruhn-
kenii Epiſtolis criticis* mit genaueren Lesarten
der Voſſiſchen Handſchrift, und Auszügen einer
Moskauiſchen, die *R.* als Geſchenk von *Mat-
thäi* beſaſs, einer Wieniſchen und einer Breslauiſchen, anſehnlich bereichert; ſondern auch
die von *R.* übergangénen Lesarten der Moskauiſchen und der Breslauiſchen, imgleichen die aus
zwei mangelhaften Augsburgiſchen, hinzugefügt. Auch in *Dinneri Epithetis graecis* fand
er nach *B. Slothouwer* (*Tirocin. critic.* 1792)
noch einige merkwürdige Abweichungen, wie
er· vermutet, aus der *Editio princeps*, die
Gesner ſorglos gebraucht habe. Dieſe Vermutung aber durch beſſeren Gebrauch der aus
Göttingen ihm angebotenen *Princeps* zu beſtä-
tigen, verbot ihm „ſeine mit anderen Gedanken
„beſchäftigte Zeit.“ Andere Hülfsmittel, die

er gerne genützt hätte, als *Fasii Obfervationes,*
V. Slothouveri obferv. crit. (Act. Soc. Tra-
ject. III.) und *Wakefieldii Silvae criticae,*
waren ihm nicht zur Hand, als er fein Buch
herausgeben wollte. — Hr. *Hermann* nahm
feine Varianten von *Gesner*, *Ruhnkenius* und
Schneider, bis auf die Augsburgifchen, die er
felbft ausgezogen. Auch erlaubte ihm feine
Zeit, die Florentinifche *Princeps* von 1500, famt
der Aldinifchen 1517, der Juntinifchen 1519,
und der Cratandrifchen 1523, auch die von Hn.
S. vernachläfigten Kritiker, zu vergleichen.
Für die *Lithica* entdeckte er noch einige Hülfe
bei *Joh. Zezes*, deffen in der Paulliner Bibliothek befindliche Auslegung der Ilias mehrere
Änderungen von *Tyrwhitt* und anderen bewährt. — Dem Hr. S., der *Gesners* forglofe
Vergleichung rügt, wird wieder von Hn. H.
Flüchtigkeit vorgeworfen, z. B. IV. 1310 (1317);
und Hr. *H.* felbft liefert in den *Addendis* einen
anfehnlichen Nachtrag eigener Verfäumniffe,
wo er doch Druckfehler, wie V. 127 in den
Varianten βασι, ft. δίδασι, zu berichtigen vergafs. Sogar Druckfehler, wie ὀμβρομεθόμαι
V. 415, haben beide mit *Gesner* gemein.
— Hr. *Schneider* fezt voraus, dafs man bei feinem Commentar *Gesners* Ausgabe und *Ruhn-*
kens Anmerkungen zur Hand habe; da für fich

manches nicht einmal verständlich ist. Dabei
fehlt manches; z. B. V. 79, daß χαῖφ' aus καῖφ'
und καῖ ρ' verbessert sei; V. 471 die wahre Verbesserung in *Ruhnkens Ep. crit.* II. p. 147 ; V.
768 die wahre Lesart μέφμχρι mehrerer Handschriften und Ausgaben ; V. 1083 die Lesart
ἐπιοὲν, die auf das wahre αἰχὸν führt; V. 1356
Schraders scheinbare Verbesserung ἀγχόθι ναίον.
Ein paar eigene Änderungen ohne Anzeige, wie
V. 897 κύκλοισι für ατεφάνοισι, und V. 913 ἠδ'
für ἰδ', mögen Druckfehler sein. Noch erschwert
den Gebrauch die äußere Einrichtung : erst der
Text, hinter diesem die Varianten mit kurzer
Kritik; hierauf die Anmerkungen, erklärende
mit kritischen untermengt. Man muß also, nach
Verbesserung der Druckfehler, welche der Schönheit des Drucks nachtheilig sind, bei jedem Saze
drei verschiedene Stellen des Buchs gegen einander halten, und noch dazu wahrnehmen, daß
sie nicht immer in gutem Vernehmen stehen. Hr.
Hermann bewundert p. 38 *viri doctißimi in-
conftantiam,* der Arg. 170 im Text ändert, in
den Varianten die Änderung mit Hn. *Heyne's*
Ansehen bekräftigt, in den Anmerkungen aber
den Vers unverändert gelassen zu haben sich
einbildet, und die Heynische Änderung widerlegt. Etwas ähnliches, das man kaum zu ent-
wirken weiß, giebt Hr. *Hermann* bei V. 1310

(1317) zum Beſten. V. 372 ändert Hr. *S.* ὑπει-
ρεσίγσιν nach dem Manuſcript in ὑπ' εἱρ —; V.
667 ändert er das lezte in jenes unrichtige; V.
703 läſst er das unrichtige troz dem Manuſcript
und *Ruhnkens* Anzeige; und im Index bereut
er das unrichtige, vertuſcht aber V. 667, wo
er ſelbſt es einführte. — V. 24 hat er im Text
Μήχον καὶ Ἡρακλῆος; in den Anmerkungen
meint er Εὐμήλου τε zu haben, und tadelt als
ungewöhnlich das gewöhnliche Ἡρακλῆος (ſ. V.
118); nur die Varianten verrathen, daſs er καὶ
Ἡρακλέος gewollt. — V. 444 hat er im Text ἐν-
τος gegen das Sylbenmaſs; in den Anmerkungen
ἱπέντος, aber Neigung für ἐνδονς. Und welche
Mishelligkeit bei V. 262, wo der Text μετὰ für
κατὰ ohne Anzeige eines Druckfehlers giebt,
das Stillſchweigen in den Varianten das gewöhnliche κατὰ billigt, und die Anmerkungen
παρὰ darbieten!

Die *Hermanniſche* Ausgabe ſollte nach des
Verlegers Abſicht wenigſtens die alte *Gesne-
riſche* entbehrlich machen. Ihm zu Gefallen
behielt der Herausgeber die ſämtlichen Anmerkungen von *Gesner* und *Eſchenbach*, auch die
angehängten Vorleſungen über die Schiffahrten
der Phönicier; „obgleich er einſah, daſs ſehr
vieles, was *Gesner*, ein ſchüchterner, und im
Lateiniſchen mehr als im Griechiſchen erfah-

rener Greis, beigebracht, ohne jemands Nach-
theil wegbleiben könnte." Dennoch fehlt ein
wefentlicher Theil, die Überfezung, in welche
der verdienftvolle Mann, der über der Arbeit
ftarb, nicht nur feine Erklärung vollftändiger
und beftimmter, als es in Anmerkungen möglich ift, fondern auch manche Kritik des Textes, z. B. Arg. 946 (948) *ablegare*, ἄγαι, und
1234 (6) *xenia*, ξυνᾷα, niederlegte. Schon weil
Hr. *Schneider*, deffen Ausgabe wegen vieler
mit Scharffinn angezeigten oder gehobenen
Schwierigkeiten, nicht entbehrt werden kann;
auch weil Hr. *Hermann*, z. B. V. 1374 (G.
1363), und zwar mit Ungerechtigkeit; ja weil
Gesner felbft in feinen Anmerkungen fich häufig
auf feine Überfezung bezieht; durfte fie der
neuen Ausgabe nicht abgehen. Die Entfchul-
digung: *Verfiones a Gesnero factas omifi,
quae, nifi correctae, inutiles, correctae autem
pueris tantum utiles videbantur:* ift fo vornehm als kahl. Der Rec., der nicht zu den
pueris gehört, hat bei fehr vielen ihm unbe-
greiflichen Änderungen des Hn. *H.* fich eine
recht buchftäbliche Überfezung gewünfcht,
und mitunter gedacht, dafs während des Über-
fezens der Kritiker wol manche wieder getilgt
hätte. Weniger würde *Scaligers* Dolmetfchung
der Hymnen vermifst werden, die den myfti-

fchen Gottheiten im Blinden herausgeklaubte
Benennungen altitalifcher Zernebocke und Pü-
fteriche unterlegt; allenfals eine Anzeige, welche Lesarten der gelehrte Mann zu billigen
fcheine, wäre überflüffig genug. Mit Dank dagegen empfangen wir die Überfezung der Argonautika von *Cribellus*, der manches, wie es
fcheint, aus einer Handfchrift, mehreres aus
der Verpflichtung, etwas verftändliches zu fagen, glücklich verbeffert hat. Nur hat Hr. *H.*
theils, wie feine Vorgänger, z. B. bei V. 1265,
aus freien Erweiterungen zu viel gefchloffen;
theils wahrhafte Spuren eines reineren Textes;
z. B. bei V. 602. 622. 898. 1022. 1025. 1082. 1044
(nach *Schneiders* Zählung), vernachläffigt.

Die äufsere Einrichtung der *Hermannifchen*
Ausgabe ift, da fie einmal eine *editio cum notis
variorum* fein follte, für den bequemen Gebrauch berechnet. Unter dem Text, wie bei
Gesner, erft die Varianten, dann die yerfchie-
denen Erklärer, wovon einer hier, der andere
dort hinaus will; bis der Herausgeber, kraft des
lezten Wortes, mit einem begründeten oder einfachen *Scripfi* die Sache für diefsmal aburtheilt
oder beilegt. Nur Schade, dafs die abgezweckte
Ordnung und Bequemlichkeit in der Ausführung
Abbruch litt! Der Herausgeber war mit feinem
Autor noch nicht im Reinen, als die Preffe zu

knarren anfing. Ein Gewühl von Entfcheidungen
und neuen Sprachregeln war ihm unter der
Hand aufgefchoffen, das gedruckt etwas ver-
dächtiger als gefchrieben ausfah. Er unter-
fuchte nun manches ernfthafter, und berich-
tigte die voreiligen Ausfprüche weiterhin in einer
Anmerkung, oder hinten in der Differtation,
oder vorn in den *Addendis*. Wir geben einige
Beifpiele aus den *Argonauticis*, worauf der
Herausgeber den meiften Fleifs wandte. V. 343
wird ἀχλύα verworfen, und p. 814 zurückge-
holt. — V. 358 fchreibt Hr. *H.* υἱὸς ἑῆς, *bonae:*
worüber man mit *Heyne* bei Il. I, 393 und Vol.
VII. p. 749 fich abfinden foll. Schlimm; aber
zum Glücke fteht p. 815: *Non debebam mutare*
ἑῆς. — V. 385 heifst die Form Ἑρμάων neu, p.
816 alt. — V. 599 geht μήριναα durch, V. 1102
wird es verbannt, und p. XIII wieder eingefezt. — V. 614 wird λάεσι verworfen, und dabei eine Regel über die Endung εσι gegeben,
nach welcher fogleich ein homerifcher Vers
fich umformen mufs. Aber fchon bei V. 1122
wird die Regel auf die älteften Dichter eingefchränkt; und p. 821 wird λάεσι förmlich zu-
rückgeholt, und bemerkt, im Homer fein noch
einige, der neuen Regel widerftrebende Stellen
zum Gehorfam zu bringen. Geduld! In den
Addendis p. XXX bittet er wiederum, etwas

in der Differtation, das er *aliud agens* gefagt habe, feiner Regel gemäfs zu ändern; aber wiederum mit einer neuen Einfchränkung. Schlimmer teufcht uns die bekannte Ilias nicht herum!'— Bei 864 wird eine metrifche Regel über παῖς und παῦς eingefchärft, p. XIV widerrufen. — Bei 1303 wird gelehrt, κραίνειν, *herfchen*, erfodere den Genitiv, nicht den Dativ; p. XIX, allerdings auch den Dativ, felbft in zwei vorigen Stellen diefes Gedichts. — Dagegen wird die Regel, woran V. 496 bluten mufs, dafs καλὸς auch bei den nachhomerifchen Epikern nie verkürzt werde, p. 817 nicht widerrufen, fondern bis zum Nonnus herab ausgedehnt; ungeachtet fchon ein hefiodifcher Vers gegen das Meffer der Kritik fich fperrt. Auch bleibt V. 473 die neue Form ὀφρύοσιν mit kurzem ο, und fogar in dem Verfe 1122, der doch den Verf. an die Hinfälligkeit feiner Regeln erinnerte, die verwegene Neuerung φρισὶν ἰσισιν, für ἧσιν, die faft wie ein Sprachfehler ausfieht, bis auf weitere Verfügung in Gefezes Kraft.

Könnte Hr. *Hermann* es übel nehmen, wenn fein Freund *Schneider* das Wort: *Miror viri doctissimi inconstantiam:* ihm zurück gäbe? Würde er ihm nicht danken für den Rath, dafs er den Wuchs feiner zahlreichen Regeln, bevor fie in Saat fchöffen, felbft hemmten, und,

ftatt neuer Regelbücher, einige Jahre lang berichtigende *Addenda* herausgeben möchte?

Man werde aber durch den Anblick folches
Unkrautes nicht abgefchreckt; in beiden Ausgaben ragt unter Diftel und Dorn mancher ftattliche Halm hervor, der feine Umgebungen ftolz
zu verachten fcheint. Zwar müffen wir einräumen, dafs die Ausbeute um vieles reicher
fein würde, wenn die rüftigen Forfcher ihr
Werk weniger übereilt, und vor allen Dingen
mehr Luft und Liebe gezeigt hätten. Denn nicht
Zuneigung für den alten Argonautiker war's,
was unfere beiden Gelehrten zu einer folchen
Auszeichnung der *Argonautica* bewog; nicht
Freude an den etwanigen Tugenden des Gedichts; nicht Eifer, die ehrwürdige Trümmer
eines nachhomerifchen Zeitalters, woraus fo
weniges erhalten ward, für Sprache, Mythologie und Geografie zu reinigen und zu enträzeln. Eine ganz andere Mufe begeifterte fie.

Hr. *Schneider* in feinen *Analectis Criticis*
1777, hatte mit jugendlichem Ungeftüm (*fer-
vore juvenilis aetatis et ingenii incalefcens,*
nach eigenem Geftändniffe) die Orfifchen Argonautika für ein untergefchobenes elendes Gedicht eines Halbbarbaren, aus einem fpäten
Jahrhunderte nach Chrifti Geburt, oder (was
nur im Lateinifchen fich hören läfst) für *feculi*

*semigraeci sordes atque ingenii lutulenti re-
trimenta,* erklärt, und die anders denkenden
in ähnlicher Mundart behandelt. Diesen Anlauf
hatte *Ruhnkenius* in der lezten Ausgabe seiner
kritischen Episteln 1782 kurz abgewehrt. Aus
Achtung schwieg Hr. *Schneider,* bis *Ruhnkenius* entschlafen war. Jezt hofte er „Verzei-
hung von den besänftigten Manen des gelehrten Mannes, wenn er ihm mit *Mässigung* und
Humanität antwortete;" und, ohne einmal alle
Subsidien abzuwarten, beschleunigte er seinen
verstärkten Angrif gegen des streitigen Gedichts
Alter und Werth. Gleich dem virgilischen
Waldstiere, der besiegt auswich, wüthete er
mit den Hörnern gegen Baumstämme und Winde,
und jezo

    Zeucht er zum Kampf, und stürzt auf den wehr-
               los ruhenden Gegner.

Hr. *Hermann* meldet uns seinen Beruf also:
„Wenn ich nach eigener Willkühr einen Schriftsteller hätte auswählen dürfen, den ich bearbeiten und herausgeben möchte: so wäre ich
leichter auf jeden anderen gefallen, als auf den
Orfeus. Aber weil *Caspar Fritsch,* der nach
dem Absaze der Gesnerischen Ausgabe eine
neue für nöthig hielt, mich um Besorgung derselben ersucht hatte: so wollte ich, wie lästig
das Geschäft auch war, um dem würdigen Mann

ein Genüge zu thun, es nicht ablehnen." Artig genug, dafs, wie schon vor vierzig Jahren
ein *C. Fritsch* die berühmte Ausgabe Virgils
cum notis variorum für die nächste Messe be-
stellte, noch jezo ein *C. Fritsch* einem unvor-
bereiteten Gelehrten ein lästiges und sogar wi-
derliches Geschäft aufzubürden verstand! Bald
darauf bittet der dienstfertige Herausgeber um
Nachsicht für seine oft *kühnen Veränderungen* in den äufserst verdorbenen *Argonauticis,*
weil ein *schlechter Schriftsteller* noch schwie-
riger, als ein guter, von Fehlern zu reinigen
sei. Was aber seine Thätigkeit, welcher der
wackere Verleger doch freien Spielraum liefs,
vorzüglich an dieses schlechte Gedicht fesselte,
das war jener neue Gedanke, den ihm Hr.
Schneider glücklicher in der Jugend gefasst,
als im reiferen Alter ausgebildet zu haben
scheint. „In diesen Zeiten," so beginnt seine
Dissertation über das Alter unsers Argonautikers, „in diesen Zeiten, in welchen Wir leben,
sind so grofse Fortschritte in allen Wissenschaf-
ten, und, besonders in der Alterthumskunde
gemacht worden, dafs, sobald man eine Unter-
suchung nur eben anregt, es wol nicht an einer
zuverlässigeren Auskunft gebrechen kann. Aber
den Weg zeigen, ist gewöhnlich leicht; ihn
verfolgen, — ja das ist sowohl für den voran-

gehenden Führer, als oft für den Begleiter, beschwerlich; zumal wenn man einen dürren und kleinlichen Gegenstand unterfucht. Diefs habe Ich felbft nicht ohne Überdrufs bei der vorliegenden Frage erfahren." Dann ermuntert er die Verftändigen im Tone der Begeifterung, mit Ihm zu durchwallen die abwegfamen Einöden der Pietiden, die noch kein fterblicher Fufs betrat, wohlgemut den ungekofteten Quellen zu nahen, und zu fchöpfen; damit ihr Auge, dereinft das Wichtigere zu fchaun, wacker werde. — All' ihr Götter! welch ein erhabenes *Wir*, deffen Spize in ein folches *Ich* ausläuft!

Ja gewifs leben wir in einem feligen faturnifchen Zeitalter, wo der Boden, nur eben geregt, auffprofst und goldene Früchte treibt! — Dort lockerte die Erinnys des verhaltenen Unmutes; hier, vom Verleger gedungen, die fchreckliche Charis der Selbftgefälligkeit: und fiehe! eine geharnifchte Saat, wie von Drachenzähnen, ftarrete empor. Der vernachläffigte Argonautiker bedurfte der Herftellung und Erläuterung. Als fchmückende Ausgaben verlarvt, beftürmen ihn zwei tadelfüchtige *Streitfchriften*.

Uns lieget ob, die Gefchichte diefes Streits, und wie der Argonautiker endlich davon komme, zu berichten.

Ehemals wurden die fogenannten *Orphica*

von einigen als Nachlaß des thrakischen Götter-
fängers, der mit den Argonauten gelebt haben
foll, oder mehrerer aus der heroifchen Zeit,
gläubig verehrt; den Sorgfältigeren fchienen fie
von verfchiedenen Anhängern der orfifchen Myfterien, feit der aufblühenden Weltweisheit,
bis nach der Ausbreitung der chriftlichen Religion, verfertiget zu fein. *Hüet* zuerft behauptete, was wir unter Orfeus Namen befizen, fei
alles von Chriften nach den Zeiten des Origenes
gefchmiedet worden: *Fabric. Bibl. graec. Harl.*
I. p. 144. — Als *Ruhnkenius* im Jahr 1751 feiner zweiten kritifchen Epiftel einige Verbefferungen des Orfeus zufügte, erklärte er, p. 69:
der Verf. der Argonautika, er möge nun Onomakritus (welchem Tatian und Clemens orfi-
fche Gedichte beilegen) oder ein anderer fein,
fcheine ihm fehr alt; er fehe nirgend Spuren
der fpäteren Zeit, im Gegentheil viel vortreff-
liches, und was alterthümliche Einfalt athme;
die Sprache fei faft homerifch, obgleich mit gewiffen Befonderheiten; in manchem treffe er
mit Apollonius zufammen, in weit mehrerem
weiche er ab, *doch fo, dafs einer den anderen könne gelefen haben*; befremdend fei es,
dafs die Argonautika fo felten von den Alten,
ja nicht einmal von den Scholiaften des Apollonius, angeführt werden; doch beziehe fich

der alte Grammatiker *Orus* im Etymológikón
auf V. 15, u. f. w. Offenbar widerfpricht *Ruhnkenius* denen, die den Argonautiker fich allzu
jung denken möchten: er erkennt nichts, was
ihn aus dem Zeitalter des Onomakritus herab-
dränge, wenigftens nicht tief, und das Äufserfte
angenommen, nicht weit unter den Apollonius,
wenn er auch diefen noch gelefen habe. In
folcher Beziehung auf die Späteren nach Chrifti
Geburt, ift ihm der Dichter *fehr alt*, nämlich
aus dem klaffifchen Zeitalter zwifchen den Pififtratiden und den Ptolemäern; doch wahrfcheinlich näher dem Anfange diefes Zeitraums.
— Weit höher trachtete *Gesner* feinen Schriftfteller hinaufzurücken, in den *Prolegomenis
Orphicis*, die er 1769 der Göttingifchen Societät vorlas. Er hatte in allen Orfifchen Werken
auch nicht das mindefte, weder von Gedanken
noch von Worten, bemerkt, welches den Zeiten des thrakifchen Orfeus und dem Jahrhundert des trojanifchen Kriegs widerftrebte. Indefs gab er zu, dafs wol Onomakritus, zur
Zeit der Pififtratiden und des Xerxes, fie aus
dem Altdorifchen in die nach Hómer gebildete
Dichterfprache des Solonifchen Zeitalters mit
allerlei Veränderungen überfezt habon könnte.
— Aber *Valckenaer* widerfprach 1763 in einer
Anmerkung zum Wéffelingifchen Herodot VIII,

68, wegen der alexandrinifchen Formen -ἴδη und ἔκεαν, Arg. 116. 519, die man älteren Schriftftellern entziehen müffe, aber nicht diefem: weil die Spizmaus fich häufig durch eigenen Ton verrathe. Wenn die Folgerung richtig war, fo fank der Argonautiker zu den Alexandrinern herab: welches *Ruhnkenius* nicht geleugnet, nur weniger wahrfcheinlich gefunden hatte.

Bei aller diefer Verfchiedenheit der Meinungen war ruhiger Beweis, anftändiger Widerfpruch; bis Hr. *Schneider* im Jahr 1777 dazwifchenftürmte, und, *Hüets* Ausfpruche gemäfs (den er jedoch fo wenig als *Valckenaers* Äufserung, zu kennen fchien), den Argonautiker, nicht mit nachdrücklichem, aber würdigem Streite, fondern mit fo höhnifchem als nichtigem Gezänk, für einen unwiffenden Betrieger, für einen lateingriechifchen Barbaren aus den neuplatonifchen Myftikern der Chriften und der Juden ausgab. Seine faft allein von der getadelten Poefie und einigen Worten, gröfstentheils Schreibfehlern, hergenommenen Beweife, die kaum *Geßners* Meinung, gefchweige die Ruhnkenifche, entkräften, wurden bald darauf von *Thunmann* mit kurzen Wahrnehmungen aus Gefchichte und Geografie nothädürftig unterftüzt, obgleich diefer den Orfikes

allenfals noch für einen Alexandriner hingehen
liefs: *Neue Philol. Bibl.* IV. 1778. p. 298. Ein
früherer Forfcher der alten Erdkunde, der Däne
Schöning, hatte den Verf. der orfifchen Argonautika, nach Alexanders Tode gefucht, und,
wenn er nicht jünger als Apollonius war, bald
den Fabeler Antonius Diogenes, bald deffen Vorgänger Antifanes Bergäus, oder, was er noch
lieber glaubte, den Kallimachus, oder noch
lieber den Timäus, darauf angefehen: *Schlö-
zers Nord. Gefch.* p. 190. Der fpätere *Mannert* (IV. p. 25) wollte wieder mit ihm über
den Herodot hinauf.

Ruhnkenius in der neuen Ausgabe feiner
Epifteln 1782 wiederholt p. 228, dafs ihm der
unbekannte Verf. der Argonautika, er fei Onomakritus oder ein anderer, nach inneren Anzeigen fehr alt fcheine; diefem Urtheile ftehe
die Bemerkung feines Freundes *Valckenaer* nicht
entgegen: denn ziehe den Argonautiker feine
ιδα und ἐκεϊναν auch zu den Alexandrinern
herab, fo bleibe er noch immer ein Zeitver-
wandter des Lykofron, dem, troz ähnlicher
Sprachformen, feinen Rang unter den Alten
niemand bezweifele. Dann meldet er, wie gegen den alten und forgfältigen Schriftfteller
jüngft in Deutfchland ein *Orpheomaftix* fich
erhoben, mit der Anklage, er fei ein neuerer

Graeculus, ein barbarischer und halblateini-
scher Versmacher, der feine wüsten Einfälle
kaum in gehörigen Worten habe vortragen können: bei welcher grimmigen Anklage er nicht
weifs, was er mehr anstaunen soll, die Unkunde,
oder die Vermessenheit. Den ihm selbst abge-
borgten Einwurf vom Stillschweigen der Alten
schwächt er nicht nur durch des Orus erwähn-
tes Zeugnis (welches, wenn nicht die Worte,
doch die Gedanken des 15 V. dem Orfeus beilegt), fondern noch mehr durch eine Stelle des
ungedruckten alten Grammatikers *Drako*, wo
als Beifpiele aus den orfifchen *Argonauticis*
der 110 und 337 Vers (nach *Gesners* Zählung)
angeführt werden; auch bemerkt er, *Nonnus*
habe nur Alte, und unter diefen unferen Dichter, nachgeahmt. Was der Ankläger aus einzelnen Stellen dem barbarifchen Halblateiner zur
Laft gelegt hatte, das ward theils als Misver-
ftändnis oder Schreibfehler abgelehnt, theils
übergangen. Denn Fehlgriffe, wie bei V. 612 den
Tadel, dafs Stiere geopfert werden, wo Apollonius ein *Bärenopfer* gewährt (Apollonius I,
1150 fpricht vom Arktoifchen oder Bärenge-
birge): folche zu bemerken, verfchmähete der
edle Mann, der nur Schaden abwenden wollte.
Wahrfcheinlich hat Hr. *Schneider*, fobald
fein *fervor juvenilis aetatis et ingenii* abge-

kühlt war, fich felbft im Vertrauen gefagt: Hätte
ich doch den unfeligen Wahn, dafs der Argonautiker ein neuplatonifcher Chrift oder Jude
fein könnte, im innerften Kämmerlein meines
Herzens verrauchen läffen! Hätte ich wenigftens das Ding als einen Spafs, einen *lufus in-*
genii juvenilis, ohne finfteren Ernft, mit feinen fchalkhaften Sofiftereien, aber etwas fcharffinniger, etwas gelehrter, etwas befonnener
ausgeführt! Auch hat er felbft wol am lebhaf-
teften gefühlt, dafs *Ruhnkenius*, als Vertheidiger eines wichtigen Gemeingutes, feinem
Mutwillen nicht zu viel, eher zu wenig gethan
hatte. Wie gern hätte er, der gerührte, der
wahrhafte, feinem Irrfal öffentlich mit Bereuung
des gegebenen Ärgerniffes entfagt, und entweder
zu der Meinung des gröfseren Zeitraums zwifchen den Pififtratiden und den Ptolemäern,
oder des engeren alexandrinifchen, wo *Ruhn-*
kenius mit *Valckenaer* zufammentraf, fich feierlich bekannt! Aber was konnte dem Ausfpruch
jener Gewaltigen fein Ja für ein Gewicht zufügen? Der Befcheidene fchwieg.

Nicht ganz errathen! Hr. *Schneider* giebt
uns in der Vorrede feiner im J. 1803 erfchiene-
nen *Argonautica* S. VIII eine andere Erklärung, warum er ein zwanzigjähriges Stillfchweigen bis nach dem Tode des Gegners beobachtet

I.   18

habe. Sein *Zweifel* (fein unmafsgeblicher Zweifel!) über das Alter der *Argonautika* habe, fo
viel er wiffe, bei niemand Eingang gefunden,
aufser bei dem fel. *Thunmann.* Im Gegentheil
habe *Ruhnkenius* ihn fo heftig und eiferig ange-
griffen, dafs, wer fein Büchlein nicht gelefen,
durch das Mannes Worte und Geberden zu dem
Argwohne könnte verleitet werden, als hätte er
die Ehre des ganzen griechifchen Alterthums
leichtfinnig in Gefahr gefezt. Er habe nicht
erwiedern wollen, was die Sache gefodert. Aber
jezt, meint er, da der Mann durch den Tod
befänftiget fei, laffe fich fchon ein Wörtchen
mit ihm fprechen: welches er fo ausführen
will, dafs *Ruhnkens* Geift an der *Mäfsigung*,
und der Lefer, wo nicht an Fleifs und Gelehrfamkeit, doch an der *Humanität* fich freuen
foll. Er eilt damit (S. XLI), weil er nicht
länger zugeben kann, dafs man fein Stillfchweigen für Einräumung halte, und dem Vertreter
des Orfeus blindlings beipflichte (*temere affen-
tiantur*). Denn obgleich feine Meinung von
dem ftreitigen Gedichte bisher noch niemanden
einleuchtete, fo achtet er doch einige genug,
um fich ihren Beifall zu wünfchen (S. XXVIII);
vorzüglich aber den treflichen *Wolf*, der feinen (vermutlich nicht blinden) Glauben, der
Argonautiker habe *eine geraume Zeit vor den*

alexandrinifchen Dichtern gelebt, nur gegen
entfcheidende Beweife aus Sachkenntniffen, befonders aus der Geografie, aufgeben will. Solch
eines Mannes Beipflichtung gewiffermafsen zu
erzwingen, fagt Hr. *Schneider*, wird ihm ein
feliger Triumf fein. Und damit der vorfichtige
Forfcher williger fich einfangen laffe, fingt er
ihm ein Sirenenlied von feinen homerifchen *Prolegomenis:* die er erft neulich bei der Durch-
lefung der Ilias von *Heyne* recht bewundern gelernt, die jeder Kenner und Scheinkenner der
Alten, wenn er nicht ein träger Nachbeter der
zu gläubigen Väter fein will, annehmen, und
für fich felbft mit feinem Ohre die mishelligen
Theile Homers heraushorchen mufs (wovon er
uns gleich die Probe vormacht); ja mit denen,
was er (S. XXXIII) endlich am Schlufs der
Heynifchen Ilias nicht ohne freudige Beftürzung
wahrnimt, auch fein ehrwürdiger Lehrer — beinah einftimmt!

Nein, die Bezauberung wird gar zu mächtig!
Wäre ich *Wolf*, denkt der Rec., ich könnte
nicht widerftehn; ich müfste beitreten, und
follte ich der *einzige* fein. Ich fragte nur: Wie
weit denn nach Chrifti Geburt foll der Argonautiker zu den neuplatonifchen Befchnittenen
oder Unbefchnittenen hinab? und fogleich hälfe
ich ihn fortfchieben. —.

Aber ein Wunder erfcheint! Ift's Wirklichkeit,
oder Verblendung?

Hr. *Schneider* verlangt Beitritt, und ift von
fich felbft abgetreten. Er wähnt noch immer
den fchlimmen Standort bei feinem barbarifchen
Halblateiner zu behaupten, wo ihm *Ruhnkenius*
gegenüber die empfindliche Strafrede hielt; und
er hat, ohne es zu bemerken, fich auf den
alexandrinifchen Zeitraum neben *Ruhnkenius*
hingeftellt, da wo diefer, an der Grenze feines
Bezirks, mit *Valckenaer* in freundlichem Gefpräche fteht. Dabei ficht der zerftreuete Käm-
pfer, wie in der vorigen Stellung, und ftöfst
mit komifcher Fechtgrazie in den Wind; indem
er zwifchendurch feinen Nachbar krazt, wo
es ihn felbft juckt, oder zu jucken fcheint: das
heifst, indem er fein dunkles Gefühl des veränderten Streitpunktes in *Ruhnkenius* hinüber-
trägt.

Wirklich, der Spafs ift einzig in feiner Art,
und die fonderbare Erfcheinung wird durch den
Vorbericht S. XXV nur einigermafsen begreiflich gemacht. Hr. *Schneider* hatte feinen verbefferten Text der orfifchen *Argonautika* famt
feinen Anmerkungen an Hn. *Heyne* mit der Bitte
gefandt, er möchte, was ihm beim Lefen ein-
fiele, Anmerkung oder Verbefferung, gefällig
mittheilen. Sein „ehrwürdiger Lehrer und Wohl-

thäter" war gleich bei der Hand, und befcherte
nicht nur Verbefferungen, die grofsentheils, wie
Hr. *Hermann* bemerkt, mit *Slothouwers* und
Wakefields, von Hn. *Schneider* ungenuzten
Verbefferungen durch einen dem Hn. *Heyne*
eigenen Glücksfäll zufammentrafen; fondern
auch manche Erklärung, oder vielmehr *Interpretation*, und manche Vermutung, dafs diefes
und jenes, was ihm unerklärbar fchien, fpäterer Zufaz, vielleicht von gnoftifchen Myftikern,
fein möchte. Das Gedicht felbft dünkte dem
Hn. *Heyne* (anders als feinem Schüler) nach
einem neuen unverwerflichen Plane zweck-
mäfsig angelegt, und überall glücklich ausgeführt, fo dafs des Lefenden Herz von göttlichem
Anhauch, wie ehmals der Andächtige von der
frygifchen Harmonie heiliger Gefänge, begeiftert
werde. In dem Verfaffer erkennt Hr. *Heyne*
für jezt einen *Dichter der alexandrinifchen
Zeit*, der aus früheren Argonautikern die älteften und entlegenften Fabeln in feine nicht allenthalben zufammenftimmende Erzählung ge-
mifcht, und in der Sprache das graue Zeitalter
des Barden Orfeus geheuchelt habe. Das ein-
geholte Gutachten lief darauf hinaus: „Ihre
Grille vom neuplatonifchen Argonautiker ift
nicht zu retten, mein Theuerfter. Ein paar
Stellen indefs mögen für Einfchiebfel von fpä-

teren Myſtikern hingehen; dann hätten Sie
Recht infofern. Sonſt hat *Ruhnkenius* Recht,
Inhalt und Sprache find nachhomerifch, aber
fehr alt; auch *Valckenaer* hat Recht, einige
Formen find alexandrinifch; ja auch *Gesner*
könnte zum Theile Recht haben, der Alexandriner hat die Sprache des uralten Orfeus nach-
gekünſtelt; und darin baben fie alle Recht, das
Gedicht ift gut erfunden und durchgeführt."
Hr. *Schneider* befann fich kurz, und wählte
das fanftfchwebende Jedermannsrecht: *Huic
Heynii opinioni*, fagte er S. XXVII, *fimpliciter et plane accedere non dubito.*

Aber, aber! Bei *Ruhnkenius*, wo er mit
Valckenaer grenzte, lauter Recht zu erkennen, und bei fich einen fo armfeligen Abfall:
welche Zumutung! Hr. *Schneider* fuchte dem
Gemeinrechte für fich allmählich noch ein weni-
niges abzuknappen. Der Argonautiker, fagt
er leife S. XXIV, fchrieb alexandrinifch, war
aber ein *Ungrieche*, und ein *Späterer*. In den
Anmerkungen wächſt ihm der Mut, wiederum
als ein völliger *Orpheomaftix* zu erfcheinen. Da
heifst ihm der Dichter V. 429. 927. 961 ein *ftam-
melnder*, ein *thörichter Dichterling*; V. 123.
199 und fonſt häufig ein *Affe* und ein *Äffchen
des Apollonius*, V. 114 des *weit älteren*; V. 846
ein *Halbbarbar*; der V. 21 Ausdrücke des *Chri-*

stenthums einmenge; der V. 195 *nach Pausa-*
nias gelebt habe; V. 511 ein *Halblateiner;* V.
1085 der alles *verkehrt, rechts für links* fage;
V. 1132 ein *kothiger Kopf,* oder hörbarer, *in-*
genium lutulentum; V. 1073. 1076 der *blind-*
lings aufgegriffene Namen hinfeze; V. 1185
ein *unwiffende*r oder *abfichtlicher Verfälfcher*
der Erdkunde; V. 1244 ein *toller Poet,* der
die Weftgegend zufammendränge. Wie hier
dem nachgiebigen Vorredner der ftörrifche An-
merker widerfpricht: fo erfcheint dagegen Bil-
ligkeit in der Anmerkung V. 122, wo der finnlofe Schreibfehler *Telmeffos* und *Termeffos* in
Permeffos verbeffert wird, und in der Vorrede
S. XXIV ein unbilliger Tadel, nicht einmal des
felbigen Schreibfehlers, fondern, was den Dichter noch weniger angehen darf, der verunglück-
ten Änderung *Teumeffos.* Mit ähnlichem Leicht-
finn wird V. 792 eine *Heynifche* Interpretation,
fo wunderlich fie ift, angenommen, und der
Dichter dafür geftraft.

Solche fchreiende Widerfprüche für Dop-
pelzüngigkeit zu halten, wäre hart. Wir alle
kennen unferen *Schneider Saxo* als einen be-
fonnenen und biederen Mann, der nicht um
alles in der Welt, und ftände feine und des
Freundes Ehre auf dem Spiel, das Schwarze
weifs, und das Weifse fchwarz, oder gar das

felbige Ding ..hwarzweifs, zu nennen über
fich vermöchte. Diefer ehrliche Sachfe fchrieb
obiges: *Simpliciter et plane accedo*. Aber
der Mann hat das Leiden, dafs aus dem Traum-
reich Utopia ein unftäter Kobolt, von nicht
eben bösartiger, fondern blofs neckifcher Natur, unter gewiffen Afpekten, ihm ähnlich an
Laut und Geberde, wie der virgilifche Luft-
fchemen des Turnus, herüberfchwärmt, und
als *Schneider Utopius* oder ἄτοπος allerlei Spuk
vornimt. Diefes unruhige Poltergeiftchen war's,
welches dem braven *Saxo* fo viel unftatthaftes
in die orfifchen Papiere hineingaukelte, und ihn
heimtückifch nicht allein mit fich felbft, fondern, was mehr fagen will, mit feinem andäch-
tig verehrten Lehrer, fogleich nach befchwore-
nem *Credo et accedo*, in ärgerlichen Widerfpruch fezte. Mit wie ehrfurchtsvollem An-
ftaunen beginnt er fein feierliches Bekenntnis
des völligen, des unbedingten Beitrittes! „Laffet
uns nun,“ wird S. XXII angeftimmt, „einen
Mann hören, der, wenn nicht an Fülle kriti-
fcher Gelehrfamkeit,“ (das heifst, an Grammatik,) „doch an feiner Beurtheilung, an Scharffinn, und an ausgebreiteter Gelehrfamkeit aller
Art, einem *Gesner* und *Ruhnkenius* nicht nur
gleich zu fchäzen, fondern *bei weitem fogar —*
wenn ich fagen darf, was ich denke — vor-

zuziehen ift! einen Mann; deſſen Lehren, Rath-
gebungen und Gefälligkeiten ich das meifte in
der Kenntnis des griechifchen Alterthums fchuldig zu fein, willig und dankbar eingeftehe; ja
(S. XXV), dem ich alles Meinige mit Freuden
als Wohlthat anrechne!" — Kaum aber hat
Saxo die gläubige Unterwerfung, voll unge-
heuchelter, fich felbft und das Edelfte herab-
würdigender Demut vollbracht; fo treibt der
kurzweilige *Atopos* mit dem heiligen Ἀὁτὸς ἔφα
fein fchamlofes Gefpött, durch völlige Ableug-
nung!

Indem alfo der wahre *Schneider* und fein
Nachäffer fich beftändig um einander ins Wort
fallen: fo erfcheint auch die Verficherung des
erften, er habe feinem Ermahner *Ruhnkenius*
mit *Mäſigung* und *Humanität* geantwortet,
um uns *human* auszudrücken, als ein teufchen-
des Spiel mit Worten, das fich in Nichts auflöfet. Hr. *Schneider* will feine jugendliche Anklage, dafs der Dichter nicht einmal Griechenland und das Angrenzende kenne, in der Vorrede S. XXIV durch zwei ausgefuchte Beifpiele
bekräftigen. Das erfte ift jener von ihm felbft
wieder verworfene *Teumeſſos* V. 122; das zweite
follen V. 502 die aus *Doliern* verfchriebenen
Doloper fein: denn das richtige Wort habe
Ruhnkenius, nur um dem Tadel zu begegnen,

durch eine gewaltfame, und fogar. gegen das
Metrum verftofsende Änderung einzuführen gefucht. Es. ift wahr, die Änderung konnte weniger gewaltfam fein. Aber einem *Ruhnkenius*
und *Wyttenbach*, die beide die Nothwendigkeit
zu ändern einfahn, Rechthaberei vorwerfen,
und Unkunde des Metrums? In der Anmerkung. zu V. 502 giebt uns Hr. *S.* ihre unmetri-
fche Änderung fo: ὅς ἐν Δολιονίοισι περιχτιόντα-
σιν ἄνασσεν, und verwundert fich, wie *R.* ὅς
ἐν für einen Spondeus, und die erfte Silbe in
Δολιονίοισι für *kurz* halten könne. Den gegebenen Vers als tadelhaft zu.erkennen, ift leicht;
aber jenen Tadel zu verftehn, ift eine Aufgabe.
Nahm *R.* ὅς ἐν für einen Spondeus, fo nahm er
das folgende Δο lang, welches nach Hn. *S.* Me-
trik ja recht wäre; was weiter herauskäme, hat
der Tadler nicht berührt. Zerbrich dir den
Kopf nicht, Lefer! *R.* fchrieb ὅς ῥα Δολιονίοισι
nach richtigem Mafs; den Druckfehler ἑα verwandelt Hr. *S.* in ἐν, und, nachdem· er im
Tadel diefes durch ihn verkrüppelten Verfes
feine eigene Unkunde verrathen hat, fchliefst
er mit den Worten: „Ich beneide weder dem
Dichter einen fo wohl gemeffenen Vers; noch
dem gelehrten Manne das Lob eines feinen Dich-
tergefühls (*acuminis poetici*).“ Und ein folcher

verdrehender · Hohnſprecher. auf dem Grabe
rühmt ſich der Humanität!

Zur Entſchuldigung dient: ·Hr. *S.* wuſste
nioht was er that.   Seine Unkunde in Silben-
meſſung und Versbau erſtreckt ſich ſo weit, daſs
er ſelber nicht weiſs, wo ſie anfängt oder. auf-
hört.   Daſs ſie allenthalben anfange, und nirgends aufhöre, mag freilich ein Spottvogel geſagt haben.   Aber damit er nie wieder aus
ſeinem Bezirk unter die Spottvögel gerathe, ſo
werde er wenigftens auf einige Verirrungen aufmerkſam. - Den 133 Vers ſollen wir mit Hn.
Schneider ſo leſen: Αἰθαλίδην, ὅν ῥ' ἔτεκεν πε-
ρικλειτὴ Εὐπολέμεια.   Ja, wenn er uns dieſen
dagegen lieſt:· *Treflicher Vers, welchen ſogar
auf der Folter keiner zurecht reckt!* — V. 271.
will Hr. *S.* ſo herſtellen: αἵ οἱ ὑπὸ τρόπιϊ κεῖντο,
μιᾶς σχοίνοιο ταθεῖσαι.   Das lezte Wort iſt ein
unangezeigter Druckfehler; hiermit ihn zu be-
läſtigen, wäre ſelbſt nach dem Rechte der Wie-
dervergeltung unerlaubt.   Wir bemerken nur,
daſs der Tribrach τρόπιϊ einen Halbvers giebt,
wie dieſer: *welche ſich unter dem Gebälke.* In
den Varianten widerruft er τρόπιϊ; man ſoll
τρόπιι ſchreiben, und τρόπι ausſprechen. Gut!
Dann iſt τρόπι ein Jambus, und der Halbvers
lautet, wie: *welche des Schifs Gebälk trugen.*
Eine Rettung aus dem Regen unter die Dach-

traufe! — V. 455 wird dem Dichter das herodo-
tifche ἐπεί τε, oder, verbittet er das, die Veränderung ἐπειδὴ 'πὶ Θῖνα, zugedacht. Die nimt
er gewifs, und prangt mit dem ftolzen Rhythmus: *aber nachdem Zeus 'ne Wolke.* — V. 606
ändert Hr. *S.* αὖθις ἵκανε aus αὖθ' ἵκανε. Zwar
αὖθις, *wieder* oder *zurück*, ift hier finnlos;
es heilt aber den Vers, meint er, weil ι in ἵκανε
nicht lang fein könne. Nicht lang? Die Grammatik fagt, lang fei es eigentlich, kraft des
Augments; doch dürfe es der Dichter ohne
Augment auch kurz brauchen. Will er Beifpiele der Länge? Homer beginnt einen Vers
Il. I, 431 ἐς Χρύσην ἵκανε, und Apollonius I, 318
ἀκτὴν δ' ἵκανεν. Aus Unkunde der Regel verderbt Hr. *S.* auch V. 194 ἐξίκανε in ἐξαφίκανε,
und V. 392 ἐξῖκεν in ἐξῆρχεν, obgleich er V. 1363
ἱκόμεθ', und V. 170 ἀφίκετο, und V. 643. 1294
ἐξίκετο mit langem ι in Gedanken fteben läfst.
Völligen Unfinn ändert er, der Grammatik zum
Poffen, in V. 713 (auch 1249) hinein, wo ἱκόμεθ', um erft eine Länge zu erhalten, in ἵξομεν,
aus der vergangenen Zeit in die künftige, fich
umbilden mufs. Oder ift das nicht Unfinn:
Als wir dem Verderben entflohen waren,
werden wir an das Ufer kommen? Glimpf-
licher fagt Hr. *Hermann*, die Änderung fei
nicht elegant. — V. 636 foll ἴβαν in dem Aus-

gang ἐκ δ' ἔβαν αὐτοὶ fehlerhaft verkürzt worden
fein; denn obgleich auch Homer Il. V.III, 229
es kurz brauche, fo werde es doch fonft *re-
gelmäfsig* verlängt. Wo anders, als durch die
Cäfur, wie Il. I, 606? Und was wird aus der
neuen Regel, wenn Homer Od. III, 11 gerade
den felbigen Ausgang hat? Mehrere folcher
Fehltritte, wie V. 161. 167. 335. 697. 766. 1184
übergehen wir.

Billig hätte man da, wo Hr. *Schneider* auf
des Lehrers Wink der beftrittenen Meinung beitritt, ein aufrichtiges Geftändnis feiner jugendlichen Übereilung, ein Wohlbehagen, mit dem
ehrwürdigen *Ruhnkenius* über den alexandrinifchen Zeitraum fich zu vereinigen, erwartet.
Das wäre artig und hübfch gewefen; aber darum
nicht Mäfsigung, nicht Humanität. Statt deffen
verfezt er ihm im Beitreten einen unfanften Stofs.
Dem Worte des *Ruhnkenius*, der Argonautiker
fcheine ihm *fehr alt*, *vetuftiffimus*, diefem in
Beziehung auf *Hüets* Nachfprecher gewählten
Worte, welches *R.* fchon 1751 durch den Zeitraum *von Onomakritus bis nach Apollonius*
beftimmt hatte, leiht Hr. *Schneider* den Sinn,
er fei einer der *älteften* (Vorr. S. XI — XIII);
und fucht uns zu bereden, *R.* habe erft hinter-
her in der Angft, um dem fcharffinnigen und
gelehrten *Valckenaer* doch etwas zu antworten,

den Begrif *vetuſtiſſimus* auf die Alexandriner
ausgedehnt. Hätte *R.* ſich erklärt, meint er
bei V. 521, wie weit etwas für alt gelten ſollte;
ſo hätte es keiner *Luftſtreiche* bedurft: *non
erat opus Andabatarum more pugnare.* Luftſtreiche? *R.* beſtritt ja nicht *Valckenaers* Alexandriner, ſondern Hn. *Schneiders* halblateiniſ-
ſchen Neuplatoniker, der wol nicht von Luft-
ſtreichen die Stimme verlor. Hiebei belehrt uns
Hr. *S.*: „der alexandriniſche Dialekt mit ſeinen
beſonderen Formen, wie εἶδα und ἔπεσαν, finde
ſich erſt bei den ſogenannten alexandriniſchen
Dichtern, namentlich bei Apollonius, Aratus,
Lykofron, Kallimachus, Nikander und anderen;
und ſeicht bemerke ein geübtes Ohr den Ab-
ſtich gegen die alte Sprache Homers und der
Homeriden. Die aber dergleichen alexandriniſche Formen dem Onomakritus oder ſonſt einem
früheren Schriftſteller ohne Bedenken beimeſſen,
die ſcheinen ihm fürwahr wenig vom Alter der
poetiſchen Sprache, und überhaupt der Griechiſchen, zu verſtehen: *ii mihi ſane parum
antiquitatem ſermonis poetici, atque omnino
graeci, callere videntur.*“ — So fein legt es
Hr. *S.* an, „die Manen des *Ruhnkenius* zu verſöhnen!“ Und ſo hoft er zugleich, von dem
treflichen *Wolf,* der durch die alexandriniſchen
εἶδα und ἔπεσαν in ſeinem Glauben an ein ziem-

lich höheres Alter nicht irre ward, sich Beipflichtung gewissermafsen zu erzwingen!"

Wir wollen den Hn. *S.* nicht fragen, in welcher Schule er das Spiel mit den Worten *Mäfsigung* und *Humanität* gelernt habe. Wichtiger scheint es, sein neuerfundenes Spiel mit dem alexandrinischen Dialekt ein wenig zu beherzigen. Da Hr. *S.* auf *Valckenaers* Ausspruch bei Herodot (VIII; 68) sich beruft, und jenes „*ingenii divini*" Urtheil nur nach eigener Art anwenden will: so müssen wir wol des Meisters Worte zuerst vernehmen. *Valckenaer* erkennt für ionische Formen die bei Herodot oft vorkommenden εἶποι, εἶπα, εἶπαν; und fügt die Bemerkung hinzu: „Der alexandrinische Dialekt hat, aufser εἶπα, εἶπαν, noch ἦλθαν, ἔφυγαν, ἔλαβαν, ἔλιπαν, ἔπεσαν: welche häufig sind in der alexandrinischen Überfezung des A. T., und bei den *sehr wenigen* nachgebliebenen Schriftstellern, die den selbigen Dialekt rein gebrauchten. Was in anderen Denkmälern der Alten von solcher Art mitunter gelesen wird, das bedarf der Verbefferung. Mit Recht ward ἔπεσαν aus dem *Herodot* (VI, 21) verbannt, wie aus einem Verse *Philemons* von *Bentley* S. 131. Denn ἔπεσα ist nicht im Gebrauch, schreibt wahr der Scholiast bei *Ariftoph. Av.* 841. Aber in des fogenannten *Orfeus Argonauticis* hat,

glaube ich, der Verf. V. 519 ἐν δ' ἴκεσαν gefezt, wie V. 116 εἶδα. Diefe Spizmaus verräth
fich oft felbft durch eigene Anzeigen." Das ift
alles, was Hr. *S.*, nach *Ruhnkens* Anweifung
(denn im J. 1777 war es ihm unbekannt) von
Valckenaer fich geholt hat. Von *Ruhnkenius*
felbft lernte er (Vorr. S. X): Die Form πέφρικαν
habe Lykofron V. 252, und ἰσχάζοσαν V. 21:
welche lezte von einem ungedruckten Grammá-
tiker, wie ἐλέγοσαν, ἐγράφοσαν, alexandrinifch
genannt werde, und auch bei Pofidippus (Anth.
VII. S. 614) in εἴχοσαν vorkomme. Wozu *Brunck*
(Anal. II. S. 134) noch aus Scymnus dem Chier
V. 694 ἰσχοσαν fügt. Solche abweichende
Sprachformen nun, die *Valckenaer* aufser den
LXX nur *in fehr wenigen rein alexandrinifchen* Volksfchriften gehäuft findet, und wovon
Ruhnkenius bei alexandrinifchen Dichtern nicht
mehr als zwei Beifpiele im Lykofron auftreiben
konnte: folche verheifst uns Hr. *S.* bei den
fämtlichen, der Länge nach aufgeführten Dichtern jener alexandrinifchen Aufklärung als etwas gewöhnliches, als etwas unterfcheidendes!
Und wer folche Abzeichen nicht bemerkt hat,
der weifs nicht über Alt und Neu im Griechifchen zu urtheilen! Welche Strafgöttin verleitete ihn zu der unvorfichtigen Behauptung?

Hätte dafür Hr. *S.* umhergedacht, was wol

ungefähr einen *Ruhnkenius* bewegt haben könne, daſs er den Argonautiker zwar für einen
Alexandriner hingehen lieſs, aber, troz feinen
αἰδα und ἴπτσαν, ein höheres Alter für möglich,
ja, für wahrfcheinlich hielt; oder, wofern diefes gelehrten und fcharffinnigen Kritikers Ruhm
mit ihm felbft begraben zu fein fcheinet, worauf
doch in aller Welt ein Mann, wie der frifch
blühende *Wolf*, den felbigen Glauben eines
höheren Alters gründe. Wie wenn beide Männer fich das Ding etwa fo vorftellten?

Alexandrinifcher Dialekt ward nie in dem
weiten Sinne, wie attifcher oder ionifcher, gefagt. Die macedonifchen Anfiedler, zu den
Griechen der älteren Pflanzftädte in Ägypten
gefellt, hatten aus verfchiedenen Heimathen
Worte und Formen mitgebracht; die von den
Hauptdialekten und der gemeinfamen Schriftfprache, als nachgrünende Nebenfproffen des
uralten Stamms, fich auszeichneten. Allmählich wurden die alten verpflanzten Idiotismen
durch ägyptifchen Verkehr mit Neuerungen im
Ausdruck, im Vortrag, oft nur in der Betonung,
vermehrt; bis endlich eine eigenthümliche alexandrinifche Mundart entftand. Die Gelehrten
aber, die nicht zunächft für die ägyptifchen
Griechen, fondern für die Hellenen überhaupt
fchrieben, beobachteten die gemein üblichen

I. 19

Sprachweifen der Profa und der vieltönigen
Poefie. Mag auch ein feinhorchender Zeitge-
noſs hie und da etwas von Alexandrinität bemerkt haben, wie bei den deutfchen Klaffikern
ein Kenner der Gefamtfprache wol manchen
abfichtlichen, manchen entfchlüpften Ausdruck
der Provinz wahrnimt: im Ganzen fchrieben die
Abhandler Eratofthenes, Ariftarch, Apollodor
alfo, dafs die Gelehrten in Athen und Pergamus
es billigten; und die Dichter Kallimachus, Apollonius, Aratus, mit den anderen, fangen in der
überall gangbaren Mufenfprache der verfchiedenen Dichtungsarten.

Wenn diefes der ftehende Gebrauch war:
wie wollen wir uns die Ausnahme des Lykofron erklären? Rafte er feine *πίφρικαν* und
ἰοχάζοσαν aus der niedrigen Sprechart der jungen Kolonie, wo fie bald fo gemein wurden,
dafs fie der Rabbi in Dolmetfchungen und er-
bauungsbüchern für die alexandrinifche Juden-
fchaft am verftändlichften fand, und für chrift-
liche Hausväter der Abfchreiber fie fogar in das
N. T. hineinänderte? Oder wählte fie vielmehr
der Dichter, als feierliche, dem Profetentone
der Kaffandra zuftimmende Sprachformen, aus
Liedern einer älteren Mundart, aus welcher die
ägyptifche Kolonie fie ererbt hatte? Ein ame-
rikanifcher Dichter könnte ein edles Wort, eine

altväterliche Form aus Shakfpeare und Milton
mit Glück anwenden, wäre fie gleich in Boſton
bis zum alltäglichen Gefpräch entwürdiget.
Unfere Klopſtocke und Leſſinge haben manchen
vorkommenen Kraftausdruck, der in Mundarten
entlegener Thäler und Bergwaldungen wie ein
Gefpenſt umgehen mag, zur Würde des Alterthums neu belebt.

   Ruhnkenius meint demnach, Lykofron habe
zwar alexandriniſche Formen eingemiſcht, aber
nicht als ſolche, ſondern als altedle des Mut-
terlandes, die nur der alexandriniſche Filiſter
gemein machte. Wegen der Herkunft verwei-
ſet er uns an Lykofrons Scholiaſten bei V. 252,
wo Zezes aus älteren berichtet: πέφρικαν für
πεφρίκασι, und ἐσχάζοσαν, εἱποσαν für ἐσχαζον,
εἱπον, ſein aus dem *chalkidiſchen* (bei V. 21
ſteht lächerlich, aus dem chaldäiſchen), oder
auch aus dem *attiſchen* Dialekt. Ein befcheidener Wink, daſs dem Argonautiker, wie anderen Dichtern vor Alexander, die ſo genannten alexandriniſchen Sprachformen als weit ältere zu retten ſein. Doch will hierüber *Ruhnkenius* nicht hadern; der Freund mag den
Argonautiker, wenn es ihm Freude macht, für
einen Alexandriner hinnehmen: nur ſoll ihm
kein *Orpheomaſtix* den Dichter als halbbarbariſchen *Graeculus* mishandeln.

·Die ·leife Andeutung war dem geiftreichen
und belefenen *Valckenaer* genug, um für fich,
was *Ruhnkenius* verfchwieg , hinzuzudenken!
dafs der alexandrinifchen Form ἐσχάζοσαν andere einen *böotifchen* Urfprung verliehen. Die
Böotier, fagt der Etymologift unter δόλιος,
haben ἐδολιοῦσαν für ἐδολίουν, wie ἐμάθοσαν,
εἴδοσαν; die felbigen haben ἐκόσμηθεν für ἐκο-
σμήθησαν: welches lezte er, unter ἤγερθεν und
κόσμησι, auch dem äolifchen und dorifchen Dialekte zueignet. Wenn überdiefs *Valckenaer*
nach der Form πέφρικαν fchon in der Batracho-
myomachie V. 178 ἔοργαν von einem Zeitgenoffen des Äfchylus gebildet fand: fo erkannte er
wol bald, wie hoch der Urfprung jener alexandrinifchen Formen in die altgriechifche Sprache,
die Mutter der verfchiedenen Dialekte, fich
verlor ; und, lauter wie er war, fann er gewifs
auf Gelegenheit, feine gelehrte Anmerkung bei
dem Herodot zur Wahrheit zurückzurufen.
Denn die Endigung οσαν, welche der Attiker,
der Böotier und Euböer, und gewifs mehrere,
aus der Sprache ·der gemeinfamen Urahnen im
Andenken behielten, was ift fie anders, als der
alte Indicativ von ωσαν, dem jezt befehlenden
Conjunctiv? Was anders ift des Argonautikers
εἶδα V. 118, als der veraltete Indicativ von εἰ-
δώς, εἰδέναι, die man unfchicklich aus εἴδηκας,

εἰδηκέναι erzwingt? Sein ἔπεσαν aber V. 521
für ἔπεσον, und εἰσίδρακα V. 132 für ἴδρακον,
famt Lykofrons πέφρικαν für πεφρίκασι, was
find fie, als einzelne Trümmer der Urfprache,
welche die aus verfchiedenen Horden aufgefam-
melten Bezeichnungen der vergangenen Zeit
noch nicht durch weiterfchenden Gebrauch
fonderte? Ähnliche Trümmer find Homers und
Herodots εἶπα, ein zweiter Aorift mit der Endung des erften, Homers δύσετο und ἐβήσετο,
wo der erfte Aorift wie der zweite endiget, und
ἐκγεγάτην, λελαβέσθαι, τετύκοντο, Mifchlinge
vom Perfect und zweiten Aorift. Wir fehen
alfo nicht, warum man des Argonautikers ἐπέ-
νειμον V. 327 in das gewöhnliche ἐπένειμα, und
φίλετο V. 519 in φίλατο, wie Homer fagte, verwandeln will. Auch wird fchwerlich nach er-
wogener Sache ein Kritiker den attifchen Dichtern, deren Erbrecht an folche Archaismen be-
fcheinigt ift, ihr ἔπεσα abfprechen. Euripides
hat *Tröad.* 291 προσέπεσα, wo die Lesart προς-
έπεσον offenbar die Erklärung ift; und *Alc.*
465 den Optativ πέσειε, mit der Erklärung πέ-
σοι. Ja, wir möchten darauf antragen, dafs
bei Ariftofanes *Av.* 840, gegen des Scholiaften
ungültiges Zeugnis, der ausgeftofsene Imperativ κατέπεσον von kunftfertiger Hand wieder
eingefezt würde.

Wahrlich mit dergleichen Alexandrinismen,
wie fie *Valckenaer* rügt, behauptet der Argonautiker nicht nur des Onomakritus Zeitalter,
fondern fogar des Orfeus. Wer zu den Ptolemäern ihn herabfezen will, der muſs unleug-
bare Neuerungen der alexandrinifchen Zeit,
nicht verfpätete Archaïsmen, anführen. Die
Spizmaus verrathe fich durch mehrere Anzeigen, fagt *Valckenaer.* O warum folche Anzeigen nicht mitgetheilt? Ein *V.* giebt immer
feltenes und brauchbares, auch wenn er, wie
eben gefchah, aus dem unrechten Fache langt.
Jezo belaufcht die verdächtigen Anzeigen Hr.
Schneider, und winkt uns heran, nicht bloſs
ein alexandrinifches Gepiep der Spizmaus, fondern ein halblateinifches und ein halbbarbari-
fches, zu beobachten. Heran denn, Freunde;
und, wenn es fich wahr findet, das leidige
Ungeziefer in die Mausfalle gelockt! Doch wird
der Warner, der bisher nicht fonderliche Un-
befangenheit bewies, uns die Vorficht zu Gute
halten, daſs wir bei feinem: *Hört! hört!* auf
ein klingendes Ohr rechnen, und auch nicht
unbemerkt laſſen, wie er die Lippen ftellt.

Zuerft misbilligen wir das unwürdige Spiel,
welches mit dem Worte *Neu* in dem ganzen
Buche getrieben wird. Für neu gilt alles, was
nicht bei Homer und Hefiodus ausdrücklich

vorkommt; und was neu gegen jene ift, das gilt
für Neuerung der ptolemäifchen und der chriftlichen Jahrhunderte. Hiernächft aber müffen
wir, wo' etwas nach Untreue ausfieht, des Vfs.
beinah unglaubliche Zerftreuung in Anfchlag
bringen. Nur zwei Beifpiele, wie wenig ge-
fammeltes Geiftes er manches hinfchüttete. Bei
V. 294 befremdet ihn der überzählige Argonaut
Laos, Λαὸς, da er doch richtig λαὸς, *Menge*,
hat drucken laffen. Bei V. 777 lacht er fich todt
über *das gewaltige Kleid*, welches der Traum
dem Äetes zufchwingt, und ermahnt uns zum
Mitlachen. Lächeln können wir wol, wie Hr.
Schneider δεῖμα, *Graun*, mit εἷμα; *Kleid*, zu
verwechfeln fähig war.

Dafs der Argonautiker nach .den älteften
Dichtern Homer und Hefiodus gelebt habe, bedurfte entweder gar keines Beweifes für unfere
Zeit, oder eines vollftändigeren, eines tiefer in
Erd- und Himmelskunde, in Sprache und Sitten,
in Mythologie und Religion eingehenden. Hierzu
aber gehört etwas mehr, als ein demütiger
Schulglaube, der von Behauptungen derer, die
draufsen find, nicht einmal Kenntnis zu nehmen wagt. Wer Mohren zu bleichen hoft, der
bedeute den Hn. S. bei V. 1360: dafs der Sonnengott *Helios*, Hyperions Sohn: wie in Homers Gedichten, fo noch in den fpäteften, aufser

der myſtiſchen Umdeutung, durchaus von dem
Letoiden *Apollon* verſchieden ſei (welches er
ſelbſt bei V. 1362; zu ahnen anfängt); daſs alſo
falſch bei V. 10 *Apollons Geſchoſs* für Stralen
erklärt, und bei V. 214 dem *feuerſtralenden
Helios* ein allegoriſcher Sinn geliehen werde.
Er bedeute ihn bei V. 195, warum des Pauſa-
nias zufälliges Stillſchweigen über eine Stelle
dieſes Gedichts kein gültiger Beweis gegen deſſen ſonſt unbeſtreitbares Alter ſein könne. Nie
wird man bei V. 37 und 209 ihm einreden, daſs
die *Sterndeutung* in Griechenland zwar nach
Homer, aber, wie aus Klemens (*ſtrom.* I. p.
306) erhellt, lange vor Alexander üblich geweſen ſei. Eben ſo umſonſt wird man bei V.
1108 ihn und ſeinen Meiſter verſtändigen, daſs
lange vor den Gnoſtikern das Zeitalter der Welt-
weiſen ſich ungeheure *Weltjahre* gedacht
habe: wovon *Voſs*, im Commentar zu *Virgils
ländl. Gedichten* bei *Ecl.* IV, 5 — 7, und neulich in der *Alten Weltkunde* p. XXV, den Beweis führte. Zeigt ihm die lange Reihe der
Abweichungen von dem Gedichte des Apollonius, ſchon in der Anzeige der Argonauten,
V. 129. 135. 138. 140. 145. 148. 150. 156. 160.
170. 189. 198. 202. 207, bei Fineus in Bithynien;
V. 666. 669, beim Rieſengrabe der Amazonin
V. 737, und faſt durchaus im pontiſchen Meere;

bedeutet ihn, dafs häufige Einstimmung bei
gleicher Gefchichte unvermeidlich war: er wird
nicht abfaffen, den Orßker einen Affen des Apollonius, und die Abweichungen thörichte Affen-
fprünge zu betiteln. Von *alter Geografie* aber
verfucht es einmal, dem Hn. *S.* auch nur einen
Begrif zu geben; beweifet ihm, was und wie
ihr wollt, mit den achtbarften Geografen des
Alterthums: die chorografifchen Schulübungen,
die fein Einziger anftellte, find und bleiben ihm
alte Geografie; nichts weiter wiffen zu wollen,
ift fein Ruhm. *Mea omnia*, ruft er p. XXV,
Ejus beneficio adfcribo! Bei folcher Stimmung
des Gemüts, wie könnte ihm einer V. 1082 die
Verwechfelung des *kronifchen Meers* mit dem
kronifchen Okeanos begreiflich machen, da in-
neres Meer und Okeanos den Göttingifchen
Chorografen durch einander läuft? wie V. 1132
die Folge der Vorftellungen vom *Acheron*, und
V. 1133 das Gemifch von Traumreden? wie V.
1208 die Undenkbarkeit des Heynifchen Gedankens, die *lynkäifche Vefte* des äufseren
Okeanos fei die Ligyerküfte des inneren Meers?
aus welchem inneren Meere die Argonauten
dann V. 1242 durch die heraklifche Meerenge
in das innere Meer gefchift fein müfsten! Aber
obgleich Hr. *S.* in der griechifchen Weltkunde
fo genügfam war, dafs er fowohl V. 1244 die

Einengung der Weftgegend, als anderswo die *Unkunde im fchwarzen Meere*, beides fichere Merkmale des Alters, dem Dichter für Anzeige der Tollheit auslegte: fo hätten dennoch nicht V. 1187 die Worte über den *ruhig ftrömenden Okeanos* ihm entfallen follen. Nach Homers Vorftellung, meint er, gebührt diefes Beiwort dem Okeanos nur im Often, und zwar wegen der fanft eintretenden Flut; im Weften mufs er ἀψόῤῥοος, *in fich zurückfliefsend*, und zwar von der Ebbe, heifsen. Bedenke der Mann doch, was er fagt: im Often hat Homers Okeanos nur Flut, und deswegen Rube; im Weften hat er nur Ebbe, und darum Unruhe! Und wenn er die kleine Kenntnis dabei nicht verfchmähn wollte, dafs Ebbe und Flut erft Jahrhunderte nach Homer den Griechen bekannt geworden fei; mit welcher Schamröthe würde er fich felbft der Unbefonnenheit anklagen! Der Okeanos, meint er V. 335, könne nicht *äufsere Flut der Tethys* genannt werden, weil *Tethys* ein Symbol der Erde fei. Das haben die Grammatiker bei Il. XIV, 201. *Aefchyl. Prom.* 137 ihm eingebildet. Tethys ift dem Homer, wie dem Kallimachus Del. 17, Mitherfcherin ihres Gemahls in der Quellgrotte des Okeanos; und nicht auffallender ift die *Flut der Tethys*, als im inneren Meere, wo Pofeidon herfoht, die Flut und die Ungeheuer der *Am-fitrite*, Od. XII, 60. 97. Nicht nur Archias, welchen Hr. *S.* anführt, fondern auch Virgil,j Lb. I, 31, fanden bei älteren Dichtern des Okeanos Meerflut als Herfchaft der Tethys vorgeftellt.

Entfcheidende *Sachbeweife*, vorzüglich *geografifche*, verlangte *Wolf*, um feine Meinung, dafs der Argonautiker eine beträchtliche Zeit vor den alexandrinifchen Dichtern gelebt habe, herabzuftimmen. Hr. *S.* giebt die längft bekannten von Thunmann, und dazu — folche! Die follen entfcheiden, dafs der Dichter nicht einmal dem poetifchen Zeitalter der Ptolemäer, fondern der einbrechenden Barbarei eines chriftlichen Jahrhunderts anheim falle. Die follen dem hartgläubigen Kritiker den Beifall gewiffermafsen abnöthigen. Ob es ihm gelungen fei, fagt er p. XXVIII, darüber laffe er den vortreflichen Mann urtheilen. Gegen diefes befcheidene Selbftvertrauen fticht es fonderbar ab, wenn Hr. *S.* bei V. 152 feinen ganzen Beweis vergifst, und den angeblichen Neuplatoniker als Zeugen für das ältefte Verkehr afiatifcher Griechen (vor der ionifchen Einwanderung!) mit den Theffaliern anerkennt. Vermutlich wird uns der neue Barbar, famt Apollonius und Hyginus, ein uraltes Zeugnis, vielleicht gar vom leibhaften Orfeus, überbracht haben. Nach folcher Ahndungskritik dürften hinfort die fpäteren Kykliker ein altgriechifches Verkehr mit Adria und Iberien, ehe dort die Fokäer entdeckt hatten, und die Dionyfiaden ein vorhomerifches Religionsverhältnis mit den Indiern, befcheinigen.

Ob denn die *Wortbeweife* triftiger fein, wollen wir jezt unterfuchen. Schon an jenen alexandrinifchen Archaïsmen, deren Misdeudeutung *Ruhnkenius* feinem *Valckenaer* durch gutmütiges Einräumen fanft verwies, wird ein Schriftfteller einer von Homers Sprache verfchiedenen, und mit der altattifchen, böotifchen und euböifchen einftimmenden Mundart erkannt. Die felbige Mundart verräth der attifche Accufativ λεὼν, V. 754 bei *Schneider*, und V. 823, wo er ihn, mit fich uneins, in das feltene λεὼ einiger Handfchriften verwandelt (f. *Fifcher z. Well.* I. p. 373); auch der attifche Genitiv νεὼς, V. 442. 1203, ferner die Formen Τιτᾶνες, κατακαιάϑω V. 572, εδοίνιστος V. 603, wie φιλιστος bei Sofokles, V. 771 στέργειν, *flehen*, wie bei Sofokles; die dem Altattifchen eigenen ιστάνω V. 901 und αὐδάνω V. 1225 (*Fifch. Well.* III. p. 3); das attifche Fömininum ὑλήεττι V. 261 (*Euftath. Il.* VIII, 455); die attifche Verkürzung von καλὸς V. 494; das attifche βιησαμένη

V. 1087 paſſiv (*Fiſch. Well. IV. p. 63*); das altattiſche Intranſitiv ἐπείγω V. 990. 1026.; das bei
den Tragikern und Lykofron gewöhnliche κάσις
V. 1229. Eben ſo laut ſprechen für dieſe un-
ionifche Mundart die bei den Attikern häufigen
Verkürzungen mittelzeitiger Silben vor *muta
cum liquida*, die Homer lieber zur Länge dehnte; imgleichen die Dativendung σαι, welche
auf Athens Bühne aus der älteren Sprache ſich
erhielt, und auch dem Chalkidier Lykofron
eigen iſt; ſamt dem häufigen Gebrauche der
Wörtchen οἱ, ἑ, σφιν, oft im homeriſcher, oft
in abweichender Bedeutung. Über αιοι geht
Hr. *S.* ruhig hinweg; er giebt es, wo der Vorgänger es gab; er läſst ται, wo es den Ab-
ſchreibern entfiel, mit unbefangener Gleichgültigkeit. Von οἱ und ähnlichen, woran *Rulın-
kenius* erinnerte, verſpricht p. XIII. Hr. *S.*
anderswo zu handeln; und man erwartet nichts
geringeres, als eine Anklage barbariſcher Flickwörter. Aber obgleich *Gesners* redlicher Fleiſs
ihn aufwecken konnte, ſchlummert er auch
hierüber hinweg. Selbſt im Regiſter fehlt οἱ,
welches bei *Gesner* anderthalb Spalten einnimt;
und von σφιν wird bemerkt, es ſcheine oft
überflüſſig; und irgendwo für ἡμᾶς zu ſtehen.
Ein paar mal bei V. 1309 und 1360 wird οἱ anges
ſtaunt, und dort mit dem Meſſer der gähnenden

Kritik bedroht, Dafs alfo hierüber der Wider-
facher nicht einmal Anlafs zum Rathfchlagen
giebt!

Gleichartiger Wortformen hat der Orßker
mehrere, die ein Forfcher der Grundanlage fogleich für ächte, nur den herfchenden Mundarten entfremdete, und vielleicht felbft diefen
in verlorenen Schriften angehörige Abkömm-
finge der uralten Sprache erkennt. Gleich V. 18
tadelt Hr. S. ἐστάξαντο, *fie troffen von fich*,
als beifpiellos; gleichwohl ift es, wie χέεσθαι,
von fich giefsen, vollkommen fprachgemäfs.
Den wirklichen Sprachfehler der gemeinen Lesart V. 120, ἔλειπετο αἴγλην, *er verliefs den
Glanz*, überfieht Hr. S., und die nahe liegende
Befferung: ἔλειπετο σειρίου αἴγλη Ἡελίου, *der
Glanz der Sonne blieb aus.* V. 64 wird ἠγά-
ζετο ein den alten Dichtern ungewöhnliches
Tempus genannt; *Hefychs* Gloffe ἠγάζοντο,
ἐθαύμαζον, beweift, dafs es gewöhnlich war.
Bei Homer ftammt ἤγερθεν, wie bei Apollonius
III, 356 ἤγερθεν, von ἀγείρειν, *verfammeln*;
hier aber V. 116. 444. 562 von ἐγείρειν, *aufrichten*; wo S. bei V. 116 und im Index es mit dem
homerifchen verwechfelt. Bei Homer ift δίδασεν
ftets *er lehrte*; doch hat er Od. XVII, 519 auch
δίδαξ, *gelehrt*, wie der Hymnus zu Hermes
V. 507, und Apollonius I, 76; das dazu ge-

hätige διδάσκε, er ward gelehrt, er verſtand,
finden wir hier V. 126; Heſychius fand es noch
anderswo. Was alſo berechtiget den Hn. S.
zu der Änderung ἰδάη? Iſt es ihm fremd, dafs
lehren und lernen (auch im Deutſchen ein Wort)
in mehreren Sprachen den ſelbigen Grundbe-
griff hat, Kenntnis ſchaffen, ſich ſelbſt oder
anderen. V. 183 iſt ὁπόπεν entweder vom alten
ὁπωπέω, wovon ὁπωπητήρ, H. in Merc. 15, oder
verdorben, aus ὅπωπ' ἐπὶ ὅσσοις. V. 1022 las
für ὁπόπεον das Heyniſche ἐπεὶπτυον ſchon
Cribellus: vellera circumſtant. Das bis zu
den Alexandrinern gewöhnliche Medium οἴρε-
σθαι hat hier V. 211 und bei Heſychius noch
die ältere Bedeutung des Paſſivs. Κλυτόφημος
V. 216, rühmlich genannt, wie εὔφημος, πολύ-
φημος, wohl, viel genannt, dünkt dem Hn. S.
ein neues und übelgeprägtes Wort; auch περί-
φημος V. 24, rings genannt, ſcheint ihm verdächtig, obgleich Heſychius es erklärte. Von
μητίω V. 305. 1333, der Wurzel des homeriſchen μητίομαι und μητιάω, bemerkt der ſelbe,
es komme bei älteren Dichtern nicht vor, um
uns glauben zu laſſen, es ſei neu. Das getadelte
ζωοταμὸν V. 315, vom Lebensſchnitte, wird durch
das ähnliche ζωοθυτέω gerechtfertiget. Nicht
gegen die Analogie, wie Hr. S. will, iſt V. 341
τελεσίφαντα, ſondern wie πρωτεσίλαος, πηγε-

σίμαλλος gebildet (*Etym. M.* ἀκριαίβδιόι). Die
ältere Accufativform ἀχλϑαι V. 841 entfpricht
dem homerifchen νῆα, ἰνία, εὐρέα und anderen.
Zu καταφαίνειν, *kerfcheinen*, V. 370. 765,
ftimmt Homers φάνηκη, Od. XI, 586. Das befondere νεβρῷ V. 440, welches nur noch in
einem orfifchen Fragment vorkommt, und deffen
Gebrauch vóm Pardelvliefse, auch κλαδεάνες
V. 925, für κλαδόνες, ingleichen σπυλάκη V.
979, und χιράμονες V. 1266, für χηραμοί, χηρα-
μίδες, verrathen nicht Neuheit, fondern eine
abweichende Mundart. Homer fagte πιότερος
und πιότατος; in des Argonautikers Gegend
lebte der alte Pofitiv πίος V. 506, *wohlgenährt*,
fett; welchen Héfychius durch εὐσεβής, oder
wahrfcheinlicher durch εὔγυκής, erklärt; von
altgriechifchen Ahbauern nach Italien gebracht,
erhielt *pius* allmählich, wie unfer *edel* und
fromm, den Begrif fittlicher Vollkommenheit.
Älter als Homers φίλατο ift V. 510. 721 φίλετο,
wie δύσετο abgebeugt. Gefchüzt wird V. 514
ὀρσίφατος, *kriegsrühmlich*, durch das Etymologikon; durch alte Bildung rechtfertigen fich
δέχνυμι V. 564 und ὑποδέχνυμι V. 83, auch νί-
κος V. 587, und μήρινς V. 597, wie Homers πεί-
ρινς. Das alte μέρμηρε, aus μερμαίρω oder Hefychs μερμέρω, ward V. 768 durch Abfchreiber
gegen Homers abgeleitetes μερμήριζε vertaufcht,

und von Hn. *S.* überfehen; Θαμβήτειρα V. 973,
welches für neu gelten foll, folgt dem alten
σώτειρα, ὀλέτειρα; σκοτερὴ V. 1042, welches
Hr, *S.* felbſt gegen *Ruhnkenius* fchüzt, iſt von
σκότος, wie κρατερὸς, κρυερὸς, gebildet; ὠχρείω
V. 1308 iſt ein Nebenſpröſsling von ὠχραίνω;
κούριος V. 1339 fchien alten Kritikern bei Il.
XIII, 433 ein homerifches Wort.

Sogar für manches Verderbnis bietet fich
nahe Hülfe in der verkannten Sprache des Alterthums. Zum Beifpiel V. 123 müffen wir mit
Hn. *Hermann* aus τῆμος das homerifche δῆμος, *Bürger* (Il. XII, 213), herftellen. V. 304
befremdet κελαινὴν ἔν τυ ε νύκτα, *Helios fpänn-*
te, ſtrengte die dunkle Nacht; es foll heifsen
ἔνδυε, *er tauchte hinein:* welche veraltete
Form in Homers ὀψὲ δύων, Od. V, 272, und
ἐξεδύοντο, Il. III, 114, übrig iſt. Das verdorbene ἐτέτμετο V. 364 entftand fchwerlich aus
dem gemeinen ἐτέμνετο oder ἐτάμνετο, abe
leicht aus ἐτέτματο von τμῆμι, deffen Wurzel
τμάω bei Homer noch in τέτμηκα fich erhielt.
Wenn V. 627 die fchiffenden Argonauten ein
Opfer fenden, βωμὸν ἐπιστέψαντες, *den Altar*
bekränzend: fo begreift man weder den Altar
im Schiffe, noch deffen Dauer und Namen bei
der Nachwelt. Alles iſt klar durch Herftellung
des alten ἐπισκέψαντες, nach dem Altar (V. 613)

hinfchauend. Hefychius las anderswo *ἐπισκέ-*
πτει, welches er *ἐπιβλέπει, ἐφορᾷ* deutet. Von
den zwei ähnlichen Ausgängen V. 740. 741
ward wahrfcheinlich der lezte aus *ἄστεα ναίει*
verfchrieben, weil das alte *ναίειν bewohnt fein*
(Il. II, 626), ein Fehler fchien. Auch in *χα-*
λαζαίη V. 766, dem finnlofen Beiworte der Eiche,
ſteckt ohne Zweifel ein miskanntes altes Wort.
Wir dachten zuerſt *χλοαζαίη, grünend* (nach der
Analogie von *λύειν, Λυαῖος*); aber kunſtlofer,
und von edlerem Sinn, iſt *παλαιζώῳ, altlebend,*
gebildet wie *ἀείζωος, φιλόζωος,* und kühn, wie
bei Apollonius II, 848 *παλαιγενής, altgeboren,*
vom wilden Ölbaum; das gemeine *παλαιοτάτη*
hätte man nicht verderbt. So fcheint V. 964
χολάδας aus *χοάδας,* einem wie *λιβάδας* geform-
ten Worte für *χοάς,* und V. 1051 *ἁπλώτοισι*
aus *διπλώτοισι* für *διπλασίοισι,* entſtellt zu
fein. Nach V. 1066 fehlt nichts; nur hole
man das durch *βυθοῦ* verdrängte *βυσσοῦ* zurück, wovon *βυσσόθεν* bei Homer und Späteren, *ἐς βυσσὸν* bei Herodot lebt, und ändere
ein paar Kleinigkeiten:

Αὐτὰρ ἐπεί Ρ᾽ ἐν τοῖσι δύην ἀμέγαρτον ἔθηκαν
Ἀθάνατοι, πύματον ΒΥΣΣΟΥ διαμείψαμεν
ὕδωρ,
ΟΧΘΑΙΣ Ἤ χθαμαλαῖσιν ἀποβλόει αἰπὺν
ὄλεθρον,

Ῥοίζῳ ἐλαυνομένη· ΚΑΝΑΧΗι δέ τοι ἄσπετος
ΥΓΡΗ
Ἀρκτώοις περάτεσσιν ἐπέρχεται Ὠκεανόνδε.

Καναχῇ ift Hn. *Schneiders* glückliche Änderung;
ὑγρή wird, wie V. 300, und Il. X, 27 πουλὺν
ἐφ' ὑγρήν, von einer mächtigen Flut gebraucht.
V. 1079 fteht unfchicklich ἐκέλσαμεν ftatt ἐάσα-
μεν, deffen feltene, vielleicht landfchaftliche
Bedeutung, *verlaſſen*, die Abfchreiber teufchte:
Hefychius hat ἐᾷν, ἀφιέναι. ἐάσαντες, κατα-
λείψαντες. Die felbige Unwiffenheit verderbte
V: 1144 ἐῶμεν in ἔβημεν, welchem *Gesner* den
Sinn des *Vorbeigehens* unterfchiebt. Das wahre
ἐῶμεν fand Cribellus in feiner Handfchrift fo
entftellt, dafs er's ἔνωμεν, ἔγνωμεν deutete, und
novimus überfezte. V. 1094 hat *Gesner* untadelhaft hergeftellt bis auf πολυστροίβοιο, wofür dem todten Meere das Beiwort πολυστί-
πτοιο, des *verdichteten, geronnenen*, gebührt:
Hefychius erklärt στικτὸς durch πυκνὸς, στε-
ρεὸς; und Apollonius II, 30 nennt ἐύστικτον
φᾶρος, ein *dichtes* Gewand. Auch fcheint es,
wir müffen die alte Dualform des Pluralis V.
690, wie V. 1338, zurückrufen.

Dergleichen Einzelnes oder ganz Beifpiello-
fes nach blofser Ähnlichkeit für altgriechifch
zu erkennen, ift Hr. *S.* fo weit entfernt, dafs

er fogar die unverdächtigften Ausdrücke., welche theils die älteften der erhaltenen Dichter,
theils alexandrińifche, dem bekannten Gefeze
der Poefie getreu, aus der älteren Sprache ver-
lorener Schriftfteller gebraucht haben, als Neuerung, ja als barbarifchen Sprachverdeŕb zu
mishandeln fich erlaubt. Damit die Abwehr
der Ungerechtigkeit weniger ermüde, wollen
wir die lobwürdigen Verbefferungen, wodurch
Hr. *S.* Gerechtigkeit an dem äufserft verdorbenen Texte übt, und von anderer und eigenen
Verfuchen fo viel, als zur Rechtfertigung gehört, einmifchen.

Vers 2 lefen wir $\dot{\eta}\lambda\iota\beta\dot{\alpha}\tau o v$ $\varkappa o \varrho v \phi \dot{\eta} v$ Π. $\pi \dot{\epsilon} \tau \varrho \eta \varsigma$:
des Sinns wegen, und weil $\dot{\eta}\lambda\dot{\iota}\beta\alpha\tau o\varsigma$ fchicklicher
mit $\pi\dot{\epsilon}\tau\varrho\eta$ oder $\ddot{o}\varrho o\varsigma$ fich verträgt. V. 7, $\lambda v \varrho o$-
$\epsilon \varrho \gamma \dot{o} \varsigma$, der die Lyra *bearbeitet, behandelt*, mit
ihr *fich befchäftigt*, ift ganz analog den Ges-
nerifchen Beifpielen, welche Hr. *S.* ablehnen
will; der Verfertiger diefes, nach Hefiodus be-
kannt gewordenen Inftruments hiefse $\lambda v \varrho o \pi o \iota \dot{o} \varsigma$.
V. 9 — 11 lefen wir $\ddot{o} \tau$' $\ddot{\alpha} \varrho$ — $\dot{\epsilon} \pi \dot{\iota} \phi \alpha v \sigma \varkappa o v$ — $\dot{\alpha} v$-
$\mathfrak{I} \varrho \dot{\omega} \pi o\iota\varsigma$, $\iota\mathfrak{I}$' $\ddot{\alpha}\varkappa\eta$. V. 15, $\ddot{\epsilon}\varrho v o \varsigma$ $\varkappa \lambda v \tau \dot{o} v$. V. 16,
$\varkappa \lambda \dot{\eta} \zeta o v \sigma\iota$, mit Hn. *Hermann.* V. 20, $\dot{\alpha} \pi \epsilon \dot{\iota} \varrho o \tau \alpha$
$v \alpha \iota \epsilon \tau \dot{\alpha} o v \sigma \iota$. V. 21 foll $\lambda \alpha \tau \varrho \epsilon \dot{\iota} \alpha$ *Religionsver-*
ehrung bedeuten; diefe Bedeutung aber foll
erft bei chriftlichen Schriftftellern vorkommen;
und hiernach foll der Dichter auch $\mathfrak{I} \eta \tau \epsilon \dot{\iota} \alpha$,

welches im ächt Griechifchen ein *Lohndienft*
heifst, für *Verehrung* gefagt haben. Alles
falfch. Der myftifche Zeus hat, nach einer verlorenen Fabel, *fich für Lohn verdungen*, wie
Pofeidon und Apollon; die cybelifche Mutter
hat, wie *Demeter*, eigentlich *gedient*. Wäre
aber die Rede von einem der Cybele geleifteten
Religionsdienfte; auch diefe Bedeutung ift alt,
wenn man Ceremoniendienfte verfteht. Plato
im Phädrus, worauf Hr. *S.* im Regifter fich befinnt, hat θεῶν εὐχὰς καὶ λατρείας. Bei Euripides *Phoen.* 233 ift die Tempeldienerin, λάτρις,
in den Dienften des Apollon gefchäftig, Φοι-
βείαισι λατρείαις; und im Ion wird λατρεύειν
mehrmal vom heiligen Tempeldienfte gebraucht.
So kam's, dafs fpäter das Wort von Gebräuchen griechifcher Tempel auf Gebräuche der
chriftlichen Kirche, vom äufseren Götterdienft
auf den äufseren Gottesdienft, und dann auf
den inneren, überging. V. 22, κούρῃ Φερσε-
φόνῃ, *für* die Tochter. V. 33, πολυπείρων, wie
ἀπείρων, *Hom. H. in Cer.* 296. V. 43, ἠδ' ὅτ'
ἐν Αἰγύπτῳ ἱερὸν λόχον ἐξελόχευσα. Mit λόγον
verträgt fich dies Wort fchwerlich; V. 253 ift
es verfchrieben. V. 49, ἃ πρὶν μὲν ἴκευθον.
V. 58, δόλον τρίβον ἠπερόπευε, ift verfchrieben
aus ἡγεμόνευε: *Hymn.* LVI, 11, ὁδὸν ἡγεμονεύειν.
Anacr. XXIV, 2, βιότου τρίβον ὁδεύειν. Das

unhomerifche τρίβος hat auch der homeridifche
Hymnus an Hermes V. 447. Das V. 69 angefochtene τρίβους ἤνυσσε wird durch ἀταρπιτὸν
ἐξανύοντα V. 115 und Homers διαπρήσσουσα κέ-
λευϑον gefchúzt. V. 86 darf περάσαι fo wenig
als V. 44 ftehen, weil, wie Hr. *H.* zeigt, die
vorlezte lang ift. V. 87 und 264 ift das *par-
thenifche Meer* keinesweges der Hellespont,
wie Hr. *S.* fo hinzufagen beliebt. V. 91, das
untergefchobene σε fteckt fchon im folgenden
μοῦνον, wie V. 577. 847 und fonft häufig V. 92
hat λιτή, *roh, einfach, künftlos* (hier *unför-
mig*), ein kurzes λι, wie bei dem Ätoler Alexander (*Athen.* VII, 12), deffen Zeitgenofs
Kallimachus es lang brauchte: fo ward καλὸς
und κᾶλὸς oft in Einem Verfe gefagt. V. 93,
auch 183 und 694, foll μοῦνος ἀπ' ἀνϑρώπων
dem lateinifchen *folus ex hominibus*, für *folus hominum*, ähnlich fein; nur οἷος ἀπ' ἄλλων
V. 770 hat die Erlaubnis, nach griechifcher
Weife, *allein von andern entfernt*, zu heifsen.
Willkühr! So gut als οἷος ἀπ' ἀνϑρώπων bei
Homer Od. XXI, 364, bedeutet auch jenes,
einfam von Menfchen hinweg: fo folgt Medeia V. 949 μούνη ἀπ' ἄλλων, *allein von den
andern*, d. i. ohne andere; in der felbigen Bedeutung, wie fie V. 998 νόσφι μούνη, *ganz
allein*, Muth behält. Entfcheidend ift Apol-

Ion. III, 908, ἑτάρων ἄπο μοῦνον ἱκέσθαι, und
III, 913, — ἐρέσσας, *einſam von den Freunden zu kommen*, oder — *ihn ziehend*. V. 103
leſen wir, καὶ ΜΕΝ — οἶστρον ΜΕ Σάωσε. Die
ſtürmiſche Begeiſterung, die den Orfeus die
Welt zu durchſchwärmen trieb, ward auch
V. 47 οἶστρος genannt. · Lächerlich iſt die Änderung ἐξ Ἴστρου, *aus dem Iſtros* ſei er geret-
tet worden. So etwas ſollte man nicht aus-
bringen. V. 104 vermuten wir εἰς δόμον ἤγαγε
ΚΑΛΟΝ, nämlich die V. 110 gedachte *liebliche*
Felsgrotte. V. 114 verlangt Hn. *S*. glückliche
Verbeſſerung noch δὲ ſtatt δή. V. 120, τῆμος,
ſamt der erwähnten Verbeſſerung. V. 122 muſs
heiſsen ΑΛΙΗΣ ἰθύντορα νηός: vergl. V. 236
und *Pind. Ol.* IX, 111. Die folgenden laſen
wir:

Θεσπιέων δ᾽ ἔνδημος ἐφ᾽ ὕδασι Περμησοῖο,
Ἀρχούρος λαοῖς Σιφάεσι, ῥεῖθρον ἄμειβε.

Er, ein Theſpierbürger am wallenden Bach Per-
. meſos,
Grenznachbar der Sifäer, verlieſs die heimiſche
Wohnung.

Das wahre ὅγε δῆμος, welches Homer Il. XII,
213 für *Bürger* gebraucht, fand Hr. *Hermann.*
Vom *Permeſos*, und dem falſchen *Termeſos*,
hat Heſiods Scholiaſt *Theog.* 5 das entſchei-
dende. Ἀμείβειν, *wechſeln, umtauſchen,* hier

durch Weggehen: *Eur. El.* 750, ἄμειψον δώματα, *wechfele, verlaſs die Wohnung.*

.V. 139, vielleicht ἀντιπόρευσε, von der jenfeitigen Fylake am Othrys (Theocr. III) fezte
er über den Fluſs Anauros oder Amfryſos; wie
V. 164 Eurydamas über den Anauros. Πορεύειν,
hinübergehn, hat Pindar Ol. III, 45 in der Bedeutung des Medii πορεύεσθαι. V. 142, wahrfcheinlich τέλος ἀνάγκης, d. i. θανάτου: Hymn.
LVI, 1, οἷμον ἀνάγκης, *den Weg des Todes.*
V. 143 ift νόστον οἴκοιο nicht Neuerung, fondern Schreibfehler, ftatt ΝΟΣΦΙΝ τ' οἴκοιο λα-
θέσθαι. V. 147 lefen wir εὐπύργοιο Χαράδρης:
Paufah. Phoc. V. 157, ἄστυ λιπὼν Ἀφνειὸν,
ἐλαιονόμους τε κολώνας. V. 161, δ' αὖ als verftärktes δὲ ift häufig. V. 164, ἴν' Ἀπιδανοῖο riethen wir vor Hn. *Hermann,* V. 167 ohne Zweifel
εὐπελαγοῦς, die *gut am offenen Fahrwaſſer*
des Thermaïfchen Bufens liegt, nach der Analogie von εὐλίμην, εὔορμος. Hr. *S.* tadelt zuerft,
dann fagt er, ein *Ort am Meer* könne fo heifsen,
und dann befinnt er fich, er liege wirklich am
Meer. Dabei fpricht er über das Metrum, wie
in Zerftreuung; denn fonft weifs er gewifs,
dafs εὐλαγέος und εὐθαλέος vor M., und εὐπελαγοῦς für fich, einen Choriamb bilden. Bei
V. 170 ift feine unglaubliche Verworrenheit von
Hn. *Hermann* gerügt worden. V. 173 bleibe

οἱ ἀνατλῆναι, *ihnen*, d. i. gegen fie, *ausdauern.*
V. 177, mit Hn. *S.* οἱ, *ihm*, dem Zeus. Nicht
Ferekydes zuerſt, wie Hr. *S.* den Scholiaſten
des Euripides Alc. 2 falſch verſteht, ſondern
ſchon Heſiodus befang Apollons erzwungenen
Dienſt. V. 184, ἐπί: die Tilgung des ἐπεὶ für
ἔπειτα billigen wir durchaus. V. 186 ward das
altattiſche κροκάλαισιν in ῃσιν und οισιν verderbt. V. 190, Θέσφατος, *durch Gottheit ge-*
redet. Was meint der Tadler? V. 195, ὑπο-
κλινθεῖσα für ὑποδμηθεῖσα, *unterliegend, über-*
wältiget, von Beiwohnung, iſt nachhomeriſcher
Sprachgebrauch. Theokrit III, 44 hat Βίαντος
ἐν ἀγκοίνῃσιν ἐκλίνθη. V. 202: Ein geborner
Tanarier darf auf Malea ſo gut wohnen, als
Schneider Saxo in Frankfurt. Malea's *heilige*
Grotten heiſsen Θεράπναι: ſ. Eſchenb. V. 950,
und *Eur. Herc. f.* 370, Πηλιάδες Θεράπναι. V.
215 ward vielleicht durch den unleſerlichen
Namen verderbt aus: Καὶ δισσοὶ ὄρπηκες ὁμῶς
Ὑπερασίου ἧκον. V. 218 ſcheint στάχυς, *Spröſs-*
ling oder *Saatling*, dem Hn. *S.* noch jezt ein
ſtarker Beweis von neuer Sprache und Barbarei. Zwar konnte Homers ὑποσταχύοιτο βοῶν
γένος, Od. ΧΧ, 212, von *anwachſender* Käl-
berzucht, und bei Apollonius I, 972 ἐπιστα-
χύεσκον ἴουλοι, vom *ſproſſenden* Bartflaume,
einem *Ruhnken* ſchon Anzeige genug ſein, daſs

στάχυς, wie *Ähre*, in der älteren Spraehe zuerft *Wuchs* bedeutet habe.   Allein Hr. *S.* erlaubt
der Sprachforfchung keinen aus Vernunftgrün-
den berechneten Schlufs; er verlangt ein baares
Beifpiel, wo ein Şohn mit diefem feltfamen
Worte genannt werde. Da *Ruhnkenius* ihm zu
verftummen fcheint: fo fpendet er felbft grofs-
müthig aus foiner Belefenheit: „Im *Lykurg* von
Reiske S. 256 ift στάχυς ἄρσην, und in dem
freilich nicht alten Orakel bei dem Gefchicht-
fchreiber *Zofimus* II, 6 ift auch παίδων ἄρσην
στάχυς.“ Aber, fügt er hinzu, nach gehöriger
Erwägung des poetifchen Bildes ἄροτος παίδων,
Kinderfaat, laffe noch allenfäls στάχυς ἄρσην,
ein männlicher Saatling, aber keineswegs *ein
Saatling* fchlechtweg, für *Erzeugter*, fich
rechtferligen.   Unfähig diefs zu verftehn, hof-
ten wir Auskunft bei *Lykurg*, dem Genoffen
des *nicht alten* Zofimus; doch leider die Reis-
kifche Ausgabe des Lykurg follte man haben,
und die hatte niemand.   Wir vermuteten eine
Anführung aus dem *Euripides;* und richtig, im
erften Fragmente des Erechtheus V. 27 fanden
wir diefes, der Neuheit und Barbarei befchul-
digte Wort, als feierlichen, durch Alter ehrwürdigen Ausdruck des attifchen Tragikers:

Εἰ δ᾽ ἦν ἐν οἴκοις ἀντὶ Θηλέως στάχυς
᾽Αρσην —

Wenn mir im Hauf' aufblühte ſtatt des weiblichen
Ein Männerſproſs.

Wie gefällt dem wahrheitliebenden Leſer eine
ſolche Bemäntelung des Unrechts?

V. 219 ſtand vielleicht Θειόκλυτος, welches
Suidas Θεότιμος erklärt. V. 223 iſt die Änderung Ἄκαστος nothwendig: *Auch des Pelias*
Sohn kam von Ferä, als Naheverwandter.,
des Iaſon nämlich, zu welchem er kam. Auf
Iaſon geht auch das folgende οἱ V. 226: *Zu-*
gleich kam ihm der Genoſs. V. 233 und 406
ſchrieb der Dichter rein griechiſch ἅλις ἔπλετο
θυμῷ, wie V. 100 μοι ἅλις ἔπλετο μόχθων, und
V. 855 ἄχος ἔπλετο θυμῷ. V. 234 πόθεον ἕκαστος, wie V. 340. 457 und bei anderen häufig.
V. 236, ἔνθα τε, *wo*, iſt homeriſch: Il. II, 594,
ἔνθα τε Μοῦσαι. Hn. *S.* ungriechiſches ἐνθάδε,
wo, hat Hr. *Hermann* V. 378. 493 verbeſſert.
V. 237 verbeſſert Hr. *S.* πότ' in τότ'. V. 238
leſe man νόον für νόου: in *Ermahnungen* bot
er den *Anſchlag* zum Fortbewegen: welche
Bedeutung νόος Od. II, 121—124 hat. V. 246
mit Hn. *S.* φυκέσσι. V. 253 ward ὄπα ἐξελόχευσα aus ἐξανέχευσα entſtellt.

Für βρῖσαι V. 256, etwas *drängen*, *laſten*,
da es gewöhnlich *ſich laſten* oder *ſchwer ſein*,
bedeutet, hat Hr. *S.* ſelbſt Pindars Nem. VIII,
30 angeführt; dennoch ſoll der Dichter in blin-

der Nachahmung des Apollonius (1, 384) es
fprachwidrig gebraucht haben! V. 261 wird
ὑλήεντι κολώνῃ eine Zierlichkeit neuerer Dichter
genannt. Neuerer? Weiblich gebraucht Homer Il. VIII., 455 πληγέντε, weiblich Hefiodus
ἔργ. 199 προλιπόντε; und dafs diefes, wie Euftathius fagt, altattifche Sprachweife war, beweifen mehrere Beifpiele, die *Clarke* bei Il. V,
778 giebt. V. 262 lefe man, αἵ μοι κατὰ πόντον
ἔβαινον — λιποῦσαι. V. 265 heifst πίσυνος,
vertrauend, wie V. 42; aber V. 707 ward es
von einem Abfchreiber, dem jene Verfe im Gedächtnis fchwebten, aus πεισθείς verderbt. V.
269, δούρατα, *ihr Gebälk* leicht machend. V.
271, mit Hn. *H.* ὑπὸ τρόπιν εἷντο; und 272, ἐν
δ' ἄρ' ἔβη λιμένας: wir glaubten vorher, ἔνθ'
ἐπέβη λιμένος. V. 275, ἐπ' ἄρτια θῆκαν — πορσύναντες: denn ἐπίθηκαν fodert der Zufammenhang, und ἄρτια las Hefychius; eine ähnliche Doppelform ἄρμενα und ἐπάρμενα hat Hefiodus. V. 278 ἁπλῶσαι, *ausbreiten*, nahm
Dionyfius P. 235 aus älterer Dichterfprache. V.
280 wird τοῖσιν ἔπεα προςηύδα gerügt; τούς
fei das gewöhnliche. Falfch. Zu τούς gehört
ἔπεσι, wie Il. I, 539. Od. XV, 439, oder ἔπεα
hängt von einem anderen Worte ab. Im Regifter nimt Hr. *S.* die Anklage zurück, wegen
Theokrits (XXV, 66) οἱ ἔπος ποτιμυθήσατο;

welche, auch dem Apollonius III, 934 eigene
Verbindung durch Theokrits τινὶ ποταυλεῖν, πο-
ταειδεσθαι (X, 16. II, 11), und durch ἤδας
τι τοῖσδι bei Sofokles Oed. T. 392, beſtätigt
wird. V. 284, φρεσὶ für περί. V. 285, ὅ τί κεν
ῥέξαι ſc. δέη: übrigens werde Od. III, 99 verglichen. V. 288, μοῦνον, darum allein. V. 291
misfällt dem Hn. S. der vom Superlativ begleitete Conjunctiv; uns nicht weniger. Man leſe:
ἀλλ' οὐ οἱ κάρτιστον ἀρείοτερόν TI γενέσθαι
Ἡρακλῆος ἄνακτος ὀΐομαι. *Aber auch nicht
von dieſen den tapferſten acht' ich in etwas
treflicher, als Herakles den herlichen.* V. 307
fällt der Vorwurf des verkürzten ὄφρ' hinweg,
wenn man θέοθ' herſtellt, wie V. 1169. Dann
leſen wir καὶ τότε γ' οἱ; und V. 311, ἠδ' ἄρ' ὕπερ-
θεν πέπλῳ ὅπυι κατέθηκα, mit V. 957 verglichen. V. 315, πυρῇ mit Hn. *Hermann.* Die
Zerſtückelung des Herzens V. 316, die zum
Sinne des ὅρκια τάμνειν zu gehören ſcheint,
wird bei der myſtiſchen Dunkelheit der heiligen
Gebräuche kein vorſichtiger ableugnen wollen;
ξύλον θραῦσαι, ein Holz *zerſtücken*, ſagt Sofokles Fil. 294. V. 320 verbeſſert Hr. S. ἐρειδο-
μένους. Neu ſoll V. 328 γεύειν für γεύεσθαι
ſtehn; es heiſst aber, wie bei Euripides Cykl.
149, *zu koſten geben*, und möchte wol γεύων
zu leſen ſein. V. 335 wird ἁλικρόκαλος falſch

erklärt, und die·Quantität von ὕδωρ verkannt.
V. 337. 340 ἄμμιγα und μίγα, für Homers μίγδα,
hat Apollonius I, 573. IV, 1345. Hermefionax,
V. 52. V. 338 lefe man ἀπείρονά τ' A. V. 345,
σεισίχθων ſtatt des homerifchen ἐνοσίχθων, welches der Vers auch duldete, hat Pindar Ifthm.
I, 76. V. 347, ὄφρα. V. 351, ὑπερβασίᾳ, τού-
τῳ ἐπιμάρτυρες ἔστων: Il. VII, 76. XIV, 273.
'Ἰθύντειρα V. 352, die *richtende*, foll in neuer
Bedeutung ſtehn; doch fagt Hefiodus ἐργ. 9,
δίκῃ δ' ἴθυνε θέμιστας. V. 353 ſteht αὖτις ſo
fehlerhaft, als es Hr. *S.* V. 202 einfchiebt; αὐτίκ'
fchrieb der Dichter-, wie Od. XII, 303 in ähnlichem Zufammenhange. V. 357. 358, τεύχεα
find hier, wie V. 242. 444. 519. 1338, *Geräthe
des Kriegs*, Rüftungeñ; und ἐρετμῶσαι, wie
bei Euripides Med. 4, die Hände *mit·dem Ruder bewafnen*, *berudern*, wenn man fo fagen
darf. Diefe Rüftungen werden, nach alter Sitte
(Od. XIII, 21), unter die Bänke gelegt, damit
fie die Ruderer nicht hindern; bei Apollonius
I, 544 werden fie, nach fpäterem Gebrauch, im
Schiffe umher·aufgehängt, fo dafs fie an der
Sonne glänzen. Hr. *S.* erklärt τεύχεα für *Ruder:*.die Argonauten ftecken die Ruder erft
unter die Bänke, und führen fie dann in der
Hand! Wie gedankenlos! Bei V. 444 befinnt
ér fich, und befchönigt den·Fehler durch die

Erklärung, daſs man die Ruder *neben* die Bänke
gefügt habe. Wie unwahrhaft! V. 361, vielleicht οὖρον ἐπιπροίηκεν ἀῆναι: wie Od. III,
183. X, 25. V. 365, ἀνοιδαίνοντος. V. 366,
ἦμος mit Hn. *S*. V. 371 nennt Hr. *S*. hart ἀμ-
παύσας δισσῆς οἰήϊα χειρὸς, *dem Steuer Ruhe*
von beiden Händen gebend. Hart iſt alſo auch
bei Homer Il. XVII, 550 ἔργων ἀνθρώπους ἀνέ-
παυσε, *er giebt Ruhe den Menſchen von Ar-*
beiten. V. 376, μόθων ἦρχεν, ſagt Hr. *S.*, iſt
barbariſch; darum habe ich's in ἦρχεθ' verbeſſert. Da vergiſst ja der Ankläger ſeine Anklage:
er will beweiſen, der Dichter ſei ein Barbar,
und tilgt den Beweis durch Verbeſſerung. Aber
iſt ἦρχεν in der That barbariſch? Homer Od.
I, 28 beginnt gerade ſo, τοῖσι δὲ μόθων ἦρχε
πατήρ, und ἦρχε δὲ μόθων, ἀοιδῆς hat auch
Apollonius. Ein Lexikograf müſste ſich ſo
nicht vergehn!

Des falſchen ἐνθάδε V. 378 ward ſchon bei
V. 236 gedacht. V. 379 iſt σπῆλυγξ den Ioniern
fremd; aber die Dorier (Theocr. XVI, 53) und
die Alexandriner (Lykofr. 46. Apoll. II, 568)
erbten es, wie die Römer ihr *ſpelunca*, aus
uralter Zeit. V. 380 ward das alte τράφον, *ſie*
nährten ſich, in das gemeine τράφεν verderbt.
Je älter eine Sprache, deſto mehr Worte, die
zugleich tranſitiv und intranſitiv ſind, wie φέω,

ναίω, *fio*, *exfio*, *fuffio*, *genefen*, *haufen*, *herbergen*. Homers intranfitives ἔτραφον ift Il. V, 555. Od. III, 28 fo unleugbar, und durch das alterthümliche ἔτραφες bei Kallimachus in Jov. 55 fo beftätigt, dafs die abweichenden τράφη und τράφεν allenthalben, wie die Lesart τράφ' ἐνὶ Il. II, 661 anzeigt, aus dem urfprünglichen τράφε und τράφον verderbt fcheinen. Sie find's. würden wir fagen, wenn nicht *Wolf* fie begünftigte. Die trefliche Verbefferung ἂν Φολόην fand *Wakefield*, und, da fie unbekannt blieb, Hr. *Heyne* noch einmal. V. 381 erklärt Hr. *S.* für geftammeltes Ungriechifch διxαςπολίη μέλιται, *er forgt, ift beforgt für Gerechtigkeit.* In Homers Sprache hiefs τοῦτό μοι μέλει oder μέλεται, μέμβλεται, μελήσεται, *es ift mir angelegen* (gleichfam *es forgt mir*, oder *es forgt fich mir*). Die Tragiker fagten altattifch, wie τούτου μοι μέλει, auch μέλομαι τούτου, *ich forge, befleifsige mich deffen:* Soph. Oed. C. 1138, μου μέλον. Eur. Hipp. 109, οἶτων μέλεσθε. Bei den Alexandrinern herfcht der homerifche Gebrauch; doch hat Apollonius I, 967. 1124. 1355 auch jenen attifchen, und den verwandten mit ἀμφί: II, 376, ἀμφὶ ἔργα μέλονται, *fie bekümmern fich um Werke*; IV, 491, — ἀμφ' αὐτοῖο, *um ihn*; fogar III, 452, ὅσσα τ' ἐποτρύνουσι μέλεσθαι, *was fie antreiben zu beforgen*. Die Sprachähnlichkeit giebt, dafs in der Vorzeit, aus welcher Apollonius feine, poetifchen Fügungen entlehnte, neben dem ἀμφὶ nicht nur περί τινος, fondern auch der gleichfinnige kühnere Dativ der Abzweckung, μέλεσθαί τινι, *fich für etwas beeifern*, wie das lateinifche *ftudere alicui*, gewefen fei; obgleich unter dem Strandgute des grofsen Schifbruchs fich, aufser dem vorliegenden, kein älteres Beifpiel findet, als bei dem altredenden Dionyfius P. 1045, νηπίαχοι τόξοισι καὶ ἱπποσύνησι μέλονται. V. 385 ift für τόφρα mit Hn. *Hermann* τῷ ῥα.zu lefen. V. 392 vergifst Hr. *S,* fogar, dafs ἄρχειν, *beginnen*, barbarifch fein foll, und ändert ἔξικεν, deffen Quantität er nicht weifs, in ἐξῆρχεν. V. 394 lefe man, ἦ περ ὁ κεκλιμένος —, ἀνηρήρειστο δὲ πέτρῃ, *an den Felfen fich zurücklehnte;* und das folgende, wie es vor Hn. *S.* war. . V. 401 lefen wir: δαῖτα δὲ πορσύνας, μέθυ τ' ἀμφιφορεῦσι κομίσσας, ῥωγαλέαις ἐστρωσεν —. ' Das *zerrüttete Laublager* (nicht *torus gramineus*) wird mit frifchen Sproffen gefchwellt. Die Änderung ἐπὶ πλαξὶ verwarf *Gesner* felbft; ἐπὶ πλεκταῖς, *auf kunftlofen Flechten*, fcheint aus landfchaftlicher Sprache zu fein. V. 409 ift das anftöfsige με aus μοι verdorben; vergl. V. 501. Il. XX, 91, βουσὶν ἐπήλυθεν. Od. XII, 310, τοῖσιν ἐπή-

I. ' 21

λυθεν ὕπνος. Eur. Iph. A. 349, ταῦτα μέν σοι πρῶτ' ἐπῆλθον. V. 416 lese man ἀτασθαλιῶν ἕνεκα σφῶν. V. 420, ἀνέπεμπον, *ich sandte zurück, erwiederte.* V. 421, μελανήφατος ὕμνος, *ein dunkelgeredetes Lied*, wird mit Recht ein myſtiſches genannt. V. 423 vermuteten wir βυσσόν oder Heſychs βυθμόν τε θαλάσσης; Hn. *Hermanns* πυθμένας ſcheint das wahre. V. 424 ſoll aus *neueren* orfiſchen Myſterien ſein. Miene der Kennerſchaft, ohne Beweis! V. 425, findet Hr. *S.* ἄλλον, ſtatt ἄλλο, ſelbſt für *ſo einen* Dichter zu ſchlecht. Wir leſen, ὥς, ἅτ' ἔφυσεν, ἅπαντα διέκριθεν ἄλλο πρὸς (ποτ') ἄλλον. Eur. Chryſ. VII, 12, διακρινόμενον δ' ἄλλο πρὸς ἄλλον. V. 433 ward ἔστατο offenbar aus ἔσπτατο verdorben: Il. XXI, 494, ἐσίπτατο πέτρην. Das ungewöhnliche ἐθρώσκοντο V. 435 hat Hr. *Hermann* zum edlen ἐρρώοντο (beſſer vielleicht ἐρρώσαντο) hergeſtellt. Nach. πέτραι wird δὲ erfodert. Selbſt V. 437 das poetiſche Bild, wie

— — — das Raubgewild, von dem Wohllaut
Angelockt vor die Höhle, beharrt' in ſcheuer Verweilung,

ἀλυσκάζοντες ἔμιμνον, ſelbſt dieſes iſt dem Vorwurfe der Sprachneuerung ausgeſezt: ἀλύσκειν ſei hier *abirren*, und ſtehe ſo zuerſt bei Apollonius IV, 57. Hier ſowohl als dort iſt es *ſcheu ausweichen*, wie Il. V, 253, οὐ γάρ μοι γενναῖον

ἀλυακάζοντι μάχεσθαι. V. 438, κυκλόω hat
fchon Euripides. V. 440 lefen wir, ταῦϑ' ὁρόων,
wie V. 786. Dann foll χεῖρ' ἐπὶ καρπῷ ἐπισσείων
dem Homer Il. V, 458 *ineptiſſime* (diefs Wort
braucht Hr. *S.* bis zum Überdrufs) nachgeahmt
worden fein; denn καρπὸς heiſse das Handge-
lenk, wo man nicht gut klatfche: *qui locus eſt*
ineptiſſimus ad plaufum faciendum. Träge
Hr. *S.* getroft in fejn Lexikon, dafs καρπὸς, wie
fchon Stefanus anführt, manchmal die Hand
vom Gelenk an, und zwar *die flache Hand,*
famt der Höhlung (θέναρ), bedeute. Hefychius
erklärt πλατεῖαι durch καρποὶ τῶν χειρῶν. Und
bei Euripides, Ion. 1009, fagt einer: ἐπὶ καρπῷ γ' αὐτὸ 'γὼ χερὸς φέρω, *ich trage es in der*
Fläche der Hand. V. 443, ἄμπαυον ἀοιδῆς,
fc. αὐτοὺς, *ich gab ihnen Ruhe vom* bezaubernden *Gefange.* Sonderbar, dafs Hr. *S.* V.
371 verglich, und diefes nicht fah. V. 444,
Pierfons nothwendiges ἔδυντε las fchon Cribellus, *induit arma:* Sie erhuben fich, und *legten*
die Waffen an. Als Gäſte hatten fie V. 400 die
befchwerliche Rüftung abgelegt: welche heroifche Sitte der Dichter für bekannt annahm.
Auch bei Homer fehn wir die Götter in Zeus
Befuchzimmer vor der Abfahrt nebſt den Solen
ihr Machtgeräth, Lanze oder Stab, nehmen,
und fchliefsen daraus, dafs fie bei der Ankunft

fich erleichtert hatten: Myth. Br. I. S. 144. Kritik ohne gründliche Wortkenntnis ift nichts, ohne Alterthumskunde noch weniger als nichts. Hr. *S.* lieft ἔντυε oder ἐπέντυε, beides gegen das Metrum, und verfteht: *Sie verfammelten fich* (von ἀγείρω, im Reg.), und *fpannten die Ruder an* (vergl. V. 357); er befinnt fich zwar, dafs fie noch bei den Kentauren find, und erft V. 456 die Ruder zur Hand nehmen; Pierfons ἔδυνε wird ihm fogar einleuchtend; dennoch behält er die finnlofe Lesart, famt den verwirrten Misdeutungen. V. 446, fchreibe man, καί ῥ' ἑ κύσεν κεφαλήν: Od. XVI, 15, κύσσε δέ μιν κεφαλήν.

V. 453. 454 erkennt Hr. *S.* die Gesnerifche Verbefferung ἐπ' ἐσσ., und den Sinn von ἀρέσθαι, der mit Il. V, 3. XVII, 16 zu erhärten ift: aber die Stelle bleibt ungriechifch, und wird durch feine Abtheilung noch zerrütteter. Entweder müfste, was *G.* zu wünfchen fcheint, ἀρέσθαι in ὀπάσσαι, wie V. 3, verändert werden; oder ἀρέσθαι erfodert ὁπλοτέρους βασιλῆας. Diefer, durch doppelte Fügung den Abfchreibern undeutliche Sinn, ift bei weitem der fchönere: *Er erflehete von den Göttern Heimkehr für die Minyer, und dafs edlen Ruhm fich gewönnen die jüngeren Fürften bei den Nachkommen.* Μέροπες, dem Homer ein Bei-

wort der Menfchen, ward für *Menfchen* von
Anakreon III, 4 und Euripides Iph. T. 1262 gebraucht. V. 455, das gewöhnliche αὐτὰρ ἐπεί
ῥ᾽, z. B. V. 359 und ἀλλ᾽ ὅτε δή ῥ, hat Hr. *H.*
hier und V. 629 hergeftellt; V. 1063 überfah er's.
Hr. *S.* verfucht fein unmetrifches ἐπειδὴ᾽ πι 3ῖνα.
V. 457, wählt Hr. *S.* ftatt des unnüzen ἐπεί ῥ᾽
das noch unnüzere ὑπείρ. Der aus der folgenden Zeile eingefchlichene Schreibfehler ὑπὲρ
ward geändert ὑπεὶρ, ἐπεί ῥ, ἐπί ῥ᾽; und verdrängte das urfprüngliche ἐφάπλάσαν, πολιήν
3᾽ ἅλα τ. ε., einen homerifchen Halbvers, Od.
IV, 580. V. 458 lefen wir Πηλίου ἐκνεύσαντες,
und dann ὑπὲρ μεγάλοιο δὲ πόντου: weil δὲ und
τε nicht weiter, als nach zwei eng verbundenen Worten zurückftehen darf, wie V. 317. 665.
693. 1254. Bei V. 459 giebt Hr. *S.* von χαροπὸς
ein paar Beifpiele zu den Stefanifchen, aber
ohne Entwickelung. Wir wagen fie, um eine
beffere zu veranlaffen. Χαροπὸς bedeutet zuerft
den grellen, feurigen Blick des freudigen Mutes:
Hom. Od. XI, 610, χαροποὶ λέοντες, *hellblicken-
de, funkelnde* Löwen; *H.* in Merc. 194, Hunde;
Soph. Phil. 1146, Raubthiere; Ariftoph. Pac.
1065, Affen. In diefer Grundbedeutung nennt
Theokrit XII, 35 den *heiter blickenden, hell-
äugigen* Ganymedes; und XX, 25 rühmt fich
der junge Rinderhirt:

*Ὄμματά μοι γλαυκᾶς χαροπώτερα πολλὸν
Ἀθάνας.*

Heller auch glänzte mein Blick, denn Zeus blau-
äugiger Tochter.

Auch bei Apollonius I, 1280 wird die auffchim-
mernde Eos als *helläugige Göttin* gedacht, ohne
Rückficht auf die Farben der Morgenhelle; hingegen bei Theokrit XVI, 5 ift γλαυκή ἀὼς, das
blaue Himmelslicht: Myth. Br. II., 8. Allmählich aber erhielt diefes *helläugig* den Begrif
einer *helleren Augenfarbe.* Ariftoteles (*gen.
anim.*V, 1) unterfcheidet von blau- und fchwarz-
äugigen die χαροποὺς, wie bei Xenofon (*venat.*
V, 23) ὑποχάροποι und ὑπόγλαυκοι fich entgegen
ftehn.

Die Geoponiker verlangen (XVIII, 1, 3.
XIX, 2, 1), dafs Widder und Hunde von Augenfarbe χαροποί fein; dafür fagt Varro *ravis oculis*, mit *graugelben* Augen: welche Farbe Horaz den Wölfen, Cicero auch dem Meere giebt.
Ein *Grau* alfo, das ins *Bräunliche* fpielt, wie
die Farbe gewiffer Augen, lieh unfer Dichter
der Meerfluth, wie Anakreon LIII, 30 (wenn
die Ode von ihm ift) und Spätere. Wenn Plu-
tarch (*If. et Ofir.*) die leinene Tracht der Ifis-
priefter finnbildlich erklärt, weil die Farbe der
Leinblüte der ätherifchen *Heiterheit* (χαροπό-
τητι) des Himmels gleiche: fo beweifet es nur,

dafs er für Hellblau die verwandte Farbe, des günftigen Grundbegrifs wegen, gefezt habe. Bei Aratus (Phaen. 394) werden, nach *matten* und namlofen Sternen (V. 391), andere χαροποὶ καὶ ἀναλδέις, *heitere* und fchwache, d. i. durch Kleinhéit nicht vorftralende, genannt: denn nur das lezte Wort, nicht χαροποί, wie Hr. *S.* glaubt, deuten die Scholien. V. 462 gilt Efchenbachs befferes Ἀμύροιο ἐναύλον. Aber ἔναυλος, fagt Hr. *S.*, heifse bei Homer nie *Flufs*, fondern *Flufsbett*. Es heifst *hohler Bergftrom* Il. XVI, 71. XXI, 283. 312. Man verftehe V. 465: als fie den Olympos fahn, lenkten fie zum rechts erfcheinenden hohen Athos um Pallene. Das Ziel wird, wie Od. VII, 80, früher genannt, als der Weg. Κάμπτειν, *hinlenken:* Eur. Hec. 1079, πᾷ κάμψω? V. 468, εἰσεπέρησαν, fie gingen aus dem Schiffe ans Land zu den Myfterien. V. 469. 470 follen ὀφέλσιμον und ἕκαστοι Beweife der Neuheit fein. Jenes vom alten Futur ὀφέλσω, wie θεράσω, θεράσιμος Etym. gebildete Wort nahm Kallimachus H. Apoll. 94 aus altedler Sprache; den Pluralis von ἕκαστος einem Lexikografen in Homer und überall nachzuweifen, fchämen wir uns. Wörtlich überfezt: *Denn grofs fei ihnen, den Menfchen, der Nuz jenes heiligen Gebrauchs, und unendlich jeglichem Seefahrer.* V. 471 mit

Ruhnkenius, Σιντιακαῖσι δ' ἐπ' ὀφρύσ' ἐκέλσαμεν, rhythmifcher, Σιντιακαῖς δ' ὀφρύσσ' ἐπε-
κέλσαμεν. V. 473, auch 816. 824. 927. 1065,
duldet Hr. *S.* das gemeine κε, κεν, wo es ungriechifch ift. Man kann denken, wie achtlos
er bei fchwierigeren Partikeln vorübergeht.
Hïer lefen wir|μέν. V. 476 kann über die Aus-
laffung des δεῖ, ἐθέλω und ähnlicher der fleifsige
Fifcher (Well. IV. p. 29 —) die nöthige Auskunft geben. V. 484 ἀμηώους, wie μεταδόρπιος,
ἄμιππος. Die Stelle vom Hellespont fcheint
felbft dem Hn. *S.* verdorben, und doch ein Beweis, der Dichter habe das bekanntefte nicht
gekannt. Unfere Verbefferung anderswo. Προ-
χοαί find bei Homer und den Folgenden nicht
nur *Ausflufs der Mündung*, wie hier, fondern
auoh *Seichte*, *Watte des Ufers*, was nämlich
aus dem Flufsbette übertrat: Hom. Od. V, 453.
Hef. E, 757. Apoll. I, 11. V, 497, Küftenfahrer
warfen die Anker nahe dem Lande, εἰς γαῖαν,
auf Ankergrund. Oder darf der Orfiker nicht
fo gut, als Homer Od. XII, 242, den Grund
unter Meerwaffer γαῖα nennen? V. 499, ἔνθα
δὲ πορσύναντες. V. 502, ὃς Δολιέων ἤνασσε,
aus Hekatäus bei Stefanus. V. 511 wird der
von *R.* gerügte Tadel des *Latinismus* weder
zurückgenommen, noch wahr gemacht, fondern in eine Staubwolke gehüllt. Der Sinn ift:

in tagausdaurenden Schmäusen war er ihnen gesellt, indem er sie am Ufer bewirtete.

V. 512, mit *Wakefield*, ἀλλ' ὅτ' ἐς Ω. ῥόον βαπτίζετο. Zu ἐς wird βάπτειν gefügt, *Eur. Herc. f.* 929. *Lycophr.* 1121; daher *Hölzlin* Apoll. IV, 157 es mit Recht herstellte. V. 515 wird τεθηπότες für *erstaunlich an Wuchs* erklärt, welche Bedeutung aber so wenig, als die Gesnerische *stupidi*, bei den Alten vorkomme. Es heiſst *dumpf anstarrend*, wie Il. XXI, 64, ἦλθε τεθηπώς; und bei Parmenides (Fülleb. S. 60), κωφοὶ ὁμῶς τυφλοί τε, τεθηπότες, ἄκριτα φῦλα. Das τε im folgenden Vers wünscht der Tadler als unnütz hinweg, weil τε — ἠδὲ für τε — καὶ, wie V. 509. 574. 1239, ihm fremd ist. V. 519 soll ὁρμαίνω, intransitiv wie ὁρμάω gebraucht, dem Alterthum unbekannt sein. Wo hätten es denn Neuere? Aus alter Sprache wählte es Pindar Ol. XIII, 119 für den lyrischen Flug. *Gesners* ὁρμαίνοντας ist unnöthig. V. 531 ist ὠκείη στροφάλιγξ die schnelle wunderbare *Umdrehung, Verwickelung* des Seils. Apollonius III, 759 nennt so die hurtige Umdrehung des Schimmers aus dem Waſſer, und Dionysius P. 649 eine Bergwindung. V. 533, οἳ ἧκε χερῶν, *er ließ sich aus den Händen das Steuer*; eben so V. 589, und V. 1272, χειρῶν δέ οἱ ἧκαν ἐρετμά. Vortreflich ist V. 538 das poe-

tifche ὅσσι κυβερνητῆρος ἐπίστιχε von Hn. S.
hergeftellt worden: *Pind. Iſthm.* VI, 29, τάνδε
νᾶσον ἐπιστείχοντα. V. 540. 541: σήματα, Bezeichnungen, Andeutungen; Ѕεηγόρος, gottheit-
tönend. V. 543 fcheint poetifcher βλεφάροισιν
ἑλών. V. 548, Hn. S. ὑποχϑονίῳ verräth Unkunde. V. 552: Ѳεσμὸς, Sazung, Anordnung,
kennt Homer Od. XXIII, 296, und Apollonius
III, 209. Nur von Lebenden, meint Hr. S. gelte
σεβάζεσϑαι; auch von Todten fagt Euripides
Heracl. 627, σέβειν Ѳανάτους ἀγαϑῶν. V. 558,
πρύμνης ἄλτο, ohne ἐκ, welches bei Wörtern
der Abfonderung und Entfernung wegfallen
darf: *Fiſch. Well.* III. p. 360. 361. V. 560, τάχα
δ᾽ ἡρώεσσιν. V. 562, wahrfcheinlich ἐπ᾽ ἠϊόνας
δ᾽ ἀπόρουσαν. V. 563, ἡνίκα δ᾽ ὀρφναίοιο. Nachhomerifch ift πόλος, *umlaufender Himmel*;
aber Hn. S. eigener Nachweifung gemäſs, älter
als πόλος, *Himmelsaxe.* V. 566, ἀμφὶ δ᾽ ἄρ᾽
ἄλλοι δήϊοι ἄμμιγ᾽ ἔκειντο. V. 569 wird der
Leichnam, in Ermangelung einer Bahre (λέχος),
auf wohlgeglättete Planken gelegt: ἐπὶ aus
ὑπὸ, und πλατέσσιν aus Handfchriften, von
πλάτος, woher πλατεῖον. Hr. S. verfteht eine
Lade, um Neuerung zu rügen. V. 570, δωμή-
σαι, —ασϑαι, *bauen, fich bauen*, aus einem
unhomerifchen Dialekt, fanden fchon Lykofron V. 719. 1272, und Apollonius II, 531, durch

Alter ehrwürdig für die Poeſie. V. 571 wird
πορσύναντες und dann κατεκαίαθον erfodert.
Ἔντομα, *Einſchnittopfer*, wie der Scholiaſt
des Apollonius lehrt, ſind den Unterirdiſchen
geweihete Opfer, deren Kehle in der Erde zer-
ſchnitten ſwird. Dies Wort will Hr. *S.* dem
Zeitalter des Apollonius zueignen. Einen ins
höchſte Alterthum verſezbaren Religionsge-
brauch hätte Apollonius mit einem neuen Worte
benamt? •Hr. *S.* erinnerte ſich nicht der Erzählung Herodots II, 119, dafs ſchon Menelaos
in Ägypten zur Sühne der feindlichen Gottheiten, die durch widrige Winde ihn aufhielten,
zwei Knaben als ἔντομα ſollte geopfert haben;
und dafs VII, 191, einen Sturm zu beſänftigen,
die Magier ebenfals ἔντομα, mit Beſchwörungen
des Windes, und aufserdem ein Brandopfer
für die Meergöttinnen, darbrachten. Dafs man
ſchwarze Thiere, und gewöhnlich *ſchwarze
Schafe*, ſowohl den Sturmgöttern (*Ariſtoph.
Ran.* 847. *Virg. Aen.* III, 117) als den unterirdiſchen Göttern und Verſtorbenen (*Od.* X,
526. *Virg. Georg.* IV, 546. *Aen.* V, 96. 97) geopfert habe, war auch dem Hn. *S.* etwas ganz
neues. Χύτλον, *Gufs*, von χόω, hat bei Homer die enge Bedeutung des Öls, womit der
vom Baden doch naſſe Leib geſalbt wurde; Lykofron V, 701 nahm es aus anderer Mundart in

dem urfprünglich weiteren Sinne des *Erguſſes*
überhaupt, für *Ströme;* und Apollonius, wie
hier, für die *Güſſe des Trankopfers* aus *Öl*,
nebſt Waſſer, Honig und Milch; χυτλῶσαι aber,
bei Homer mit *Öl nach dem Bade ſalben*,
heifst bei Kallimachus H. Jov. 17 und Apollonius IV, 1311 *abſpülen.* V. 574, lefe man μι-
λισσορύταις ϑ' ἅμα νασμοῖς, und denke nicht
Honig allein, wie Hr. *S.* will, fondern *honig-
rinnende Fluten*, d. i. Honigwaſſer; blofses
Waſſer nennt Euripides Hipp. 653 ῥυτοὶ νασμοὶ,
rinnende Fluten. V. 575, λοιβάς.

. Mit Recht befremdet V. 576 ἄεϑλον bei folgendem ἄεϑλα; aber das erſte für *Kampf* zu
nehmen, verbeut προύϑήκατο, welches *Kampf-
preiſe* erfodert. Wir lefen daher ἄεϑλα, und
zunächft ἄγαλμα, *Ehrenſchmuck* (Od. IV, 602),
als Andenken des Tags, II. XXIII, 618—619.
V. 579, ἀμφικύπελλον ohne δέπας führt Stefanus aus Ariftoteles an, und V. 583 παγκρατια-
στής aus Plato. V. 581, ϑάσσονί οἱ, *ihm dem
ſchnelleren*, fand Hr. *H.*, aber erklärte es unrichtig. V. 585, πολυτεχνής, *kunſtreich*, gilt
auch vom Kunſtwerke, wie πολύμοχϑος und
ähnliche. V. 586 wählen wir διανϑέα, *durch-
blümt*, mit Blumenranken geftreift oder umbor-
det; nach der Analogie von διανγής. Euripides
Hec. 471 hat ἀνϑοκρόκους πήνας, *blumenfädige*

Gewande. V. 589 ift Hn. *S.* τεινάμενος nothwendig. V. 593 denken wir uns die *Goldbe-
fchuhung*, natürlich von vergoldetem Leder,
die mit Flügeln fich ausbreitet, als Sinnbild
der erhabenen Poefie, entlehnt von den hebenden, und in fpäterer Zeit beflügelten Goldfolen
der Unfterblichen: Myth. Br. 44. Durch γε,
welches Hr. *S.* misbilligt, wird ja das vorhergehende χρυσείην als ehrwürdiger Begrif ausgezeichnet. V. 596 ftimmen wir für δειρῇ, weil
in ähnlichen Stellen, Od. XXIII, 207. Hef. So.
253. Pind. Ol. III, 23. XIII, 55. Eur. Med. 930.
1160, der Dativ vorkommt. V. 598 ift πίδαξ
der *Sprudel*, κρήνη die Höhlung des *Borns*.
Aber Misdeutungen poetifcher Ausdrücke wollen wir übergehen. V. 602 fehlt nichts; nur
für ἐπὶ ein anderes Wort aus der Sprache des
Zeitalters gefucht. Wir gönnen dem Hn. *S.*
die Freude des Errathens. V. 604, ἀκέοιντο
ἀνάσσῃ. V. 605, φόρμιγγ᾽ ἐνὶ χερσὶν ἀείρων:
von ἐνὶ war μετὰ die Gloffe. V. 607, ὅστε,
wie V. 660, Il. II, 669. III, 61. 198; dann mit
Hn. *H.* τανυφλοίῳ ἐλάτῃ. V. 611, λάεσι. Wer
nöthiget uns, bei οἶκος, ein künftliches Ge-
bäude, einen Tempel, uns vorzuftellen? Es
ift, was den Römern *facellum* (*Virg. Ecl.*
III, 9, *Vofs*), eine aus Felsftücken roh geordnete Kapelle oder Nifche, in welchem ein ftei-

nerner Tifch als Altar fteht. Das Mährchen,
wie ungefchickt Apollonius nachgeahmt worden
fei, wiederholt Hr. *S.* fo oft, dafs er felbft am
Ende daran zu glauben glaubt. V. 612, μετὰ
δ᾽ ἔξοχα πάντων. V. 614 find ταυρόθυτοι λοι-
βαὶ, *Sprenge von geopferter Stiere Blut.* Diefs
mäkelt Hr. *S.* in dem Augenblicke, da ihm fein
bereuetes *Bärenopfer* Mistrauen gegen fich
felbft einflöfsen follte. V. 615, σπονδαῖοι δὲ
τέρπετο, mit Hn. *H.* des Rhythmus wegen.
V. 617, ὁπάσσῃ. V. 620 fteht ἐκέκλετο in der
gewöhnlichen Bedeutung, *er vom Steuerende*
rief fie herein; eben fo V. 231: wie Il. XIX, 77,
er fprach von der Stelle, und Od. I, 328, *fie*
vernahm vom Söller. V. 622, τοίχοιο; Hn. *S.*
τοίχων lähmt den Vers. V. 624, Pierfons ἰστία
las Cribellus, *velaque tenduntur;* aber falfch.
Die Stelle fieht auf V. 530 zurück. V. 625 heifst
Rhea λιπαροκρήδεμνος, die *Hauptgezierte,* von
dem gewöhnlichen Hauptfchmuck, λιπαρὰ κρή-
εεμνα, den Od. I, 334 auch Penelope trägt.
V. 630, θύνειν, *ftürmen, rafch eilen,* wie Il.
II, 446; ἁλιμυρὴς, *falzwogend,* gilt fowohl
vom Meer, als vom Brackwaffer der Strommün-
dungen. V. 635, μηρύεσθαι, welches hier *fal-*
ten, zufammennehmen, heifst, foll eigentlich
entfalten, aus einander rollen, bedeuten. Hr.
S., der folcherlei Übergänge in der Sprache für

möglich hält, befinne fich auf Od. XII, 170,
wo fie die Segel *zufammennehmen*, und hin-
legen. Auch fehe er·feine Beweisftelle Apoll.
IV, 889 genauer an; fie fagt, dafs man alle
anderen Geräthe des Schifs *zufammennahm*,
ordnete, wie der Scholiaft richtig erklärt. V.
636, ὀκέλλειν, *applicare*, anlenden; alfo ἐξο-
κέλλειν, die Leiter *aus dem Schiffe* an das Geftade anlenden. Wo ift hier Neuerung? V.642,
vielleicht ἢ συάδ᾽, ἤ. Hefychius fand συάδες,
fuculae, wie der Landmann fich auch die Hya-
den vorftellte. V. 643 nimt der Kritiker den
Schreibfehler ἀφομαρτήσαντος in den Text, um
zu bemerken, dafs diefes Wort nirgendwo vorkomme. V..644, ἀλιτῆσαι, *fehlen*, in der erften finnlichen Bedeutung, erfodert den Genitiv,
wie andere Worte der Entbehrung und Abfonderung. V. 645, ἐπὶ δὲ σπίος. V. 646 billigt
H. *S.* die Verbefferung eines barbarifchen
Schreibfehlers, Λιμνακίδων in Λειμακίδων, imgleichen V. 647 ἤϊθεον; aber V. 649 fcheint ihm
das nicht gebilligte für *fo einen* Poeten gut genug. Laffe er den armen Poeten doch gefagt
haben, ἀλλ᾽ ὅτε πρὸς μεσάτην ἠῶ ΤΡΕΠΕΝ
ὠκέας ἵππους Ἥλιος, wie Theokrit XXV, 85,
ποτὶ ζόφον ἔτραπεν ἵππους. V. 655, verfchmäht
er *Ruhnkens* βοὴν ἐπὶ νῆα, und lobt *Heyne's*
βοῶν. Das hiefse, *zum Rinderfchiffe*. Für

καλέσσοι fchreiben wir καλέσσῃ. V. 656, μολεῖν γάρ Ε οὔτι πέπρωτο: ll. XVIII, 329, ἄμφω
γὰρ πέπρωται ὁμοίαν γαῖαν ἐρεῦσαι. V. 660:
Zeus πανομφαῖος, *der Lenker aller Gerüchte*,
hatte längft feinen Altar, ehe dafelbft ll. VIII,
250 ein Adler dém Agamemnon erfchien; jene
Erfcheinung war nicht einmal ὀμφή, welches
Wort bei Homer ll. II, 41 und den Späteren
Stimme heiſst. Weder neu alfo, noch ungereimt, fagt der Dichter, daſs der verrufene
Amykos den *Gerüchtordnenden* Zeus nicht
achtete. V. 664 verbeffert Hr. *H.* glücklich,
τοῦ — βίην. V. 667 und 1128 duldet der Grammatiker den Schreibfehler ἐνθάδ' ἀφορμηθέντες
ftatt ἔνθεν: Apoll. IV, 1022, κεῖθεν ἀφορμήθην.
Dagegen fcheint ihm V. 668 βαθεῖη ἀκτή, *das*
tief abhängige Ufer, verachtungswürdig; bei
Homer ll. II, 92 vermutete er dergleichen nicht.
Im Anfang lefen wir Βιθυνῶν μὲν ἀν' ἄστυ.
V. 669 fchwanken wir zwifchen: σπεύδοντες,
προχοαῖς ΩΣ ᾽ΕΝ ΤΕ νιφαργέσιν ὕλαις — ἐφω-
πλισσαίμεθα; oder: ΣΠΕΤΔΟΝΤ', ᾽ΩΣ προχοαῖς
ἠδ' ΕΙΝΙ ν. ὁ. ε. Das lezte empfiehlt fich durch
die alte Dualform, die V. 1091 und 1338 vorkommt. Wie flüchtig Hr. *S.* aus der homerifchen Urquelle gefchöpft habe, beweiſt V. 673,
wo das alte γυναίων aus Od. XI, 520. XV, 247
für neu gelten foll.

V. 680 möchten wir für das falfche ἐπεὶ nicht ἐπὶ, fondern ἐκεῖ lefen; noch lieber, weil der Anfang von V. 677 wiederholt fcheinet, möchten wir ἡμεῖς δ᾽ αὖ Φινῆος. V. 684 fand Hr. *S.* das rechte ὑπάλυξις. V. 685, κατειρυμέναι, *herangezogen:* Hefych. καθέλκομαι, παρασύρομαι. Das v ift bei Homer mittelzeitig, εἰρύαται kurz Il. I, 239, lang Il. XIV, 75. V. 687, mit Hn. *S.* δοῦπος δέ; und V. 689, mit Hn. *H.* περίβρεμε δ᾽ ά. V. 691 liegt die Verbefferung des barbarifchen ὁρόειν, die Hr. *S.* erlaubt, nahe genug:

Πρύμναν ἔπειγ᾽ ὁρόων, ὄφρ᾽ ἂν πεφυλαγμένος εἴης!

Dränge' das Schif vorfchauend, damit du Schaden verhüteft.

Die *Hermannifche* Regel, dafs πρύμναν die lezte Sylbe lang habe, ift neu, und erwartet ihren Beweis. V. 692, τοῦ δὲ τάχ᾽ εἰσαΐοντες. V. 693 wird die Schwierigkeit durch κεῦθον gelöft:

Aber im Bufen verbarg ich, was ihm zu gefchehen bevorftand, Ganz mir allein vor den Helden.

V. 696, ἄκρην ΈΣ ΤΕ κεραίαν, *gegen das Ende der Rah:* ἀκροκέραιον bei Pollux. V. 707, ἡμετέρῃ πεισθεὶς κιθάρῃ καὶ θεσκέλῳ ὀμφῇ. V. 713, Ρηβαίου προχοαῖσι Μέλαιναν ἐφίκομεϑ᾽ ἀκτήν.

V. 715 wird nicht gefagt, dafs der Tembrios in das Meer ſtröme. V. 717 dürfte wol, ἀλλ' ὅτε τ' αἰγιαλόνδ' ἔκεν ..., zu leſen ſein; und V. 720 ἐπέλασσε τραπέζῃ. V. 719, φερώνυμος, gebildet wie φερέοικος, φερεκράτης, fand ſchon *Nikander* als poetiſches Wort. V. 722, αἶσα παρέσχε, das Schickſal *bot dar*. V. 725, wahrſcheinlich ſo, τὸν δ' ἐκιχ' ἐν θήρᾳ σῦς ἄγριος. V. 729, mit Hn. *S.* αὐτὰρ ὁ πηδαλίων. V. 731 iſt leicht geheilt, ἥδ' ὅν' Καλλίχορον μὲν ἐπωνυμίην καλέουσιν. Die chorografiſche Stelle V. 733—756 verſchont doch der Kritiker mit Vorwürfen der Neuerung; wir bleiben bei dem Grammatiſchen ſtehen. V. 736 leſen wir mit Hn. *S.* ᾗ ἐπὶ Θ. χεῖται; das folgende binden wir durch die Änderung βάλλει: *und wo des Halys Strom hinſtürzt an das Geſtade die ſalzige Flut, die er zurückzieht* (die an der Mündung zurückwogt). Βάλλειν ῥόον oder ὕδωρ, Apoll. II, 401. IV, 289. V. 747, ἔνθεν. V. 749 mit Hn. *H.* οὐ Σίνδης ὄρος αἰπὺ, καὶ εὐθαλέες λειμῶνες. V. 752, Κόλχων ἂν κλυτά. V. 753, μυχάτους ἐπεπλώομεν ὅρμους: Il. VI, 291, ἐπιπλὼς πόντον. V. 758 mit Hn. *S.* ὄρθριος, und dann ἐς πέρατ'. V. 765, τοῖς ἐνί. V. 767. 1155 ſcheint ἐπονήατο erfoderlich. V. 769 ward vermutlich entſtellt aus, ξυνὴν Δ' 'ΕΝ ΜΙΝΤΑΙΣ ΔΟΙΗΝ ἀνενείκατο ΦΩΝΗι. V. 770, *Gesners* ἢ ὅγ', wie Il.

I, 190. Dann μειλιχίως mit dem vorigen verbunden, ftatt μειλιχίοις, und στέργειν in der
altáttifchen Bedeutung des *Anflehens*. V. 778
mit Hn. *S.* βασιλῆϊ. Das angefochtene νιν gehört zu συθῆναι; wie bei Euripides Or. 169,
εὕδειν νιν ἔδοξα, *ich meine, dafs er fchlafe.*
V. 783, εὔῤῥείτον. V. 784 lefen wir, ἐναρπά-
ξαντα ῥεέθρῳ: der Stern zog fie in den Fafis,
und führte fie aus diefem durch das Meer hinweg. V. 787, εἵλκετο ift unverfälfcht, *cr zog
mit fich*, er behielt im Herzen die Angft des
Traumes, die ihn V. 777 noch befallen hatte.
V. 789, ἵππους — ὑπὸ δὲ ζεύξασθαι ΑΠΗΝΗι:
Il. XXIV, 14, ἐπεὶ ζεύξειεν ὑφ᾽ ἅρμασιν ἵππους.
Apoll. III, 841, οὐρῆας ὑποζεύξασθαι ἀπήνῃ.
V. 791, ἐνδαπίοις. V. 792 find die Geifter der
Heroen zu verftehen, die aus der Unterwelt
zu dem heimifchen Strome herüber fchwebten.
V. 801, ἐκόμιζον. V. 805 wird περὶ γάρ ῥά ἑ,
welches V. 878 ungezwackt durchgeht, für
hart erklärt. V. 807 ift Ἥρη ἐτίετο, *Here eh-
rete ihn*, untadelhaft: *Hef. Theog.* 428, Ζεὺς
τίεται αὐτήν. V. 815, mit Hn. *S.* ἐήσθην. V.
816 lefen wir μέγ᾽ ἀγαλλόμενος. V. 817, ὀφθαλμοῖσιν. Was läfst fich V. 819 wider ἀντιάχων,
entgegentönend, wol einwenden? V. 820,
nach ὄμμας ἱκάνει ein Fragzeichen, und
dann:

Ἦ πόϑος, ἐλδομένοισι Κυτηίδα γαῖαν ἀμειψαι;

Lüftet euch, gerne gefehn das kytelfche Land zu befuchen?

Wörtlich: *Ist's ein Gelüft, uns als wünfchenden hieher zu kommenden?* So fteht ἐλδόμενοι V. 475, und Apoll. I, 110, μετὰ δ' ἤλυϑεν ἐλδομένοισι. V. 824, Ἄρηι. V. 834 lefen wir ποτέ. V. 839, ξεῖνοι δ' εὐχόμεϑ' εἶναι, heifst bei Homer, *wir rühmen uns Gaftfreunde zu fein;* in Pindars Zeitalter (Pyth. IX, 176), *wir wünfchen es.* V. 844—849 bezeugt Hr. *S.* dem *Halbbarbaren* feine aufrichtige Verachtung wegen der harten Nüffe, die er ihm vorlegt. Es gilt einen Verfuch, fie aufzuknacken. Man lefe, μαρνάμενοί κ' ἐπιϑῆσϑ', ἰϑ' ἀποφϑίσειν μένος ἀνδρῶν ἔλπησϑ', — ἔσσεται ὑμῖν —, und verftehe: *Wenn ihr mit einer achtungswürdigen Macht ankämt, fo möchte ich euch ohne Kampf das Vliefs fchenken. Wenn ihr wenigen aber euch zum Kampfe vermäfst, und unferer Übermacht unterlägt, fo würde ich euch famt dem Schiffe vertilgen. Auf denn, gehorcht meiner heilfamen Warnung!* Εἰδ' ἄγε μοὶ πείϑεσϑε, — ἔσται, κρίναντες: welche Verbindung mit einem Particip auch Homer Il. VIII, 18. 19 gebraucht. V. 852, ἄϑλων. V. 862, πατρὸς ἐν οἴκῳ. V. 864, ἀγγε-

λίων. V. 865, *durch feine Bosheit, des ver-
derblichen Äetes:* eine dem Homer und unferen Dichtern gewöhnliche Figur. V. 866, mit
V. 479 verglichen, bedarf folcher Herftellung:
ἠδ' ὡς Αἰσονίδη ἐρατοῖς φίλτροις ἐδαμάσθη. V.
869, die *Erinnys* des beleidigten Vaters ftrafte
fie mit rafender Liebe. Von diefer uralten Vorftellung ward bei Virgils Lb. III, 552 gehandelt.
V. 871, τετραγύον: Od. XVIII, 373. V. 873
hat Hr. *S.* Ἐνναλίοιο treflich hergeftellt und erklärt. V. 875 lefen wir ἐξεναρίξας, und darauf
πολυάγλαον, nach der Form πολυδαίδαλος. V.
880, οὔ νιν ὀπιζομένη, πατρὸς χόλον, οὐδ' ἀλί-
γουσα. Statt μορφάς V. 881 fchrieb der Dichter
περιπτέξασα τ' ΕΝ ΟΡΦΝΗι. V. 886, ταῦτα
μὲν, ἄλλα τε πολλὰ, καὶ ὕστερον ἔσσετ' ἀκοῦσαι. V. 889, ὥς ῥα μολόντες. V. 891, ῥᾶστα
δ' ἐνὶ φρεσὶν ᾖσι. V. 894, ἐραννοῦ. V. 897 ift
στέφανος, wie κρήδεμνον, ein bildlicher Ausdruck der *Zinne.* Die Mauer hat drei Thore
mit Bafteien darüber; zwifchen diefen und an
den Enden find noch vier Bafteien ohne Thore;
über den Pfoften (σταθμοῖσι, ft. σταθμοῖο) jedes
Thors fteht das Bild der Hekate-Artemis. V.
898, ἂν δ' ἄρα ταῖσι. V. 901, ἱστάνω, von
ἱστάω, wie ἁμαρτάνω vom alten ἁμαρτάω, ft.
ἁμαρτέω, ift hier noch intranfitiv; fo fand es
auch Hefychius, der ἵστανεν (nicht —κεν) durch

ἵστατο, ἔστη erklärt. Spätere brauchten es
tranfitiv. In der altattifchen Sprache der Tragiker war die Form auf *ανω* häufig: *Fifch.Well.*
III. p. 3. V. 903, das doppelte *τε* hat Beziehung auf einander. V. 911, dann *folgt, begegnet* ein Hain. Diefe Bedeutung von ἀμείβειν hat
Euripides Or. 977. 1503. V. 904, πελάσῃ. Die
Kräuter V. 914, die auf die niederen Wurzeln
fich *herabwölben,* find malerifch, und der Sprache vollkommen gemäfs. V. 917, mit Hn. *H.*
κυκλαμὶς τ᾽ ἰοειδής, dann πολύκνημόν τε κάτερ-
νες. V. 925, gewifs ἐρεμνόν. V. 927, τὸ μὲν
αἶψα δοκεύει δεινὸς ὄφις, *rafch beobachtet es
der Drache,* d. i. mit rafchem Blicke. Das ungrammatifche κεν duldet der Grammatiker, und
tadelt das Poetifche. V. 929, ἰθείρεσθαι hat
den Begrif der Zierlichkeit, κομᾷν des bufchichten Wuchfes. V. 931, χαμαίζηλος für χθόνιος,
der die Erdtiefen liebt; auch bei Hefychius.
V. 932 ift φρουραῖς δ᾽ ἀδμήτοις poetifcher.

V. 935, ἀμφί τε. V. 937, *Gesners* οἶμον. V.
939 ift ἱκέσθαι, *annahen,* wie immer. V. 940
ward die feine Änderung, ἐὴν ἐς πατρίδ᾽ ἕκαστος, uns mitgetheilt. V. 943 erklärt Hr. *S.*
für einen Latinismus ἐπιστείβειν ἔργον, *ein
Werk antreten,* uneingedenk der ähnlichen
ἐπιβαίνειν, ἐποίχεσθαι. Wir lefen mit Hn. *H.*
ἐπιστείβουσί οἱ ἔργον Ἄρτεμιν ἱλᾶσθαι, *ihnen,*

die das Werk anträten, die A. zu verſöhnen.
V. 947, mit Hn. *H.* δύω ϑ' ἅμα. V. 948, nicht
Gesners ἰέναι. V. 951 hat πλακόεις, *flach* von
πλάξ, die Grundbedeutung, die der einge-
ſchränkten vorangehen muſste. Τρίστοιχος wird
wie *dreifach* gebraucht: *eine dreifache Grube*
iſt eine *dreieckte;* bei Hermeſianax. V. 12,
τρίστοιχοι κεφαλαì, *dreifache Häupter*, ſind
drei: eben ſo *triplex, tergeminus.* V. 954,
mit Hn. *S.* νήησα — ἔντοσϑε: das leztè wird
durch V. 572. 970 beſtätigt. V. 955, πάμπαν
enthält den Begrif φάρμακα, das raſch ver-
ſchriebene Wort aber möchte wol πάσματ' ſein.
V. 956, mit *R.* φωριαμῶν. V. 957 werden die
οὐλοπλάσματα (ſo lieſt Hr. *H.*) des magiſchen
Opfers durch eine dunkele Andeutung des Heſychius gerechtfertiget. Wie viel Worte und
Gebräuche hatte wol jedes Zeitalter, die keiner
zufällig uns aufbewahrte! Dann ὑπò πέπλοις,
wie V. 312, πέπλῳ ὑπαί. V. 961, σχιστήν τ',
mit Hn. *H.*, und ἀηδές. V. 969 ſchüzt Hr. *S.*
den ſeltenen Gebrauch von ἀτσσω gegen *Ruhnkenius;* und V. 970 giebt er ἐπεσμαράγει. V.
971 leſen wir χύτ' ἐς περιμήκεα καπνόν. Die
bei V. 973 von Hn. *S.* gewagte Umſtellung der
Verſe hat Hr. *H.* mit Verſtand gerügt. Die
Pönen V. 977 (982) ſind hier die V. 968 hervor-
brechenden Erinnyen. Bei Heſiodus Theog.

217, wenn wir lefen, καὶ Ποινάς, τὰς Κῆρας —,
find fie verfchieden. Euripides Suppl. 490 nennt
Pönen, und Polybius XXIV, 8, τινὰς Ἐριννῦς
καὶ Ποινάς. V. 979 fieht Hr. *S.* die Form von
Ταρταρόπαις für neu an; bei dem alterthümlichen Lykofron V. 892 wird Triton Θαλασσόπαις
genannt. V. 980 (979) ift Hr. *S.* um die räzel-
hafte *Hekate* mit einigen Citaten und Nebenbe-
trachtungen gefchäftig, wovon die natürliche
Folge ift, dafs ihm die Gauklerin als efelbeinige
Empufe entwifcht. Für des Dichters Zeitalter
war die *dreihauptige Hekate* ein Sinnbild göttlicher Macht in den drei Bezirken der Welt,
wie fie damals gedacht wurde: Erde, Gewäffer
und Äther. Auf Herfchaft des Gewäffers deutete *Rofs* oder *Stier*, der Erde mit dem Inneren
die *Hündin* (κύων, trächtig)', des Äthers der
feurige *Löwe:* der den kundigen Zeitgenoffen
durch ἀγριόμορφος, als das vorzüglichfte Wild,
hinlänglich bezeichnet war, V. 986, mit *R.* ἀρ-
γαλέων. V. 987, mit Hn. *H.* ἐραννόν. V. 991,
ἐρεμνή. V. 993 lefen wir ὁλκοῖσιν ἐπιπλεκτοῖσιν.
V. 1002, κλάγξας δ'ἐξ — φωνὴν σιγαλέης, ἄφθεγ-
κτον ἐμοῖς — πέμπον, zum Theil mit Hn. *H.*
V. 1007, καθημερίων, wie Od. XXI, 85, ἐφη-
μέρια φρονέοντες. Der Tadel des vortreflichen
Gemäldes, wie der ankommende Gott feine
Macht auf dem Wege ausübt, ift eines Orfeo-

maſtix würdig. Aber den Vorwurf „kindi-
ſcher Ungereimtheit," daſs er V. 1009 auch
Quellen und Ströme einſchläfert, hat der Tadler mit Homer Il. XIV, 245 auszumachen.

Vers 1014: der goldſchuppige Drache hat
ſich V. 929 hoch um den Stamm gewunden, und
das Haupt gegen das Vliefs gerichtet; jezt,be-
täubt ihn der Schlummer, und *den langen
ringsfunkelnden* (ἀμφαυγία) *Hals legt er
ſchwerhauptig auf die Schuppen*, d. i. auf
die geſchuppten Ringel, womit er den Baum
umſchlang. Wie könnte er ihn in jener Stellung *auf die Erde* hinab legen? V. 1025 iſt
.ἄρα verſchrieben, ſtatt ἅμα, welches *Crib.* las.
V. 1026 frohlockt Hr. *S.*, er habe durch ſeinen
Tadel des Intranſitivs ἐπείγειν, welches auch
V. 990 vorkommt, den ausweichenden *Ruhnkenius* zu einer unglücklichen Änderung gebracht. In ſeiner jugendlichen Diſſertation findet ſich dieſer Tadel nicht, gehört aber eigentlich dahin. Heſychius erklärt ἔπειγε durch
πορεύου, σπεῦδε: in welcher Bedeutung die Tragiker es gebrauchten. V. 1034, κέλσε als Tranſitiv kennen wir ſo wenig als *Gesner.* Wir
leſen: φέρεν δ' ὅγε χεύματι κραιπνῷ θεινόμενον
δίναις — ἀτρυγέτοιο· κέλσε δ' ὑπὲρ νήσων: d. i.
der Leichnam *trieb an, appulſus eſt.* V. 1037,
ὑπ' εἰρεσίαισι θοαῖσι beginnt den Nachſaz. ·V.

1038 mit Hn. *S.* τόμον, mit Hn. *H.* οὐδὲ κατ'
ἴΜ. V. 1042, σκοτερὴ γάρ ἐ. V. 1043, εἰρεσίαισι.
V. 1047 gilt weder οἱ κείσαντο, noch κῆσαντο,
noch was man daraus drehen will; man theile
nur anders, οἴκησαν τὸ μεσηγὺ, abhängig von φῦ-
λον, *ein Geſchlecht, welches die Mitte bewohnt.*
V.1060, πρώτους. V.1072, mitHn. *H.* ἀγχήρεα. V.1076
hat bei der *Munycherin* Artemis der höhniſche
Tadler nicht an Homers *Tritogeneia, Kypris,*
Kyllenier gedacht.   Zunächſt leſen wir, ἰδ' ἀρ'
Ὑπερβορέους νομάδας, wie bei Herodot νομάδες
Αἰθίοπες. V. 1085, ſoll der verworrene Poet
ſogar *rechts* für *links* geſagt haben. Ein ſchmei-
chelhaftes Zutrauen! Wäre es nicht glimpf-
licher anzunehmen, das Steuer ſei *rechtshin*
gedreht worden, damit das Schif *linkshin* ginge,
wie umgekehrt V. 1205? Die Herſtellung der
verſchriebenen Worte wird dem, der die Sprache der Zeit verſteht, ein Leichtes ſein. V.
1087, das getadelte βιησαμένη für βιασθεῖσα iſt
altattiſch, und ſelbſt durch Homers παρ' ἄμμι
φιλῆσαι, Od. I, 123, geſchüzt (*Fiſch. Well.*
IV. p. 63). V. 1089, ἀκηχέμενοί ῥα im Nachſaz.
V. 1091, ἀποψύχοντε: κέαρ δ' ἐπὶ τείρετο: *dazu.*
V. 1099, ἥρωσιν. V. 1101, παρὰ ξεσταῖς κροκάλαισιν, *am glatten* (nicht ſchroffen) *Kiesufer.*
Dann οἱ λιγὸς, und κεινὴν ἅλα, und Hn. *S.*
rühmliche Verbeſſerung ὑπένερθ' Ἑλίκης.

.,V. 1108—1117 hält Hr. *S.* für ein unſinniges Einſchiebſel eines Gnoſtikers, der an die tauſendjährigen Hyperboreer gedacht, und dieſen (wie er verſteht) 12000 Jahre geliehen habe. Auf ſolche Art ſollte man die oft dunkle Erzählung des Dichters aufklären! ruft er am Schluſs: wobei wir das Vergnügen der Einſtimmung uns verſagen müſſen. Für μηνὸς τὸ πεπρωμένον, *das beſtimmte* Ziel *des* zwölften *Weltmonats*, ſezt er μῆκος, *die beſtimmte Länge*. Was? gleich nachdem ſie die gehörige Länge erreicht, ſterben ſie ab? Nein, er meint Zeitlänge, Dauer. Aber die kann μῆκος allein nicht bedeuten, ſondern nur mit dem Beiſaz der Zeit: Eur. Or. 72, μακρὸν μῆκος χρόνον. Weiterhin ſchrieb der Dichter, ὑπ' ὀφρύσι ναῖε γαλήνη, vergl. Apoll. III, 371. 1024; und dann ἐπεὶ φρεσὶν ᾗσι νόησαν —, wie Od. VIII, 240, mit folgendem Infinitiv. V. 1124, wahrſcheinlich εἴργουσιν· ἀποκλείει —. V. 1128, ἔνϑεν — ἐπειγόμενοι δέ. V. 1134, vielleicht mit Hn. *H.* ποτὶ σχερόν: welches die Zahl der Archaismen vermehrt. V. 1137, ἐϋκτιμέναισι τ' ἀγυιαῖς. V. 1139 glaubten wir ſo hergeſtellt, ἀποφϑιμένοις ἄμα νηῦς ὠκεῖα τ., *welchen, gleich nachdem ſie geſtorben, ein ſchnelles Schif bereit iſt*; aber den Vorzug verdient ἄνεσις ναύλοιο des Hn. *Hermanns*, mit dem wir V. 1141 über κόλπος zuſammentrafen. V. 1143

und 1213, πόλιν|τε καὶ ἤθεα, wie Heſ. E. 222.
V. 1145, νῆ’ ἔςκιεν. Vielleicht könnte V. 1152
ἀναστήσασθε durch Od. II, 424, στῆσαν ἀείραν-
τες, vertheidigt werden. Hiernächſt wird λύ-
σαντε δὲ προτόνων ὀθόνας von Hn. S. für ungriechiſch und unrichtig erklärt. Ungriechiſch?
Λύειν τινὸς ohne ἐκ, *von etwas ablöſen*, ſagt
Euripides Tel. I, 7, und Theokrit XXIII, 39,
λῦσον τῶ σχοίνω μι. Unrichtig? Zugleich mit
den προτόνοις, welche den Maſt hinterwärts
hielten, wurden ja die geſenkten Segel zuſam-
mengebunden, V. 634. Ob ὅπλα Schiſsſeile
ſein können, beantwortet *Gesner* im Regiſter.
V. 1159 wird der ſpätere, oder, wie Hr. S. ſagt,
barbariſche Gebrauch des ὄφελον im Triumf
aufgeführt. Genau beſehn, ein Schreibfehler,
ſtatt ὄφελόν γε διαρραισθεῖσ’ ἀπολέσθαι. Apoll.
III, 337, ὡς ὄφελόν γε — δαμῆναι. V. 1161 ver-
ſöhnt Hr. S. den Dichter durch die Herſtellung
ἀϊδρείην und νώννυμος. V. 1163 ſoll αἵματος
ἐμφύλοιο wieder ungriechiſch ſein; denn ἔμφυ-
λος werde nur von Perſonen, von Sachen aber
ἐμφύλιος geſagt. Das ungewöhnlichere ἔμφυλον
αἷμα hielt auch Sofokles Oed. C. 407 der kühneren Poeſie gemäſs. V. 1164 ſcheint dem Kritiker ἄτη ἐπ’ ἄτην, *Unheil auf Unheil*, gegen
den griechiſchen Sprachgebrauch, wenn man
nicht ἐπὶ mit *Ruhnkens* σπέρχει verbinde. Theo-

krit XI, 69 hat ἆμαρ ἐπ' ἆμαρ, *Tag auf Tag.*
V. 1166 haben wir vor langen Jahren geändert
κακότητος ἕξομαι, *ich werde haften am Unglück, calamitatem subitura sum.* Verwandt
ist Homers ἕχομαι κακότητι Od. VIII, 182, *ich
werde gehalten, umringt vom Unglück.* V.
1168 verbindet Hr. *S.* falsch κόλπον ἵξεσθε, ἴσω
γαίης; denn κόλπον ἴσω steht wie Homers Ἴλιον
εἴσω. Durch ἵξεσθε wird die Änderung des ἵξο-
μαι nothwendig; wir lesen ἀμπέλαγός κ' Ἀτλαν-
τικὸν ἐξολέκωμαι. V. 1171 wird erfodert εἰ κ' ἆρα,
ob sie wol haben würden; Ἰσχήσειν in diesem
Sinne (welchen Hr. *H.* ableugnet) hat Euripides Bacch. 1335. Cycl. 693. Hel. 30; Apollonius
I, 895. III, 700; und Herodot σχήσων τὴν Βα-
σιληΐην. V. 1174, ἤ μιν. V. 1182, mit *R.* βρο-
μέουσα. V. 1183 läfst Hr. *S.* das matte ὑγρὸν
durchgehn, obgleich ein Abschreiber es unleser-
lich fand und ausliefs. Man lese θεῖεν δ' ὑπὲρ
ἄγριον οἶδμα, wie Apoll. IV, 947. Im nächsten
giebt er αὖθις aus der *Vossischen* Handschrift,
wo *Gesner* es nicht fand, und sich zur Strafe
einen Unhexameter; ἰσαῦτις ist das wahre,
Apoll. II, 1167. V. 1187, εἰ μὴ ἐπ' εἰσχατιαῖς,
und im folgenden, wie Hr. *S.* abtheilt, ᾦ —
ὄπωπε als Zwischensaz. Der getadelte Misklang
führt auf das verkannte τηλουρὸν ὄπωπε. V. 1190,
Piersons μέλαν νέφος. V. 1192 wird die mystische

Ferſefone, bei welcher V. 23 und 26 nichts zu
erinnern war, in die gemeine *Perſefone* ver-
fälſcht. Jene hat Pindar häufig; in anderer
Form heiſst ſie bei Euripides Hel. 174 *Ferſe-*
ſaſſa. V. 1194 wird *Pluteus,* für *Pluton,* wie
Aïdes nach der Entdeckung des Weſtlandes
hiefs (Myth. Br. 56), bis zur Anthologie herun-
tergeſezt. Schon Moſchus II, 125 fand *Pluteus*
als poetiſche Form. V. 1195, ἐπιβήσασθαι τινα
heiſst, wie ἐπιβῆναι, *angehen* (Apoll. IV, 286);
auch *feindlich angehen, anrennen, anfallen,*
wie ἐπιβῆναί τινα bei Sofokles Aj. 137. 143. In
V. 1196 erkennt Hr. *S.* mehrere Anzeigen ſpäterer Zeit und ungeſchickter Nachahmung, κῦμα, meint er, heiſst einzelne *Woge;* nicht
Wallung, wallende Meerflut, welches doch
Hom. Il. I, 483. VI, 347 ſich einbildete; und das
Beiwort ἀτρύγετον ſei mit der einzelnen *Woge*
unverträglich. Das wol nicht; aber beſſer iſt
διὰ κῦμ᾽ ἁλὸς ἀτρυγέτοιο, wie V. 1033, auch
wegen des alterthümlichen διὰ, *durch,* mit dem
Accuſativ. Ferner, daſs ein anderer Gott auſser
Poſeidon *über das Meer* hinfahre, dünkt ihm
eine bedenkliche Neuerung. Die *Mythol. Briefe*
(I, 27) nicht zu kennen, iſt irgendwo Schulge-
ſez, und, was man ſelbſt anführt, nicht zu
leſen, Schulſitte: der Hymnus an Demeter,
wovon Hr. *S.* V. 383 anführt, ſchildert drei

Verfe vorher des Aïdes Fahrt *über Meer* und
Ströme.

V. 1202, τὰ δὲ καλὰ φύει μετοικία δῶρα,
dort aber wachfen herliche erfreuende Gaben,
der Herfcherin Demeter. Bekannt ift der griechifche Gebrauch, *dort* durch *jenes* zu bezeichnen, wie bei Homer, οἱ δὲ δύω σκόπελοι. Hr.
Heyne hielt diefen Vers für krank, und verfuchte fein beliebtes Heilmittel des Todtfchla-
gens. V. 1204 — 1206 ἀνέτρεψεν δ' ἀναρθῶν —
ἠδ' ἀρ — ἔλγί. Hier, wo der Steuerer linkshin
dreht, damit das Schif rechtshin laufe, dol-
metfcht Hr. *S.*, durch eine Göttingifche Schulübung verführt, gerade das Gegentheil heraus,
mit einem Seitenblick auf *Ruhnkenius,* der un-
verführt weiter ging. V. 1207, und unter den
Varianten bei 1105, nimt Hr. *S.* die Rechnung
an: das Schif fei aus der Mäotis durch einen
langen Kanal V. 1078 am zehnten Tage in den
Okeanos gelangt, dann aber V. 1105 am elften,
d. i. in cinem Tage zu den Makrobiern, dann
V. 1185, am zwölften, d. i. am folgenden Tage
bis zwifchen Iernis und der weftlichen Einftrö-
mung des Okeanos, und jezt am dritten nach
jenen zehn Tagen zu Kirke's Infel, welche er
mit feinem Lehrmeifter an die Ligyerküfte ftellt.
Zehn Tage durch den nördlichen Kanal, und
nur drei Tage von dort um Europa herum, da

noch das Schif längs dem Nordgeſtade gezogen
ward! V. 1212 riethen wir δίζεμεν, ὅστις —´,
und dann γνῶναι δὲ πόλιν τε καὶ. Da das erſte
mit μολεῖν übel ſtimmt: ſo verdient den Vorzug
Hn. *S.* διζομένους, εἰ τίς σφι (mit Hn. *H.*) βρο-
τῶν. V. 1214, ὡμάρτησε, *ſie geſellte ſich,* traf
mit ihnen zuſammen. V. 1215, ὁμόγνητος, wie
Heſiods διόγνητος; die Nebenformen ὁμογενὴς
und ὁμόγνιος hatten die Tragiker bereits. V.
1223, beweiſt die Änderung, daſs Hr. *S.* die
Stellung des δὲ für willkührlich anſieht; und
V. 1224, daſs ſeine Citate verdächtig ſind. Nicht
Homer, ſondern Euripides hat χλωρὸν δάκρυ;
jener hat χλωρὸν δέος und θαλερὸν δάκρυ. Von
Bläſſe allein, nicht von Röthe, ſpricht unſer
Dichter. V. 1225, προσηύδαε konnte nicht aus
dem bekannten προσηύδα verderbt werden; es
iſt alt, wie ἵστανε V. 901: wofür ſelbſt das ver-
ſchriebene προσκύδανε zeugt. Dieſem Schreibfehler wirft Hr. *S.* nur vor, daſs κυδαίνειν, *an-
fahren, ſchmähen,* bedeute; er verwechſelt
es alſo mit κυδάζειν. Aber auch *ehren, ehr-
erbietig anreden,* paſst nicht hieher. Ehe
προσηύδανε uns einleuchtete, verſuchten wir
ἐποικτείρουσ' ἀποσκύδμανε, *voll Mitleids zürnte
ſie*; und, weil die Verkürzung vor σκ, troz
Homers ἀλλὰ Σκάμανδρος und Heſiods τε σκιῇ,
misfiel, geriethen wir zu — ουσα προτισκυδμή-

νατο: welches uns abſchreckte. V. 1227, λι-
λάϑεσϑ', ἄπερ ἄν ρ. ἵκησϑε. V. 1229 iſt ohne
Todtſchlagen, durch die leichte Änderung ὅλεσ'
ἄτη geheilt, und V. 1231 durch αἰὲν — ἀκέον-
τας, *da ihr noch immer in ungeſühnten Ver-*
ſchuldungen ſtarrt, verſtockt ſeid. V. 1234,
mit Hn. *H.* ἐντὸς ἱκέσϑαι. V. 1235, προστρόπιος
iſt eine ſeltnere, landſchaftliche Form, für προ-
στρόπαιος, aber darum nicht neu. Bei V. 1238
iſt keine Lücke, weder in Gedanken, noch in
Worten. V. 1240 ſollen λιγὸς und οὖρος zwei
Beiwörter ſein! Für ἀήτης laſen wir längſt ἀῆναι, wie Hr. *Hermann.* V. 1242 ſcheint Τερ-
μισσοῖο die wahre Lesart, ein aus Ταρτησσὸς
verdorbenes Wort, womit des Dichters Gegend
die weſtlichen Weltenden, τέρματα γαίης (H.
X, 23), andeutete: wie unſere Vorfahren mit
Mailand, aus *Mediolanum,* ein Frühlingspa-
radies meinten. V. 1251 leſen wir: Τριγλώχιν',
ἀνὰ νῆσον ἐρίσσομεν Ἐγκελάδοιο., Αἰτναίη
ὅϑι φλὸξ κατερήτυεν μεμαῶτας. Auf der
Küſtenfahrt *längs* oder *um* Sikelia, wo ſie *ru-*
dern muſsten, hemmte ſie der feuerſpeiende
Ätna, und darauf Charybdis. Ἐρητύειν mit
langem *v,* Il. ΙΙ, 75, und ſonſt häufig. V. 1255,
κύματα καχλάζοντα. V. 1257, αὖτις. V. 1258
verräth das falſch geſtellte δὲ einen Schreibfehler. Wir änderten zuerſt κοίλῳ δὲ βλέζοντι, nach

I. 23

Apoll. IV, 923, ἀναβλύζουσα Χάρυβδις; beſſer
• ſcheint κοίλῳ δ' ἰλυόεντι, an der ſchlammigen
Vertiefung des Trichters, welche V. 1263, zum
Misfallen des Kritikers, Schlamm genannt wird.
V. 1262, mit Hn. H. ἰκδυ τε. V. 1266: zwei
Sirenen hat der Dichter, wie Homer, deſſen
Σειρήνοιϊν der Scholiaſt bei Od. XII, 39 wohl
verſtand. V. 1270, καὶ τότε δή — Θέσπις ἀοιδή.
V. 1276, διὰ Θέσκελον αὐδήν: ich ſang helltö-
nend, wegen der bezaubernden Stimme (der
Sirenen), um ſie zu überſchallen. V. 1280:
, Das Land, welches, von Poſeidons Dreizack
zerſchellt, in drei Inſeln, Sardo, Euböa und
Kypros, aus einander fliegt, iſt wahrſcheinlich
Kreta, wo etwa eine der zum Theil von Diodor erhaltenen Prieſterſagen verſicherte, daſs
ihre Inſel vordem viel gröfser, oder dem feſten
Lande vereint geweſen ſei. Die Cribelliſche
Lesart Λυκαονίην γαῖαν iſt wol die richtige,
deren Randgloſſe Λύκτος den Schreibfehler veran-
laſste. Stefanus ſagt, Lyktos in Kreta ſei genannt von Lykos, Lykaons Sohn. An χρυσέηφι
ſollte man nicht zweifeln. V. 1281, vielleicht
αἰγδην δὲ διεσκέδασεν. V. 1289 ſtellte Hr. S.
das alte βυσσὸν her. V. 1290 iſt die Rede von
der übermenſchlichen Geſtalt, die noch an den
Felſen erſchien.

. V. 1292 wird, ſeiner Gebrechlichkeit wegen,

von den Hn. *S.* und *Heyne* zum Tode verdammt,
obgleich dadurch der Saz fein Subject einbüfst. •
Wenn man erwägt, was es nach griechifchen
Vorftellungen zu bedeuten hatte, nicht mehr
längs der Küfte, fondern von Italien gerade durch
das ionifche Meer nach Korkyra zu fchiffen;
fo bietet fich diefe Herftellung dar: Ἀργὰ, κῦμ'
ἀνὰ πόντον ἀπείρονος Ἰονίοιο. V. 1297 möchte
Hr. *S.* θέμιστας κραίνεσκε in κρίνεσκε verwandeln. Jenes ift ächtgriechifch: Eur. Heracl. 144,
κυρίους κραίνειν δίκας. V. 1298 ift uns die ficbere
Verbefferung, πορσύναμεν ἱερὰ ΘΥΣΘΛΑ mitgetheilt worden. V. 1304 fagt der Dichter *Ver-
geltungen*, wo andere *Vergeltung* fagen: auch
daran erkennt Hr. *S.* fpätere Zeit! V. 1308 fezt
Hr. *S.* ἀχρῆνε für ἄχρεις, welches ihm völlig
enorm fcheinet. Wie? jenes bekannte Wort
hätte man fo, und gar nach falfcher Ausfprache
ἄχρις, verfchrieben? Mit der Norm wollen wir
den Grammatiker ausföhnen. Die Grundform
von ἀχραίνω ift ἀχράω, die anderswo ἀχρέω lautete, und in ἀχρείω gedehnt wurde: wie βάω,
βαίνω, βέω, βείω· στάω, στείω· κράω, κραίνω,
κρείω. V. 1318, vielleicht ὥς κε πατρὶ τίσεις
δίκην: das durch Cäfur verlängte — τρί ver-
wirrete die Abfchreiber. V. 1320 lefen wir τὸν
ἐὸν πόσιν, ohne δέ. V. 1321: Οὐ μὲν δὴ φίλον
ἐστὶν ἀπό ῥ' ὄσασθαι ὁμίλου, *Traun nicht*

*lieblich erſcheint's, wenn hinweg man ſtöſst
aus Geſellſchaft.* V. 1322, ἐρύσαι τ' ἐκ, ſtatt
ἐξερύσαι. V. 1322, θυμαίνει δὲ μάλα σφι, ohne
Zweifel. V. 1328, ἄμμι, nach dem bekannten
Gebrauch des Dativs: *er mag ſie uns hinfüh-
ren,* d. i. unſertwegen. V. 1332, καὶ κατέδειξε.
V. 1334, mit *Slothouwer,* Μηδείη, *der Medeia
ward ein ehelich Lager bereitet.* Wie die un-
ſchamhaften und bedachtloſen Einfälle ſeines
Egregii, der ſonſt ſcharfe Kritiker mit Samt-
pfötchen ſtreichelt, iſt rührend zu ſehn. V. 1339:
νοσφίζεσθαι τί, *etwas von ſich entfernen, aufgeben,* kennt ſchon Homer Od. IV, 263. XIX,
579, νοσφισσαμένη τόδε δῶμα. V. 1339, vielleicht δὴ τότε. V. 1340 ſagt *Ruhnkenius,* das
Wort δυσάντητος habe *Nonnus,* des Dichters
Nachahmer, hier geleſen; Hr. *S.* läſst ihn geſagt haben, der angeführte Vers des *Nonnus*
ſei dieſem nachgeahmt. V. 1343, ἐκ ῥ' ἔλαχ'.
V. 1344 wird, λύοντ' ἐκ πείσματα νήσου, *ſie
löſten ſich die Hemmtaue von der Inſel* (vergl.
1241), ein Fehler genannt. Alſo auch Homers
λυσόμενος θύγατρα? und ähnliche Stellen des
Apollonius I, 1109. II, 166, die Hr. *Hermann*
entgegenſtellt? Gleich darauf V. 1349 duldet
der Grammatiker, wie V. 1375, einen wahrhaft
ſprachwidrigen Schreibfehler, ἢ πῶς für ἠδ' ὡς.
Wozu V. 1354 über ῥίμφα, *plözlich,* ſo viel

Wefens? und dicht dabei das Stillfchweigen
über das ungriechifche Μελάντειοισιν ἰχέσθαι,
wo Μελαντείοις ἴνιεσθαι erfodert wird? Dann
V. 1356 die fahrläffige Nachficht für ἀγχόθεν
αἰέν, deffen unverächtliche Verbefferung ἀγχόθι
ναίων nicht einmal bemerkt wurde! Näher der
Wahrheit und poetifcher fcheint ἀγχόθ' ἐν αἰγλῃ
zu fein, wohin die Cribellifche Überfezung *lu-
cem carufcam fuperintulit* führt. Auch Apollonius IV, 1710—1717 hebt den ringsum leuchtenden *Glanz* des Gefchoffes hervor, wovon
dem Apollon der Beiname Αἰγλήτης gegeben
ward. V. 1358 thut die *S.* Änderung μεσσατίην
der Grammatik, nicht dem Sinne genug, weil
Anafe keineswegs in der Mitte der Sporaden
liegt: klein nennt fie Apollonius IV, 1711, alfo
lefen wir μειοτέραν Σποράδων, welches feltene Wort die Abfchreiber miskannten. V. 1359,
ἐπικλήζουσι. V. 1360—62 hilft die Hermannifche Verbefferung λέθρον ftatt λέτρον aus allen
Nöthen, mit welchen Hr. *S.* ringt. Für ἐπιφρα-
δέως lefen wir das Hefiodifche ἐπικρατέως. Bei
der langen Anmerkung zu V. 1365, welche das
unftatthafte ἠλιτόποιναςι gegen *Ruhnkenius* fefthalten foll, wird einem der Kopf wirbelig. Die
Entfcheidung ift einfach. Alle mit ἤλιτο oder
ἄλιτα gebildeten Wörter haben den Begrif des
Verfehlens. Demnach wäre ἠλιτόποιος Ἐριν-

νὸς die *fehlstrafende Erinnys.* Sie soll aber die *unfehlbar strafende* sein; also νηλιτόποινος: welche Verbesserung des scharfsinnigen *R.* zugleich den Vers heilet. Das Hesiodische νηλιό-ποινος ·Theog. 217 heifst das selbige, wenn wir es nicht von νηλεὴς, *unbarmherzig,* sondern vom alten νήλιος, *unabirrend,* herleiten, dessen Stamm ἠλεὸς, *irre, irrsinnig,* durch Kallimachus Fr. 173. 174|sich erhalten hat. Bei Hesiodus also ist die Veränderung νηλιτόποινος, wie *R.* selbst einräumt, nicht eben nothwendig. Dennoch giebt ihr Hr. *Heyne* in der Wölfischen Ausgabe den Vorzug, indem er durch die falsche Erklärung, *Verbrechen strafend,* sein Stimmrecht verliert. Dies verschweigt Hr. *S.,* und stimmt für den Schreibfehler ἠλεόποινος, der, wie ἠλιτόποινος, *abirrende, verfehlende Bestrafung* anzeigen würde. V. 1366 billigt Hr. *S.* die *Gesnern* beigelegte Fügung ἐπὶ Μινύαις, welche sprachwidrig ist; da ihm doch ἐπιῤῥίζειν aus Homer Od. XVII, 211, Theokrit XXV, 97. Ep. IV, 15 ja aus dem Stefanus bekannt sein müfste. Wem man geopfert habe? Natürlich dem auszusöhnenden *Zeus* ἐπόψιος. V. 1035, welchen Apollonius IV, 700 ἱκέσιος nennt. V. 1371 werden mit *Einschnittopfern* die unterirdischen Götter gesühnt, vorzüglich die durch Bannen beunruhigte *Hekate,* welche in der Anrufung (εὐχὴ V. 49) κλειδοῦχος mit anderen myſtiſchen Gottheiten heiſst.

Wir haben alles, was Hr. *Schneider* gegen die *Sprache* des Argonautikers geſagt hat, auch manches, was er noch ſagen konnte, ſorgfältig geprüft; weil die Entſcheidung auf dem Spiele ſteht, ob dieſes Gedicht fernerhin als wichtige Urkunde eines höheren, durch Bücherverluſt räzelhaft gewordenen Zeitalters, oder als eines ſpäten, ja eines halbbarbariſchen Betriegers unbedeutendes Machwerk zu betrachten ſei. Die *Sprache* duldet nicht nur, ſondern verlangt, daſs wir das ſtreitige Gedicht über die Alexandriner hinaufſezen. Wie weit hinauf? läſst nicht ohne genauere Erforſchung der *Sachkenntniſſe*, die es enthält, ſich beantworten. Eine beträchtlich höhere Zeit, welche *Ruhnkenius* annehmlicher fand, und *Wolf* annahm, ſcheint uns hiſtoriſcher Beweiſe fähig.

Zwar trit noch ein neuer Ankläger hervor, der unternehmende Hr. *Hermann*, dem jüngſt, dieſer nämlichen Anklage wegen, ein helltöniger Herold den Ausruf: *An Jahren faſt noch ein Jüngling, an Verdienſten ſchon längſt ein Veteran!* vorjubelte. Er bezeugt S. 689 ſeine Verwunderung, daſs Hr. *Schneider* in geſeztem Alter, auf den Wink ſeines Lehrers, der gern ſtreitige Meinungen vermittele, dem

Argonautiker die alexandrinifche Zeit eingeräumt (oder vielmehr einzuräumen fich geftellt) habe. Richtiger fcheint ihm S. 675 der jugendliche *S.* den Weg gezeigt, nur nicht gehörig verfolgt zu haben. Der *Sachkenntniſſe* Unterfuchung, fagt er S. 685, fei fchwierig, und zeige ihm am Ende wenig Gewinn. Ganz ficher dagegen (S. 686) werde an der *Sprache* die Neuheit des Gedichts erkannt; und *Ruhnkenius*, der nichts von Sprachneuerungen darin fehen wolle, habe fich anfangs des Irrthums, und nachher (d. i. nach der Schneiderfchen Jugendfchrift) der *Hartnäckigkeit* fchuldig gemacht. Überhaupt (S. 680) fei *Ruhnkenius*, obgleich ein äufserft fcharffinniger Kritiker, doch zuweilen fich felbft unähnlich; z. B. habe er aus Altgläubigkeit, gegen *Wolfs* Meinung über Homer fich gefträubt. Hierauf, mit vielen neuerfundenen Regeln, nach welchen das Widerftrebende geändert wird, muftert Hr. *Hermann* die angeblichen Sprachneuerungen — im äolifchen Hauch S. 688, in der Cäfur S. 692, in der Verlängerung durch Cäfur S. 697, im Hiatus S. 720: woraus S. 755 folgen foll, dafs der Argonautiker *vor Nonnus* gelebt habe. Noch beftimmter wird von S. 755 an, durch die attifchen Verkürzungen, und S. 773 durch οἱ und σφίν, ausgemacht, dafs er (S. 698. 810) *zwi*-

fchen Quintus, der älter fei, *und dem fpäte-*
ren Nonnus in der Mitte ftehe. Zulezt giebt
Hr. *H.* ein Verzeichnis nachhomerifcher Ausdrücke, womit er das fpäte Zeitalter des Argonautikers zu beftätigen hoft, weil fie bei Quintus, Nonnus und anderen fpäten Dichtern *auch*
vorkommen. Wie *lange vorher* fie im Gebrauch
waren, haben wir zugleich bei der Schneideri-
fchen Ausftellung gezeigt. Selbft homerifche
Wörter, die bei den fpäteften Dichtern fortlebten, wie πεφυλαγμένος, δοκέειν, und fogar
ιδε für ηδε, drängen fich mit in die Reihe der
Neuerungen aus dem Zeitalter des Quintus, Ma-
netho und Chriftodorus!

Das alfo wäre die neue Bahn, die Hr. *Her-*
mann zuerft (und wir weiffagen, zulezt) betre-
treten zu haben, S. 675 voll lukrezifcher Begeifterung fich rühmt:

— — — *Mente vigenti*
Avia Pieridum peragro loca, nullius ante
Trita folo! juvat integros accedere fontes,
Atque haurire; juvatque novos decerpere flores,
Infignemque meo capiti petere inde coronam! etc.

Mit ficheren *Sprachbeweifen* verfpricht er, uns
darzuthun, dafs der Argonautiker dem 4 oder
5 chriftlichen Jahrhundert angehöre. Und was
kommt? Kein einziges Wort von fo fpätem
Gepräge, nicht Eine haltbare Wortfügung jener

entarteten Zeit! Über οἱ und σφὶν freilich wird
von S. 773 bis 811, und im Regiſter S. 900 und
921, mit manchem *Wenn*, *Oder*, *Wo nicht*,
ſogar ob οἱ wol aus dem Hebräiſchen ſtamme
(S. 811), umhergerathen; bis endlich, wie bei
der Frage, wie hoch der Berg Sinai ſei, die
Antwort erfolgt: Das läſst ſich ſo eigentlich
nicht ſagen. Gleichwohl iſt Hr. *H.* ſo kühn,
durch Einſchaltung des οἱ allein etwa ein Schock
Verſe, wo es (meiſt Unſinn (giebt, zu verfäl-
ſchen; vielleicht weil er Hn. *Schneiders* ehe-
maligen Ausſpruch (*Differt.* S. 82), daſs der
Argonautiker mit ſeinem οἱ und σφίσι faſt ra-
ſend ſei, wahr machen wollte. Die wichtigen
Alexandrinismen übergeht Hr. *Hermann* ſtill-
ſchweigend, indem er S. 681 *Valckenaers* Bemerkung (als Zeugnis für ſich miskennt; ſein
ganzer Beitrag zur Aufklärung dieſer Eigenheit
iſt, daſs er V. 1122 (1117), in der Änderung
φρεσὶν οἶδαν ἑοῖσιν, einen neuen Alexandrinis-
mus ſtatt εἴδαν) erfindet, und (ihm zum Genoſſen
einen Sprachfehler giebt. Eben ſo wenig haben
andere altattiſche Formen dem(Hn. *H.* Kummer
gemacht; getroſt auf ſeine Regel von epiſchem
Ionismus, ändert (er das Abweichende mit ſpie-
lender Hand.

Da alſo (Hr.) *Hermann*, in ſeiner ohne Vor-
bereitung und Luſt übernommenen Ausgabe, das

Wesentliche des Schriftstellers, *Sachen* und *Worte*, entweder umging oder behende abfertigte, und, solcher Ungründlichkeit sich bewußt, dennoch mit dreisten Änderungen und Versezungen und eingeschobenen Lücken, wodurch 1376 Verse in 1384 aus einander gerenkt wurden, das Gedicht bis zum Unlesbaren entstellte; so ist uns erlaubt, nicht nur von seinen luftigen *Nebendingen*, und den darauf gebaueten Luftschlössern, sondern von der ganzen *kavaliermäßigen Ausgabe* den Blick zu wenden. Was, ohne mühsames Eindringen in des Argonautikers Stof und Vortrag, dem kritischen Scharffinne des Herausgebers gelungen scheint, haben wir mit gerechter Dankbarkeit, die lieber für alles gedankt hätte, angezeigt. Auch in den Verirrungen erkennen wir Sammlerfleiß und einen lebhaften, vorstrebenden Geist, der sich einmal wieder zurecht finden wird.

Wenn doch ein Mann, der im Rathe der gelehrten Republik Siz und Stimme hat, ein durchdringendes Wort ausspräche über die Leichtigkeit, womit man jezt Bücher fertiget, und in Umlauf sezt! Nicht jene Schreibereien, die in den Lesegesellschaften von Messe zu Messe Ebbe und Flut halten; nein, Bücher meinen wir, deren Inhalt Anspruch auf Dauer hat, Bücher, die an die unsterblichen Klassiker sich an-

fchliefsen, und, wofern fie nicht ganz werthlos
find, von ihnen vor dief ftreng prüfende Nachwelt gezogen werden. Wie kann einer es vor
fich felbft verantworten, wenn er das Gefchäft
feines Lebens und Berufs, zumal ein fo edles,
fo geifterhebendes, als der Umgang mit den
alten Unfterblichen es gewährt, nicht bis zur
erreichbaren Vollkommenheit mit der redlichften
Anftrengung gefördert hat? wenn er der Fahrläffigkeit, wenn er der mutwilligen Abweichung
von ftrenger Wahrheit fich bewufst ift? Wie
kann er ohne Unruhe an die mitwiffenden Zeitgenoffen, wie ohne Furcht an die unbeftech-
liche Nachwelt denken? Gebe es auch Mittel,
durch gewonnene Stimmen das Endurtheil zu
verzögern; nach dem Getöfe der Durchhelfer
erhebt fich der ruhige Ausfpruch der Kundigen,
der Gerechten. Und fchweigen die Mitleben-
den; die *Leffinge* in der Wiege werden dereinft
Männer, und reden gewifs.

IV.

ÜBER KLOPSTOCKS GRAMMATISCHE GESPRÄCHE UND ADELUNGS WÖRTERBUCH.

(Jen. Allgem. Literatur-Zeitung. Januar und Febr. 1804.)

Alle, die unfere fo oft in rohe oder gezierte Barbarei zurückgefunkene Sprache von neuem zu urfprünglicher Kraft und Anmut erweckten, waren Männer, die mit lebhaftem und empfänglichem Geifte ausdaurende Forfchbegierde, den Reichthum und die Gefeze der Sprache zu ergründen, in fich vereinigten. Ein Glücklicher gab den verwahrlofeten Bezeichnungen des Gedankens und der Empfindung den erften Ruck; und eine Folge von Schriftftellern, guten und mäfsigen, brauchte und vermehrte durch Umtrieb den gemeinfamen Schaz. Die nach dem Anbau der Minnefinger eingetretene Verwilderung hemmte mit Macht *Luther*, indem er, voll des begeifternden Entfchluffes, dafs fein Volk das Wort der Wahrheit lauter in göttlicher Einfalt und Würde vernehmen follte, die neu ver-

deutfchte (nicht aus älteren Dolmetfchungen
anfgefrifchte) Bibel in jeder Ausgabe, die Pfalme
wohl fiebenmal von 1518 bis 1545, forgfältig
befferte, und aus dem Gemeinen zum Edleren,
aus zufälligerAnreihung zu geordneten Schwüngen der Beredfamkeit, erhob. Ihm, dem Stamm-
vater des neueren Sprachanbaues, folgten nach
Zwifchenräumen der Vernachläffigung die fort-
bildenden Väter: zuerft der männliche *Opiz*,
der den Mufen des Alterthums und der Fremde
reineren Gefang ablernte; dann *Haller's* Lehrer, der feurige *Lohenftein*, der, zwar als
Dichter dem Gefchmacke des Zeitalters huldi-
gend, in feinem Arminius und Thusnelda einen
bewunderungswürdigen Reichthum treffender
Worte und Wendungen ausbreitete; und endlich der gefellige *Hagedorn*, der die in Studier-
ftuben etwas erfteifte Sprache für die zarteren
Töne der Frohherzigkeit und der Lebensweisheit zu fchmeidigen verftand.

> Ihn deckt' als Jüngling eine Lyäerin,
> Nicht Orfeus Feindin, weislich mit Reben zu!
> Und dies war allen Waffertrinkern
> Wunderfam, und die in Thälern wohnen,
> In die des Waffers viel von den Hügeln her
> Stürzt, und kein Weinberg längere Schatten ftreckt.
> So fchlief er, keinen Schwäzer fürchtend,
> Nicht ohne Götter, ein kühner Jüngling.

Diefes Lob des geiftvollen, mit *Haller* von *Gott*-

fcheds wäfferichtem Schwarme angefeindeten
Hagedorn, fang im Jahre 1747 der Jüngling,
Klopftock: er felber, famt *Leffing* und einigen
andern, vorbeftimmt, durch Veredlung des poetifchen Ausdrucks und der Profa, uns Deutfchen den Rang eines wohlredenden Volkes zu
erwerben. Beide, fowohl *Klopftock* als *Leffing*, erforfchten in den Schriften der Vorfahren die Uranlage und den Umfang unferer
Sprache, und erweiterten fie mit unwiderfteh-
licher Gewalt über den Bezirk des alltäglichen
Gefprächs, in welchem, als dem gelobten Size
des Planen und Natürlichen, die immer nach-
wachfendenGottfchede fie eingeengt zu erhalten.
fich beeiferten.

Klopftock gab 1774 fchäzbare Bruchftücke
aus einer deutfchen Grammatik im erften Theile
der Gelehrtenrepublik S. 224. 255. 345. 377, und
verfprach S. 305 für den folgenden Theil, der
nicht erfchienen ift, Beiträge zu einem deutfchen Wörterbuche. Bis in die Mitte der ach-
ziger Jahre lag ihm die Ausführung einer ftrengen, nur durch Kürze und Beftimmtheit ge-
fchmückten Grammatik fo fehr am Herzen,
dafs er von nichts lieber mit feinen Freunden
fich unterhielt, und fchon eine wohlfeile Schul-
ausgabe berechnete. Plözlich ward der fanta-
fiereiche Dichter, durch Scheu vor der Trocken-

heit des Einzelnen, umgeſtimmt. Sein oft nachdrücklich geäuſserter Saz, daſs die Grammatik
in ihrer Einfalt, nackt wie die Wahrheit auftreten 'müſſe, wich dem feurigen Entſchluſs,
eine Auslefe von dem, was ihn gerade am
meiſten anzog, durch poetiſche Einkleidung gefälliger darzuſtellen. So entſtanden dieſe *Grammatiſchen Geſpräche*, worin als Perſonen die
Genien der abgehandelten Vorwürfe über ſich
ſelbſt mit eindringender, auch wol abſchnei-
dender, Schärfe reden, Wiz und mancherlei
Laune einſtreun, Gegner durch Belehrung und
Spott bändigen, Wettſtreit halten, alles zur
Zufriedenheit der Sprachgöttin Teutona. In
dem einleitenden Geſpräche ſagt dás Urtheil
zur Grammatik: „Du ſiebeſt leicht ein, wel-
„chen Vortrag ich von dir verlangen würde,
„wenn ich allein wäre. Saz; Beiſpiel. So we-
„nige Regeln, wie möglich; kein überflüſſiges
„Wort.“ Die Einbildungskraft dagegen verbittet ſich „dieſe unausſprechliche Trockenheit.“
Und die Empfindung wünſcht, „daſs man mit
„einer gewiſſen Lebhaftigkeit von dem rede,
„was ihr in der Sprache Ausdruck ſei, von
„dieſen Tönen, dieſen Bewegungen der Töne,
„dén Stellungen der Worte, von dem, was die
„Worte Starkes und Edles haben. Wer nur
„auf Richtigkeit der Beſtimmungen ſehe (meint

„fie), der lehre wol; aber man möge von ihm
„nicht lernen.“ Jene, die Einbildungskraft,
dringt dabei „auf nicht zu ängftliche Ordnung;
„fondern dafs man auch unzeitiges, wo es ge-
„falle, vorkommen laſſe, und dies und jenes
„Wichtige nur fo hinwerfe, als wäre es Klei-
„nigkeit.“

Vielleicht möchte jene ftrengere, aber darum
nicht trockene, fondern Genauigkeit mit Anmut
paarende Behandlung dem edlen Lehrer mehr
Lernende verfchaft haben. Jezo ift feine dem
gewöhnlichen Lefer und Kritiker zu fein ge-
fponnene Schrift nicht einmal allenthalben, wo
fie follte, nothdürftig angezeigt worden, gefchweige denn mit Sachkenntnis entwickelt,
und dem Verftändniſſe dargelegt. Und gleichwohl mufsten die abgefprochenen Gegenftände
einer forgfältigen Beherzigung werth fcheinen,
in einem Zeitalter, da, aufser wenigen Männern von älterem Schrot und Korn, die meiften
entweder in Gottfchedifche Natürlichkeit der
Alltagsfprache ohne Leben und Kraft zurück-
fchlummern, oder, wenn fie nach Würde und
Schwung trachten, ohne geregelte Sprachkunde zu unförmlichen Worten und Wendungen, wo nicht garj zu dem Kauderwelfch der
wandelbaren Schulfilofofie, abirren. Von welchen allen gefchrieben fteht: Zu der Zeit war

I.   24

kein König in Ifrael; ein jeglicher thät, was ihm recht dauchte.

Der ehrwürdige Verf. erklärt fich felbft in der Vorrede über fein Werk. „Es ift keine „Grammatik (ich hatte vor, eine zu fchreiben); „es find aber auch keine Fragmente: fondern „entweder ganze Gefpräche, oder vollendete „Theile von nicht vollendeten. Man kann es „jezt als gröfsere und kleinere grammatifche „Abhandlungen anfehen.“ In diefem Bande find enthalten: das erfte Einleitungsgefpräch, *die Grammatik*, S. 3 — 12. *Die Ausfprache*, zweites Gefpräch, S. 13 — 45. Zwei Zwifchengefpräche, S. 47 — 66. *Der Wohlklang*, drittes Gefpräch, S. 67 — 104. Drittes Zwifchengefpräch, S. 105 — 116. *Die Wortändrung*, ein vollendeter Theil des achten Gefprächs, S. 117 — 128. Viertes Zwifchengefpräch, S. 129 — 147. *Die Wortbildung*, viertes Gefpräch, S. 149 — 227. Fünftes Zwifchengefpräch (*ein Wettftreit über Kürze*), S. 229 — 288. *Die Kühr*, fiebentes Gefpräch, S. 289 — 312. *Die Verskunft*, ein vollendeter Theil des zehnten Gefprächs, S. 313 — 354. Sechftes Zwifchengefpräch, S. 355 — 360. Aufserdem hat *Kl.* noch *einen zweiten Wettftreit über Kürze* von 68 Seiten im Archive der Zeit mitgetheilt, und feinen Freunden in befonderen Abdrücken ge-

fchenkt. Von den übrigen, mehr und weniger
vollendeten Gefprächen meinte *Kl.* wol nur
noch Theile herausgeben zu können, wie ihrer
in diefer Sammlung ftehn; an den Zwifchen-
gefprächen fehlte nichts. Er nennt die rück-
ftändigen Gefpräche in der Vorrede: *Die Silbenzeit*, fünftes Gefpräch. *Die, Wortänder-
nis*, fechftes Gefpräch. *Wortändrung*, achtes.
Wortfolge, neuntes. *Verskunft*, zehntes. *Die
Bedeutfamkeit*, elftes und leztes Gefpräch:
welchem, nach der Angabe der Sprechenden
zu urtheilen, ein grofser Umfang von wichtigen
Gegenftänden der darftellenden Kunft befchieden war. Diefen Nachlafs (o möchte er voll-
endet fein!) hoffen wir bald aus der Hand des
Hn. Prof. *Ebeling*, dem er vertraut wurde, zu
erhalten. Es wäre Schmach und Verluft für
Deutfchland, wenn die froftige Aufnahme, und,
was mehr als unziemlicher Tadel fchadet, das
todte Stillfchweigen der Anzeiger, dem Schöpfer
unfrer Sprache feine lezte Anftrengung für diefelbe verleitet und gehemmt hätte.

Der diefes fchreibt, lebte mit Klopftock
lange Zeit in fo engen Verhältniffen, als der
Unterfchied des Alters und der Verdienfte zuliefs; er findet hier manche Erinnerung, wie
der jugendlich heitere Mann in feinem Stübchen
und auf Spaziergängen ein lehrreiches Gefpräch

führte, und Einwendungen mit gemildertem Ernſte beantwortete. Es ſei ihm vergönnt, wie vor dem Gegenwärtigen, durch liebende Scheu ſowohl die Bewunderung deſſen, was, ihm gefällt, als den Vortrag abweichender Meinung, zu mäſsigen.

Aus dem ſchon angezogenen *Einleitungs-geſpräche*, wo *Kl.* die Geſtalt ſeines Werks, eine ſchwimmende Inſel voll Scheinlebens, ſinnreich genug zu rechtfertigen weiſs, holen wir zwei Stellen nach. Die Grammatik verſpricht (S. 7) Vollſtändigkeit und Kürze, ſo weit dieſe Vereinigung bei der (einmal gewählten) Form des Geſprächs möglich ſei. „Aber für den „Überſehenden, ſage man leicht zu viel; und „für den anderen, niemals genug." Wir meinen, zwiſchen dem Überſehenden, der nur lakoniſche Geſezformeln liebt, und dem anderen, dem unendliche Auslegungen nicht Genüge thun, ſtehe der offene und beſcheidene Mitforſcher; und dieſer möchte doch einige der folgenden Ausſprüche zu kurz, und unverächtlichen Zweifeln ein abweiſendes Stillſchweigen nicht gemäſs finden. Die zweite Stelle (S. 10), wo dem Vorwurfe zergliederter Kleinigkeiten begegnet wird, möge auch unſerer Anzeige zu Gute kommen. „Was die Kleinigkeiten betrift; „ſind denn die Sprachen überhaupt etwas an-

„ders, als ein Gewebe von feinen Bezeich-
„nungen?... Ift der Anblick des Baums dem
„Auge vielleicht weniger angenehm, oder ver-
„liert der Schatten etwas von der Kühlung,
„weil das Laub aus Fäferchen befteht?“

Das *zweite Gefpräch, die Ausfprache*,
wird belebt durch Freude über den neueren
Grammatiker, der in feinem Lehrgebäude der
deutfchen Sprache Th. I. S. 129 den Buchftaben
die gefchmackvollen Namen, Blafelaut, Bebe-
laut, Nennlaut, Zitterlaut, Zifcher, Saufelaut,
Gacklaut, Mampflaut, Stötterling und Tödten-
der, erkiefete. Wir vermiffen die genialifche
Erklärung des Hn. Urhebers: „Der *Mampf-
„laut*, von *mampfen*, mit gefchloffenem Munde
„käuen, wobei oft ein *m* deutlich gehöret
„wird.“ Dann werden die fpafshaften Urtheile
preis gegeben, womit die Franzofen Rivarol
und Paliffot über uns herfuhren. Etwas des
Merkwürdigften heben wir aus. Unfere Ausfprache rühmt fich (S. 17—) der reinen Einfalt, mit der fie unfere männliche Sprache hören
läfst; da fie weder *näfele* (wie die franzöfifche),
noch *lisplzifchle* (wie die englifche), noch
fonft etwas thue, das Gefuchtes verrathe. Der
ftarke Hauch gehört den füdlichen Mundarten
an; in der Sprache felbft wird er gemäfsigt
(S. 18). Die gute Ausfprache (S. 22) ift nicht

den Gegenden eigen, wo *ö* wie *e*, *ü* wie *i*, *eu*
wie *ei* lautet, und *g* mit *k*, *p*·und *t* mit *b* und
d verwechfelt wird; fo wenig als denen, die
Hoffnunge, *Mang-gel*, *juter Jott* anftimmen.
Sie ift da zu Haufe, wo man fpricht, was die
allgemeine Rechtfchreibung, mit Ausnahme der
überzähligen Zeichen, verlangt. Dort heifsen
wir z. B. *Deutfche*, nicht *Teutfche*: welches
man gegen den angenommenen Gebrauch aus
den füdlichen Mundarten zurückrief. (Warum
billigt denn *Kl.* S. 33 in *ftreben*, *fprechen* ein
fanftes Gezifch, wie es in *fchweben* gehört
wird? Und womit will er nun *ifcht* für *ift*
abweifen?) Die Mitlaute (S. 25 — 33) find fanft
im Anfang einer Silbe, ftark am Ende: *Mu-fe*,
aus (wie *aufs*). Endigen mehrere Mitlaute, fo
ift nur der lezte ftark: *nimft*. Unrecht haben
die Süddeutfchen *Mufse* mit *Mufe* zu verwechfeln (und *Rofe Schoofse* zu reimen). Wie
Gabe, *gab* (*p*), *Bade*, *Bad* (*t*) fich verhalten;
fo *Tage*, *Tag* (*ch*), *Wege*, *Weg* (*ch*), nicht
Tack, *Weck*. So auch *hohe*, *hoch*; aus *rauhe*
ward *rauh* und *rauch*. Der fanfte Laut bleibt,
wenn ein folgendes *e* wegfällt: Die *Muf* empfängt, dem *Bad'* entfteigt, *geblieb'ne*, *gold'*-
ne, *gebog'ne*, *rief'le*). Widerlegt wird beiläufig der neue Sprachlehrer, der *z* und fogar *tz*
für ein verftärktes *s*, oder den härteften Saufe-

laut, ausgab. *Z* befteht aus *ts*, wie *x* aus *ks*, und es ift nicht weniger ungereimt, *fet-ze* ftatt *feze* (*fet-fe*), als *Ak-xe* ftatt *Axe* (*Ak-fe*), gefchrieben zu verlangen. Aber wer kennt nicht die Grillen des Schreibgebrauchs, für welchen die guten Erinnerungen bis S. 45 verloren find? „Es ift eingeführt, fchreit S. 39 „diefer Bocksbeutler; und nun vertheidiget er's, „aus Widerwillen gegen das Neue, auf eine „Art, die das Mitleid zu fehr auf ihrer Seite „hat, um lächerlich zu fein."

Das *Zwifchengefpräch* (S. 47—) befchäftiget fich mit Erfcheinungen, die aus den homerifchen Traumpforten hervorgehn. Aus der elfenbeinernen drängen fich überrheinifche, in Deutfchland fo gutherzig gepflegte Trugbilder: von höchfter Deutlichkeit ihrer unfterblichen Sprache, der unfere Menantes wenigftens Tropfen des Lebensbalfams abfchmeicheln, vom Vorzug ihrer Reimpoefie, vom Fortgange mit dem Jahrhundert, von verfchönernder Untreue der Überfezungen, von der Vortreflichkeit trubadurifcher Silbenmafse gegen die Versarten der Alten. Endlich trit aus der Hornpforte die wahrhafte Vorftellung: „Die deutfche Sprache „reichet dem Filofofen und dem Dichter beinahe „zu, und verdient daher die Aufmerkfamkeit „des Unterfuchers, der Sprachen von Sprachen

„unterfcheiden will, und kann." — Im folgenden *Zwifchengefpräche* (S. 57 —) werden Galliette und Inglefs aufgefodert zum Wettftreite mit Teutone um den Vorzug in Überfezungen. Sie follen treu fein dem Geifte des Originals, und, fo weit die Ähnlichkeit der Sprachen reicht, dem Buchftaben; fie follen nicht verfchönern, nicht verftärken, auch nicht durch Verkürzung, aufser wo Kürze der Sprache zu beweifen die Aufgabe ift (S. 62); fie follen in gleichen oder fehr ähnlichen Versarten fein, weil diefe we-fentlich zum Ausdrucke gehören. Man fieht wol, dafs auf folche Bedingungen nur die deutfche, als Originalfprache, die an eigen-thümlicher Lebenskraft und Behendigkeit der griechifchen Stammgenoffin am nächften ift, und keine der baftardifchen Ausländerinnen, fich einlaffen kann.

Am Eingange des *dritten Gefprächs*, wel-ches den *Wohlklang* betrift, rüget die Gram-matik dem Sprachgebrauch eingefchlichene, zum Theil aufgenommene Misbräuche. Der *Erftere* und *Leztere* fei eben fo fchlimm, wie der *Kleinftere* und der *Gröfstere; Mehrere* fei wie *Befferere;* und noch ärger fein *Dem un-geachtet*, und *Allerdings*, welche fich gleich-wohl feftgefezt. (Jene drei regellofen Compa-rative entftanden durch Veraltung ihrer Pofi-

tive, und find alfo nicht völlig fo fchlimm, als
die zum Spott gebildeten. Die Alten fagten der
Regel gemäfs der *ehere* und der *letzere*, vom
alten *lez* für *lat*. Der *mehrere* kann als Comparativ vom alten *mar*, grofs oder viel, gelten:
Die do merer oder gewaltiger feind, und,
der dir gleich ift, oder merer denn du bift,
fagt Kaifersberg, Poft. II, 41. Chr. Bilg. 17;
man zerreifset eben fo mehr (wohl) *einen
Beutel, als viel*, noch Agricola, Sprw. 73. Bei
den Opizifchen Dichtern indefs herfcht der
mehre, welches Klopftock in der Gel. R. und
Lefling in der Emilia S. 271, *Morgen ein Mehres*, mit Recht wieder erneueten. Wie der
alte Pofitiv *mehr* die Bedeutung eines Compa-
rativs annahm, eben fo *bas*, gut: *Der mit guten rhäten wol thet, vnd bas* (gut) *würcket*,
heifst es im Boccaz f. 43; *unpafs*, unwohl,
haben wir noch. Da der Comparativ *bas* veraltete, blieb der *beffere* allein: womit der *mehrere* von ganz gleichem Schlage ift. *Dem
ungeachtet* fezt die veraltete Fügung *einem
achten*, aufmerken, voraus; Lefling braucht
auf ähnliche Art, *dem Ausdrucke unbefchadet*,
Laok. 63. In *allerdings* endlich ift nicht Einheit und Mehrheit verbunden; fondern *aller-
dinge, allerding*, welches noch Rollenhagen
und Opiz gebraucht, ward mit dem gewöhn-

lichen *s* der Adverbien vermehrt: wie *allerseits,
jenseits* aus *jenseit, anderwärts* aus *ander-
wert.*) Dann, nach getadeltem Schreibgebrauch,
die Dehnung der Selbstlaute fo vielfach und fo
willkührlich zu bezeichnen, erklärt fich die
Grammatik wieder *ein schönes Ganze,* für
Ganzes oder *Ganz* (welches felbft Leffingen,
wie unferem Verf. *mit erhobener Rechte,* ftatt
Rechten, entfuhr); wider die Verwechfelung der
Hülfswörter *Haben* und *Sein;* wider poetifche
Wortfolgen in der Profa (der fchlichten und
ruhigen, verfteht fich; denn dem heftigen Vortrage, wie bei *Friederich Jacobi* und *Johannes
Müller,* geziemt auch alterthümliche Würde
und Leidenfchaft); auch wider die Einmifchung
des Landfchaftlichen: z. B. *beiläufig* ftatt *ungefähr,* die*fer Leibniz* ftatt *Leibniz,* er *ging*
ftatt *ift gegangen, ein ficherer Mann* ftatt
ein gewiffer; und bei diefer Gelegenheit wider
das Wörterbuch der Landfchaft Meifsen, welches fich ein *Wörterbuch der hochdeutfchen
Mundart* nennt.   Diefes Urtheil S. 75 verdient
fowohl durch Klopftocks ehrvolles Anfehn, als
durch die Wichtigkeit des beurtheilten Gegen-
ftandes, die ernfthaftefte Erwägung.

*Klopſtocks Urtheil über Johann Chriſtoph
Adelungs Wörterbuch der hochdeutſchen
Mundart.*

„Sollten wir in allem Ernſte eine Sprache,
„nicht blofse Mundarten haben, und bekämen
„wir einmal ein *deutſches Wörterbuch:* ſo
„müfste dies weder *reich* an Dingen ſein,
„die, ganz gekannt, bei der Wortkunde ent-
„behrlich ſind, und, halb gekannt, auf Irrwege
„führen — ich meine das *etymologiſche Wur-
„zelgraben*, deſſen man zu der Kenntnis der
„jezigen Bedeutungen, worauf es allein (oder
„vornehmlich) ankommt, nicht (oder nicht im-
„mer) bedarf —; noch müfste dies Wörter-
„buch *arm an dem Nothwendigen* ſein; ſon-
„dern *alle Worte* dieſer Sprache, aber auch
„*nur ſie*, enthalten, und *jede Bedeutung*, die
„ein Wort hat, — ich ſage *hat*, und rede alſo
„nicht von *verſtümmelten*, *verfälſchten*, oder
„gar *angedichteten* Bedeutungen — mit einer
„*Genauigkeit* beſtimmen, die bis zur Feinheit
„ginge, derjenigen nämlich, welche nicht ſucht,
„ſondern findet, und an nichts ſo kennbar, als
„an Richtigkeit iſt. Der Verfaſſer eines Wör-
„terbuchs giebt die *Eine Stimme*, welche er
„hat, dadurch, dafs er über die Bedeutung
„der Worte ſeine Meinung ſagt. Jedes *gutge-*

„*wählte* und *beweiſende Beiſpiel* iſt eine Stim-
„me mehr. Die Beiſpiele ſind aber *nicht gut*
„*gewählt*, wenn man ſie *aus dem Munde des*
„*Pöbels* (es giebt auch vornehmen), oder *aus*
„*Skribenten* nimt, *auf die niemand hört*; und
„ſie ſind *unbeweiſend*, wenn ihr Sinn *nicht*
„*völlig* der angezeigte iſt. Wofern der Ver-
„faſſer des Wörterbuchs in Anſehung der Bei-
„ſpiele ſeine *Halbkenntnis oft verräth*; ſo
„ſchmeichelt er ſich umſonſt gehört zu werden.
„*Er hat ſeine Stimme verloren.* Selbſt die,
„bei deren Stimmen man mehr an das Wägen,
„als an das Zählen denkt, müſſen ſehr auf ihrer
„Hut ſein, wenn ihnen dieſer Vorzug bleiben
„ſoll: wie viel mehr müſſen es alſo die, *bei*
„*denen man des Mitzählens nur nicht ver-*
„*giſst.*“ Weiterhin iſt die Frage: Wo man den
wachen Sprachgebrauch, oder reines Deutſch,
am gewöhnlichſten antreffe? bei den Skribenten? bei den Rednern? auf den Kanzleien?
oder in guten Geſellſchaften, die man ſo nennt,
ungeachtet ſie öfter im Franzöſiſchen Schulübung halten? Und der Sprachgebrauch antwortet: „Bei der ſehr kleinen Anzahl von
„Skribenten, die Dauer verſprechen, lebe ich
„eigentlich

    „Da hab' ich meinen Heerd,
    „Und der iſt Goldes werth,

„Doch befuche ich auch wol diefen und jenen
„Redner. Auf den Kanzleien hat mein Vetter
„Regensburger das grofse Wort; und wir bei-
„den ftehen nicht fonderlich zufammen. In
„Gefellfchaften komme ich fehr felten.“

Wer unfere Sprache nicht ganz obenhin
kennt, und Hn. *Adelungs* Wörterbuch, das
eine begünftigte Mundart in ihrer neueren Geftalt für das eigentliche Hochdeutfch giebt,
mehr als durchblättert hat, wird leicht, nach
geringen Einfchränkungen, in diefe Grundfäze,
und, obgleich mit Bedauren des unglücklichen
Sammlerfleifses, in diefes Urtheil einftimmen.
Denn welches Deutfch doch verlangt Deutfchland in einem Wörterbuche geordnet und erklärt zu fehn? Natürlich den ganzen Umfang
feiner gemeinfamen Sprache, worin der gute
Schriftfteller, vom leichteften Tone bis zu dem
kühnften der Poefie, nicht weniger als der Rei-
fende von Erziehung, den Gebildeten aller
Landfchaften verftändlich ift. Natürlich jenes
aus den vereinigten Sprachfchäzen des Volks
allmählich ausgehobene, und nach innerem Ge-
halt und dem Verdienfte der Redenden gewür-
digte, überall gangbare *Hochdeutfch*, welches
man fonft *reines Deutfch*, in dunkleren Gegenden auch wol *Lutherifches* mit einem nicht
unrichtigen Ausdrucke, zu nennen pflegt.

Nun aber hat jedes Volk in jedem Zeitraum eine alltägliche und eine feierliche Sprache: wovon jene die Begriffe und Empfindungen des ruhigen Verkehrs in den gewöhnlichſten Ausdrücken wechſelt; dieſe aus dem engeren Bezirk zu höheren Anſichten, zu ungemeineren und wärmeren Gefühlen, mit der Würde und Kraft alter kernhafter Sazungen, ſprichwörtlicher Erfahrungsweisheit, und begeiſternder Geſänge von Wundern der Vorzeit, das Herz erhebt. Beide Sprachweiſen, die proſaiſche und die poetiſche, mit ihren vielſtufigen, oft in einander ſich verlierenden Tonleitern, fand ſchon Luther in ganz Oberdeutſchland oder Hochdeutſchland, worunter man alle über der niederdeutſchen Meerküſte liegenden Landſchaften verſtand, durch Volkslieder und Mährchen, durch Chroniken, Erbauungsbücher und Bibelüberſezungen, durch ſtarken Beſuch der Univerſitäten, unter den Gebildeten ſo nahe geſtimmt, und ſo vernehmlich: daſs er in dieſem, aus verſchiedenen Mundarten gewählten und veredelten *Hochdeutſch* ſeine Bibel ſamt unzähligen Flugſchriften, nicht für ſeine Provinz Meiſsen allein, ſondern für Deutſchland, ausgehen lieſs. Hr. *Adelung* ſelbſt hat dieſe ihm ungünſtige Wahrheit redlich bekannt (1 Vorr. §. 9 u. §. 22 Anm.): Luther habe eine ſchon herſchende Sprache der Gelehrten und der feinen Welt zur Verbreitung der Reformation gebraucht, und mit feinem Geiſte befeelt. Wie gemein-verſtändlich muſste die herſchende Buchſprache fein; da die vielfältigen Nachdrücke für die einfältigeren Lefer ihrer Gegenden in Luthers Bibel kaum einige Worte zu erklären, in anderen Schriften die Orthografie nach der Landesausfprache, und einige Formen und Redensarten zu verändern, ſich begnügten? Adam Petri im Bafelſchen Nachdrucke des Neuen Teſtaments von 1523 fagt: „Die wörter, die nitt „yedermann verſton mag, hab ich laſſen auff „*vnſer hoch teutſch* aufslegen.“ Welche für den Gang der Sprache wichtige Auslegung im Adelungiſchen Wörterbuche zufällig gebraucht und vernachläſſiget ward. Aber *Wendel Rihel*, Buchdruckerherr zu Straſsburg, fagt von feinem Nachdrucke der Lutheriſchen Bibel: „Ich „hab mich bevliſſen., feine befondere Wörter „vnd Orthographey, fo mehr auff *Meiſſeniſch* „denn *vnſer Hochdeutſch* gebraucht, eigent-„lich bleiben zu laſſen.“ Weil nämlich der Elfaſſer die *meiſſeniſch - hochdeutſchen* Wörter, und die Bezeichnung der fremden Ausfprache, ſich felbſt wohl zu erklären wufste. Denn in *Seb. Helbers*, Notarien zu Freiburg im Breiſs-gaw, Syllabierbüchlein cɪɔ ɪɔ vɪɪc, wird die

gedruckte *Ober-* oder *Hochteutfche* Sprache
eingetheilt in die Mitter-Teutfche, die Donawi-
fche und die Höchft-Reinifche: wovon die erfte
der *Mittern Teutfchen* Ausfprach zu Meinz,
Speier, Frankfurt, Würzburg, Heidelberg, Nörn-
berg, Strafsburg, *Leipfig,* Erdfurt ff., als eine
im Wefentlichen zufammentreffende, umfafst.

Diefes fo allgemein gültige *Hochdeutfch* war
es alfo, was Luther, nach der etwas abweichenden meifsnifchen Ausfprache jener Zeit,
und mit wenigen Eigenheiten feiner Provinz,
redete und fchrieb. Durch nichts aber fo fehr,
als durch feine, mit frommer Begeifterung und
ausdaurendem Eifer bis zum Tode geglättete Bi-
belüberfezung, gab er demfelben eine beinahe
klaffifche Vollendung. Mag es doch fein, dafs,
wie mancher ihm nicht unedle Ausdruck durch
fpäteren Sprachgebrauch es geworden ift, fo
auch mancher jezt edle zu feiner Zeit es weniger war; gleichwohl leuchtet allenthalben in
Worten und Wendungen, fogar im Klange und
im rhythmifchen Fall, die ftrengfte Wahl und
die glücklichfte Anordnung eines heftigen und
zartfühlenden Geiftes hervor: eine urfprüngliche Lebendigkeit, welche die fämtlichen fpäteren Dolmetfcher, den von Adelung bewunderten *Michaelis* mit zuerft, hätte zurückfchrecken,
oder zu heilfameren Unruhen aufregen follen.

Heiliger Luther, bitte für die Armen,
Denen Geiſtes Beruf nicht ſcholl, und die doch
Nachdolmetſchen, daſs ſie zur Selbſterkenntnis
Endlich geneſen!

Klopſt. Od. II. S. 113.

Nur wie die Worte Luther in jeder Ausgabe
ſorgfältiger gewählt, und vom Staube gereiniget,
mögen ein paar Beiſpiele aus *Götzens Verglei-*
chung der Original-Ausgaben von Luthers
Bibel uns anzeigen. 1 Moſ. III, 16. Ausg. 1523:
du ſollt dich ducken für deynem man. A.
1534: dein wille ſoll deinem man vnterworf-
fen ſein. — IV, 1. A. 1523: *Adam beſchlieff*
ſein weib. A. 1534: — *erkandte.* Eben ſo IV,
17; 24. 1 Sam. I, 19; und öfter. Auch ward
1 Moſ. XXIX, 23, *er beſchlieff ſie,* in das anſtändigere, *er lag bey jr,* verändert. (Die
Adelungiſche Vermutung, daſs Luther hier das
Lateiniſche *cognovit,* wie anderswo bald ein
lateiniſches, bald ein hebräiſches Wort, gegen
den Sprachgebrauch, buchſtäblich überſezt
habe, trift hier, wie faſt allenthalben, vom Ziel.
Das züchtige *erkennen* von ehelicher Vertrau-
lichkeit brauchte ſchon Geiler von Kaiſersberg
in ſeiner Poſtille, IV, 17. *Maria hatt ange-*
ſchlagen in irem hertzen, keinen man zuer-
kennen. Oder wenn man auch dieſem Geiſtli-
chen einen Latinismus aufbürden will; ſo ſagte
der noch ältere Verdeutſcher des Boccaz f. 54.

I.　　　　　　　　　　　25

Er alſo die königin lieplich erkant. Und ſ.
77: *Die da einen mann gehept vnd erkant
hat.*) Selbſt grammatiſche Feinheiten überſah
Luther nicht, wie 1 Moſ. VI, 8. A. 1523—34:
Aber Noah fand. A. 1541: *Noah aber —.*
VII, 4. A. 1523: *alles das das weſen hat.* A.
1534: *— was das 'weſen —.* 2 Moſ. V, 14: *die
die vögte.* A. 1541: *welche die —.* Richt.
XII, 1: *Wir wollen deyn hauſs mit dyr verbrennen.* A. 1541: *ſamt dir.* Für das, zum
Gemeinen veraltete, *Gang aus dem Kaſten.*
1 Moſ. VIII, 16, hat die A. 1534, *Gehe —;*
für *ſtand auff,* XXI, 18, *ſtehe auff;* für die
niedrigen Formen, *wie heyſtu, Bündle, Kindle,*
XXXII, 29. XLII, 35. XLIII, 8, ward, *wie
heiſſeſt du, Bündlin, Kindlin* (jezt *lein*), gewählt; ſo wie auch die veraltenden, *Gottis,
ſoltiſt, offinbarung, than, tochtere, widder,
odder, vertrockt, der allerhöhiſt, gerechtickeit,*
getilgt wurden. — XI, 5: *da ſteyg der HERRE
ernyder.* A. 1534: *da fur der HERR ernie-
der.* — XII, 10: *eyn tewre zeyt.* A. 1534:
eine tewrunge. — XIV, 11: *alle Futterung.*
A. 1534: *alle ſpeiſe.* — XV, 2: *meyn hauſs-
knecht.* A. 1534: *mein hauskelner.* A. 1541:
mein Hausvogt. — XVIII, 12: *ſol ich noch
mit wolluſt vmbgehen.* A. 1541: *Wolluſt
pflegen.* — XXI, 20: *eyn ſchütze meyſter.*

A. 1534: *ein guter schütze.* — XXIII, 8: *ists ewr gemüete.* A. 1534: *gesellet es euch.* XXIV, 18: *und trenckt yhn.* 1534: *gab jm zu trincken.* — XXIX, 26: *man thut nicht also ynn vnserm land.* A. 1534: *es ist nicht sitte in.* — XXXI, 23: *vnd erwischt yhn.* A. 1534: *ereilet jn.* — XXXIII, 3: *vnd bückt sich.* A. 1534: *neigte sich;* diese Veränderung ist häufig. — XXXVIII, 8: *verheyre* (verheirathe) *dich mit yhr.* A. 1534: *nim sie zur Ehe.* — XL, 19: *deynen kopff erheben.* A. 1541: *dein haupt.* — 2 Mos. XV, 8: *die tieffe plumpte ynn eynander.* A. 1534: *wallet von einander.* — XIX, 16: *donnern vnd blixen.* A. 1541: *blitzen.* — XX, 18: *Blix.* A. 1541: *Blitz.* XXII, 6: *erwischt.* A. 1534: *ergreifft.* — 5 Mos. V, 17: *Du solt nicht todschlahen.* A. 1543: *nicht tödten.* — Richt. III, 16. 22: *stossdegen, degen.* A. 1534: *schwert.* — 1 Sam. II, 33: *wenn sie zu leutten worden sind.* A. 1534: *wenn sie menner.* — XVIII, 6: *mit fiddeln.* A. 1534: *geygen.* — 2 Sam. XIX, 24: *seynen bart nicht aufsgeputzt.* A. 1541: *gereinigt.* — 2 Kön. IX, 37: *wie eyn dreck.* A. 1541: *wie kot.* — Hiob XXXVII, 4: *yhm nach rumpelt der donner.* A. 1541: *dem nachbrüllet —.* Genug, um die unermüdete Sorgfalt des Mannes zu erkennen, der hinter dem Psalter

von 1531 auch die vorige Arbeit will bleiben
laffen, „um der willen, die da begehren zu
„fehen unfer Exempel und Fufsftapfen, wie
„man mit dolmetfchen näher und näher komt."

Von diefem Auffftreben aus dem Gemeinen
zum Edleren werfe man einen Blick auf die Göttingifche Nachdolmetfchung. Luther überfezt,
1 Mof. XL, 17—19: *Und im oberften Korbe
allerley gebackene Speife dem Pharao; und
die Vögel afsen aus dem Korbe auf meinem
Haupt ... Nach dreyen Tagen wird dir Pharao dein Haupt erheben.* Michaelis dagegen:
Und in dem oberften war von aller Art folcher
Speife, als der Becker für Farao zuzubereiten
pflegt: aber die Vögel frafsen aus dem Korbe,
den ich auf dem Kopfe hatte ... In drei Tagen
wirft du auf Befehl Farao den Kopf verlieren. —
Bei Luther verordnet Gott, 2 Mof. XXVI, 1. 7. 14:
*Die Wohnung von zehn Teppichen, darüber
eine Decke aus Ziegenhaar, über diefe eine
Decke von röthlichen Widderfellen, und zu
oberft eine von Dachsfellen.* Bei Michaelis
verlangt fie Jehova in der zierlichen Sprache
eines Leipziger Modehändlers: Aus zehn länglichten Tapetenftücken, darüber ein Gezelt aus
länglichten Camelot-Stücken von Ziegenhaaren,
über diefes eine Decke von Saffian, und noch
eine zweite Decke von — *Meerfräulein-Fellen.*

(Wenn das die Landfräulein nur nicht übel
nehmen!) — Inwendig bemerkt Luther, XXV,
29. 38, *Schüſſeln, Becher, Lichtſchnäuzen,
und Löſchnäpfe.* Michaelis dafür: Flache und
tiefe Taſſen, Lichtpuzen, und Schalen, in welche die Lichtſchnupfen gelegt werden. (Zum
Duften vielleicht?) — Für das *Einkommen der
Scheune,* 4 Moſ. XVIII, 30, giebt dieſer uns:
Frucht von der eigenen Dröſchdeele. — Luthers
aus dem *Degen* gewordenes *Schwert* wird hier,
Richt. III, 16, zum Meſſer, und 1 Sam. XVII,
50. XXI, 8, wieder zum gemeinen Degen.
Saul, heiſst es XXXI, 4, im hexametriſchen
Tonfalle: *Saul entleibte ſich ſelbſt mit ſeinem
eigenen Degen.* Die Auffoderung an Abimelech,
Richt. IX, 29, *Mehre dein Heer, und ziehe
aus,* wie ganz anders lautet ſie in der heutigen
Kriegsſprache: *Nimm mehr Soldaten an!
komm heraus!* Auch rühmt ſich M. in der
Anm. zu 1 Sam. XVII, 7, das Exercierbuch
der Hannöveriſchen Armee bei ſeiner Überſezung genuzt zu haben. — Luthers David,
1 Sam. XVII, 18. 22. 42: *ein Knabe, bräun-
licht und ſchön, bringt dem Hauptmann zehn
friſche Käſe, und läſst das Gefäſs unter dem
Hüter der Gefäſse,* oder Geräthe. Der neuere
David, ein ganz junger Menſch, von ſchönem
rothen Geſichte, bringt zehn Portionen Milch,

die er fo lange.den Wächtern der Bagage über-
giebt; dann läuft er hin, dem Philifter den.Reft
zu geben, und trägt deffen Kopf in der Hand. —
Bald darauf XIX, 19, erfuhr Saul, dafs David
im Hofpitio|zu Rama wäre, und fchickte ein
Commando ab, das ihn holen follte. — XXI,
13.— 15: David bei dem Könige Achifch ftel-
lete fich unklug, nahm allerlei ungereimte
Handlungen vor, zeichnete Kreuze an die Thüren, und liefs fich den Geifer in den Bart
fliefsen. Dies (fügt der Dolmetfcher hinzu)
hatte feine Wirkung; Achifch fagte zu feinen
Bedienten: da habt ihr einen unklugen Menfchen gefehen; warum bringt ihr ihn zu mir?
Meint ihr, dafs ich Mangel an Narren habe,
weil ihr ihn fogleich herbringt, vor mir feine
Narrenpoffen zu treiben? Sollte fo einer in
mein Schlofs kommen? (Luthers edle Überfezung vergleiche man felbft.) — XXV, 40 —
43: David liefs durch einige feiner Bedienten
Abigail die Ehe antragen. Sie fäumete auch
nicht lange, fondern fezte fich auf einen Efel,
nahm fünf Kammermädchen mit, folgete den
Bedienten Davids, und vollzog die Heirath. —
2 Sam. VI, 20: Nach dem Tanze kam Michal
ihm entgegen, und fagte: Wie majeftätifch fahe
heute der König von Ifrael aus, da er fich vor
den Mägden feiner Knechte entblöfste, wie lie-

derliche Frauensperfonen, wenn fie liederlichen
Kerls nachlaufen. David gab ihr zur Antwort:
Vor. Jehova — will ich noch ferner tanzen,
und mich noch mehr herunter laffen, als dies-
mal. XI, 7: David erkundigte fich bei Uria
nach dem Ergehen Joabs, dem Zuftande der
Armee, und dem Fortgange und Ausfichten des
Krieges, und fagte darauf zu ihm, er könnte
nun nach Haufe gehen, und fich völlig feiner
Bequemlichkeit bedienen. So wie er aus dem
Schlofs des Königes gegangen war, ward ihm
Effen von der königlichen Tafel nachgefchickt
... David zog ihn zur Tafel, und brachte ihm
einen Raufch zu ... Joab fchickte einen Cou-
rier ab ... Urias Frau hörte die Nachricht von
feinem Tode, legte Trauer an, da die Trauer-
zeit vorbei war, liefs der König fie auf das Schlofs
holen, heirathete fie, und fie ward von einem
Sohn entbunden. — Wenn fo die erzählenden
Schriften behandelt wurden; wie mufs es vollends den poetifchen ergangen fein! An zwei
Stellen aus den Pfalmen: XVIII, 3, *Herr,
mein Fels, meine Burg;* M. Jehova, meine
Zuflucht, mein Bergfchlofs; und CIV, 13, *du
feuchteft die Berge von oben her;* M. aus dem
obern Stockwerk feines Haufes wäffert er die
Berge: wird man feine Luft fchon hinlänglich
gebüfst haben.

Gewifs hat eine fo platte, der alten Urkunde
fo unwürdige Lotterfprache, fchon vor 30 Jahren in dem Hörfaale des fcherzhaften Gelehrten,
dem die akademifche Mufe überfchwengliche
Wiffenfchaft, aber wenig Gefühl des Schickli-
chen und des Schönen, verliehn hatte, theils
ein braufendes Gelächter, theils verbiffenen
Unwillen erregt. Und — o klagt, Mufen der
Gelehrfamkeit und des zarteren Sinns —
diefe, allein zum Verftändniffe der Bibel brauch-
bare Dolmetfchung, vermochte der angebliche Sammler und Beurtheiler unferes Sprachfchazes, in einer durch bereuete Unkunde ge-
ftempelten Anmerkung *) am Schluffe der erften

---

*) Hier und vorher §. 10 behauptete Hr. A. dreift:
1) Luther fei bei den erften Ausgaben feiner Bibel
älteren oberdeutfchen Überfezungen gefolgt; 2) L.
habe, weil vermutlich die oberfächfifche Mundart
immer mehr Anfehen gewann, in den folgenden
Ausgaben die Schreibart ein wenig mehr nach diefer gebildet; 3) L. habe, als geborener Niederfachfe, auch wol niederfächfifche Wörter und
Wortfügungen mit einfliefsen laffen. Von diefen
Behauptungen, die eine feltfame Unbekanntfchaft
mit Luthers Heimat und den Originalausgaben feiner Bibel vorausfezen, nahm Hr. A. in der Vorrede des 3 Bandes, durch Kenner belehrt, die
erfte und die dritte als irrige *Vermutungen* zurück; ohne gleichwohl zu geftehn, dafs nun auch
der mittelfte Saz, und das ganze Vorgeben, wie
durch Luther die meifnifche Mundart zur her-

Vorrede vor feinem hochdeutfchen Wörterbuche, weit über Luthers angeekelte Meifter-
arbeit hinauf zu fezen : deren alterthümliche
Würde und gediegene Kraft, ohne Schlacken
des täglichen Gebrauchs, er mit dem ungeläu-
terten Gefchmack jener Zeit, da noch die rauhe
oberdeutfche Mundart, wie er fie nennt, bei
Gelehrten und Weltmännern obwaltete, und
die feine oberfächfifche (fein eigenmächtig be-
titeltes Hochdeutfch!) erft aufkeimte, zu entfchuldigen fich vergafs. „Des Hn. *Michaelis*
„Überfezung, urtheilet er, hat auch in Anfehung
„der Reinigkeit der Sprache einen grofsen Vor-
„zug (nämlich vor der Lutherifchen), *und man*
„*kann fie, einige Kleinigkeiten ausgenommen,*
„*ficher den correcteften Schriften, die wir*
„*nur haben, an die Seite fetzen.*" Rein ift fie
allerdings — von aller Veredlung, und correct
— durch gleich gehaltenen Ton des Niedrigen:
wie einft Voltaire einer zur Kritik eipgereich-
ten Tragödie, durch Änderung weniger ins
Edle fallenden Verfe, Correctheit gab.

Die aus dem alten Hochdeutfch, wie *Geiler*
von Kaifersberg, Seb. Brand, Joh. Pauli,
Melch. Pfintzing es geredet, von unferem
Luther neugefchaffene, und weniger durch

---

fchenden Buchfprache Deutfchlands geworden fei,
etwas vorfichtiger hätte beftimmt werden follen.

Umformung zum meifsnifchen Dialekt, als durch
Ausbildung und geiftreichen Gebrauch der innerften Anlagen, geläuterte Buchfprache, ward
mit der Reformation durch Bibeln, Volksbücher
und Predigten, auch häufig nach der damaligen
meifsnifchen Ausfprache, in Ober- und Nieder-
deutfchland verbreitet. Ein fehr-erneuetes,
zwar durch Befonderheiten der Provinzen etwas unterfchiedenes, aber im Grunde *Lutherifches*, aus Luthers, überall mit Begierde
gelefener, faft klaffifcher Überfezung verfeiner-
tes Hochdeutfch finden wir feitdem bei den
befferen Schriftftellern, *Agricola, Mathefius,
Burc. Waldis, Königshoffen, Ge. Rollenhagen,
Lehmann*; indefs andere, wie *Seb. Frank* und
Hans Sachs, gegen die Neuerung fich fträub-
ten. Selbft beliebte Werke wurden, der veralteten Sprache und Rauhigkeit wegen, zulezt
anftöfsig, und fchienen für den jezigen Gefchmack eiher Umarbeitung zu bedürfen. *Seb.
Brands Narrenfchiff*, welches im Jahr 1494
von Bafel und Strafsburg ausgegangen, und
mehrmals verändert nach fremden Muñdarten
und Zwecken erfchienen war, gab *Königshoffen* im Jahr 1574 zu Bafel, mit *Geilers* über-
fezter Auslegung, „inn das recht Hoch Teutfch
„gebracht." Von *Pfintzings Theuerdank* aber,
einem im Anfange der Reformation 1517 ge-

fcbriebenen und 1519 zu Augsburg gedruckten·
Rittergedichte, liefs *Burcard Waldis* fchon im·
Jahr 1553 zu Frankfurt einen verbefferten ·Ab-
druck zu beforgen, nach einiger Weigerung,·
fich erbitten. „Ich habe mich endtlich, fagt
„er, folcher mühe·vnderftanden, doch im alten)
„Exemplar alles ftehen laffen, was je hat mögen·
„ftehn bleiben. Wiewol die alten Reimen.et-
„was fchwerlich daher gehn, das mufs·man·
„aber der Zeit nachgeben vnd zu gute halten.·
„Dann die Teutfche fprach (wie allen bewuft)·
„fich in dreifig Jaren gar ftadtlich vnnd wol·
„gebeffert." Zur Probe der Sprachänderungen,
mit Ausfchlufs derer, die das Gedicht und den,
Vers angehn, wollen wir die erften 24 Blätter
des Originals vergleichen. *Alt gefchicht vnd·*
tewrlich getatten, Wald. *alte g. v. tewre tha-*
ten. — *Dem Tewrlichiften Eltiften vnd nam-*
hafftigiften gefchlecht. · W. *tewriften Eltiften*
namhafftigften. — *Der Künig ward von fei-*
nen Räten angeftrengt (gedrängt). W. *Der*
König ... angelangt. — *Gen dem niedergang*
der Sunnen. W. *gegem N. der Sonnen.* —)
Eylunds. W. *eilends.* — *Möcht fy mir zuweib*
werden. W. *möchts mir zu theyle werden.* —
In der gehorfam fy jn patten. W. *Ihn vnder-*
theniglichen baten. Beides Änderungen ge-
fteigerter Höflichkeit. — *Der fy fchirmet vnd*

entſchüttet (ſchüzet) *vnd vor allem gewalt er-*
rettet. W. *Der ſie beſchirmet vnd regiert,*
Sein landt vnd leut wol guberniert. — *Das*
wellet gnad herr verkhomen (verhüten). W.
Das wölt gnädiger Herr verkommen. — *Oeffen*
(offenbaren). W. *öffnen.* — *Als nun hertrang*
der ander tag. W. *erſchin.* — *Seind.* W. *find.*
— *Lauter vnnd frey.* W. *allein vnd frei.* —
So Er ſeiner Tochter zu Man erwölt hat. —
W. *zum Gemahel erwehlt hatt.* Dieſen höf-
licheren Ausdruck wählt er durchgängig. —
Ordenen; federen. W. *ordnen; federn.* —
Iſt, verſcheiden. W. *verſchieden.* — *Gert ich.*
W. *wünſcht ich.* — *Nach Ewerem gebot.* W.
nach ewrm gnedigen gbot. Rauher, aber höflicher. — *Vordren.* W. *fordern.* — *Was.* W.
war und *ward.* — *Den Brieff antworten.* —
W. *vberantworten.* — *Zeug.* W. *ziehe.* — *Der*
Bot. W. *der Gſandt.* Höflicher. — *Gnediger*
herr. W. *Durchleuchtigr gnediger herr.* —
Die Künigen des vernam. W. *das.* — *Das*
manlich gemüt, Das in dem alten Künig wüt
(ſtürmt). W. *blüt.* — *So wirdeſt du groſs*
glückh walten (wirken). W. *So wird alls*
glück vnd heyl dein walten (über dich walten). — *Wer hat dich newr ſo weys gemacht.*
W. *nur* (doch). — *Abenthewr, ſy ſein wild*
oder ghewr (zahm). W. *wild noch unge-*

*heur. — Wer geferlich ding fecht an. W.
faht an.*

Gleichwohl ward Luthers „ftattlich und wohl
verbeffertes Teutfch" das fechzehnte Jahrhundert hindurch mehr genuzt und verbreitet, als
weiter geführt; bis ihm *Opizens* Geift, mit
Athens und Roms Muftern vertraut, theils durch
weit feinere Anwendung des Überlieferten, theils
durch lebendigen Zuflufs aus vernachläffigten
Quellen des Altdeutfchen, jenen fiegreichen
Schwung gab, der, wenn nicht die Barbarei des
dreifsigjährigen Religionskrieges ihn gefchwächt
hätte, Annäherung zu griechifcher Vollkommenheit verfprach. Ihm und feinen Nachfolgern
gebührt vorzüglicher Antheil an Schottels Lob
in der gröfseren Sprachlehre S. 49: „Luther hat
„alle Lieblichkeit, Zier, Ungeftüm und bewe-
„genden Donner in die Teutfche Sprache ge-
„pflantzet, die rauhe Bürde in vielen ihr abge-
„nommen, und den Teutfchen gezeiget, was
„jhre Sprache, wenn fie wolten, vermögen
„könte; ift auch zu fpüren, wie von der Zeit
„allerwegen die Teutfche Sprache zugenommen,
„ausgefchliffen und bereichet worden fey." Auch
im 17 Jahrhundert ward *Hochdeutfch* allgemein
die Sprache des höhern Deutfchlands mit ihren
verfchiedenen Mundarten, wie *Niederdeutfch*
die Küftenfprache von Flandern bis Liefland,

famt der holländifchen Mundart, Igenannt; in engerem Sinn aber bedeutete *gutes* und *reines* *Hochdeutfch* die aus allen hochdeutfchen Mundarten zu gemeinfamer Verftändigung ausgefonderte Buchfprache. Des Heinfius niederländifche Gedichte nennt Opiz II. S. 45 *Deutfch*, und ermahnt fich zu dem Verfuch, durch *Hochdeutfch* Ehre zu erlangen. „Wir follen, fagt „er in der Profodie S. 29, uns befleiffen, deme, „was wir *Hochdeutfch* nennen, beften Vermö-„gens nachzukommen, und nicht derer Örter „Sprache, wo falfch geredet wird, in unfere „Schriften vermifchen." Und in *Tfchernings* deutfcher Schreib - und Sprachkunft, die S. 39 das *reine und zierliche Hochdeutfch* der Staatsfchriften und Luthers empfiehlt, ermahnt Opiz einen Freund in Strafsburg: dafs, wie er felbft den fchlefifchen Dialekt nicht brauche, fich jener des elfaffifchen enthalten müffe. *Eft quoddam quafi Atticum apud Graecos genus, quod Lutheranum vocitare per me potes: hoc nifi fequaris, erres neceffe eft.* (D. i. Es giebt, wie etwa das Attifche bei den Griechen, eine gewiffe Schreibart, die man immerhin die *Lutherifche* nennen mag: wenn du diefer nicht folgft, fo verirrft du nothwendig.) Opiz vermied darum keinesweges, von fchlefifchen Eigenthümlichkeiten, was anderen Landfchaften

nur ungewöhnlicher, nicht fremd, lautete, der
Sprache zur Bereicherung mit Erfolg und ohne
Erfolg einzumifchen. Dennoch rühmt der Meifs-
ner *Fleming* S. 150:

> die fchönen Pierinnen,
> Die nun durch Opizen auch hochdeutfch reden
> können;

und S. 201 die Poefie:

> die Schlefieus Smaragd
> Zu allererften hat in Hochdeutfch aufgebracht.

Auch hat diefer finnreiche Meifsner im Ganzen
das felbige von Opiz gebildete Deutfch, nicht
ohne fchlefifche Abweichungen vom herfchenden Gebrauch, wie *die Bach, die Veilge, der
Gift, das reichfeyn,* für Reichthum, *die Mu-
fic* trochäifch, *können* auf *innen, kömmt* auf
nimmt gereimt; und wo ihm etwas feiner
Mundart eigenes entfuhr, wie *das helle Quell,
ein grüner Thal, der Flufs, weifs feinen Ufer
nicht;* fo ward der Meifsnifche Idiotismus bei
ihm und Opiz, welchem Tfcherning S. 43 einiges ausftellt, nicht weniger als der Schlefifche,
oder was vielleicht dem Preufsen *Simon Dach,*
dem Holfteiner *Joh. Rift,* dem Schwaben *Freins-
heim,* eigenes aus der Heimath anhaftete, von
der deutfchen Gefamtfprache verfchmäht. Das
Sprachwidrige, dem gemeinen Gebrauch fremd-
artige der Mundart verunglückte dem Meifsner
eben fo fehr, als dem Dithmarfcher *Rachel;*

wie gutmütig auch diefer in der Vorrede um
Gnade bat: „Sollte ein Ditmarfcher mit unter-
„lauffen, bitte ich dienftfreundlich, man wolle
„den guten Kerl als einen redlichen Landsmann
„paffirn laffen; bin folches jederzeit zu ver-
„fchulden willig und erbietig."

Nachdem aber *Opiz* das Gefühl für reines
und zierliches Deutfch verftärkt, und mit feinem
Ruhme durch Deutfchland verbreitet hatte; fingen einige Oberfachfen an, Luthers Verdienft
um die hochdeutfche Sprache als Verdienft
feiner Heimat zu miskennen, und die meifsnifche Mundart für eine Norm der Ausrede nicht
nur, fondern allmählich der Sprache felbft, an-
zurühmen. Sie hatten ja Zöglinge ihrer Akademieen, das reine Wort Gottes in reinem Hochdeutfch zu predigen, durch alle Provinzen
Deutfchlands gefendet; fie dünkten fich, wie
den Glauben, fo die Sprache, in Reinigkeit zu
erhalten, als Luthers Angehörige berechtiget;
und beide wohlmeinenden Anfprüche wurden
bis in unfere Zeiten fortgefezt. Ihrer Vater-
landsliebe kam der Doppelfinn des Wortes
Mundart zu Hülfe. Ward es eigentlich für
Ausrede der Provinz gebraucht; fo konnte man
gern, wenigftens in Niederfachfen, wo das
Hochdeutfch erft gelallt wurde, dem gebildeten
Meifsner eine feiuere Mundart zugeftehen; nicht

aber in dem erweiterten Sinne, da es einen ab-
gefchloffenen Umfang von Ausdrücken und Wortformen der Provinz, einen befonderen Dialekt,
andeuten follte. Dem kaum verftorbenen *Opiz*
rückt der Leipziger *Hanmann*, der Erläuterer
feiner Profodie, S. 168—169 Reime der fchlefifchen Ausfprache vor, und läfst *hochdeutfche*
Rederfahrne urtheilen, ob wol diefe der meifsnifchen vorzuziehen fei. Er meldet (S. 138)
den Rath eines Theologen, auf der Kanzel
fich der reinen meifsnifchen Mundart zu be-
fleifsigen, und das Vorgeben vieler, dafs man
zu Leipzig und Halle rein Hochdeutfch fpreche:
wo indefs (S. 170) auch viel falfches vorkomme,
z. E. *ooch, Reenlichkeit* (alfo auch *reen Hoch.
teitfch*), und mehr dergleichen; weshalb doch
wol beffer, meinet er, nach der gemeinfamen
Sprache, als nach befonderen Redarten, gefchrieben und gereimt werde. Wiederum empfiehlt er (S. 139) den Gebrauch guter *meifsnifcher Wörter* und *Arten im Reden*, nur dafs
fie jeziger Zeit üblich, und bei verftändigen
und vornehmen Leuten im Schwange fein. Ein
gleichzeitiger Meifsner, der bekannte *Filip von
Zefen*, im deutfchen Helikon I. S. 43, ent-
fchuldiget Opizens Reime: „Ift der Poet in
„Meifsen, fo braucht er die Meifsnifche, ift er
„in der Schlefie, fo braucht er die Schlefifche

„Mundart; doch geht die Meifsnifche, *welche*
„*die rechte Hochdeutfche*, allen andern vor,
„und wird in andern Landen ohne bedenken
„gebraucht, welchs andere nicht thun." Auch
im Rofenmand behauptet er S. 12. 203, das von
Luther gereinigte *Hochdeutfch*, welches über
hundert Jahr unverrückt in feiner Anmutigkeit
geblieben fei, werde in Oberfachfen und Meif-
fen, befonders von dem vornehmen Frauenzim-
mer zu Leipzig, am zierlichften geredet. Wobei er uns aber nicht vorenthält: dafs dem
Meifsner *Getön*, wie *Getehn*, *Gäfte* wie *Göfte*,
Räuber wie *Reiber* laute (Hel. I, 40—42); dafs
er gemeiniglich *Jot* für *Gott* und *juht* für *gut*
fpreche (Rof. S. 94); dafs *Schlag* mit *erfchrak*,
Flug mit *Schmuck*, *Berg* mit *Werk*, *fäe* mit
Höhe, *Mars* mit *harfch*, des gleichen Lauts
wegen reime (f. die Reimanzeiger); und dafs
nur die Verwechfelung der weichen *b* und *d*
mit den harten *p* und *t* (die dem Oberfachfen
fo leicht entfchlüpft), z. B. der Reim *weidet*
und *leitet*, als falfch müffe gemieden werden.

So flatterhafte Anmafsungen des werthlofen
Enoch Hanmann und des eitel befchäftigten
Filip von Zefen waren es, wodurch felbft *Aug.
Buchner*, ein Dresdener, zum Empfehlen „gu-
„ter Meifsnifcher, und iziger Zeit gebräuch-
„licher Wörter und Arten im Reden" (Anleit.

z. Deutſch. Poeterey 1665, S. 42) ſich verleiten
liefs. Sie verdienten es wol, von Schriftſtellern, die auf fortgeſezten Anbau der Lutheriſch-
Opiziſchen Nationalſprache, nicht irgend einer
Mundart, ihren Ruhm gründeten, mit Unwillen
und Spott abgefertiget zu werden. *Tſcherning*
fragt in der Sprachkunde S. 77: „Wer wil mir
„ſagen, wo die rechte Ausrede, oder die reine
„Hochdeutſche Sprache vollkommen zu finden
„ſey?“ und lacht jenes über Opiz urtheilenden
„Frühklüglinges,“ der, nach einem lateiniſchen
Epigramm des ſchleſiſchen Liederdichters *Joh.*
Heermann, dem todten Löwen als Haſe den
Bart zupfe. Noch kräftiger, gegen die *Zeſi-*
ſchen Träume über Ausſprache und Recht-
ſchreibung, erklärt ſich *Schottel* in der gröſse-
ren Sprachlehre S. 158: „Es iſt faſt lächerlich,
„dafs ein und ander, ſonderlich aus *Meiſſen*,
„jhnen einbilden dürfen, der *Hochteutſchen*
„*Sprache*, jhrer Mundart halber, Richter und
„Schlichter zu ſeyn, ja ſo gar ſich erkühnen,
„nach jhrem Hörinſtrument, und wie ſie nach
„beliebter Einbildung Jhre Ausrede dehnen,
„ſchlenken, ſchöbelen und kneiffen, die *Hoch-*
„*teutſche Sprache* auch in jhrer natürlichen
„unſtreitigen Grundrichtigkeit zuenderen: wo-
„durch das rechte höchſtlöbliche Sprachweſen,
„ſo viel die Ausrede, Bildung und Rechtſchrei-

„bung betrift, auf ein lauter ungewiffes und
„Triebfand wolte gefezet werden. Die *rechte*
„*Meifsnifche Ausrede*, wie fie zu Leipzig,
„Merfeburg, Wittenberg, Dresden üblich, ift
„lieblich und wohllautend, und hat in vielen
„Wörtern das *Hochteutfche* fich wol darauf
„gezogen.... Man weifs aber nunmehr, wie
„das Teutfche zu fprechen und recht zu fchrei-
„ben, und bedarf des fich immer hervormen-
„genden neuerlichen Ungrundes nicht." Und
da er S. 152 gelehrt, dafs die Sprache der Deutfchen in *Hochdeutfch* und *Niederdeutfch* (vormals in *Fränkifch* und *Sächfifch*) getheilt werde,
wovon jedes feine Mundarten, das *Hochdeutfch*
nämlich die Meifsnifche, Heffifche, Schwäbi-
fche, Schlefifche u. f. w., unter fich habe; fo
erklärt er S. 174, was *Hochdeutfch* in engerer
Bedeutung als Buchfprache fei: „Die *Hochteut-*
„*fche* Sprache, davon wir handelen, ift nicht
„ein *Dialectus* eigentlich, fondern *Lingua ipfa*
„*Germanica, ficut viri docti, fapientes et pe-*
„*riti eam tandem receperunt et ufurpant.*
„*Omnibus dialectis vitiofi aliquid ineft, quod*
„*locum regulae in lingua ipfa habere nequit.*"
(Sie ift, fagt er, keine Mundart einer Provinz,
fondern die Sprache Deutfchlands, wie gelehrte,
weife und erfahrene Männer fie endlich auf-
nahmen und brauchen; in allen Dialekten ift

etwas fehlerhaftes, welches der Sprache felbft
nicht zur Regel dienen kann.)

Mit gleichen Gefinnungen, die meifsnifche
Mundart weder verachtend noch überfchäzend,
ftrebten die befferen des Jahrhunderts, meift
Schlefier, Luthern und Opizen nach, die hochdeutfche Sprache aus fich felbft, durch Öef-
nung ihrer gemeinfamen Quellen, zu bereichern
und vom Schlamme der Vernachläffigung zu
läutern. Über *Lohenfteins* fprachgelehrtes Werk
Arminius und Thusnelda, welches 1690 erfchien, urtheilt der Herausgeber, der von Gottfched fehr geachtete *Benj. Neukirch* (Anmerk.
S. 8): es fei *rein Hochdeutfch*, und weder mit
fremden Wörtern ohne Noth, noch mit neuge-
machten deutfchen vermenget; ein und andere
Redensarten, die vielleicht in Schlefien ge-
bräuchlicher als in Meifsen fein, müffe man
wie die Patavinität des Livius betrachten. Ein-
ftimmig hiermit urtheilten im Anfange des 18
Jahrhunderts die Sprachforfcher *Bödiker* und
Frifch. Jener, der in den *Grundfäzen der
Teutfchen Sprache* II, 76, zur Verhütung des
Doppelfinns, dem *Niederdeutfchen* das *Oberdeutfch* mit feinen Mundarten Meifsnifch, Schle-
fifch, Oefterreichifch ff., entgegenftellt, nennt
Hochdeutfch die aus den oberdeutfchen Mundarten gewählte Schriftfprache. „Die *Hochteut-*

„*fche* Sprache, fagt er, ift keine Mundart eines
„einigen Volks oder einer Nation der Teut-
„fchen, fondern aus allen durch Fleis der Ge-
„lehrten zu folcher Zierde erwachfen, und in
„ganz Teutfchland im Schreiben der Gelehrten
„wie auch im Reden vieler vornehmer Leute
„üblich.“ Er fügt hinzu, man dürfe in diefen
ausgehobenen, überall gültigen Schaz der gemeinfchaftlichen Mutterfprache noch jezo aus
den Mundarten, fowohl der Niederfächfifchen
als der Oberländifchen, vollwichtige Worte
von nicht unkenntlichem Gepräge getroft aufnehmen: *in medium quaerere*, nach dem Virgilifchen Ausdruck. *Frifch* hat in feinen Zu-
fäzen hierbei nichts zu erinnern, und in dem
Wörterbuche folgt er der felbigen Eintheilung:
In Deutfchland werde *Oberdeutfch* geredet und
Niederdeutfch; das gefchriebene reinere *Oberdeutfch* aber, unvermifcht mit Ausdrücken, die
nur in befonderen Mundarten fich erhalten,
werde *Hochdeutfch* genannt. Und, deffen
Stimme für alle gilt, der tiefforfchende *Leibniz*, er felbft ein Oberfachfe und ein Leipziger
von Geburt, aber deutfch von Herzen und wahrhaft: diefer, in den *Gedanken wegen Verbefferung der Teutfchen Sprache*, unterfcheidet
§. 32 das *Hochdeutfch*, welches im Schreiben
herfcht, nicht nur vom Plattdeutfchen, fondern

von der *Oberſächſiſchen*, Fränkiſchen und anderen Mundarten; und rügt §. 84 einige Provinzworte der *Meiſsner*, deren die Schriftſprache ſich enthalten müſſe.

Weniger, als der eingeborene Leibniz, vermochte der meiſsniſche Anſiedler *Gottſched*, ein auf der Oſtſee geborener Preuſse, der teuſchenden Vorliebe für Leipzig, die Pflegerin ſeines Ruhms, zu widerſtehn. Seine deutſche Sprachkunſt läſst in der Einleitung jene verrufenen Anſprüche zuerſt nur verſchleiert mit einer faſt ungottſchediſchen Blödigkeit auftreten. Die hochdeutſche Sprache, heiſst es, habe auſser den verſchiedenen, an eigenem Schiboleth kenntlichen Mundarten oder Dialekten, wozu die meiſsniſche gehöre, noch eine eklektiſche oder auserleſene Art zu reden, die in keiner Provinz völlig einheimiſch ſei: nämlich die Mundart der Gelehrten, die er auch *Mundart der Höfe* zu nennen wünſcht, das wahre kernhafte Hochdeutſch. In Ländern nun, wo mehrere Höfe ſein, enthalte dieſen Kern von gelehrter Hofmundart, oder höfiſcher Gelehrtenmundart, der *gröſste Hof in der Mitte*, auch wol eine *benachbarte Stadt*, nicht zu weit von der Reſidenz. Weil aber den rechten Punkt in der Mitte nicht jeder herauszirkeln möchte; ſo giebt die Sprachkunſt bei der orthografiſchen

Regel, nach guter Ausſprache zu ſchreiben, eine etwas umſtändlichere Nachweiſung. Zwar hat ſie im Vorigen die Ausſprache *Been*, *Freide*, *globen, kehen, jut* und *kut, ſchprechen, Schklave*, *Vegel*, und die Verwechſelung des *b* und *d* mit *p* und *t*, mitunter für meiſsniſch, aber nicht für ſonderlich, erklärt. Dennoch werden wir jezt, die beſte Ausſprache (und, was unter dem Worte Mundart mit durchſchleicht, den richtigſten Sprachgebrauch) dort zu ſuchen ermahnt, wo von einer Menge gelehrter und be-redter Schriftſteller eine Menge wohlgeſchriebener Bücher, wo eine Anzahl hoher und niedriger Schulen, wo die feine Lebensart (jene vom Mittelhofe verbreitete Höflichkeit!) und der angenehme Umgang des Landes ſo vieles zur Auspuzung der Mundart beitragen; zumal, wenn ſie noch durch fleiſsige Sprachlehrer und Kunſtrichter geläutert werde. Was in Griechenland Athen, in Frankreich Paris, in Italien Florenz ſei, dafür werde in Deutſchland — man wiſſe ſchon, welche Provinz, und welche Stadt vorzüglich, — anerkannt: die Wiege der Reformation, der Hauptſiz akademiſcher Gelehrſamkeit und emſiger Druckereien, der Markt des neueren Buchhandels, die fruchtreichſte Niederlage der fruchtbringenden Geſellſchaft. Nun trift jeder unfehlbar in Deutſchlands Mitte das artige Oberfachfen mit feinem einft fo prächtigen Königshofe, in Oberfachfen die berühmten Akademieen, unter den Akademieen die ältefte, gelehrtefte, höflichfte, das fchöne, von Buchmachern, Buchdruckern, Buchhändlern, und der befuchteften Büchermeffe wimmelnde Leipzig, und unter Leipzigs Gelehrten den fprachkundigen und hofmachenden Gottfched mit feinen Zöglingen, Schwabe, Schönaich und anderen berühmten Namen. Doch ift Gottfched noch befcheiden genug, zu geftehen, dafs felbft das grofse, volkreiche und gelehrte Leipzig, ja felbft das gefamte Oberfachfen, nicht die ganze Sprache im Munde führe; man müffe zu der Mundart des meifsnifchen Umganges auch entlegene, aus der Übung gekommene Ausdrücke von Wiffenfchaften, Künften und Gewerben, theils aus den Mundarten anderer Provinzen, theils aus Büchern, fogar fehr alten, hinzufügen.

Gottfched wollte den gefamten Sprachfchaz, nicht blofs die Scheidemünze des täglichen Verkehrs, die jezo unter den Meifsnern umlaufen mag, in einem *deutfchen grammatifchen Wörterbuche* nach dem Alfabet aufftellen. Als ihn am Ende des Jahrs 1766 der Tod abrief, übertrug fein Verleger Breitkopf die Ausarbeitung eines fo nüzlichen Werkes dem Hn. *Adelung*,

der fich als unverdroffenen Sammler, obgleich
nicht eben als Sprachforfcher von Geift und Erfahrung, gezeigt hatte. In den fechs Jahren,
die der fleifsige Mann bis zum Drucke des erften
Bandes fich nahm, und noch mit Nebengefchäf-
ten einfchränkte, leiftete er in der That alles,
was möglich war, weit mehr, als Gottfcheds
ärmliche Probe erwarten liefs. Diefes Mehr
war defto verdienftlicher, da Hr. *A.* nicht, wie
Gottfched, ein Wörterbuch der *deutfchen Sprache,* fondern allein der *meifsnifchen Mundart,*
fo weit fie jezo im Verkehr der Gebildeten
üblich fei, oder ein *Idiotikon des galanten
Oberfachfens,* auszuarbeiten unternahm. Er
gab eine beträchtlich reichere Sammlung von
Wörtern und Redensarten der neumeifsnifchen
Umgangsfprache, und darüber noch eine ganz
ehrenwerthe Zugabe von ungewöhnlicheren
oder gar abgekommenen, die nur in anderen
Provinzen und in der höheren Schriftfprache
noch blühn. Wir follten den heutigen Weltton
der Meifsner in allen feinen anmutigen Schwin-
gungen vernehmen, und dabei, wenigftens zur
Vergleichung, etwas von den Lauten der guten
Altväter, oder wie man fie *haufsen* noch jezt
anftimmt. Wer irgend einmal Verbindung mit
dem feineren Zirkel in Sachfen zu bekommen
wünfchte, der konnte fich hier den feineren

Zirkel der Sachfenfprache bekannt machen,
um mit Anftand ein Gefpräch zu führen, einen
zierlichen Brief zu ftellen, oder auch wol einen
wizigen Auffaz, ein leichtes Gedicht, für die
Damen zu verfertigen. Des bequemeren Nach-
fchlagens wegen, wurden die Wörter, fo wie
Gottfched es gewollt hatte, nach dem Alfabeth
geordnet, oder gereiht, ohne Rückfioht auf ihre
Familienverhältniffe; die beweifenden Beifpiele
aber für die Idiotismen, wenn fie nicht zufällig
bei einem meifsnifchen Schriftfteller von gefäl-
ligem Tone fich darboten, liefs Hr. *A.* weg,
oder wählte fie felbft auf Glauben aus der modifchen Sprache der Artigkeit. Allerdings mag
wol eine Mundart am beften aus dem Munde
geraft werden. Ob auch die Anhäufung ähnlicher Mundbeifpiele, und die Unfeinheit mancher, ob auch das tieffinnige Haarfpalten der
gleichwohl unentwickelten Bedeutungen, auch
das mühfelige Wurzelgraben ohne gehörige
Einweihung, und der weitfchweifige Vortrag,
wodurch ein Stof von etwa zwei Quartbänden
über vier anfchwoll, dem befcheidenen Zwecke
eines Mundwörterbuchs gemäfs fcheine, wollen
wir nicht unterfuchen.

Wichtiger ift die Frage: Wie kam Hr. *A.*
dazu, die *neumeifsnifche Mundart* für die
hochdeutfche Sprache felbft auszugeben? Alle

feine verständigen Vorgänger, bis auf den fcharffinnigen *Fulda* herab, erkennen zwei deutfche
Hauptfprachen, die niederdeutfche und die hochdeutfche, jede in ihre Dialekte getheilt; und unter den hochdeutfchen Dialekten den meifsnifchen, der unfere alte gemeinfame Buchfprache
durch Luther, wie der fchlefifche durch Opiz,
ihrer jezigen Ausbildung entgegen führte. Selbft
der namlofe *Hanmann* und der übelbenamte
Filip von Zefen wollten den Meifsnern nur die
befte Ausfprache und die unverrückte Fortdauer
des von Luther gereinigten Hochdeutfch zueignen. Selbft noch der fchwindelnde *Gottfched*
behauptete eine eklektifche, keiner Provinz angehörige Gelehrtenfprache, die aber, wie der
artige Preufse feinen meifsnifchen Wirthen
vorfchwazte, am kurfächfifchen Hofe und in
dem höflichen Leipzig fich des zierlichften Lautes, und, durch meifsnifche Schriftfteller und
Sprachlehrer, des richtigften Gebrauchs rühmen könnte. Hr. *Adelung* zuerft, von Geburt
ein ehrlicher Pommer, nahm den unbegreif-
lichen Schwung der Dankbarkeit für die leut-
felige Aufnahme in Leipzig, den meifsnifchen
Dialekt der hochdeutfchen Sprache, und zwar
den neueren, der jezt in Gefellfchaft von hüb-
fchen Leuten gefprochen wird, ausfchliefsend
die *hochdeutfche Mundart* zu betiteln, und die

übrigen Dialekte, mit Inbegrif des altmeifsnifchen, wie ihn Luther gekannt, als *Oberdeutfch*,
auch zwifchendurch als *Undeutfch*, zu verrufen.

Hn. *Adelungs* Erklärung (1 Vorr. §. 4):
„*Hochdeutfch* im engern und gewöhnlichften
„Verftande ift die *meifsnifche* oder *oberfäch-*
„*fifche Mundart*, fo fern fie feit der Reforma-
„tion die *Hoffprache der Gelehrfamkeit* ge-
„worden ift, und durch die Schriftfteller aller
„Mundarten theils viele Erweiterungen, theils
„aber auch manche Einfchränkung erfahren
„hat:" fcheint zwar *Luthers Hochdeutfch* als
Grund der Schriftfprache, und die Einflüffe anderer Dialekte, durch *Opiz*, *Lohenftein* und
die Nachfolger, als wefentliche Fortbildungen
zu betrachten; in der That aber ift es ein lee-
res Compliment aus der befagten Hoffprache.
Denn unter §. 22 beklagt Hr. *A.* die Unwiffenheit, *Luthers* Bibel noch immer für *rein Hoch-*
deutfch zu halten: da ja *Luther*, ein geborener
Niederfachfe, oberdeutfche Überfezungen nur
verbeffert habe (zwei widerrufene Irrthümer!),
fo fei in den erften Ausgaben die Schreibart
noch *völlig Oberdeutfch*, in den fpäteren *ein*
wenig mehr nach dem *Oberfächfifchen* gebildet, auch wol mit etwas *Niederfächfifchem*
vermifcht; weshalb die Beifpiele aus *Luthers*

Bibel, die an Reinigkeit der Sprache weit hinter
der correcten Überſezung von *Michaelis* ſtehe,
keineswegs für beweiſende Beiſpiele gelten ſollen. Da haben wir's: Noch völlig Oberdeutſch,
ſpäter *ein wenig* mehr zum Oberſächſiſchen gebildet, oder verhochdeutſcht! Noch ganz der
rohe oberdeutſche Klofs, der aber ſchon vorn,
in kaum noch merklicher Löwengeſtalt, zu
ſcharren und zu gähnen anfängt, um ſich allmählich zu einem *züngelnden* Schildhalter des
Leipziger Stadtwapens auszubilden! „Auch
„ *Opiz* und *Lohenſtein*," heiſst es §. 16, „kön-
„nen als *Oberdeutſche* in der *hochdeutſchen*
„ *Mundart* nur auf eine entfernte Art zu Zeu-
„gen dienen, aufser wo beide Mundarten über-
„einkommen." Das heiſst, wo man ihres Zeug-
niſſes nicht bedarf. Und §. 18 kommt es rund
und unumwunden heraus: „Eigentlich iſt dieſes
„Wörterbuch nur ſolchen *hochdeutſchen* (d. i.
„meiſsniſchen) Wörtern gewidmet, welche
„ *noch jezt gangbar* ſind." (Daher §. 15 ſeine
hochdeutſche Mundart zur Abwechſelung auch
die *Mundart des täglichen Umganges* heiſsen
mufs.) „Älterer Schriften wegen, fährt er fort,
„habe ich auch *veraltete* (Lutheriſche) und
„ *provinzielle* (unmeiſsniſche) Wörter, Bedeu-
„tungen und Wortfügungen mit aufgeführet,
„ſollte es auch nur geſchehen ſein, um den um-

„kundigen und ausländifchen Lefer zu warnen:
„z. B. vor *Luther, Opiz, Logau, Flemming*
„und anderen fchlefifchen Dichtern."

Wenn alfo noch *Fleming* (fo fchrieb er fich!),
der ein Meifsner war, und wahrfcheinlich auch
fein jüngerer Zeitgenofs *Filip von Zefen* der
Meifsner, eben fo wenig, als hundert Jahr
früher der Meifsner *Luther*, ein meifsnifches
Hochdeutfch nach Hn. *A.* Sinne fchrieben; feit
wann denn, und wodurch eigentlich, kam
Meifsen zu der Ehre, dafs feine Mundart für
das befte Hochdeutfch, ja einzig und allein für
Hochdeutfch, gefchäzt werden foll? Hr. *A.*
antwortet in dem Wörterbuche unter *Hochdeutfch*, diefe Bedeutung des Wortes fei vornehmlich in *Oberfachfen* üblich, fei aber auch
fchon von *Bödiker* gebraucht worden. Die
einfichtsvollen und befcheidenen Oberfachfen,
hoffen wir, werden an dem wunderlichen
Sprachgebrauche, den ihr Gaft ihnen aufbürdet,
nicht fchuldiger fein, als der gründliche Sprach-
kenner *Bödiker*, deffen *gradezu widerfpre-
chendes Urtheil* Hr. *Adelung*, weil er einer
mutwilligen Verfälfchung unfähig ift, ohne
Zweifel nicht gelefen hat. Auch bei der neuen
Auflage nicht gelefen hat! Denn noch hier
wird unter *Hochdeutfch* für diefe feltfame Bedeutung das falfche Zeugnis von *Bödiker* an-

geführt; das andere (gewifs eben fo falfche)
von den *Oberfachfen* ward, famt der Berufung
auf Luthers Reformation, die Adelungs Hochdeutfch nichts angeht, geftrichen. Für die jezt
untergefchobene, gefchärftere Erklärung alfo:
„*Hochdeutfch* im engeren Sinne fei die *meifs-*
„*nifche Mundart der oberen Stände*, fo wie
„man fie in den beften Schriften antreffe;" für
diefe unerhörte Erklärung ift nun, da mit der
Autorität *Luthers* und der *Oberfachfen* auch
die Autorität *Bödikers* wegfallen mufs, der einzige übrige Beweis — Hn. *Adelungs* eigene
Autorität! „In diefer Bedeutung," fagt Hr. *A.*
ganz trocken, „kommt es in diefem ganzen Wör-
„terbuche vor."

Erwarb fich eine Provinz durch vorzüglichen Anbau der hochdeutfchen Sprache das
Recht, fie nach fich zu benennen; fo war es
Schlefien, wo hundert Jahre lang die geiftreich-
ften und beliebteften Schriftfteller, von *Opiz*
bis *Günther* herab, blüheten. Jenen glänzen-
den Ruhm, mit welchen Lichtern zuerft hat ihn
Meifsen fo überftralt, dafs *Gottfched* und *Adelung*, ohne Beforgnis einer Lächerlichkeit, die
Zefifchen Anfprüche zu erneun und zu fteigern
wagten? Hat etwa der Zittauifche Vielfchrei-
ber *Chriftian Weife* durch feine politifchen
Reden und curieufen Poetereien, oder der Thü-

ringer *Hunold*, mit dem Ehrennamen *Menantes*,
durch feine höflichen und galanten Schriften,
den Grund zu dem neumeifsnifchen Allein-
Hochdeutfch gelegt?   Haben es dann die dres-
denfchen Hofceremonienmeifter *von Beſſer* und
von König in fo ftattlicher Pracht aufgebaut,
bis der Leipziger Sprachforfcher, Redner und
Poet, der, weiland berühmte *Gottfched* mit feiner deutfchen Gefellfchaft, für das goldene
Zeitalter, welches Hr. *Adelung* von 1740 bis
1760 erftrecken will, es fo wunderzierlich her-
auspuzte?   Eitele Unterfuchungen, feit wann
und wodurch! genug, der eingeftandene Befiz
ift rechtmäfsig, wie der Sprachgebrauch. „*Ganz*
„*Deutfchland*, ruft Gottfched (Sprachk. II.
§. 7), „ift fchon längft darüber *ftillfchweigend*
„eins geworden; gänz Ober- und Niederdeutfch-
„land hat bereits den *Ausfpruch* gethan, dafs
„das mittelländifche oder *oberfächfifche Deutfch*
„die *befte hochdeutfche Mundart* fei.“ Noch
weit tönender verkündiget uns Hr. *Adelung*:
„Im *gewöhnlichften* Verftand bezeichnet das
„Wort *Hochdeutfch* die *meifsnifche* oder *ober-*
„*fächfifche Mundart*; (und, fügt er im folgenden
„leife hinzu) fie allein, und in ihrer jezigen
„Geftalt. Auch unter *Deutfch* (f. diefs Wort
„in beiden Ausg. des Wörterb.) verfteht man
„oft die *hochdeutfche* (d. i. neumeifsnifche)

L.   27

„*Mundart*, wenn man Ausdrücke, die dieſer
„Mundart gemäſs ſind, *rein Deutſch* oder *zier-*
„*lich Deutſch*, und, die es nicht ſind, *Undeutſch*
„nennet." Und in der Zueignung der neuen
Ausgabe glaubt der höfliche Mann, durch trok-
kenes Abbeten einer ſelbſterfundenen Schulfor-
mel, welcher ganz Deutſchland widerſprach,
ſeinem Fürſten eine Schmeichelei zu ſagen:
„Ew. Kurf. Durchlaucht beherſchen diejenigen
„glücklichen Staaten, in welchen die hochdeut-
„ſche Mundart gebildet und ausgebildet wor-
„den, und aus welchen ſich ſelbige als die hö-
„here Schriftſprache über das ganze aufgeklärte
„Deutſchland verbreitet hat."
　　Nicht anders, deutſche Mitbürger, die ihr
eine gemeinſame Schriftſprache, nämlich, ſeitdem man Niederdeutſch zu ſchreiben aufhörte,
eine *Hochdeutſche*, und in Hn. *Adelungs* vier
Quartbänden ein *vollſtändiges Wörterbuch* eurer hochdeutſchen Geſamtſprache zu beſizen
wähnt. Hn. *A. reines Hochdeutſch* iſt keineswegs die geläuterte Sprache der Hochdeutſchen,
wie ſie, nach *Luther* und *Opiz*, die Neueren,
Hagedorn, *Klopſtock*, *Leſſing*, *Kleiſt*, *Ram-*
ler und ähnliche, aus ihren Grundkräften entwickelten, und zur Sprache der Schriftſteller
nicht nur, ſondern der feinen Geſellſchaften, in
allen Gegenden, wo man Deutſch redet, aus-

bildeten. Sein Hochdeutfch ift die baare oberfächfifche Mundart, oder (was ihm deutlicher
dünkt) Sprechart, die aus dem Gefpräch und
Gefpreche der vornehmen Oberfachfen, nach
Gottfcheds Anleitung (nicht Beifpiele), zwifchen 1740 und 1760 in die Schriften, vorzüglich oberfächfifcher Schriftfteller von zeitmäfsi-
gem Gefprächton, überflofs. Was aufser diefem
gefchloffenen Cirkel von Wörtern und Redensarten *Luther* und *Opiz*, und die berühmteften
feit *Hagedorn* fchrieben, wenn es auch ganz
Deutfchland für das reinfte und edelfte Deutfch
aufnahm: das nennt Hr. *A.* mit dem mildeften
Ausdruck Oberdeutfch, ohne Blatt vor dem
Munde unreines Hochdeutfch und Undeutfch.
„Was *gut und richtig Hochdeutfch* ift,“ fagt
er im Lehrgebäude, Vorr. LIX, „kann fo wenig
„aus allgemeinen Grundfäzen, als aus den be-
„folgten Analogieen einer andern Mundart be-
„ftimmt werden; fondern allein aus dem Hoch-
„deutfchen Sprachgebrauche, d. i. *aus dem*
„*Sprachgebrauche der füdlichen Kurfächfi-*
„*fchen Lande, welche das Vaterland der*
„*Hochdeutfchen Mundart find, wo fie (ver-*
„*ftehet fich von felbft unter den obern Claf-*
„*fen) noch fo rein gefprochen wird, als fie*
„*von den beften Schriftftellern nur gefchrie-*
„*ben werden kann.*“ Hr. *A.* beklagt, „die

„hundert und taufend Ballen Papier," die man
im Streit über fo klare Dinge unnüz ver-
fchwendet; „da ja die Wahrheit fo nahe vor
„Augen liegt, dafs niemand fie verfehlen kann,
„der nicht vorfäzlich blind fein *will!*" Kurz
vorher S. LVI behauptet er, dafs auch die Ausfprache, worin ganz Sachfen einftimme (wahrfcheinlich bis zum *kohrfchamen* Diener hinab),
reen Hochteitfch fei. Denn „*nicht der ge-
„lehrte,*" heifst es im Magazin I, 3. S. 17, „fon-
„dern der *ungelehrte obere Stand* ift es, der
„eigentlich die Schriftfprache gebildet hat;"
und I, 4. S. 125 werden *die Höfe* als die reinfte
Sprachquelle genannt: vergl. *Campe's* Beiträge
I. S. 154. Es fehlte nur noch, dafs, nach Hr.
Adelungs allerunterthänigfter Vorftellung, ein
regensburgifches Reichsgefez am kurfächfifchen Hofe einen *vornehmen*, aber ja *recht
ungelehrten Oberhofdeutfchmeifter* anordnete
und beftallete, um Deutfchlands für die Nachwelt gefchriebene Werke, bevor fie unter die
Leipziger Preffe kämen, in feiner *Hofwäfcherei*
zu reinigen.

Umfonft alfo erwartet ihr, Deutfche und
Ausländer, alle Wörter und Wendungen unfe-
rer Sprache aus Schriften, die unferer Literatur
Anfehn verfchaften, in diefem mundartifchen
Wörterbuche gefammelt, und nach ihrem Ge-

halte erklärt und gewürdiget zu finden. Bei
dem Anfcheine von Reichthum, welchen, weil
die Wortfamilien nach dem Alfabete zerftreut
wurden, die einzeln betrachteten, zum Theil
nach der etymologifchen Grille von *ig* und *icht*
verdoppelten Abkömmlinge und zufammengefezten Wörter, die verwirrte Abtheilung und
Unterabtheilung der Bedeutungen, und der breite
Ergufs der Dolmetfchung, allenthalben zur
Schau tragen, ift bitterer Mangel an dem Nothwendigen. Aus der unendlichen Fülle des Ausdrucks, womit unfere Profa und Poefie jeden
Gedanken, jeden Ton der Empfindung zu treffen weifs, bietet fich hier eine armfelige Auswahl desjenigen, was ein fleifsiger Stubenar-
beiter in den Gefellfchaften feiner Provinz etwa
gehört, oder zu hören gewünfcht hatte. Und
in welchen Gefellfchaften? wo Weltleute von
Geift, Wiffenfchaft und attifchem Wiz, wo
vor einem theilnehmenden gemifchten Kreife,
Männer, wie *Leffing* und *Klopftock*, *Gleim* und
Kleift, *Wieland*, *Göthe* und *Schiller*, oder
Jacobi und *Gerftenberg*, ein leichtes oder tie-
feres Gefpräch, mit allen Launen der Munter-
keit, mit allen Grazien des gegenfeitigen Wohl-
wollens, führten? Nein, wenn es hoch kommt,
fo fcheint uns gleichfam etwas Gefrorenes aus
jenen altfränkifchen Converfationen der Gott-

fchedifchen Periode von Anno 40 wiederum
aufzuthaun, die fo ftarr und fteif wie ihre Rock-
fchöfse und Beutelperucken, fo ceremoniénhaft
wie ihre abgezirkelte Rangordnung, fo trocken
wie ihr Herz und Gehirn, fich einander beluftigten oder einfchläferten.

Schon fehr wenig befchert uns das Adelungifche Wörterbuch von den Stimmen des veredelten Dialogs, den gewählten Worten, den
rafchen Figuren, den nachdrücklichen Wendungen, welche vorzüglich *Leſſing* aus der Tiefe
des grofsen Sprachfchazes hob, und mit folcher
Frifche und Gefälligkeit ausftattete, dafs allmählich auch Gefchäftsmänner, und felbft Hof-
leute von Bildung, die Schule der pedantifchen
Ceremonienmeifter zu verleugnen gereizt wurden. Sehr wenig von dem feinen Gefprächtone
der Erzählung und der gleichfam fpielenden Erörterung; wenig oder nichts von dem ernfthaft
heitéren der gewichtvollen Abhandlung: durch
welche beide zuerft *Leſſing* mit feinen Freunden, auch *Gellert* zum Theil, auch *Klopſtock*
und *Winkelmann* und *Wieland* und *Möſer*,
Angenehmes zum Nüzlichen gefellten, und,
von glücklichen Nacheiferern unterftüzt, den
fchwerfälligen Lehrton in die Hörfäle und Papiere der rohen Wiffer zurückbannten. Wir
werden mit der lauterften und natürlichften

Umgangsfprache der zwifchen 40 und 60 blühenden Meifsnerwelt abgefunden, die fich beinahe zum Feierlichen zu erheben foheint, wenn
fie Hr. *A.* einmal in alten Charakterftücken, in
Schilderungen der leibhaft getroffenen Stefane
und Orgone, womit *Rabener*, *Gellert* und der
jugendliche *Leßing* das noch unmündige Publi-
kum für kräftigere Nahrung ftärkten, dem alt-
wizigen Leipziger aus dem Munde genommen
fand. Zürnt ihm nicht, ehrwürdige Manen,
und du noch lebender verdienftvoller *Weiße*,
ihr Männer Deutfchlands, die der Engherzige
zu Heroen einer Provinz herabwürdigen will!
Verzeiht ihm das Lob, denn er hat es mit Tadel
verfüfst! Auch eure vorübenden Schriften find
diefem ftrengen Beurtheiler nicht ganz klaffifch:
Leßing misfällt ihm an mehreren Stellen des
Wörterbuchs durch Einmifchung fremder Mundarten, womit der Wildfang frühe dem fpäteren
Sprachverderb vorfpielte; und *Gellert*, fein
reinfter Schriftfteller (neben dem Göttinger *Michaelis!*), fpricht ihm doch mitunter etwas zu
fehr Meißnifch (Vorr. §. 16); d. i. nicht ganz
mit der ausgebildeten Leipziger Zunge. Wo indefs Hr. *Adelung*, dies bekennt er aufrichtig
§. 22, für fein meifsnifches Wörterbuch wahre
Beifpiele von Schriftftellern nach feinem Gefchmack, und, was billig ift, *ohne weitläuf-*

tige Mühe, auftreiben konnte; da zog er fie
gerne vor: wo nicht, da nahm er feine Zuflucht
zu *felbftgemachten*, wie fie aus meifsnifchen
Gefellfchaften von gutem Tone ihm grade durch
den Sinn flogen. Und da hören wir denn leider nicht gar felten mit *Leßing* (Dramat. 52 St.)
„das kältefte, langweiligfte Alltagsgewäfche,
„das nur immer in dem Haufe eines meifsni-
„fchen Pelzhändlers vorfallen kann." Damit
erfüllt würde, was Seneca (Ep. 114) weiffagete:
*Quidam, dum nihil nifi tritum et ufitatum
volunt, in SORDES incidunt.*

Zu diefer Auslefe von *gewöhnlichen* Worten und Redensarten des ruhigen Gefprächs, wie
fie nach Hn. *A.* Wunfche *fein follten*, fügt er
aus Grofsmut, damit man fo etwas doch nicht
ganz vermiffe, eine fparfame Zugabe von *ungewöhnlicheren* Ausdrücken des feierlichen,
des gebietenden, des begeifterten Vortrags in
Profa und Poefie, wie fie nach Hn. *A.* Urtheile
nicht fein follten. Freilich bemerkt er felbft
(Vorr. §. 15), die höhere Schreibart nehme gern
ihre Worte und Wendungen aus der *oberdeutfchen Mundart:* worunter er doch wol *Luthers*
und *Opizens* nachlebende, nicht durch tägli-
lichen Gebrauch abgenuzte Sprache verfteht.
Er ftraft fogar unfere fchönen Schriftfteller,
dafs fie, aus bedauernswürdiger Unkunde und

Flüchtigkeit, jene ergiebige Quelle erhabener
Ausdrücke und Fügungen umgehn, und, was
allerdings leichter fei, eigenmächtige und fprach-
widrige Neuerungen, zum Schaden der *hochdeutfchen Umgangs - Mundart*, aufbringen.
Aber diefen Mafsftab der Würde ergrif der
ironifche Mann nur zum Schlagen, zum Meffen
taugt er ihm nicht; und fchon im §. 18 wirft er
ihn mit Verachtung hinweg. Er habe, verfichert er, aus älteren noch täglich gelefenen
Schriften, als *Luthers* Bibel, *Opizens*, *Logaus*,
Flemings Gedichten, die *veralteten* und *pro-
vinziellen* (d. i. die im heutigen Umgange der
Meifsner nicht mehr gangbaren) Wörter, Bedeutungen und Wortfügungen mit angeführt,
follte es auch nur gefchehen fein, um den unkundigen oder ausländifchen Lefer — zu *warnen*; doch da' fein Wörterbuch kein *Gloffar*
(darin fuchen wir *wirklich veraltete*, abgeftor-
bene Worte, nicht *alte*, noch lebende!) zu
werden beftimmt fei, fo habe er in der Aufnahme folcher Worte *fpárfam* fein müffen. Mit
gleich ekeler *Sparfamkeit*, blofs um zu *warnen*, berührt Hr. *A.* die Sprichwörter, diefen
Schaz alterthümlicher Lebensweisheit und bie-
derer, zwifchendurch etwas derber Frohherzigkeit, aus welchem unfere *Leffinge* und *Klop-
ftocke* fo gern wählten, und die lehrende

Schriftsprache dem lebendigen Worte erfahrener Greife annäherten. „Ich habe es, sagt Hr. *A. §. 20*, „nicht der Mühe werth gehalten, die „Sprichwörter zu sammeln, und noch weiter „fortzupflanzen. Wer in ihnen und andern „*schmuzigen Blümchen* des grofsen Haufens „den *Kern* der deutschen Sprache fuchet, der „kann einen reichen Vorrath davon in *Gott-* „*scheds* Sprachkunft finden."

Die fchönen Schriftfteller, deren höhere Schreibart von Flüchtigkeit und Unkunde des Alterthums zeugen foll, könnten dem *unfchönen*, der fich hier ausfprach, beide Vorwürfe mit Recht zurückfchieben. Wenn wir fagen, dafs unfere feierliche Darftellung aus Luthers und Opizens Sprache, wie die griechifche aus Homer und Hefiodus, die römifche aus Ennius und anderen, mit Wahl, Reichthum und Adel fohöpfe; fo verftehn wir die ererbte, in ehrwürdigem Andenken fortdauernde Kraftfprache des höheren Zeitalters überhaupt. Vieles davon leiteten jene Gewaltigen in ihre Quellen; viel gleichartiges rinnt in nahen oder entfernteren Urbornen, vieles auch in verborgenen Adern: nur ohne Wünfchelruthe das Grabfcheit gefenkt, fo quillt es und fprudelt von lebendiger Kraft. Wir haben, gleich den Griechen, eine urfprüngliche, aus eigenem Ver-

mögen fich ergiefsende, im Ganzen und im Einzelnen regfame, und mit immer erneuetem Zu+
wachs aus fich felbft fortftrömende Sprache;
die nicht, wie die abgeleiteten, aus Roms und
Germaniens verlaufenen Sturzbächen zufam-
mengefloffenen Mifchlinge um uns her, als ab-
gefchnittene todte Maffe, nur von Lüftchen des
Eigenfinns, vom Drucke der Kunft bewegt, im
angewiefenen Damme der Mode und der Willkühr fteht. Durch Griechenlands verftändige
Sprachkünftler

    Wohlgewiziget auch, fchöpfe des Wortes Kraft
:   Aus des heimifchen Sprachgenius frifcheftem
     Und urlauterem Sprudel.
      Von fremdartiger Ader rein:
   Wo fein lebender Bach nieder am Moosgeklüft
 ..Rollt durchfichtige Flut durch das geregte Laub;
    Nicht wo lauliche Tränke
     Sumpft, vom dienftbaren Huf getrübt.

In diefer felbftändigen und triebfamen Sprache
neue Bezeichnungen, ihrer Natur und Anlage
gemäfs, erfinden, kann felten etwas anderes
fein, als vernachläffigte vom Scheintode wieder,
erwecken und auffrifchen, und etwa mit ge-
fchickter Hand, durch Horazens *callida jun-*
ctura, den einwohnenden Begrif läutern, fchärfen, hervorheben. Wir kennen jemand, der,
wenn er, von dem nahe liegenden Sprachvor-
rathe verlaffen, ein neues finnvolles Wort, eine

ftraffere Fügung, eine dem Nachdruck und der Leidenfchaft folgfamere Anordnung, nach unverbrüchlichen Strafgefezen zu fchaffen, über fich vermocht hatte, oft fpäterhin durch die unvermutete Erfcheinung eines altdeutfchen Vorgängers getröftet ward.

Nicht alfo zur Warnung, fondern fowohl den forgfältigen Schriftftellern, denen bei der Arbeit oft das Gedächtnis verfagt, als manchem unkundigen Lefer, mit Rath zu dienen, mufs ein rechtfchaffenes Wörterbuch, neben den Ausdrücken des täglichen Verkehrs, den gewöhnlichften, wie den verfeinerten, zugleich aus dem *näheren Alterthum* alle dem gemeinen Gebrauch entrückten, in ehrenvoller Abfonderung lebenden Wörter, und wie fie zu ungemeinem und feierlichem Tone gefügt und geftellt werden, in der möglichften Vollftändigkeit anführen. Diefer von felbft einleuchtenden Meinung war auch *Leffing* in der Vorrede zu *Logau's Sinngedichten*, denen er ein lehrreiches (von Hn. *A.* nicht mit Recht überfehenes) Wörterbuch anhängte. „Ähnliche Wörterbücher, fagt er, über *alle unfere guten Schriftfteller“* (alte und neue!) „würden, ohne Zweifel, der „*erfte nähere Schritt zu einem allgemeinen* „*Wörterbuche unferer Sprache* fein. Wir „haben die Bahn hierin, wo nicht brechen,

„doch wenigſtens zeigen wollen." Ein Wink,
der gleich dem, *Kenne dich ſelbſt*, bei anſchei-
nender Klarheit verſtändlich nur ſolchen iſt, die
ſelbſt Augen und Herz haben. Wäre er ausgeführt worden; wie wenige Bücher möchten wol
durch Sprachfülle der Regiſter ſich auszeichnen? wie viele, ſonſt unverächtliche, durch ma-
gere Verzeichniſſe von Alltagswörtern und ver-
brauchten Wendungen?

Einen Inbegrif ſolcher Auszüge von viel-
facher Beleſenheit erwarten wir in einem Wörterbuche, welches den Kern der jezt lebenden
hochdeutſchen Sprache verheiſt. Was giebt
uns das Adelungiſche? Auſſer den nöthigen
Beziehungen auf die uralten Sprachtrümmer und
das veraltete Schwabendeutſch, erhalten wir
gewiſs vor allen Dingen aus *des Lutheriſchen
Zeitalters geleſenſten Büchern* eine ſtattliche
Ausbeute der niedrigen und der höheren Schriftſprache, welche *Luther* theils ſelbſt veredelte,
theils den Nachfolgern zu veredeln lieſs? Und
dann zum Beweiſe, wie erſt durch *Luther*, und
nach ihm, die Sprache der frei forſchenden Deutſchen, bald hier, bald dort, vorzüglich aber
in *Opizens* Vaterlande, ſich immer mehr ausbildete, hinlängliche Beiſpiele aus den reichhal-
tigſten und ſorgfältigſten Schriftſtellern bis zu
Haller und *Hagedorn* herab? Weit gefehlt!

Von der Sprache, wie *Luther* fie fand, erhalten
wir fchmale Brocken faft aus dem einzigen
Theuerdank, und etwa ein Wort aus dem verdeutfchten Livius, oder dem Buche der Natur,
und wenn fonft eine feltene Schrift von gerin-
gem Belang eine Flitter zum Prunke hergab.
Nichts einmal aus *Seb. Brands* weitwirkendem
Narrenfchif; ja, was kaum zu entfchuldigen
ift, fogar nichts aus dem beredten, über das
ganze Gebiet der Sprache umherftreifenden *Kaifersberg,* aufser wenigen Stellen, die *Frifch*
darbot.

Wären denn nur wenigftens *Luthers Schriften,* worin die Sprache, und zwar nach Hn. *A.*
Behauptung durch die *meifsnifche Mundart,*
fo fehr gemildert erfcheint, als Urkunden des
älteften und edelften Hochdeutfch fleifsig ge-
gebraucht worden! Aber aus *Luthers* fämtlichen Schriften, fo vielen und fo vieltönigen,
erkohr fich der bedachtfame Beifpielfammler
gerade das einzige Buch, welches er felbft für
völlig Oberdeutfch, mit leifen Tönen der meifsnifchen Mundart vermifcht, ausgiebt: *Luthers*
(Gottlob!) verdeutfchte, nicht vermeifsnifchte
Bibel. Kein Laut übrigens (hatte gleich manchen fchon *Frifch* aufgefafst), durchaus keiner
aus allen den unzähligen Schriften, wo Hr. *A.*
eigentlich das Schiboleth der aufblühenden

meifsnifchen Mundart herauslaufchen mufste!
Kein winziger Laut aus allen vor Oberfachfen
gehaltenen Predigten; keiner aus allen Briefen
an Freunde und Feinde, an Verwandte und Bekannte, an Vornehme und Geringe; keiner aus
den vertraulichen Tifchreden! Und, was nicht
eben zulezt follte bemerkt werden, auch kein
verlorenes Stimmchen des angenommenen Hof-
tones, der durch *Luther*, wie Hr. *A.* will, in
die *Hoffprache der Gelehrten* überging, weder
des treuherzig befcheidenen gegen den lieben
Kurfürften, noch des keck fchneidenden gegen
die Herzoge Georg und Heinrich, den Erzbifchof
Albrecht, und den König von Engelland. Vielleicht weil Hr. *A.* aus *Zinkgräf* fich befann,
dafs fo wenig in des Hoffilofofen *Claus*, als in
des fpafshaften *Taubmanns* Tagen, und noch
etwas fpäter bei ihren anders betitelten Amts-
brüdern, irgendwo, die deutfche Hoffeinheit auf
die Sprache fonderlich habe einwirken können.
Nun aber diefes einzige Buch, *Luthers Bibel*,
welches für die Wiege des meifsnifchen Allein-
Hochdeutfch gelten, und auch nicht gelten foll,
wie wird es von Hn. *A.* angeführt? Sicher fo
genau als möglich, in allen Sprachformen bis
zur Orthografie, die ja dem Hn. *A.* ein wefentlicher Theil der Sprache fogar fcheinet, und
in älteren Schriften wenigftens als Bezeichnung

der Ausfprache nicht unwichtig ift; kurz mit
diplomatifcher Treue und Pünktlichkeit, nach
der lezten von *Luther* felbft beforgten Ausgabe,
und, fo oft es nüzen konnte, mit den verwor-
fenen Lesarten der vorigen. Meinft du, gutmü-
tiger Lefer? So vernim denn! Nicht *Luthers*
Wort und Handfchrift, rein und unverfälfcht,
giebt uns der wackere Sprachforfcher; fondern
fo, wie in Hn. *A.* Handbibel, Gott weifs, welcher Knecht des Evangelii die altvätrifche
Schreibart für den gemeinen Mann und den Kir-
chengebrauch umgeformt. Selbft diefe noch
nicht; Hr. *A.* hat wieder nach eigenen Grundfäzen geändert, den Sprachpuzern nachgepuzt.
Und doch wollte ihm *Luthers Deutfch* fchlechterdings kein meifsnifches Hochdeutfch werden, wie Er und der correcte Ritter *Michaelis*
es liebt.

Wenn *Luther* fo abgefertiget ward, fo durften Schriftfteller, die neben und nach ihm die
verbefferte Sprache bearbeiteten, wohl kaum
Zutrit hoffen. Ein paar Reime von *Hans Sachs*
find faft die ganze Ernte des weiten fruchtrei-
chen Gefildes; auch was bereits *Frifch* für
die Tenne gehäuft hatte, ward, bis auf weniges
aus Matthefius, verfchmäht. Nur abgedrofche-
nes zu drefchen,

War ein grofser Gedank', und
Adelungifches Schweifses werth!

Selbft *Luthers* Landsmann uhd Genofs *Agricola* mit feiner Auslegung der Sprichwörter,
welche den Kern der altmeifsnifchen Umgangsfprache enthält, ward abgewiefen. Hr. *A.*
fucht keinen *Kern* in fo *fchmuzigen Blümchen* des *grofsen Haufens;* er fucht ihn lieber
(um mit ihm zu blümeln) in feiner abgefchlof-
fenen Häuflein geblümtem Schmuz.

Die Schriftfteller des *Opizifchen* Jahrhunderts verdienten keine günftigere Aufnahme;
fie hatten ja die junge meifsnifche Mundart, die,
nach Hn. *A.* Verficherung, mit *Luther* zu lallen anfing, ganz zum Verftummen gebracht.
Mufsten nicht edle Meifsner, wie *Fleming,*
nicht Stockmeifsner voll Selbftgefühls, wie
Filip von Zefen, wenn fie Gehör wünfchten,
in *Opizens* herfchenden Ton einftimmen?
Mufste nicht Er, der endlich die betäubte
Pleifsnymfe von dem Gefinge der Schlefier zu
retten, und das fchüchterne unfchuldige Kind
an ihrem Rofenbächlein zu leichten Naturtril-
lerchen zu ermuntern, aus Preufsen fich auf-
machte: mufste nicht der lautftimmige *Gottfched* fich faft die Lunge ausfchrein?

- *Tantae molis erat, Romanam condere gentem!*

So mühfeliges Werk war des römifchen Volkes Er-
richtung!

Von *Opiz*, dem Rädelsführer des unmeifsnifchen Trupps, ertheilt uns Hr. *A.* einige, zur
Warnung allerdings hinlängliche, fonft aber
doch wirklich fehr fparfame Proben, wie fie
im Durchblättern feiner Gedichte fich darboten;
aus der verdeutfchten Argenis, welche *Lef-*
fing als Fundgrube von edelen, theils fchon gediegenen, theils Läuterung verdienenden Sprach-
ftoffen nachwies, wird auch nicht das mindefte
Körnchen gereicht. In jenen Beifpielen aber
finden wir nicht nur (was allen folgenden Schriftftellern widerfährt) die Orthografie nach der
Adelungifchen Grammatik umgemodelt; fondern häufig fogar die *Worte*, wahrfcheinlich
nach *Trillers* Verballhornung. Der alte biedere
Meifsner *Fleming* lieferte in das neumeifsnifche Wörterbuch von feinem Reichthume fo
viel als nichts; fehr weniges *Tfcherning;* etwas mehr, aber auch blutwenig, ein *Gryphius:*
ob der Vater oder der Sohn, erfahren wir nicht.
Manches auch *Logau*, obwohl lange nicht genug: und warum wurden *Leffings* Bemerkungen
vernachläffiget? *Lohenftein* mag mit dem wilden Feuer, welches doch nicht fo fchrecklich
als das Gottfchedifche Waffer ift, und mit der
modifchen Koftbarkeit des Wizes, es verfchul-

det. haben, dafs Hr. *A.* aus feinen Gedichten
kaum einzelnes, nichts aber aus feinem von
Sprachgewalt ftrozenden Arminius mittheilte.
Zur Genüge begabt er uns aus *Canitz*, dem
fanft fliefsenden ; doch am mildeften aus *Günther*, zumal wo er durch Gemeinheit anzog.
Das werden fie ungefähr alle fein, die obenhin
gebrauchten Denkmäler unferer Sprache von
Opiz bis zu *Haller.*

Man glaube aber nur ja nicht, dafs alle jene,
den unmeifsnifchen Alten abgenommenen Beifpiele für lauter warnende Strafexempel zu achten fein, das ift, für lauter edle Ausdrücke der
höheren Darftellung. Behüte! Wer daraus auf
gutes Glück etwas Erhabenes zufammenfezte,
der käme leicht in Gefahr, dem Hn. *A.* preis-
würdig zu erfcheinen. Die ehrlichen Altväter
fchrieben in mancherlei Tonarten; und dem
denkenden, fein empfindenden Meifter ift, wie
bekannt, jeder Ausdruck an feinem Orte der
treffendfte, der befte. Quintilian fagt X, 1, 9:
„Faft alle Worte (ausgenommen einige unehr-
„bare, die gleichwohl auch in den Jamben und
„der alten Komödie gelobt werden) aber fonft
„alle Worte find irgendwo die beften: denn auch
„niedrige mitunter und gemeine bedarf man;
„und die an einer gefchmückteren Stelle unedel
„fcheinen, find, wo die Sache fie fodert, der

„fchickliche Ausdruck." So urtheilten vormals
die urbanen Sprachkünftler, unbekannt mit der
höflichen Wortfcheu der Modernen. Ja, auch
die edelfte Schreibart ward nie, in keinem Volke
der Welt, aus lauter ungewöhnlichen Worten
und Wortformen gewebt: der Edelftein verlangt
feine Folie, die Rofe ihr hebendes Laub; und —

> Treflich gefagt ift das, wo ein Wort von alter Be-
>   kanntfchaft
> Wird durch fchlaue Verbindung wie neu.
>   *Horaz an die Pifonen*, v. 47.

Überdies ward mancher Ausdruck, nicht immer
von den fchlechteften unferer Vorfahren, dem
barbarifchen Zeitgenius geopfert; und, wie
mancher, einft niedrige zu unvorhergefehener
Würde kam, fo verlor fich auch mancher von
altem Adel in den Staub, aus welchem eine
glückliche Stunde ihn wieder aufrichten kann.
Denn, fagt der kundige Horaz v. 70:

> Vieles erwächft von neuem, was fchon abdorrte;
>   verdorrend
> Sinken die jezt ehrhaften Benennungen, wenns der
>   Gebrauch will,
> Welcher mit Macht und Befehl und Entfcheidungen
>   waltet des Redens.

Hr. *Adelung*, überdrüffig des ewigen Warnens
(welches in der neueften Ausgabe des Wörterbuchs ein vorfchimmernder Unglücksftern an-

deutet, und dann noch ein Wortergufs weit-
läuftig ausführt), fifchte zur Gemütsergözung
aus den Bächen der fchlefifchen Periode auch
viel folches Gewimmels, wovon er in den Gottfchedifchen Sümpfen fich Gedeihn verfprach.
Dies bekennet er felbft in der Vorrede der alten
Ausgabe §. 16: „Für die hochdeutfche (neu-
„meifsnifche) Mundart können *Opiz*, *Hof-*
„*mannswaldau* und *Lohenftein* nur auf eine
„entfernte Art zu Zeugen dienen, weil fie Ober-
„deutfche (unmeifsnifche Hochdeutfche) wa-
„ren; es fei denn, dafs es einen Fall betrift, *in*
„*welchem beide Mundarten übereinkommen.*"
Wo alfo der Ausdruck des Schlefiers nichts
weiter bezeugt, als dafs er in diefem Falle die
Ehre habe, gut Meifsnifch geftimmt zu fein.

Immer mit der Wortwage des neumeifsnifchen Verkehrs in der Hand, und was leicht
genug fchwebet, als gangbare Landesmünze zu
billigen, was fchwerer wiegt, für unächt zu
verrufen bereit: fo macht fich Hr. *Adelung* auch
an die höhere, durch Alterthümlichkeit ehrwürdige Schreibart des achtzehnten Jahrhunderts,
welche feit *Haller* und *Hagedorn*, troz dem
einredenden *Gottfched* und feinen Erben und
Erbnehmern, Deutfchlands Namen und Ehre
ausbreitete. Hr. *A.* will ungern mit *Gottfched*
fich vermifcht fehen, der zwar (wie es in der

Adelungifchen Fortfezung des Jöchers heifst)
„auf Reinheit und Richtigkeit der Sprache
„drang, felbft aber incorrect und platt und ge-
„fchmacklos fchrieb;" doch eben fo fehr misfällt ihm *Bodmer,* weil diefer (was im Adelungifchen Jöcher getadelt wird) „*mit feinen*
„*Freunden* dem wäfferigen Gefchmacke der
„Gottfchedifchen Schule, zu noch gröfserem
„Schaden, einen unnatürlichen und fchwülftigen
„Gefchmack entgegenfezte, und überdies feine
„Kenntnis der alten Sprache zur Veranftaltung
„der neueren misbrauchte." Wir können voraus
ahnden, wie es Bodmers unnatürlichen und
fchwülftigen Freunden mit ihren altväterifchen
Verunftaltungen der neueren, durch Gottfcheds Lehre, wenn auch nicht Beifpiel, gereinigten Meifsnerfprache ergehen werde. Noch
verdriefslicher war's für den Gönner des rein-
gewäfferten Hochdeutfch, dafs zur Veredlung
der höheren, durch Leidenfchaft ungeftümeren
Sprachweifen feine paar meifsnifchen Lieblinge
kaum weniges beitrugen; und dafs der Laus-
nitzer *Leffing*, ein Ausreifser wie *Fleming*,
nicht nur den höheren Gefprächton, auch durch
alte Wörter, Verbindungsarten und Wendungen, weit über die meifsnifchen Zirkel hinaus-
rückte, fondern im Logauifchen Wörterbuch
S. 22 felbft *Bodmers* alte nachdrückliche Wörter

empfahl; bis er endlich (Laok. Anh. S. 342—
344) für die leidenfchaftliche Poefie zuftimmende
Worte. und (was er ein noch unerkanntes Geheimnis der Kunft nennet) angemeffene Wendungen, dem Gang und Fluge des Gedankens
genau folgende Wortftellungen, mit Scharffinn und Gefühl beftimmte. Was zu thun?
Hr. *A.* fcheidet die frommen Schäflein von den
ungeftümen Böcken, die, durch fein Stillfchweigen verdammt, in den Schlund der ewigen Vergeffenheit hinabfahren follen. Leichte Fabeln
und Erzählungen wählt er aus, die nicht zu
hoch aus der Leipziger Umgangsfprache fich
verftiegen, Schäferftücke, fröhliche Liederchen,
ein paar bunte Naturgemälde, allerlei Sprüche
aus Lehrgedichten. Auch tönt wol dazwifchen
ein hochlyrifcher Laut von *Uz*, der *Karfchin*,
und *Ramler*, dem braven Landsmann, der, zu
unferem Glücke, noch fo ziemlich wegkommt;
obgleich Hr. *A.* auch diefem Sprachveredler das
Edelfte mit ftillfchweigendem Bedauern ausmu-
ftert. Auch hier und dort ein tragifcher Ton
von *Schlegel*, *Cronegk* und den Meifsnern,
Brawe und *Weifse*. Auch, damit es am Epifchen nicht fehle, etwa ein Vers von *Wieland-
Arioft*, oder wol gar ein Hexameter von †
Klopftock; gefälliger indefs wird des manchmal
fo natürlichen *Zacharias* Renommift und Mur-

ner, der Kater, abgehört. Wenn nun das Er-
kohrene die Leipziger Probe hält; gut, fo ift
es reines, edles, anftändiges, oder, wie Hr. *A.*
fich gerne ausdrückt, *gut ins Gehör fallendes*
Hochdeutfch; wenn nicht: fo läfst er es zwifchendurch für poetifches Oberdeutfch hingehn; gewöhnlich heifst es unedel und undeutfch, eine Unart der unwiffenden neueren
Herren Dichter.

Einem Manne, der fchon *Gleims* Kriegslie-
der, weil fie *Opizens* Ton halten, der Undeutfch-
heit ftraft, mufsten gewifs *Klopftocks* Oden und
Bardiete, *Gerftenbergs*, *Göthe's* und *Schillers*
Auffchwünge zum Ideal, *Bürgers* veredelte
Volkspoefie, und was fonft aus dem Staube fich
erhob, fehr wunderlich *ins Gehör fallen.* Gleichwohl überwand er fich, felbft aus der böfen
Zeit nach 1760, von dem einmal berühmt gewordenen *Göthe*, auch von *Benj. Michaelis*,
Gökingk, und einem Balladenfänger des Gött.
Mufenalm. 1776, einige Pröbchen zur Schau zu
ftellen. Aber der arme *Hölty* konnte ihm das
Verbrechen, einer der Neueren nach dem lezten der meifsnifchen Goldjahre zu fein, nicht
einmal durch den Tod abbüfsen: in der Adelungifchen Fortfezung des *Jöchers* wird unter
dem Buchftaben H, der im Jahr 1787 heraus
kam, kein Dichter *Hölty* bemerkt; wol aber

ein *Dresdenfcher Dichter Hanke*, „der fich“
(fo heifst es dort) „durch feine ganz auf *Gün-*
„thers Ton geftimmte Dichtkunft empfahl.“
Und unferen *Klopftock* miskennt diefer Grammatiker fo fehr, dafs er vor dem vierten Bande
des Wörterbuchs ihm zu fagen vermag: „Die
„Reichthümer und Vorzüge unferer Sprache
„aufzufuchen, fei freilich fo leicht nicht, als
„einige *neue Zufammenfezungen* zu wagen,
„*eine Mundart in die andere zu werfen*, oder
„*neue Arten zu fchreiben* zu erfinden.“ O des
befcheidenen Grammatikers, dem feine meifsnifche Wortwage die Wage der richtenden
Nachwelt dünkt! Was unferer Poefie nach der
Adelungifchen Goldperiode zuwuchs, fei es
auch *Leffings*, des fprachgewaltigen, *Nathan,*
das wird alles, noch in der neueften Ausgabe
des Wörterbuchs, weil es nicht rein wie das
meifsnifche Gerede klingt, als unreines Hochdeutfch, als ein Gemifch von Mundarten, als
Undeutfch, übergangen. Diefe Alleinherfchaft
der neumeifsnifchen, oder (um uns nicht an
den edlen Meifsnern zu verfündigen) der aus-
gemerzten plattmeifsnifchen Mundart, behauptet
der Grammatiker *Adelung* gegen alle die tref-
lichften Schriftfteller Deutfchlands, Er der Eine!
Zur Vollftändigkeit alfo, welche ein *Wör-*
terbuch der deutfchen Sprache verlangt, fehlt

dem Adelungifchen auch in der lezten Ausgabe
gar vieles. Es fehlt eine Menge von Wörtern
unferer durch fprachkundige Schriftfteller aller
Provinzen feit drei Jahrhunderten, in der lezten Periode am wenigften durch oberfächfifche,
angebaueten Profa und Poefie. Den Wörtern
fehlen Bedeutungen; den Bedeutungen fehlt Ordnung, Beftimmtheit, Richtigkeit. Es mufste
daran fehlen; da, ftatt von dem älteften finnlichen Begriffe zu den allmählich aufgekomme-
nen, theils wieder verlorenen Übertragungen
fortzufchreiten, Hr. *Adelung* gewöhnlich den
fpäteften Gebrauch der meifsnifchen Mundart
zum Grunde legt, aus welchem er fich, wie es
gehen will, feitab und hinauf arbeitet. Es fehlen faft überall die gewählteren, oft felbft die
gemeinen, Fügungen der Worte, und ihre Stellungen nach der Leidenfchaft, famt den gehörigen Belegen. Ohne geläuterte Sprachfilofofie,
welche aus langer Beobachtung der vollkom-
menften Menfchenfprachen abgezogen, nicht
blofs aus dem Kopfe zufammengegrübelt fein
mufs; ohne geübten Sinn für Anlage und Ausbildung der unfrigen; ohne klaren Begrif von
der Natur des gefchriebenen Hochdeutfch;
kaum bekannt mit unferen Schriftftellern; den
befferen abgeneigt: verdung Hr. *Adelung* fein
Sammlertalent, und fammelte in einigen Jahren,

was fich fammeln liefs, das Gefprochene feiner
gaftfreundlichen Provinz, und etwas mehr. Von
alten Büchern durchblätterte er einige berühmte; aus neueren, unter welchen er kein klaf-
fifches, aber ein paar von Gellert und dem Ritter Michaelis als die correcteften anerkennt,
gefteht er nach Vorliebe für eine Provinz, und
was ohne Mühe fich darbot, zum Belege gewählt zu haben; das meifte, was ihm wahl-
fähig fchien, Wort und Beifpiel, nahm er aus
dem Gedächtnis, wie dies oder das Geplauder
der feinen Leipziger Welt ihm nachhallte. Für
ein *vollftändiges grammatifch-kritifches Wörterbuch* unferer Schriftfprache genommen, ift
Hn. *Adelungs* Werk fchädlich, weil es den
Unkundigen irre führt; als ein Beitrag von un-
verarbeiteten und ungeordneten Materialien,
brauchbaren und anderen, verdient es Dank, fo
fehr es auch durch anmafsende Urtheile ihn
erfchwert. Der wahrhaft kritifche Anordner
eines deutfchen Wörterbuchs wird die Ausfprüche: *Rein Hochdeutfch, Oberdeutfch* oder
Undeutfch, Edel, Gemein: mit Gleichmut überfehen, oder zuweilen blofs umkehren, und zu
Ergänzungen und Berichtigungen den einladen-
den breiten Rand nuzen.

Leſſing, der kurz nach dem Verluft feiner
Kifte voll Handfchriften in Hamburg war, re-

dete in des Rec. Gegenwart von feiner zugleich
verlorenen Abhandlung über die Einrichtung
eines deutfchen Wörterbuchs, und von der angehängten Bearbeitung derjenigen Wörter, welche bei *Adelung* fchon im Buchftaben A fehl-
ten. Es waren *dreizehn hundert:* eine artige
Summe, die gewifs, wenn mehrere Sprachforfcher, wie die würdigen, durch Hn. *Campe*
vereinigten Männer, ihre Sammlungen bekannt
machen, fich noch anfehnlich vermehren läfst.
Die Abhandlung hatte wol, ohne Zweifel, jenen
in der Vorrede zum Logau hingeworfenen Gedanken ausgeführt; die Probe der Bearbeitung
war ein Auszug „der intereffanten Collectaneen
„zu einem deutfchen Wörterbuche,“ welche
Hr. *Nicolai* (Briefw. S. 227) im Jahr 1769 zu
fichern verfucht halte. Herr *Nicolai* theilt
uns bei diefer Nachricht feinen eigenen, von
dem Leffingifchen etwas abweichenden Entwurf
mit: wie, aus den vorzüglichen Schriftftellern
der jezt in Profa und Poefie lebenden deutfchen Sprache, durch mehrere Hände der Stof
zu einem vollftändigen Wörterbuche zu fammeln, und von Einem nach der Familienfolge
zu ordnen und zu bearbeiten fei. Der Plan
macht den Einfichten und vaterländifchen Gefinnungen des Urhebers Ehre; nur die zu-
fchleppenden Laftträger möchten, bei geringerer

Zuverläffigkeit, die Arbeit nicht abkürzen; auch
würde der Theil über poetifche und alte Wörter in der Ausführung vielleicht etwas anders
geworden fein.

Die *etymologifchen* Grundfäze und Kennt-
niffe des Hn. *A.* zu entwickeln, ift nicht der
Ort. Im Jahr 1774 (1 Vorr. §. 4) wünfchte er
fich Glück, faft immer auf *Fulda's* Wege zu
fein, weshalb er auch deffen Preisfchrift feinem
Wörterbuche vordrucken liefs. Im Jahr 1777
(3 Vorr.) befann er fich, *Herders* Gedanken in
der Preisfchrift über den Urfprung der Sprache
fchon einige Jahre früher gedacht zu haben.
Im Jahr 1782 (Lehrgeb. I. S. 182) hatte noch
Fulda den einigen richtigen Weg, obzwar mit
befferem Glücke gezeigt, als felbft betreten:
welches Verdienft einem Anderen gebührte. Im
Jahr 1793 endlich ward *Fulda's* Abhandlung
der neuen Ausgabe des Wörterbuchs entzogen:
„weil,“ fagt Hr. *A.* in der Vorrede, „*Fulda's*
„etymologifche Grundfäze von den meinigen
„ganz verfchieden find.“ — Gleichwohl giebt
er feine etymologifchen Exkurfe wieder, wie
fie waren, mit unwefentlichen Änderungen;
wenn er gleich z. B. die wohlriechende *Münze*
nicht mehr mit dem ftarkriechenden — die Nafe
weg! — μίνθος, *Menfchenkoth*, zu vergleichen
Luft hat. Wie neulingshaft er fogar Hauptbe-

ſtandtheile der Sprache umirrt habe, wird in
der Voſſiſchen Zeitmeſſung bei den mittelzeitigen
Anhängſeln gezeigt. Seine nichtige Unterſchei-
dung, *ig* Eigenſchaft, *icht* Ähnlichkeit, und
ſein *ex ingenio* verfertigtes *adelig*, *ſtachelig*,
wird noch in der lezten Ausgabe, nicht vertheidiget, ſondern mit Troz hingeſtellt.

So der Entwurf des Adelungiſchen Wörterbuchs; ſo die Ausführung. Dort ein *Zeſiſcher*
Schwindelgeiſt, deſſen Verblendung über aus-
ſchließliches Hochdeutſch in jedem Neubeſeſſe-
nen noch verblendeter ward; hier ſein luftiger
Spuk, der mit allem Gepolter, ſo viel er kramte
und durch einander warf, am Ende nichts
ſchafte: noch luftiger und unwirkſamer, als
jener Miltoniſche:

> *How the drudging Goblin ſwet,*
> *To earn his cream-bowl duly ſet,*
> *When in one night, ere glimpſe of morn,*
> *His ſhadowy ſlale hath threſh'd the corn.*

Durch Ariſtoteles (Poet. 22) ward ein Wizling
in Athen, der die alterthümliche, aus dem Gemeinen erhobene Sprache der Tragiker beſpöt-
telt hatte, als ein Thörichter berühmt. Wenn
unter Roms Grammatikern ein Schüler jenes,
dem veredelnden Horaz, Aſinius und Virgil auf-
ſäzigen *Mävius* in einem *Wörterbuche der
ächt römiſchen Sprache* den nachläſſigen Um-

gangston, oder auch den feineren der Ciceroni-
fchen Briefe, des Cäfarifchen Tagebuchs, zum
Mafsftabe des Edlen gewählt, und alle feierli-
cheren Worte und Wendungen der ftürmifchen
Beredfamkeit, der fchickfalwägenden Gefchichte, der göttlichen Poefie, die der felbige Cicero
mit folcher Gewalt theils anftimmte, theils verfuchte, je entfernter dem Brieftone, defto fchnö-
der getadelt, für unrömifch ausgefchrieen, oder
ftillfchweigend verfchmäht hätte; nicht wahr?
der Schüler wäre wie der Meifter verewiget.
Nun denke man fich, ftatt diefes lebhaften und
urbanen Brieftones, ein mafsgebendes Gemifch
von neumodifcher Katheder fprache, und cere-
monienhafter, halb höfifcher, halb kleinftädti-
fcher Galanterie! Was mag wol ein Ausländer
empfinden, wenn er, unfere klaffifchen Dichter
und Profaiker zu verftehn, das Adelungifche
Mundwörterbuch auffchlägt, und die edelften
entweder gar nicht erklärt, oder fo häufig eines
niedrigen, nicht anftändigen, undeutfchen Ausdrucks befchuldiget fieht, — von einer Feder,
die nicht einmal zum *anftändigen Deutfch* eines
eilfertigen Zeitungsfchreibers fich erheben kann!

Alle diefe Verfehen der Anlage, und die
überfchwänglichen Gebrechen der Ausarbeitung, mit ruhigem Ernft überdacht, glauben
wir, dafs *Klopftocks Urtheil über das Ade-*

lungiſche Wörterbuch, ſo ſtrenge es iſt, nur leichtgläubigen Verehrern einer mühſamen Geſchäftigkeit misfallen, aber den Verſtändigen des Vaterlandes, welche, zu eigener Beurtheilung des groſsen Gemeingutes, Kenntnis, Geſchmack und unbefangene Wahrhaftigkeit mitbringen, gerecht ſcheinen werde.

––––––––

Das *dritte grammatiſche Geſpräch*, an deſſen Eingange wir von dem Affen des deutſchen *Sprachgenius*, dem Kobold *Plauderpux*, ſo weit in die Wüſte geneckt wurden, handelt S. 78 von dem *Wohlklang* unſerer Schriftſprache. Durch rauhe Jahrhunderte verloren unſere Wörter, auſser dem *e*, die viellautigen Vokalendungen; die Italiener und Spanier, deren Sprachen der deutſche Beſieger aus verdorbenem Latein bilden half, behielten ſie. Wenige ſchlieſsen mit offenem Laute, wie *Sah, alda, May, einerlei, froh, jezo, Ruh, hinzu;* doch haben oft genug die Silben in der Mitte des Worts den vollen Ton, wie *Bade, rede, mögen, niemals, beruhigen.* Bei guter Wahl der Worte (und, was ſich verſteht, bei ſorgfältiger Stellung, da man gehäuftes Hauchen und Geziſch, und die Begegnung unverträglicher Mitlauter verhütet) haben wir leicht einen männlichen *Wohlklang*, ſtark und ſanft; einen *Uolo*

clango können und follen wir nicht haben.
Wenn ein rauhes Wort irgendwo das einzige
wählbare ift, weil kein anderes den Gedanken
mit gleicher Richtigkeit ausdrückt, dann mildert
es der Redende durch die Ausfprache. (Jene
mildernde Stellung vorausgefezt. Wem in zärt-
lichem Zufammenhange ein unliebliches *Herz*
fich aufdringt, der fänftiget es durch freund-
liche Nachbarfchaft und einen auflöfenden Vokal; als Schlufswort es hervorheben, damit der
Miston in *Schmerz* wiederhalle, ift nicht der
Sprache, fondern des Reimers Schuld. Klopftock hatte die Kühnheit, in der melodifchen
Teone (Od. I. S. 264) ein paar für das Sanfte
des Gedankens und des Versganges zu ftarre
Worte der mildernden Vorlefung zu vertraun:

Wenn dem Inhalt fie wie Wachs fchmilzt!

wo vielleicht beffer ein gefchmeidiges Wort die
Biegfamkeit des Wachfes andeuten möchte:

Wenn dem Inhalt fie fich anfchmiegt.

Bei Homer, Odyff. XIX, 204, wird das Bild,
fie zerfchmolz in Thränen, durch das Gleichnis des herabfchmelzenden Schnees erweitert.
Das griechifche Wort, welches in fünf Verfen
fünfmal wiederholt wird, ift wohlklingend, und
verändert in feinen Formen den Klang; das deutfche ift auch in den Formen veränderlich, aber

I.   29

rauh. Anfangs glaubte sich der Überfezer in
der Nothwendigkeit, die Treue dem Wohlklange
aufzuopfern, indem er *Schmelzen* dreimal in
Herabfliefsen verwandelte; bis er endlich das
Geheimnis fand, das Rauhe durch die Umgebungen zu erheitern:

> Aber der hörenden flofs die fchmelzende Thrän'
> auf die Wang' hin:
> So wie der Schnee hinfchmilzt auf hochgefcheitel-
> ten Bergen,
> Welchen der Oft hinfchmelzte, nachdem der Weft
> ihn gefchüttet;
> Dafs von gefchmolzener Näffe gedrängt abfliefsen
> die Bäche:
> Alfo fchmolz in Thränen der Gattin liebliches
> Antliz.

Wahr ift es aber, dafs auch in glücklicher Stellung ein folches Wort durch polternden Vortrag verunglücken kann. Es verlangt eine gebildete Ausrede, die, wie *Kl.* erinnert, nicht
in allen Provinzen, nicht in allen Gefellfchaften
ift.) „Wenn man die Frage: ob die gefchrie-
„bene Sprache von der geredeten, oder ob diefe
„von jener gebildet werde? jenfeits des Rheins
„oder der Alpen thut; fo ftehet dort wol nicht
„leicht jemand lang mit der Antwort an, dafs
„die gegenfeitigen Einflüffe von ungefähr gleich
„fein: diesfeits wäre die Frage lächerlich." Nur
zu fehr leider wirkt durch Misbildung die Aus-

fprecherei der Gewöhnlichen auf die Schreiberei
der Gewöhnlichen. Selbft der gute Schriftfteller,
wenn er, was täglich gehört ‚wird, nicht was
follte gehört werden, im Andenken hat, kann
leicht eine rauhe Zufammenziehung, ein halsbrechendes Anfchmettern ftarrer Schlufsfilben
auf ftarr‚ anfangende, zulaffen Der klaffifche
weifs, dafs er nicht ftumme Zeichen für das
Auge zu fchreiben hat, fondern lebendige Worte,
die von der Zunge gefällig in das‚Ohr eindringen; er fchreibt, wie für gebildete Ausrede,
und bildet fie.

Hierauf S. 81 über Verwandfchaft des Griechifchen und des Deutfchen, in Anlage und
Grundform; wodurch faft wörtliche Verdeut-
fchungen aus dem Griechifchen möglich find.
(Kurz, faft räzelhaft angedeutet, was, umftändlicher ausgeführt, auch dem Ungläubigften ein-
leuchten würde.) Der Klang beider Gefchwi-
fterfprachen verlor die Familienähnlichkeit
durch die Schikfale der fpäteren Ausbildung:
dort vom Rauhen ins Sanfte, hier umgekehrt.
Doch konnte fich jene der alten hartftofsenden
Präfixe *X, Pf, Kt, Phth, Chth, Mn, Tm, Sph,
Kn*, und des attifchen *Pt*, nicht entledigen;
auch behielt fie einige Ausgänge mit mehreren
Mitlautern, z. B. *Sphinx* (anderswo gemildert
in *Phix*), *Salpinx*, *Anax* (aus dem älteren

Anakts), *Aps* und *Hals*; indeſs *Aiants* in *Aias*, und ähnliche, ſich abglätteten. Die Ausartung in *gehäufte* Doppellaute, wie *aiei*, möchte zu tadeln, aber, wie uns deucht, nicht eben Rauhigkeit zu nennen ſein. Der deutſche Wohlklang fragt die griechiſche Euphonie: „Hat *Ech*, das man ſo oft in deiner Sprache und in meiner hört, einen rauhen Ton?" Und dieſe antwortet: „Du dachteſt bei deiner Frage nicht „an *Charis*." (Alſo klänge es wol gar anmutig? wol *char* wie ein *Nachtichallton* aus dem *Charten* der *Chariten*? *Klopſtocks* Meinung war nur: Die Griechen hatten, wie wir, manches geerbt, das der Milderung widerſtrebte; ein Troſt, wenn auch unſeren Wohlredenden nicht alles ſich bequemt. Was ihm den Ausdruck ſchärfte, war ein gegen *Kl.* im Geſpräch geäuſserter Wunſch des Rec., daſs unſere *gehäuften ch* mit *i*, z. B. *wenn ich mich nicht richtig* —, die oft ſchwer zu vermeiden ſind, durch feinere Ausrede ſich allgemach abſchleifen oder umbilden möchten, wie etwa im Niederſächſiſchen: *wo ik mi nig*. Der feurige Liebhaber der Teutona wollte entſchuldigen, und beſchönigte. Ein frommer Wunſch des Mitliebenden ſchien ihm in den unholden Tadel des Übellaunigen einzuſtimmen, dem er S. 85 die Vergleichung mit den Tönen der Sackpfeife, der

Strohfiedel, der Maultrompe, des Kuhhorns und
der Nachtwächterfcbnurre verweift.) Dann folgt
S. 86 ein langes im *Archiv der Zeit* noch ver-
mehrtes, fehr merkwürdiges Verzeichnis ähnlich
lautender Wörter in beiden Sprachen, wobei
man im Deutfchen nur das *e* der Umendungs-
filben durch andere Vokale befchränkt wünfcht;
und S. 94 eine Zufammenftellung griecbifcher
Hexameter mit deutfchen von nahem Wohlklange. In diefem Verfe:

> Dem fie mit Eil' entflohn, da die dunkle Nacht fie
>   befchüzte:

fcheint ein griechifches Ohr *dunkele* zu verlangen. Das rauhe, *jezt zu entflichen*, wäre leicht
durch ein *nun* gehoben. Nicht fo leicht das
Gezifch: *des Sohns zu bitteres —*, und *Krän-
zen fie einziehn.*

Die italienifche Sprache hat, nach *Klopftock*
S. 96, zwar wohllautende Vokalendungen; aber
faft allein folche, bei fehr feltenem Konfonanten-
fchlufs, und auch fie mit vier herfchenden Vokalen (felten mit *u*), die fie gewöhnlich kurz,
und nicht einmal mit gehöriger Abwechfelung
braucht. Aus übertriebener Neigung zum Sanften, zerflofs fie in Weichliches: welches noch
auffallender wird durch die doppelte Einförmigkeit, des (beinah nur gefungenen, nicht geredeten) Klanges, und der Silbenzeit. *Klopftock*

meint die einförmige Zeitmeffung des Italienifchen, da dem weichen trochäifchen Falle, der
überall herfcht, zu wenige daktylifche Wörter,
und noch wenigere Jamben, das Gegengewicht
halten. Wir wünfchen diefen, wie es fcheint,
richtigen Vorftellungen den prüfenden Scharffinn des Hn. *Fernow*, der, indem er unferer
karglauten Sprache etwas mehr von der italienifchen Volltönigkeit wünfchte, durch den Eifer
eines edelen Deutfchen und Kunftfreundes verleitet, die unferige ein wenig zu ftreng, und
die Ausländerin zu glimpflich beurtheilte. — Da
wir an felbftlautigen Wortendungen bis auf *e*
Mangel leiden; fo haben wir dafür eine, wenn
nicht vergütende, doch tröftliche Abwechfelung
von fchliefsenden Mitlauten, einzelnen und gut
verbundenen, welche meift zwar mit *e*, aber
auch nicht felten mit anderen Vokalen ausgehen.
Im folgenden Verfe endigen fieben Mitlaute, zu
fechs Vokalen gefellt:

> Raftlos glüht das Gewerb', und von Thymian duftet
> der Honig.

Homer wechfelt wol zuweilen mit vier Endmit-
lauten, wie Il. 1, 506:

> Ἔπλετ᾽· ἀτάρ μεν νῦν γε ἄναξ ἀνδρῶν, Ἀγα-
> μέμνων —

Doch wird auch wol ein einziger mit gewech-
feltem Vokal wiederholt: .

Διογενὴς Πηλέως υἱὸς, πόδας ὠκὺς Ἀχιλλεὺς.

Welchem diefer an mistönendem Gezifch ähnlich wäre:

Waffenlos fah voller Verdruß das alles Achilleus.

Oder felbander das tonreichere *n*:

Ἐς Χρύσην ἱκάνεν, ἄγων ἱερὴν ἑκατόμβην.

Im Deutfchen dürfte vielleicht folche Eintönigkeit nicht einmal als Nachahmung eines Natur-
tones gewagt werden, weil fie nicht in Endungen, fondern in gefuchten Stammfilben fich
darbietet:

Die mit Getön ankamen, entflohn aus Seen und Ge-
birghöhn.

Diefes *n* auch allein, aber mit dem fchönften
der Vokale, und zwar um das Geräufch eines
Vögelfchwarms zu verfinnlichen:

Χηνῶν, ἢ γεράνων, ἢ κύκνων δουλιχοδείρων.

Auch hier würde im Deutfchen der Klang wegen
der mühfam gefuchten Stammfilben beleidigen:

Weit fchon hallte der Hohn, da mit Angftton alle
dahinflohn.

Der italienifche Wohlklang trägt, in *Klopstocks*
fchönem und treffendem Gleichniffe, lauter

Myrten zum Kranz; der griechifche bei den
Myrten auch etwas Eichenlaub; der deutfche
des Eichenlaubes fo viel, dafs es die Myrten
faft ein wenig zu fehr befchattet.

Unfer zu häufiges *en*, wie S. 101 richtig bemerkt wird, ift an fich wohllautend; denn das
halbverfchluckte des nachläffigen Sprechens
wird der Sprache nicht angerechnet. Selbft die
Griechen hätten in Pindars Mundart *enden* für
endein gefagt, und daneben *endemen*, wie unfer
endigen, in Pindars und Homers Heimat. Möchten wir diefes ablöfende *igen* durchaus haben!
Lieb find, der Mannigfaltigkeit wegen, auch
ein und *ern* dem vorfichtigen Anordner; er läfst
gerne den Sturm *rütteln*, und das Gewitter
donnern: wenn nur, wie ehemals, auch der
Wind *fäufelen* dürfte, und der Himmel fich
aufheiteren. Der grofse König, der lieber tü-
desk als deutfch redete, prägte zu unferer Bereicherung ein leichtklingendes *liebena;* aber
diesmal ging feine Münze nicht durch. Schade
doch, dafs der Sprache zu gebieten, weder ein
Siegmund noch ein Cäfar vermag! Jezo mufs
der Schriftfteller gegen den zu häufigen Anlauf
des *en*, welches nicht in Handlungswörtern
allein, fondern in Benennungen und Beiwörtern
heckt, wie gegen jede Anhäufung, auf feiner
Hut fein. Befonders wenn es nach einer Länge

ſich ſenkt, wird ſeine Wiederkehr unange-
nehm:

Allen Bäumen ſproſſen Blüten.
Den Bäumen entſproſſen die lieblichen Blüten.

Wer ein empfindliches Ohr hat, wird dieſem
vorlauten *cn* wenigſtens nicht in den Ausgängen
der Verſe, wo es ſo recht aushallen kann, das
groſse Wort laſſen. Zwei nach einander mit
en ſchlieſsende Hexameter, wofern die Abſchnitte
es vermieden, duldet man wohl; auch in einer
geſonderten Perfode, die ſonſt abſtechendes genug hat, noch den dritten. Das möchte für
unſer Ohr das Äuſserſte ſein, obgleich der fein-
hörende *Klopſtock* im Meſſias ſich oft viel weiter
hinaus wagte. Freilich kann, wer des Troſtes
nicht lieber entrathen will, ſich mit Beiſpielen
aus Homer und Virgil tröſten. Jener Il. XXII,
56 — 58 endigct drei Hexameter in einer Periode
mit *us*, wo noch ſonſt des Geziſches nicht wenig
iſt. Dieſer hat Aen. XI, 173, bei einleitenden
es, is, us, drei Ausgänge auf *is*; und wieder
drei ſolche Aen. XII, 236, worauf noch ein
Halbvers mit doppeltem *is* folget, obgleich in
geſonderten Perioden; ſogar mit *en*, wofern
nichts verſchrieben iſt, ſchlieſsen Aen. X, 247
drei aufzählende Hexameter nach einander. Was
aber wollen die, wollen ſie Lob oder Entſchuldigung, die uns ganze Seiten herunter mit weib-

lichen Reimen auf *en* einfingen? Als ob alles
übrige, Gedanke und Wort und Stellung und
Bewegung, müfste gewählt werden; nur nicht
der Klang, nur nicht jener durch des Reimes
Verdoppelung gehobene Klang! Sogar lauter
weibliche, von männlichen ununterbrochene
Reime, mit der herfchenden Schlufsfilbe *en*,
haben die Zärtlichkeit unferes Ohrs verfucht.
Melodifche Südvölker, fagt man, lieben den
durchaus weiblichen Reim. Sie lieben ihn, wie
die Engländer den männlichen, aus Noth; aber
fie lindern den einförmigen Fall durch mannigfaltigen Laut beider Reimfilben: welcher hier
und bei den Affonanzen, als unerläfsliche Pflicht,
die möglichfte Abwechfelung verlangt. Schon
ein ewiges *e* in der Senkung, und gar ein ewig
fortfummendes *en*, würde jenen Melodifchen
das unmännliche Geknix folcher Reimordnun-
gen verleiden. Das felbige Gefühl, welches in
jenen Sprachen das fchönfte des Erreichbaren
auswählte, hätte aus der unferigen ganz anders
gewählt.

Im *dritten Zwifchengefpräche* S. 105 follen
die Regensburgifchen *Heiligerömifchereichs-
deutfchernationsperioden* nach Schalmei und
Dudelfack einen Bärentanz aufführen, der aber
vereitelt wird. Was gehn, fpottet die Einbildung, Regensburgerei und Sprache einander

an? was die Lumpe, die den Vogel fcheucht,
und das Nez, welches ihn fängt? — Das Urtheil antwortet: Es ift doch merkwürdig, dafs,
wer das Gefez giebt, oder es anwendet, wer
Feldherr ift, oder ihm die Entwürfe macht, 'ne
folche Sprache hat. Denn wer follte es fich
mehr zur Pflicht machen als fie, dafs fie beftimmt, kurz, würdig und edel, auch wol, wenn
es der Gegenftand zuliefse, mit fparfamer An-
muth redeten? — Die Spötterin darauf: Ihre
Schreiber haben ihnen nun einmal gefagt, dafs
fie nach gehörigfter Erwäg-, Ermefs- und Unterfuchung, wie auch mit allertiefftem Zuboden-
wurfe, nicht hätten entohniget fein können,
diefe Götterfprache für fie zu erfinden; und
daher auch ohnermangeln müfsten, fothanem
Lippen- und Zungen-Gebrauche gemäfs, an ihrer
Statt und Stelle das Wort zu führen. — Würdig
diefes Ariftofanifchen Auftrittes erfcheint dann
die edle *Wasiftdaswasdasiftwashaftigkeit*, in
der Abkürzung leicht verhörbar als *Wafchhaf-
tigkeit*, um einige dünkelhafte Franzofen lächerlich zu machen, welche eine Sprache, worin
Was ift das? in *Qu' eft-ce que c'eft que cela?*
ausgedehnt werden darf, für die erfte der Welt
ausrufen. Zulezt wird der Name der holden
Schwäzerin an den nicht Pythifchen Dreifufs
gefchrieben, mit der angemeffenen Ortho-

grafie: *Wasifthdaswasdasifthwafchhaphihigkeytk.*

Aus der *Wortänderung* wird S. 117 der vollendete Theil über die *abwechfelnden Beziehungen* gegeben, d. h. über folche Präpofitionen, welche bald die dritte Endnis (den Dativ); und bald die viertel (den Accufativ) regieren. ›*Klopftock* wünfcht, dafs auch *bei* in das alte Recht der doppelten Herfchaft wieder eingefezt werde. Hr. *Adelung* hingegen, obgleich er feine Entdeckung, dafs *Luther* ein Niederfachfe fei, für Irrthum erkannte, behauptet noch in der neueften Ausgabe des Wörterbuchs: die Fügung, *Ehe er nahè bei fie kam*, — *Tritt bei dein Brandopfer*, habe *Luthers* Bibel aus der niederfächfifchen Mundart; wiewohl doch wiederum nicht zu leugnen fei, dafs *bei* auch in den hochdeutfchen Redensarten, *bei Seite gehen, einen bei Seite nehmen*, die Richtung *wohin* bezeichne. So flattert der Mann. Aus dem Altdeutfchen, welches in einigen Redensarten noch fortlebt, nahm *Luther* das hingehende *bei* in die Bibel. *Er hiefs jn bei die andern fizen* (fich fezen), heifst es im Fierrebras D. 5. Aus dem Altdeutfchen nahm es nach ihm *Opiz*, ein Oberdeutfcher nach Adelungifchem Sprachgebrauch: *Sie kamen nahe bei die Infel Malta*, Arg. II; 117. *Bei*

die Princeßin hingehn, II, 198. Auch *Rollenhagen* vom Fortgang in Raum, Gröſse und
Zeit : *Bei die acht Meilweges*, Wund. Reiſ. 62.
Welcher bei die 50000 waren, ebd. 51. *Sie
leben bei die 300 Jahr*, ebd. 25. — Was *Klopſtock* hierbei unſerer Sprache zum Vorzuge vor
der griechiſchen anrechnet, daſs dieſe im Gebrauche der abwechſelnden Beziehungen, beſonders mit drei Endniſſen ſchwanken ſoll: iſt
zu entſchuldigen durch die raſtloſe Thätigkeit
des Dichters, der, zur Ehre des Vaterlands,
mehr um den Geiſt der Griechen, als um Spizfindigkeiten ihrer Grammatik, ſich bekümmerte.
Der Grieche bezeichnete das Wo und Wohin,
wie wir; und auſserdem ein Woher mit dem
Genitiv. Aber oft wird das Ruhende wie in Bewegung, das Kommende und das Hingehende
wie daſeiend, und ein gegenſeitiges Verhältnis
in der Richtung dahin oder daher, gedacht.
Hierin, und in den figürlichen Bedeutungen,
verwickelte ſich *Klopſtock*.

Die Bedeutungen unſerer abwechſelnden Be-
ziehungswörter zu erklären, ſcheinen uns die
alten Fragen Wo und Wohin, wenn wir zu
dem Raume des Ortes den figürlichen der Gröſse,
der Macht und der Dauer denken, völlig genug
zu ſein, und *Klopſtocks* ſieben Fragen mitſamt
der Nichtfrage S. 119 in ſich zu enthalten. —

In der foheinbaren Ausnahme S. 121: *Kommt auf den Freitag, Beftellt ihn auf diefen Nachmittag*, fragt kein *Wo* oder *Wann*, fondern ein wirkliches *Wohin*: Richtet die Ankunft, beftellt ihn in diefen Zeitraum hinein. So auch, *Morgen über acht Tage*. — Diefes *über* mit der dritten oder Zweckendnis (Dativ) bezeichnet immer ein *Wo* in Ort oder Zeit: *Er vergafs es über dem Spiele*, im Spielen, während des Spiels. Mit der vierten oder Wirkendnis (Accufativ) bezeichnet es immer ein *Wohin*, aber auch ein figürliches, die Richtung zum Gegenftande: *Er vergafs es über das Spiel*, in der Richtung auf das Spiel, wegen des Spiels. *Man lobt*, fagt Leffing, *den Künftler dann erft recht, wenn man über fein Werk fein Lob vergifst*. Eben fo, *Er freut fich über die Blumen; Er fchreibt über die Grammatik*; und Leffings, *Wer über gewiffe Dinge den Verftand nicht verliert*. Weil die Beziehung gegenfeitig ift, fo kann fie auch durch *Woher* beftimmt werden: *Er vergafs es wegen des Spiels*, fein Vergeffen kam von wegen des Spiels, kam daher; *er freut fich wegen der Blumen*, oder *der Blumen halb*, hat Freude vom Wege der Blumen her, von ihrer Halbe oder Seite her. Manchmal foheint über die Begriffe *Wo* und *Wohin*, des Dafeins und der Beziehung, zu vereinigen. *Er ward über dem Schreiben krank*, ist eigentlich nur, *im* Schreiben; aber man vermutet, die Krankheit rühre auch *vom* Schreiben her, beziehe sich auf das Schreiben: dieses bestimmt auszudrücken, würde *über das Schreiben* erfordert. So *Luthers, Der Löwe brüllt über dem Raube,* er brüllt vor Freude bei seinem Raube, welche natürlich auch Freude *über den Raub* ist. Manchmal aber entschlüpfen auch Sprachfehler sogar den besseren. Unser *Klopstock* sogar urtheilt, daſs der Sprachgebrauch den Begrif *wegen des Spiels* gewöhnlich durch *über dem Spiele* bezeichne, und *über das Spiel* nur dulde. Daſs Hr. *A.* Rechtes und Unrechtes durch einander wirrt, ist weniger zu verwundern.

Der Tadel S. 123, daſs der Grieche manchmal ein Wo statt des Wohin seze, trift wiederum fehl. In das Meer werfen, hieſs poetisch, wie bei den Römern, *dem Meere einwerfen*, πόντῳ ἐμβάλλειν, oder ἐνὶ βάλλειν getrennt. Hiernach, μέσσῳ δ' ἐνὶ κάββαλ' ὁμίλῳ, mitten *der Versammlung hinein* warf er ihn nieder. Die Zweideutigkeit, da es anderswo auch *in der Versammlung* bedeuten kann, durfte gerügt werden, um Nachsicht für die unsrigen zu gewinnen. — Ist es in der That Sprachgebrauch, wie *Kl.* mit *A.* meint: *Die Reiter kamen an* den *Wald zu stehn, in das Dorf zu lie-gen?* Sie kamen ja nicht *dahin*, um zu stehn; sondern sie kamen dazu, sie trafen es, *an dem Walde* zu stehn. Auch sagen wir alle: *Er kam unten zu liegen*, nicht *hinab; Er kam oben zu sizen*, nicht *hinauf.* Wer sagt denn: *Er kam an das oberste Ende zu sizen?* Richtig heißt es bei *Rollenhagen: Die Erde kömmt im mittel zu stehen*, Wund. Reis. 183. — Das bildliche Wort *Fuss* wird theils für Maß, Maßgebung, Art und Weise, gebraucht; theils von der alten vornehmen Tracht grofser Schuhe. In der erſten Bedeutung sagt *Klop-ſtock* recht: *Auf grofsen Fuss leben*, in Bezie-hung auf den grofsen Maßſtab, nach demſelben. In der zweiten müßte man wol, wie im Fran-zöſiſchen *être sur un grand pied*, auch im Deutſchen *auf grofsem Fuſse ſtehn*, oder *leben.* — Man sagt eigentlich: *Er ſtöſst ſich*, oder *ſeinen Fuss, an den Stein*; alſo figür-lich: *Er ſtöſst ſich an die Rede*, nicht, wie *Klopſtock* meint, *an ſeiner Rede. Joh. Pauli: An diſe exempel ſtoſsen ſich andere*, Schimpf und Ernſt, 372. *Leſsing: Es ſtöſst ſich an die Ausſteuer*, Schauſp. 194. — Schwie-rigkeiten dieſer Art, denen ein *Klopſtock* nicht obſiegte, bringen uns zu der beſcheidenen Er-kenntnis, daß ſelbſt die Schriften der Aufmerkſameren nicht ganz fehllos ſind, und, daſs weniger noch flüchtige Weltleute einer Provinz das klaſſiſche Gold im Munde führen. Dem ängſtlichen *Gellert* entfuhr gleichwohl, *auſser den Stand ſezen;* ſo wie ein anderer Oberſachſe von Verdienſt, durch die Landesausſprache geteuſcht, *einem die Injurien einzudrängen,* ſtatt *einzutränken,* ſich vergaſs. Aber warum bemerkte *Klopſtock* das Geſchreibe eines Deutſchlateiners, der, wenn er *Gellerts* unerwogenen Ausdruck wiederhoke, ihn eben dadurch *auſser den Umlauf* und *auſser den Werth* ſezte?

In dem *vierten Zwiſchengeſpräche* S. 129 treibt die Bildſamkeit wieder mit der Ausländerei ihr Spiel vor den Homeriſchen Traumpforten. Jene iſt es, „die dafür ſorgt, daſs der Ausdruck „zu dem Gedanken ſo recht paſſe, daſs er ihm „gleichſam anliege, wie das Gewand dem Mäd„chen, wenn es aus dem Bade kommt: das „Mädchen denke man ſich ſchön, und das Ge„wand als ein Leinengewebe, bei dem Pallas „vielleicht ſtehn bliebe." Die Ausländerei ſagt offenherzig: daſs ſie weder unſere Sprache kennt noch ſelbſt die ausländiſchen, „aus denen ſie „Wortbevölkerung zu uns herübertreibt; aber „das, meint ſie, ſei ja auch bei ihren Verrich„tungen gar nicht nöthig." Sie wünſcht wahre

I.   30

Vorſtellungen aus der Elfenbeinpforte, deren
teuſchende Natur ihr verhehlt wird, kommen
zu ſehn. Es werden mit dem harten *s*, wofür
der neue Grammatiker *z* und *tz* erklärt hat,
Bannſprüche vom *Blatzelaut* und *Gemampſ* in
mutzikaliſcher Autztzprache abgetzumtzt.
Umſonſt; die Pforte zu öfnen, muſs der Name
des berühmten Grammatikers in myſtiſcher Andeutung gemurmelt werden. „Er beſteht,“ heiſst
es, „aus drei verſchiedenen Selbſtlauten, und,
„was die Mitlaute anbelangt, aus einem der
„Stotterer, aus dem Lalllaute, dem Nennlaute,
„und aus einem der gackernden.“ Die Vorna-
men, obgleich es „gewiſſe weiland auch be-
„rühmte“ ſind, werden nicht nothwendig be-
funden; denn ſchon nach dem ausgeſprochenen
Gackerlaut, lermt es an der Pforte, und es
drängt ſich eine ganze Heerde von des Grammatikers Behauptungen heraus. Noch ſchlim-
mere Sprachfehler, heiſst es, als die wider die
Grammatik, ſind die wider die Wortkunde. Sie
dürfte einer, ſo derbe das Wort iſt, im Unwillen
etwa einmal *Schnizer* nennen, „wenn er die
„unſaubere Arbeit übernähme, und mit der her-
„kuliſchen Gabel da zu Stalle ginge, wo man,
„weil man ſich zum Richter aufwarf, ganz an-
„dere Beiſpiele als die gegebenen ſchuldig war.“
Hierauf S. 142 giebt *Klopſtock* dem Genius

der Sprache Rechenfchaft, warum er diefe Mis-
handlungen der Grammatik und der Wortkunde
feiner Aufmerkfamkeit würdige. „Ich thue es,
„Genius, weil die Bücher, in denen jene Mis-
„handlungen ftehn, der Spráche fchaden. Und
„welcher Sprache? Derjenigen, die zu dem
„Ausdrucke beinah aller Gedanken und Empfin-
„dungen, welche gefagt zu werden verdienen,
„einen.hohen Grad der Bildung, und zu einiger,
„den höchften erreichet hat. Du fieheft, die
„Sache ift ernfthaft: und wenn man folchen
„Büchern ihren Plaz nicht anweift; fo ift das
„keine gütige oder ftolze Schonung mehr; fon-
„dern weiche Gelindigkeit, oder gar Furcht
„(ich kenne keine furchtfamere) vor niedriger
„Anfeindung. Du meinft, diefe Bücher fchaden
„nicht. Ich glaubte diefes fonft auch, und wie
„wenig bekümmerte ich mich damals um fie;
„aber ich habe es anders gelernt! Denn Män-
„ner geben ihnen Beifall, die einen Namen ha-
„ben; und fogar thut es auch wol einer, deffen
„Name auch darum bleiben wird, weil einige
„feiner Blätter, durch Beifpiele, zu der Bildung
„der Sprache mehr beitrugen, als ganze Werke
„voll Sprachunterfuchungen. — Der Beifall der
„lezten ift mir eins von dén Räthfeln, an deren
„Auflöfung ich mich nicht wage. Denn du
„verlangft z. B. doch wol gewifs nicht von mir,

„dafs ich begreifen foll, warum fich *Wieland*
„das mundartifche Wörterbuch auf den Pult
„nagelte." Natürlich, zum Gebrauch des Brauchbaren in dem zufammengefchleppten Wörter-
vorrath, zur Auffrifchung des Gedächtniffes,
mit Vorbehalt eigener Beurtheilung. Aber, wie
es denn geht, wenn einer mit dem Erbfeinde
des Guten auf Bedingungen fich einläfst! So
richtig *Wieland* noch im Jahr 1786 bei Horazens
Satyren (II, 5. Anmerk. 6) *Adelungs vortref-
liches* Wörterbuch mit Dingen, die in Leipzig
und Meifsen *auf allen Gaffen* gehört werden,
zufammendachte; fo wufste ihm doch der *Spi-
ritus familiaris*, der in dem angenagelten Trö-
fter fein Wefen trieb, mit allerhand Einrau-
nungen fich immer mehr anzufchmeicheln, bis
endlich die neumeifsnifche Goldregel der Natürlichkeit, fowohl in feine Urtheile über Homer, als auch, wenn anders der würdige Sprachforfcher in den Campifchen Beiträgen (St. IX.
S. 17) genau nachfah, in die lezte Ausgabe feiner Gedichte, einen nicht unmerklichen Einflufs
gewann. Nach *Wieland* leifteten zwei andere
Männer, von denen man es nicht erwartete,
dem Adelungifchen Wörterbuche die Huldigung.
Des Hn. *Tellers* Beurtheilung der deutfchen
Sprache in *Luthers* Bibel ward, „dem Hn. *Adelung* aus innigem Dankgefühl für eines feiner

„Meiſterwerke, *auch zur richtigen Schäzung*
„*der Bibelüberſezung Luthers*, mit groſser
„Ehrerbietung und Ergebenheit gewidmet." Und
Hr. *Eberhard*, der dem Hn. *A.* ſeine Synonymik
zueignete, erkannte das Verdienſt des Mundwörterbuchs alſo: „Richtigkeit und Beſtimmt-
„heit der Erklärungen, Genauigkeit und filo-
„ſofiſche Verbindung in der Claſſification der
„Bedeutungen, tiefe Gelehrſamkeit in der Er-
„forſchung der Abſtammungen, Scharfſinn, Ge-
„ſchmack und Urtheilskraft in ihrer Würdigung,
„treffende Wahl in den Autoritäten, alles ver-
„einigt ſich, dieſem Werke eine Vollkommen-
„heit zu geben, die nicht nur keiner ſeiner
„Vorgänger unter den Deutſchen, ſondern
„auch keiner unter den Auswärtigen bisher
„noch erreicht hat." Wenn Hr. *A.* den deutſchen Homer kennte; wir trauen ihm zu, er
hätte mit dem beſcheidenen Telemachos geantwortet:

Edler Greis, wol ſchwerlich ward dieſes vollbracht,
wie du redeſt;
Denn zu groſs war das Wort! Ich ſtaune dir, Völ-
kergebieter!

Aus der Hornpforte geht S. 146 die leider
noch wahre Vorſtellung: „Die Deutſchen haben
„poetiſches Silbenmaſs, aber proſaiſches haben
„ſie noch nicht." Dieſer wird die Erläuterung

hinzugefügt: „Silbenmaſs iſt Mitausdruck durch
„Bewegung. Wie die Dichtkunſt ſehr verſchie-
„denen für ihre Gegenſtände hat, ſo hat ihn
„auch die Proſa (die Griechen nannten dieſen
„Rhythmos, die Römer Numerus) auch für
„ihre noch mannigfaltigeren Gegenſtände. Bei
„den Griechen fing es mit Thraſymachus an,
„und währte bis zu Iſokrates, eh ihnen der
„Rhythmos; und bei den Römern dauerte es
„von Cölius Antipater bis zu Cicero, eh' ihnen
„der Numerus gelang. Bei den Deutſchen fing
„Luther an; aber er blieb ohne Nachfólger.“
Nach unſerer Anſicht iſt das Silbenmaſs eine in
ſchönen Verhältniſſen abgemeſſene Anordnung
mannigfaltiger Wortfüſse, deren heftiger, ge-
laſſener, anhaltender Gang dem ausdrucksfähi-
gen Inhalte ſich anſchliefſt. Gefällige Abwechſelung der Wortfüſse muſs überall ſein; Ausdruck des Gedankens in entſprechender Bewegung, ſo oft er kann. Wenn wohlgeordnete
Wortfüſse ſtetig in gleich abgezählter Hebung
und Senkung, wie in taktmäſsigem Tanze, fortſchreiten, ſo entſteht ein poetiſches Silbenmaſs
(*metrum*); wenn ohne Takt, ein proſaiſches
(*numerus oratorius*); eine Mittelbewegung hält
der Dithyrambus in ungeſtümer Geſezloſigkeit
der kraftvolleſten Wortfüſse. Wir haben die
Gewandtheit unſerer Sprache zu den vielfachen

Schwüngen der Eurythmie so spät kennen gelernt, dafs natürlich die Aufmerkfamkeit auf
gute Bewegung noch weit feltener ift, als auf
den Wohlklang, wovon doch einiges auch in
einförmigen Reimweifen fich dem glücklichen
Gehör anbot. Indefs hat fich wenigftens die
Gleichgültigkeit gegen die Kunft des Wohlklangs, und felbft gegen die tiefere des Rhythmus, beinah verloren; und unfere Profaiker
ahnden fchon, wie fehr der gewähltefte Ausdruck, wenn er ganz treffen foll, nicht nur gefälligen Klang, fondern auch fchwungreiche
Beflügelung der harmonifch geordneten Perioden
erfodere. Durch einige Übung in epifchen und
lyrifchen Silbenmafsen werden fie bald die Natur der verfchiedenen Wortfüfse fich deutlich
gemacht, und diefe Elemente der Rhythmik,
nach den leichten Regeln der Rhetoriker, auf
die fanften und ftürmifchen Bewegungen des
profaifchen Numerus anzuwenden gelernt haben.

Von dem Reichthume des *vierten Gefprächs*
S. 149 — 227, die *Wortbildung*, möchte der Rec.
gern mehreres ausheben, als der befchränkte
Raum zuläfst: z. B. den treffenden Spott S. 170
über die Berliner Akademie, welche, ihres Berufs für die Sprache des Vaterlandes zu wirken
uneingedenk, eine Rivarolade mit dem Ehren-
pfennige belohnte. Liebe für den Entfchlafe-

nen, der ſtets Wahrheit ſuchte, und ſie häufig
fand, fodert ihn auf, einiges anzuzeigen, wo
ſie verfehlt ſcheinet. Der Wortkunde ſoll nach
S. 173 die Kenntnis der Ableitung (Etymologie)
nicht eben genüzt, ſondern wohl eher geſcha-
det haben: wem z. E. bekannt ſei, daſs *glück-*
ſelig von *Glückſal* abſtamme, der denke ſich
weniger dabei, als wer einen durch Glück *be-*
ſeligten verſtehe. Dies wünſchten wir unge-
ſagt. Nicht Kenntnis, ſondern Unkenntnis
ſchadet; und noch mehr Halbkenntnis, indem
ſie Wechſelbälge, wie *ſchmäucheln* und *ade-*
lig, gebiert. Der gründliche, und dadurch
beſcheidene Kenner der Etymologie hat nicht
allein dem Buchſtaben, ſondern vorzüglich dem
Begriffe in allen Umwandlungen nachgeforſcht;
er weiſs aus vielfältiger Erfahrung, die in mehreren Sprachen zuſammentraf, in welche Begriffe der erſte ſinnliche übergehn konnte, und
in welche er durch den Sprachgebrauch ver-
ſchiedener Zeitalter überging. Jenes *glückſelig,*
von *Glückſal,* Fülle des Glücks (welches *Glück-*
ſal noch *Königshoffen* im Narrenſchif S. 80
brauchte), behielt den ganzen Begrif der Abſtammung, der mehr ſagt, als *glücklich;* und
auch in dieſer urſprünglichen Bedeutung durfte
Klopſtock (Od. B. I. S. 198) *die Glückſeligkeit*
als das Höchſte des menſchlichen *Glücks,* nur

.der *Seligkeit* des Anfchauens Gottes unterge-
ordnet, vorftellen. Die höhere Bedeutung von
felig ift neu; vordem hiefs es, wie *beatus*, nur
reich. — Geübte Kenntnis der Etymologie zeigt
Klopftock S. 171 — 185, wo er die Namen unferer Flüffe deutet. — Für *Frifchens* Vermutung
(S. 187), dafs *Einöde* nur eine Form von *Einheit*, Einfamkeit fei, könnte man noch *die
wüfte eynod* bei *Kaifersberg* (Chrift. Bilg. f.
62) anführen; dagegen aber fcheint das (von
Adelung übergangene) Beiwort *einöde* zu zeugen: *diefe eynöde ftatt*, Kaif Pat. Noft. J. VI;
mit den einöden traurigen Orten, Op. II. S.
279. Oder dürfte auch ein beiwörtliches An-
hängfel *öde* als Spielart von *icht*, *echt*, et gelten: wie etwa bei *Kaifersberg thöricht* in
thorecht, *thorocht*, *thoracht*, *thoret*, *thorot*
umherfpielet? — *Segnen* (S. 190) ftammt nicht
von *fignare*, mit dem Kreuze bezeichnen; fondern, famt dem Hauptworte *Segen*, welches
dem *fignum* fchon unähnlicher fieht, von dem
jüngft veralteten *fegen*, bei *Waldis : Kinder
firmen*, *Kirchhoff fegen*, Fab. IV, 90. Es bedeutet eigentlich vermehren, Wachsthum oder
Gedeihn geben; das felbige was *fäen* (alt, *fahen*, *fajen*, *fegen*), deffen Grundbegrif noch
jezt, obgleich eingefchränkt, fortdauert: *das
veld fegen*, fagt *Kaifersbergs* Dolmetfoh Adel-

phus häufig. Selbſt unſer heutiges *ſagen* (vordem *ſayen, ſeyen*, woher *geſeyt*), und unſer
ſehen (*ſeen, ſegen*), heiſsen im Grunde, her-
vorbringen, darſtellen, bilden, durch Wort oder
Blick. Wie nun *grüſsen* (*gröten*) Gröſse und
Zuwachs, *heilen* und *heiligen*, Heil, Vollkommenheit, Vollwuchs ſchaft oder wünſcht: ſo
ſchaft auch *ſegen* und *ſegenen* Vermehrung
und Gedeihn; oder wünſcht es durch Worte,
auch des Abſchieds, und durch Zeichen, auch
jenes chriſtliche.

Klopſtocks Einwürfe gegen das erneuete
Wort *entſprechen* hat der Rec. ehmals aus
ſeinem Munde gehört und, ſo gut er konnte,
beantwortet. „Es kann zwar bedeuten,“ ſagt
er S. 199, „was es bedeuten ſoll (nämlich *zu-*
„*ſprechen*); es iſt aber gleichwohl kein gutes
„Wort. Denn es drückt nicht nur das Gegen-
„ſeitige von *entſagen* aus; ſondern wir haben
„es auch der Kanzleiſprache zu danken.“ Auf
jenes war die Antwort: Auch *verſprechen* und
verſagen ſind ſo widerwärtig, daſs eines *zu*,
das andere *ab* will; welches ſoll Landes ver-
wieſen werden? Auf das zweite: Die alte
Sprache darf nur, in ſofern gerichtlicher Schlen-
drian ſie misbrauchte, verwerfliche Kanzleiſprache heiſsen; und wo hätte ein Kanzelliſt
unſer *entſprechen* der Rotte des *ſothanen* und

alldieweilen einverleibt? Dies unbefcholtene,
feit *Kaifersberg* am Oberrheine noch fortblü-
hende Wort ftellte *Leffing* dem Sprachgenius
vor, und der Genius gebot Einführung. *Klopftock* fähe lieber das Leibnizifche *antworten*
eingeführt; wir nicht lieber, aber zugleich.
Es fteht in den *Gedanken wegen Verbefferung
der teutfchen Sprache* §. 61: „Cicero hat denen
„Griechen vorgeworfen, fie hätten kein Wort,
„das dem Lateinifchen *ineptus* · antworte.“
Gleich würdig der Mitbürgerfchaft find *Leffings* zufprechen, und das ähnliche *zufagen*
aus Schlefien: *Was diefer Abficht nicht vollkommen zufprach, ward verändert*, Dramat. 317. *Weil ihre fchlechte Tracht diefer
grofsen Philofophie nicht übel zufagete*,
Op. Arg. I, 680. *Die einander zufagende
Abtheilung der Glieder*, Loh. Arm. I, 459.
Des Guten kann man nicht leicht zu viel haben. — Wizig ift die Erklärung S. 203: *Sich
nicht entblöden*, fich der Kühnheit nicht enthalten: von *bold*, kühn. Aber es heifst, fich
nicht blöde benehmen, nicht erblöden; nämlich
das *ent* in zugehender, nicht in abgehender
Bedeutung genommen. Eben fo ward für *erröthen*, oder, wie *Logau* fagt, *fich erröthen*,
bei den Schlefiern auch *enträthen* gebraucht:
Sie war hierüber enträthet, Loh. Arm. I, 391.

Er enträthete fich, II, 788. *Welche, mir folches zuzumuthen, fich nicht enträthete*, II, 117. — Näher der Wahrheit wird S. 204 *fich enträften* erklärt, fich durch Zorn aus der Ruhe bringen. Aus der Ruhe? weil im alten Liede die Sonne *zu Rüfte* geht? *Enträften* heifst, aus der Rüftung, d. i. im älteren Sinne, aus der Ordnung oder Faffung bringen. So hiefs, *irren vnd entrichten*, bei *Kaifersberg* (7 Schw.) aus der Richtung bringen; und figürlich, *jr feind entrichtet über mich* (Poft. II, 84), erzürnt; oder, *den entricht der teufel* (7 Schw.), verrückt. — Die S. 205, und auch in *Adelungs* neuefter Ausgabe, verkannte Redensart, *es lohnt* oder *verlohnt fich der Mühe*, wo *fich* als Dativ, und *der Mühe* als Genitiv gedacht werden mufs, ift fchon bei *Voffens* Oden und Liedern VII, 30 erklärt worden *). Wir fügen

---

*) Dort heifst es: „*Adelung* und, welches mich wundert, *Klopftock* misdeuten *der Mühe* als Dativ, „und *fich* wahrfcheinlich als Accufativ: uneinge„denk, dafs in der älteren Sprache, woraus die For„mel fich erhielt, *lohnen*, Lohn geben, den Dativ „der Perfon, oder der als folche gedachten Eigen„fchaft, erfodere, und dafs unfer neueres, *für „die Mühe, wegen der Mühe*, ehemals in vielen „Redensarten (z. B. mit *danken*) durch den blofsen „Genitiv *der Mühe*, wie im Griechifchen, ausge„drückt wurde.« Mit Recht fagt alfo der fprach-

dem Leſſingiſchen Beiſpiele ein paar aus dem
verdeutſchten Boccaz hinzu: *Nie ſol mir Gott
nicht helffen, wann ich dir nit lone deiner
falſchheit,* f. 116. *Des wolt er jr lonen,* f. 158.
*Dem Ritter der empfangnen dienſt vnd ehren
lonen,* f. 184. — Aber wir müſſen uns loswin-
den, ſo ſehr auch der nahe Bezirk der Wort-
vereinung anlocken mag, den ſchön geordneten
Kranz unſerer Sprachgöttin genau zu muſtern,
und, wenn ſie etwa in dem Kranze der Hellenis
von ungefähr ein Blümchen oder Blatt verſchob,
es zur Freude der gutmütigen Teutona wieder
zurecht zu legen.

Das *fünfte Zwiſchengeſpräch* S. 229—288
gehört weniger der Grammatik an, als der dar-
ſtellenden Kunſt, beſonders der *Poetik*. Es
zeigt nämlich die Kürze der deutſchen Sprache
dadurch, daſs Stellen aus griechiſchen und römiſchen Dichtern, ſamt einer aus Xenofon, ver-
deutſcht werden. Die lezte, ſehr vorzügliche
(S. 243), gehört zu einer Auswahl proſaiſcher
Überſezungen, welche *Klopſtock* vor 25 Jahren,
um auf die mannichfaltigen Tonarten des klaſ-
ſiſchen Vortrags die allzu eintönigen Deutſchen

kundige *Leſſing* in der Minna: „Die Dienſte der
„Groſsen ſind gefährlich, und *lohnen der Mühe,
„des Zwanges, der Erniedrigung nicht,* die ſie
„koſten.“ A. d. H.

aufmerkſam zu machen, in Gemeinſchaft des
jüngeren Freundes, der dieſes ſchreibt, herausgeben wollte. Wir Nachlebenden erinnern uns
bedeutender Stellen aus den Geſchichtſchreibern
Herodot und Thukydides, von welchem die
Weltſtreite im Archiv der Zeit eine Rede des
Lacedämoniers Archidamos mittheilten, aus Xenofon, Cäſar, Nepos und *Klopſtocks* Lieblinge
Tacitus; aus den Rednern Demoſthenes, Iſokrates, Cicero; aus den Lehrſchriften des Hippokrates, des älteren Plinius, und der Rhetoriker; und mehrerer aus der Ilias, beſonders
dem zwanzigſten Geſange, in fern nachahmenden Bewegungen der Proſa, weil, wörtliche
Treue im Hexameter zu erreichen, damals
Klopſtock noch für unmöglich hielt. Möchten
doch dieſe Bruchſtücke, als ein ehrwürdiges
Denkmal von den Anſtrengungen des Sprach-
verbeſſerers, ſich erhalten haben!
Für diesmal war *Klopſtocks* Abſicht, durch
verkürzte Nachbildungen klaſſiſcher Originale,
wo unſere Sprache alle weſentlichen Züge, ſelbſt
unter dem Zwange des Silbenmaſses, vollſtändig,
aber nach verjüngtem Maſsſtabe, darſtellte, dem
alten Vorwurfe der Weitſchweifigkeit zu begegnen. An einer völlig entſprechenden Überſezung würde, was hier die Aufgabe iſt, die
Verkürzung für ſich, ſowohl durch umgeſtimm-

ten Ton, als weil fie die verfchobenen Versglieder lähmt, nach *Klopftocks* eigenem Urtheile
ein Fehler fein. Eine wahrhafte Überfezung,
fagt er S. 60 — 63, ift treu dem Geifte des Originals, und, fo weit die Sprache es vergönnt,
treu dem Buchftaben; fie trachtet nicht, das
Fremde durch Annäherung an Einheimifches
gefälliger zu machen; fie will nicht verbeffern,
nicht verfchleiern einmal, auch nicht (was bei
Griechen kaum einfallen darf) verfchönern,
und, weder durch Zufäz, noch durch Gedrun-
genheit, verftärken. Nur in dem einzigen Falle
foll unferer Sprache die Verkürzung erlaubt
werden, wenn fie zeigen will, wie mächtig fie
der Kürze fei. Aufserdem hat diefer, obgleich
fchöne Fehler, bei ihm kein zu gelindes Urtheil
zu erwarten.

Hier alfo, wo, zur Rechtfertigung unferer
Sprache, griechifche und römifche Verfe entweder gleich kurz, oder gewöhnlich kürzer,
verdeutfcht werden, ift es keineswegs darauf
angelegt, dafs den Alten der Vorwurf der Ge-
dehntheit zufalle. Vielmehr wird im Eingang
des Gefprächs rund erklärt, dafs nicht von der
möglichften Kürze des Gedankens, nicht von
dem Grundfaz: Je gedrängter, defto nachdrück-
licher und fchöner! die Rede fei. Wie hätte
auch ein geübter Darfteller überfehen können,

daſs im Gegentheil oft eine umſtändlich ausführ-
rende Erweiterung den Gedanken verſtärkt?
Noch weniger ſoll zur Herabwürdigung der
Alten diejenige Wortkürze gelobt werden, die
aus Mangel an beſtimmenden Abbeugungen entſteht. Kürzer ſind allerdings die Wörter *Kraft*
und *Hand*, da ſie in der Einheit keine Verän-
derungsſilbe zulaſſen, als wenn wir jenes durch
fränkiſche Umendungen beſtimmt, *die Kraft*,
der Krafto, *der Krafton*, *die Krafte*, oder
dieſes durch gothiſche, *Handus*, *Handos*,
Hando, *Handu*, zugleich verlängerten und
verſchönten. Was wir von dergleichen abknap-
pender Kürze haben, reizt gar nicht unſere
Lüſternheit nach dem geſegneten Vorrathe der
Engländer, bei welchen nicht allein *er will*,
wie *ich will*, ſondern auch *wir will*, und *ihr
will*, und *ſie alle will*, um vollkommen *zu
will*; oder nach jener noch gediegenern Kürze
der Kinderſprache, die faſt lauter gelallte Stammſilben zum Verſtehn aufgiebt.

Als Beweiſe, wie unſere Sprache die Gedanken der Klaſſiker in gleichem Tone gleich
kurz, in verſtärktem noch kürzer ausdrücken
könne, ſind die Verdeutſchungen eines ſolchen
Dichters und Sprachkenners nicht erfreulicher
als lehrreich. Hätte ihm auch in der Freude
des Gelingens die Verkürzung ſich zwiſchen-

durch für ſchönere Darſtellung eingeſchmeichelt;
wer wollte es dem edlen Greiſe zu hoch aufnehmen? Seine Ode, Mein Thal (II. S. 2ʒo)
rühmt in lyriſchem Fluge, daſs Thuiskone die
römiſche, und ſelbſt die griechiſche Spracʜgöt-
tin nicht durch kraftvolle Kürze allein, ſondern
durch andere Tugenden befiegt, aber (zur Mäſsi-
gung des Neides!) nur wenige Lorberblätter er-
rungen habe. Ohne Figur wird im Archiv der
Zeit gegen das Ende des Wettſtreites geſagt:
„Bei mehreren Stellen ſei der Streit für die
„Kürze nur Nebenwerk; mehr als treu, müſſe
„die Dolmetſcherin wie Urheberin erſcheinen,
„und als ſolche nicht misfallen; auch in der
„Liebe mache es die Treue nicht allein aus,
„man müſſe auch liebenswürdig ſein." Schön
und wahr. Aber der liebende Überſezer ſucht
Liebenswürdigkeit dadurch, daſs er die fein
empfundene Schönheit des Originals, treu wie
im Spiegel, mit den lauterſten Farben der Mut-
terſprache nachbildet; jeder umbildende Zug,
und wär' es ein veredelnder, würde Mistrauen
gegen den Liebhaber erregen, dem nicht die
wahre Geſtalt mit der Sonnenſproſſe und dem
Grübchen am Kinn, weit lieber wäre, als ſein
geiſtiges Ideal.

Unſere Sprache hat, was die Worte betrift,
ungefähr einerlei Länge mit ihrer Schweſter,

I.   31

der griechifchen, und deren Neffin in Latium;
die Verlängerung der Silben durch Mitlauter
und überflüffige Schriftzeichen gehört nicht zur
Frage. Ein Hexameter Homers oder Virgils,
wörtlich verdeutfcht, giebt in der Regel genau
den Stof eines Klopftockifchen, nämlich fechs
gehobene Stammfilben oder aus mittelzeitigen
verlängte: welche fo leicht und fo vielfältig in
das Mafs des Originals fich fügen, dafs einer,
dem die Vortheile der Sprache und des Vers-
baues geläufig find, fogar einen fchönen und
lebendigen Hexameter auswählen kann. Aus
diefer glücklichen Einftimmung der drei Sprachen ift es erklärbar, wie Homers und Virgils
Verdeutfcher, der, nach *Klopftocks* Urtheile
S. 349 „auch im Versbau mit folcher Wolluft
„fich anfchmiegt, dafs Homer aus dem Deut-
„fchen wieder vergriecht werden könnte," fo
allgemein wegen buchftäblicher Treue entweder
Lob oder Tadel einärntete. Ihn felbft, wiffen
wir, hat anfangs die faft durchgängige Gleich-
mäfsigkeit, die fich ungefucht darbot, in Verwunderung gefezt, noch mehr, da in den wenigen zufammengezogenen Verfen fich immer
etwas vernachläffiget fand, welches dem Nach-
arbeitenden die volle Zahl herftellte.

Gefezt aber, dafs durch gedrängtere Worte
die deutfche Sprache vor den klaffifchen fich

auszeichnete: fo wäre fie eben fo wenig, als
bei der vorgeworfenen Weitfchweifigkeit, zum
Übertragen alter Gedichte in gleiche Versarten
gefchickt. Denn da jede Versart, fie werde
Hexameter oder Diftichon oder lyrifche Strofe
genannt, als ein rhythmifches Ganzes, das ift,
entweder ein einzelner, aus harmonifchen Bewegungen in gehaltenem Takte vollendeter
Gang, oder ein aus mehreren folchen Gängen
gleichfam gerundeter Tanz, kurz als eine einfache oder zufammengeordnete rhythmifche
Periode zu betrachten ift; und da ferner, um
nicht die fchön gemeffenen Tanzwendungen zu
verwirren, mit den Gliedern und Gelenken der
rhythmifchen Periode die Abfäze der Wortpe-
riode in der Regel genau zutreffen: fo begreifen
wir durchaus nicht, wie, wenn durch ftraffe
Einengung der Gedanke aus feinen befchiede-
nen Verstheilen in unangemeffene verrückt
wird: bei fo widerwärtiger Zerrüttung noch
Einklang und Lebendigkeit des rhythmifchen
Ausdrucks fich erhalten könne. Man verfuche
es, der treffenden Melodie eines Liedes ein ver-
deutfchtes unterzulegen, deffen Abfäze, im
Streit mit den mufikalifchen, hier zurückbleiben,
dort überlaufen, und bald dem ftarken Accent
einen fchwächeren Redetheil, einen Nebenbegrif, bald wieder dem gefchwächten Tone die

Hauptſtärke des Gedankens verleihn; nicht widriger wird ein ſolches Misverhältnis auf Ohr und Empfindung wirken, als wenn man der rhythmiſchen Melodie nicht völlig entſprechende Worte zugeſellt.

Ein Beiſpiel, um die Sache zu erläutern, ſei Hektors Rede, womit er den Achilleus anrennt, Il. XX, 371:

> Τοῦ δ' ἐγὼ ἀντίος εἶμι, καὶ εἰ πυρὶ χεῖρας
> ἔοικεν,
> Εἰ πυρὶ χεῖρας ἔοικε, μένος δ' αἴθωνι σιδήρῳ!

Der Gedanke ſcheint mit dem erſten Verſe zu endigen; aber im nächſten fährt gleichſam die kaum geſunkene Kugel mit verdoppelter Kraft wieder empor, und ſchmettert. Durch wörtliche Überſezung trift der Deutſche den ſelbigen Ausdruck:

> Ihm nun eil' ich entgegen, und wäre ſein Arm wie
> die Flamme,
> Wäre ſein Arm wie die Flamme, ſein Mut wie blinkendes Eiſen!

Glaubte man dieſe ausholende Schwungkraft durch Abkürzung zu verſtärken:

> Ihm nun nah' ich, und wäre ſein Arm Glut, wäre
> ſein Arm Glut,
> Blinkendes Eiſen die Kraft:

alle Gedanken wären vollwichtig und in ſtolzen Wortfüſsen geſagt; aber die Wiederholung in

Einem Athem würde finnlofes Gefchrei, der
nachftürmende Halbvers ein kraftlofes. Lieber
nach *Bürgers* älterer Manier überfezt:

> Entgegen ihm! und fei auch Glut fein Arm!
> Sei Glut fein Arm, und blanker Stahl die Kraft!

So wird doch wenigftens nicht dem Verfe durch
Wortkürze das Leben gekürzt.

Von ähnlicher Wirkung, aber im Sanften,
find Il. XXII, 126 — 128 die wieder aufgenom-
menen Schlufsworte, wenn das Verhältnis der
Versglieder beobachtet wird:

> Jezo fürwahr nicht gilt es, vom Eichbaum oder
> vom Felfen
> Lange mit ihm zu fchwazen, wie Jungfrad traulich
> und Jüngling,
> Jungfrau traulich und Jüngling zu holdem Gefchwäz
> fich gefellen.

Klopftock S. 225 zwängt karge Gedankenzei-
chen in zwei Hexameter:

> Nein, jezt kann ich mit ihm von dem Felfen nicht,
> oder der Eiche
> Kofen, wie Mädchen und Jüngling, das Mädchen
> koft mit dem Jüngling.

„Gleichwohl, fagt er, verfchweigt die Über-
„fezung nichts von dem, wovon das Original
„redete." Berichtet wäre fchon alles, auch ohne
den lezten Halbvers, der nun, man begreift
nicht warum, nachhinkt. Aber auch dargeftellt?

Wie malerifch Homer Odyff. XI, 593 den
aufgewälzten und herabrollenden Felfen des Si-
fyfos, durch Wort und Klang und Bewegung
und metrifches Verhältnis, den Sinnen darftellte,
ift fo bekannt als einleuchtend. Man vergleiche
die Klopftockifche Verkürzung, Arch. d. Z. 2
Weltftr. im Anfang:

> *Mitten* im fchrecklichen Mühfal || fah ich auch
>   Sifyphos *einen*
> Ungeheuren Stein aufheben | mit beiden Armen.
> Und hinftrebend mit Hand und mit Fufse, | wälzt'
>   er den Stein fort
> Nach | der Höh: doch nahend ihr, || wandte die
>   mächtige Laft fich;
> *Wieder* hinunter zum *Anger* entrollete *fchamlos*
>   der Stein *dann.*
> Angeftrengt entwälzt' er von neuem; || es troffen
>   ihm alle
> Glieder von Schweifs, und ihm *dampfte* das Haupt.

Abgefehn von Wortfinn und Stellung; von der
zählenden, nicht ordnenden Versmeffung, von
dem fchwächlichen Falle, wo es Stärke galt
(*aufheben | mit beiden | Armen;* oder, *ent-
wälzt' er von neuem; | es troffen ihm alle*):
bemerken wir nur, wie das Gemälde des Herab-
rollens getroffen fei. Für Wortfinn und Bewegung ift mit einer faft ängftlichen Treue geforgt
worden; aber diefe überfchlagende Bewegung,
die erft, zum ftofsenden Klange der Konfonanten *p* und *t* gefellt, den herabfchmetternden

Felſen hörbar macht, läſst ihn hier, wie von
einem Sandhügel, mit weichem und rauhem
Geknirr ſich hinwälzen.

Homers rührendes Gleichnis ll. VI, 146 lautet in der wörtlichen Verdeutſchung, welche,
wie das Original, vier Hexameter füllt:

> Gleich wie Blätter im Walde, ſo ſind die Geſchlechte
> der Menſchen;
> Blätter verweht zur Erde der Wind nun, andere
> treibt dann
> Wieder der knospende Wald, wann neu auflebet
> der Frühling:
> So der Menſchen Geſchlecht; dies wächſt, und je-
> nes verſchwindet.

Gewiſs fand *Klopſtock* hier keinen zu üppigen
Wuchs; Teutona ſollte nur zeigen, daſs, auch
ein wenig geſtuzt, das Bäumchen noch gefallen
könnte (Arch. d. Z.):

> Wie der Blätter Geſchlechf, ſo iſt der Menſchen.
> Der Wind weht
> 's Blatt in den Staub; doch treibet der ſproſſende
> Wald, und gebieret
> Wieder im Lenz: ſo der Menſchen Geſchlecht; es
> blüht, und verwelket,

Wollte man noch etwas abzwicken:

> Blättergeſchlecht, ſo Menſchen. Der Wind weht's
> Blatt in den Staub; doch
> Neu treibt Sproſſen der Wald im Lenz. So Men-
> ſchengeſchlecht auch;
> 's blüht und verwelkt:

dann freilich würde das arme Bäumchen, feiner Ehre beraubt, als ein verkrüppeltes, fteifes Gehölz daftehn.

Die verkürzten Stellen aus Virgil und Ovid überlaffen wir unferem Lefer, mit den eigentlichen Überfezungen zu vergleichen; er wird fich freun, mit welcher Leichtigkeit *Klopftock* die Tonarten umzuftimmen, und in jeder die Sprache zu bändigen verftand. Auch wird es ihm nicht unbemerkt bleiben, wie manches Wort, wie manche feftlichere Wendung aus der Sprache des Hains, der jüngere dem edlen Vorgänger verdankt.

Zu den gelungenften Nachahmungen zählen wir die lezte Hälfte der Horazifchen Satyre (II, 6, 60) die mit dem Befuche der Feldmaus fchliefst.

Stadtmaus kehrte vor Alters bei Feldmaus ein in dem armen
Hölchen, die alte Freundin beim alten Gafte, die rauh war,
Nichts vergendete, aber doch auch bei Bewirtung fich losrifs;
Und fo gab fie der Freundin vollauf der erfpareten Kichern,
Und des länglichten Haberkorns, trug felber im Munde
Trockene Beeren herbei, manch angefchmaufetes Speckftück,
Dafs fie durch änderndes Mahl dem Ekel fteure der leckern,
Die doch auch alles mit ftolzem Zahn nur eben berührte;

Da Hausmutter felbſt , auf heurigem Halme ge-
lagert,
Trespe nur afs , und Spelt, das beſſere gönnend
dem Gaſte ff.

So mit unmerklicher Abkürzung, und in Hexametern, die felten durch eigenthümliche Meſ-
fung von der Regel fich entfernen, giebt uns
Klopſtock die ganze finnreiche Gemütlichkeit
des fein wählenden Naturfreundes: welche bei
unſerem *Wieland*, nicht ohne Schuld des einförmigen Jambus, wol ein wenig zu der Red-
feligkeit einer leichtbefriedigten Scherzlaune
fich zu neigen fcheint.

. Bewunderungswürdig durch Feierlichkeit der
Sprache und der Wortfüfse iſt in Horazens al-
cäifcher Ode an Mäcenas (III, 29) das Gemälde
der menfchlichen Schickfale, und die Vergleichung des Stroms, der bald ruhig in feinen
Ufern flieſst, bald nach fchwellendem Plazregen
die Gegend mit Verwüſtung . überfchwemmt:
V. 29:

Prudens futuri temporis exitum
Caliginofa nocte premit deus ;
Ridetque, fi mortalis ultra
Fas trepidat. Quod adeſt, memento
Componer' aequus. Caetera fluminis
Ritu feruntur, nunc medi? alveo
Cum pace delabentis Etrufc'
. In mare ; nunc lapides adefos ,

Stirpesque raptas, et pecus, et domos,
Volventis una, non fine montium
Clamore vicinaeque filvae,
Cum fera diluvies quietos
Irritat amnes. Ille potens fui
Laetusque deget, cui licet in diem
Dixiffe: Vixi; cras vel atra
Nube polum pater occupato,
Vel fole puro. —

Wer diefen mit Anftrengung und Schwung
wechfelnden Gang der alcäifchen Strofe aus
eigener Erfahrung, oder allenfals durch die neu
erfchienene Zeitmeffung, empfinden gelernet
hat, der bemerkt mit Vergnügen, wie der grofse
Verskünftler immer den langfamen Spondiam-
ben, die meift mit gedehnten Wortfüfsen ein-
herfchreiten, Begriffe von Nachdruck, Ernft,
gefezter Stille, anhaltender Kraft, der Gegen-
bewegung aber der rafchen Choriamben und
Anapäfte entweder mächtige Faffung oder ftürmifchen Ungeftüm unterlegte. Er erkennt, dafs
diefer rhythmifche Mitausdruck der Begeifterung
dem Lyriker fo wefentlich fei, als dem Adler-
fluge das Schlagen der Fittige vor dem leichten
Hinfchweben; und dafs eine Verdeutfchung
grade den felbigen Wechfelfchwung, und, fo
oft der Gedanke unaufhaltfame Heftigkeit hat,
die felbigen Flüge über die beftimmten Halte
hinweg, ungefähr auf folgende Art, oder, wenn

Melpomene günftig ift, noch vollkommener,
nehmen müffe:

Vorfichtig hat zukünftiger Zeit Erfolg
In mitternächtlich Dunkel gedrängt ein Gott,
Und lacht, wenn Staubgefchlecht hinausftrebt
Über gemeffenes Ziel. Was da ift,
Das ordn' in Gleichmut. Anderes flutet hin,
Dem Strome gleich, der jezt in Umuferung
Sanftwallend zum Etruskermeer fich
Windet; und jezt mit Geftein, das abfchofs,
Entrafte Baumftämm', Heerd' auch, und Häufer auch,
Fortrollt gemeinfam, nicht bei gedämpftem Hall
Der Berg' umher und naher Waldung,
Wann der zerfchwemmende Gufs die ftillen
Quellbäch' emporreizt. Jener ift eigner Herr
Und wohlgemut, wem täglich das Wort geziemt:
Heut lebt' ich! morgen hüll' in Sturmnacht
Jupiter dunkel den Pol, er hell' ihn
In Sonnenklarheit. —

Klopftock hat im Arch. d. Z. diefe aushallende
Stimmung des Gefühls zum Laute einer rafchen
Verftändigung gefenkt:

Vorfehend hüllt Gott Schickfal des Künftigen
In fchwarze Nacht ein, lächelt, wenn Sterbliche
Zu ängftlich forgen. Ordne du, was
Da ift, mit Weisheit. Das andre gleichet
Des Stromes Lauf, der friedlich in Ufern *jezt*
Zum Tuskermeere wallet; *izt* hohlen Stein
Herwälzt, und losgerifsnen Stamm, mit
Heerd', und mit Hürde, nicht ohne Nachruf
Des Waldgebirgs, wenn ftürzender Wolkenbruch
Empört die ftillen Flüffe.

Und, mit abgeriſſenem Strofengange, das folgende:

> — — Es beherſcht ſich ſelbſt,
> Iſt froh, wer: Heute hab' ich gelebt! ſich ſagt,
> Schwarzwölkend walt' am Himmel morgen
> Jupiter, oder bei heller Sonne.

Man kann in den bedrängteren Begriffen nichts
fehlendes, wenig verfehltes, nachweiſen; die
Worte ſind edel, und die Wortfüſse für ſich
ausdrucksvoll: der Ausdruck der ganzen rhythmiſchen Periode iſt geſchwächt, wie der Klavierauszug einer vollſtimmigen Muſik.

Ein anderer Beweis, daſs mit der Verkürzung der lyriſche Ausdruck ſchwinde, ſei der
Anfang der allegoriſchen Ode an das Schif (I,
14): deren von Alcäus entlehnten Stof Horaz
in choriambiſcher Versart frei und mit eigenem
Leben ausbildete:

> O navis, referent in mare te novi
> Fluctus! O quid agis? Fortiter occupa
> Portum! Nonne vides, ut
> Nudum remigio latus
> Et malus celeri ſaucius Afrieo,
> Antennaeque gemunt? ac ſine funibus
> Vix durare carinae
> Poſſunt imperioſius
> Aequor? Non tibi ſunt integra lintea,
> Non dii, quos iterum preſſa voces malo. —

Deutfch hätte er diefes vielleicht fo ausge- .
drückt:

> Wieder trägt dich, o Schif, neues Gewog' ins Meer!
> O was trachteft du? Rafch! fuche der Ankerbucht
>   Einfahrt! Schaueft du nicht, wie,
>   Nackt des Rudergeräths, der Bord,
> Wie der Maft, von des Süds fliegendem Sturme
>   wund,
> Samt den Rahen, erfeufzt? und wie, der Tau' ent-
>   blöfst,
>   Kaum ausdauren der Rumpf mehr
>   Kann den übergewaltigen
> Meerfchwall? Nicht unverfehrt haft du die Segel,
>   haft
> Gottheit nicht, die hinfort höre dein Angfge-
>   fchrei!' —

Jeder Lebhafte bemerkt die Heftigkeit der Rede,
die den gewöhnlichen Ruhepunkt der Verfe,
der Abfchnitte und der Strofen verfchmäht, indem fie bald über ihn hinweg mit einem kräftigen Wortfufse ftürmt, bald in ihm felbft einen
neuen Schwung anhebt; und wie befonders jene
gegen den Ausgang der zweiten Strofe mit her-
rifcher Gewalt auffchwellende Woge den macht-
vollen Spondeus *Meerfchwall* in die folgende
Strofe. hinüberfchlägt. *Klopftock* wollte den
Verkennenden nur darthun, wie kurz unfere
Sprache fein könnte: Gr. Gefpr. S. 287:

> Ach es reifset dich, Schif, wieder die Wog' ins
>   Meer!

Was beginneſt du? Wirf haltende Anker aus!
   Siehſt du nicht, daſs die Borde
     Leer der Ruder dir ſind? der Maſt,
Wund vom fliegenden Süd', und das Geſtänge ſeufzt?
Widerſtehſt du vielleicht. taulos dem Ocean,
   Wenn er wüthet? Geriſſne.
     Segel haſt du, doch keinen Gott,
Dem du, wieder in Drang, rufeſt. —

Der Ausdruck des Versganges, der die Stärke
des Wortausdruckes im Fortſchwunge vermehrt,
ward von dem Schöpfer des deutſchen Rhythmus gewiſs nicht vernachläſſiget, ſondern dem
anderen Zwecke mit Fleiſs aufgeopfert.

Wir fügen zu dieſen Proben einer ausſtrömenden Kraftfülle noch einige des ſanftlyriſchen
Tons, der, wie ein ſtiller Bach, in den rhythmiſchen Ufern hingleitet, und nur, wo etwa
ein Luftzug, ein begegnender Kieſel ihn empört,
ſein gleichmäſsiges Wallen unterbricht. Horaz
Od. I, 9, 13:

Quid ſit futurum cras, fuge quaerere; et
Quem ſors dierum cunque dabit, lucro
  Adpone; nec dulces amores
    Sperne, puer, neque tu choreas,
Donec virenti canities abeſt
Moroſa. Nunc et campus, et areae,
  Lenesque ſub noctem ſuſurri
    Compoſita repetantur hora;
Nunc et latentis proditor intimo
Gratus puellae riſus ab angulo;

Pignusque direptum lacertis,
Aut digito male pertinaci.

Treu überſezt, möchte es ſo lauten:

Was morgen annaht, meide vorauszuſpähn;
Und welchen Tag auch gönnet das Loos, empfah
    Ihn als Gewinn; nicht traute Liebe,
        Jüngling, verſchmäh, noch o du! den Reihn-
            tanz,
Dieweil du blüheſt, ferne des grauen Haars
Mislaunen. Nun ſei Kamp noch und Wandelbahn,
    Und leiſes Dämmerungsgeflifter
        Gerne geſucht in beſprochner Stunde;
Nun auch des Mägdleins, wo ſie geheim ſich barg,
Verräthriſch holdes Lachen vom Winkel her;
    Und Herzenspfand, dem Arm' entwendet,
        Oder, wie trozig er thut, dem Finger.

In der Klopſtockiſchen Verkürzung (Arch. d.
Z. 2 Wettſtr. Fortſ.) heiſst es alſo:

Weiſſage nicht, wie morgen es werde ſein;
Zugab' iſt jeder kommende Tag für dich!
    Verſchmähe, Jüngling, nicht die ſüſe
        Liebe, den Tanz nicht, ſo lang du grüneſt,
Noch nicht die Stirn dir runzelt dein graues Haar.
Eil' *izt zum* Marsfeld', und zu den Stäten, wo,
    Wenn euch die Stunde ruft, wenns dämmert,
        Leiſer ihr koſet, und euch verſteckter
Geliebten frohes Lachen Verräther wird
Des innern Winkels; wo ihr Geſchmeide raubt
    Vom Arm, vom nicht zu tapfren Finger.

Weil die rhythmiſche Periode der Strofen,
durch Zuſammenziehung des Inhaltes verſtüm-

melt, fich aus der nächftfolgenden ergänzen
mufste: fo ward der erfte Ausgang, *fo lang du
grünefl*, von der anhaftenden Ausbildung des
Gedankens getrennt, und diefe an der Spize
der neuen Strofe zu wichtig gemacht; der zweite
Ausgang aber, *und euch verfteckter*, endiget
nun mit völligen Nebenbegriffen, welche fo eng,
dafs keine Paufe zuläffig ift, den Hauptbegriffen
in der folgenden Strofe fich anfchliefsen. Des
geänderten Wortfinnes erwähnen wir nicht.

Den Befchlufs mache die fchöne choriambi-
fche Ode an die Bandufifche Felfenquelle, Horaz III, 13:

O fons Bandufiae, fplendidior vitro,
Dulci digne mero, non fine floribus!
Cras donaberis haedo,
   Cui frons turgida cornibus
Primis et Vener' et praelia deflinat;
Fruftra! Nam gelidos inficiet tibi
   Rubro fanguine rivos
      Lafçivi fuboles gregis.
The flagrantis atrox hora Caniculae
Nefcit tangere; tu frigus amabile
   Feffis vomere tauris
      Praebes, et pecori vago.
Fies nobilium tu quoque fontium
Me dicente cavis impofitam ilicem
   Saxis, unde loquaces
      Lymphae defiliunt tuae.

In rhythmiſcher Verdeutſchung:

O Banduſiaquell, blinkender als Kryſtall,
Werth balſamiſches Weins unter dem Blumen-
              kranz!
    Dir wird morgen ein Böcklein,
      Dem die Stirne von Hörnchen keimt,
Und ſchon bräutliche Luſt, tapfere Kämpfe ſchon
Verbeſtimmet; umſonſt! Färben mit rothem Blut
Soll die kühlenden Bäche
      Dir der üppigen Heerde Sproß.
Dich weiß Siriusglut, ob ſie in Flammen tobt,
Nicht zu treffen; du hauchſt labende Friſchungen
      Hold dem läſſigen Pflugſtier,
      Hold dem ſchwärmenden Wollenvieh.
Auch du mehreſt hinfort edeler Quellen Zahl;
Denn ich ſinge die Steineiche der Felſenkluft,
    Wo aus hoher Umſchattung
      Dein redſeliger Sprudel hüpft.

Verkürzt (Arch. d. Z. Beſchl.):

O Blanduſiens Quell, rein wie Kryſtall, und werth
Süſses Moſtes, dir hüpft morgen ein Böckchen,
             nicht
    Ohne Blumen; die Stirn ſchwillt
      Ihm vom kommenden Horn, ſchon ſuchts
Kampf und Weibchen; umſonſt! Trüben mit Blut
         wird
Dir des lüſternen Stamms Sprö/sling den kühlen
         Bach!
    Kommt des brennenden Sternes
      Böſe Zeit; ſie berührt dich nicht,
Leiſe Friſchungen wehſt dann dem ermüdeten
Ackerbauenden Stier, wehſt du den Heerden zu,
    Eine von den berühmten
      Quellen biſt du dereinſt; denn ich

Sang die Eiche, die dir wurzelt im Felſen, wo
.Mit den Wellchen herab ſchwazend du ſpielſt.

Das Misverhältnis der rhythmiſchen Periode zu
dem Umfange der Gedanken iſt, wie im Vorigen.
Wenn auch Horaz aus der erſten Strofe den Gedanken in die zweite hinüberführt; ſo giebt
doch *cornibus* einen geründeten Sinn, der,
nach vergönnter Pauſe, durch *primis* erweitert
wird. Wie jäh dagegen der Überſprung, *ſchon
ſuchts!* — Soll aber, *denn ich*, etwas Halt
machen; wie ſtolz dieſes Ich! wie wenig gemäſs dieſem Stolze der kleinliche Anfang des
Selbſtlobes mit dem kurzen, zum Ausgange geſenkten Verſe! Offenbar ſuchte *Klopſtock* nichts
weiter, als kürzeren, und zugleich ſchönen
Wortausdruck; die Strofe ward abgezählt, nicht
gemeſſen; und ſie blieb, wo grade der Sinn ab-
brach, unvollendet. „Ich fürchte ñicht,“ ſagt
er (Gr. Geſpr. S. 281), „daſs ihr mir den Ein-
„druck zur Laſt legt, welchen der vergebens
erwartete Schluſs der Strofe auf das Ohr
„macht. Denn dieſes gehört nicht hierher.“

Das *ſiebente Geſpräch, die Kühr* (S. 290)
unterſucht, welche Wortart, bei dieſer oder
einer anderen Beſchaffenheit des Gedankens,
vorzuziehn ſei: z. B. die Schönheit, oder das
Schöne; das Tröſten, oder der Troſt; Wehmut, Thränen, für wehmütige Thränen; er

hat das ganze Leben damit zugebracht, ftatt,
fein ganzes Leben; und mehres aus dem Inneren der Sprachkunft und der Redekunft. Ob
wol S. 308 das abgekürzte *ein* ⸱mit dem Begriffe der Geringfchäzung fich empfehlen⸲ wird?
Z. B. Er erkläre das Edelfte der deutfchen
Sprache, wofür er will, da *'ne* Verurtheilung,
wie die *'nes* Unwiffenden, nichts entfcheiden
kann. Wenigftens im höheren Tone⸱möchte
fie auffallen, wie S. 255:

> **Jezo rüftet die Göttin, umringt von Gewölke, 'nen
> leichten
> Schwächlichen Schemen, zum Bild Äneas, durch
> Ilions Waffen.**

Wenn S. 309 die Umftellung, *des Stroms Geräufch*, für *das Geräufch des Stroms*, der
Profa verboten wird; fo ift die ganz ruhige zu
verftehn. Im gelaffenen Tone fagt man: *Ich
habe die Einwilligung des Vaters.* Sobald aber
ein Ton des Nachdrucks das Wort *Vater* aus-
hebt; fo gebührt ihm der Vortrit: *Ich habe
des Vaters Einwilligung;* oder noch lebhafter:
*Des Vaters Einwilligung habe ich fchon, die
Mutter wird auch nachgeben.* Die Poefie,
weil fie durch Lebhaftigkeit, felbft auf der niedrigften Stufe fich auszeichnen mufs, verftattet
durchaus Umftellungen, wie *des Stroms Geräufch;* wenn nicht grade auf *Geräufch* ein

Nachdruck fällt, oder *des Stroms* am Ende des Sazes noch gewichtvoller wird.

Über die *Verskunst*, fo weit fie S. 313—354 in dem vollendeten Theile eines damals noch unvollendeten Gefprächs fich entwickelte, ein förderliches, oder auch nur ein verftändliches Wort mitzureden, würde eine eigene Abhandlung nöthig fein. Ein Beitrag von unmafsgeblichen Erfahrungen, wozu die Klopftockifchen den Rec. theils führten, theils veranlafsten, ward für die Liebhaber folcher Kunftfertigkeiten fchon an anderen Orten niedergelegt. Wo etwa Vorgänger und Nachfolger von einander abgehn, wird man aufrichtiges Streben zum Befferen, mit gegenfeitigem Wohlwollen vereint, wahrnehmen; und bei dem lezten das Gefühl, dafs er, einen Richtweg zu verfuchen, Gelegenheit und Mut dem kühnen Wegweifer zu danken habe.

Edle des Volks, wacht über die Reinheit der edlen Sprache, die Er, welcher nun ausruht, durch mehr als funfzigjährige Arbeiten aus Gottfchedifchem Verderb zum ächten urfprünglichen Glanz erneute. Lafst nicht wiederum ihre feinen, mit Kunft und Mühe geläuterte Metalle, entweder ungenuzt roften, oder durch groben Zufaz, durch rohe Bearbeitung fich entwürdigen und verfchlacken. Duldet

nicht länger, daſs von der gemeinfamen Münze,
für weife und erhabene Geflnnungen, immer
die vollwichtigfte an Schrot, die reichhaltigfte
an Korn, durch Kipper gefälfcht, und durch
Wipper aus dem Umlaufe gerafft werde. Und
wenn ihr einmal Hamburgs blühende Elbufer befucht, Freunde des Vaterlands und vaterländi-
fcher Tugenden; fo denkt: Hier wars, wo
Klopftock als Jüngling mit *Hagedorn*, als Mann
mit *Leffing*, zur Erweiterung des deutfchen
Namens fich begeifterte! Sinnet nach, wie
Themiftokles am Denkmale des Miltiades, und
legt eine Blume auf fein Grab.

V.

ÜBER BÜRGERS SONNETTE.

(Jen. Allgem. Literatur-Zeitung. Junius 1808.)

Kaum hatten *Weckherlin* und *Opiz* das Sonnet unter uns eingeführt, als *Joh. Riß*, der selbst die neue Manier versuchte, in den Vorreden vor den *Deutschen Musen* und dem *Poetischen Lußgarten* über stümpernde Reimschmiede und Sonnetschmiede zu klagen veranlaßt ward. Seit 18 Jahren, da *Bürger* seine Sonnette ausfertigte, betäubt uns von neuem ein noch immer zunehmendes Pinkepank, wobei mancher den Kopf schüttelt, indeß ein anderer wie nach Sfärenmusik aufhorcht. Wir wollen stracks vor die rechte Schmiede gehen, und erforschen, was mit dem erneueten Sonnet uns geworden sei. Gewannen wir eine durch zweckmäfsigen Verhalt einladende Form, worin ungezwängt der freudige Gedanke, wie in achilleïscher Götterrüstung, sich regt, und, als höben ihn Fittige, einherschwebt? Oder, wofern statt eines

freien Gedankenfchwungs nur ein fteifmodifcher
Schritt nach gemeffener Klangweife befchieden
ward, gab wenigftens der Sprache die gebotene
Anftrengung, wie dem Demofthenes der Kiefel
im Munde, einen gefchmeidigeren Vortrag und
aushallende Vieltönigkeit?

Nicht *Bürger* eigentlich, fondern fein hin-
fchwebender Schatten, war Herfteller des ver-
fchollenen Klinggedichts, welches unfere Alten
und er felbft mit den Franzofen und Engländern
Sonnet, in der Mehrheit Sonnette (vordem Son-
nete), die Neueren hingegen nach dem Italienifchen Sonetto, als dem angenommenen Ur-
fprunge, *Sonett* nennen. Wie fehr er vormals,
in Begeifterung der ewigen Mufenkunft, ein er-
klärter Feind alles Modifchen war, fo geneigt
ward er, bei verfiegender Kraft, dem Künfteln
und dem Tande des Herkommens. Nachdem
in *Hagedorns* aufblühender Zeit die Sonnet-
mode den Deutfchen, wie den Franzofen und
Engländern, alt und widerlich geworden war;
beluftigten fich *Götz* (III, 43), der auch das
Ringelgedicht wieder aufweckte, und *Schiebeler*
und ein Ungenannter im D. Merkur 1776, den
altfränkifchen Klingelfchuh aus dem Staube her-
vorzuwühlen. Plözlich kam unferem Natur-
fänger die Neugier, wie wol in der weiland
galanten Schellentracht ein ehrbarer Grofsvater-

tanz nach alter Tabulatur ihm anftehn möchte.
Hätte doch *Bürger* vorausgefehn, dafs nicht
lauter Jünglinge, wie fein geweiheter, ihm
nachklingeln würden; fondern ganz andere, an
welchen das Sprichwort, zum Tanze gehört
mehr denn ein paar rothe Schuhe, und, Krüp-
pel will überall vorantanzen, fich fchauerlich
bewährt hat!

Eine gegebene Form nachbilden, ehe das
Woher und Wozu uns einleuchtete, ehe die
Anordnung als nothwendig und fchön dem
Verftande und dem innigften Gefühle fich empfahl: ift knechtifche Nachäfferei. Wer den
Hexameter oder den Senar in allen Regungen
und Schwüngen, wer die vielfachen Tänze ly-
rifcher Versarten bei Alten und Neueren, oder
den ftolzen Gang der achtzeiligen Stanze, fich
aneignen will: der mufs in die Uranlage der
rhythmifchen Periode, in die Seele des lebendigen Kunfterzeugniffes, gedrungen fein; der
mufs im Ganzen und im Einzelnen des Baues
mit Leichtigkeit und Luft fchalten, und fich
fagen können: Ich felbft hätte fo und nicht anders gebaut. Gehft du ohne Licht und Wärme
der erften Erfindung an das Werk; fo wirft du,
mit aller anfcheinenden Regelmäfsigkeit, einen
geiftlofen hölzernen Vers fchaffen. Ob wol
dem Sonnet einer fo hell auf den Grund fehen

mag, dafs, wäre es nicht erfunden, er felbſt
es zu erfinden, und mit unwiderſteblicher Lebenskraft zu befeelen, ſich zutrauete? Geſtrebt
habe ich, wie irgend ein anderer, nach dem
Inneren der Verskunſt, und in allen mir ver-
ſtändlichen Völkerzungen die allgültigen Elemente der rhythmiſchen Zeichenſprache bis zu
den Urquellen des Menſchengefühls verfolgt;
man ſchmeichelt mir, dafs einige Verſuche, den
Naturlaut wohlgemeſſener Harmonie aus dem
Herzen zu ſprechen, nicht völlig mislungen
fein. Warum aber, und zu welchem Zwecke,
das Sonnet gerade zweimal vier Zeilen mit zwei
Reimen von beſtimmter Verſchränkung, und
gerade zweimal drei mit zwei oder drei willkürlich gehäuften und verſchränkten, an einander gefügt verlange: das blieb bei der leiſeſten
Aufmerkſamkeit meinen Sinnen fo unvernehm-
lich, wie die myſtiſche Zahl jenes Thiers in
der Offenbarung.

Das Wort *Sonnet* ſtammt von *Son*, welches
im Provenzaliſchen, auch im Altfranzöſiſchen
und Italieniſchen, Gefang bedeutete; wie *fon-*
ner und *fonare*, ſingen, und in Melodie ſezen.
Noch *Ronſard* ſagte:

> *Et lors Jodelle heureufement fonna*
> *D'une voix humble et d'une voix hardie*
> *La Comédie avec la Tragédie.*

Auf gleiche Art wurden bei uns *Ton* und *tönen*
gebraucht. In dem altdeutſchen *Boccaz* heiſst
es: *Diſe wort Minutzo in ſein geigen tönet*;
und: *Es ſeind noch nit drei tag, die wort in
den ton getönt wurden* (*che le parole ſi
fecero e'l ſuono*). Demnach war *Sonnet* oder
Sonetto ein kleiner Geſang, ein Liedchen zum
Singen, gleich dem Niederſächſiſchen *Döneken*,
Döntje, und dem Holländiſchen *Deuntje:* welches Wort, wie das Franzöſiſche *Chanſon*,
auch für Póſſe genommen wird. Eine Bedeutung, die leicht unſere Sonnette ſich zuziehen
könnten. Weil die *Sonnette* oder *Tönchen*, der
provenzaliſchen Truvaduren, die bei feſtlicher
Luſtbarkeit, bald einzeln, bald im Wettſange
(*tenſon*), zur alten Leier oder Viole getönt wurden, meiſt wizelnde Liebesliedchen im Geiſte
der galanten Hofritterſchaft waren; ſo nennt ſie
der Lehrdichter *Lafreſnaie*, welchen *Richelet*
anführt:

Les Sonnets amoureux des tançons Provençales.

Die Anſtrengung der Wettſänger, wie in ſinn-
reichen Gedanken, ſo in ſchwierigen Tonwei-
ſen, einander zu überkünſteln, erzeugte wol
mancherlei Formen des Sonnets: wovon eine
der künſtlichſten, mit alter Lieblingsmelodie,
Nachahmer fand, und endlich ohne Geſang, als
überlieferte Kunſtaufgabe, fortwucherte. An

der provenzalifchen Herkunft der jezt herfchenden Sonnetfôrm läfst kein Zweifel das von Noftradamus erhaltene Gedicht des *Amalrichi:* S. Anm. zu *Sulzer.* Merkwürdig fcheint mir die Erzählung eines Freundes, dafs ein junger Katalonier ihm alte Volkslieder gefungen habe, die zum Theil eine auffallende Ähnlichkeit mit dem Sonnette gehabt: vermutlich Nachklänge aus der benachbarten Provence, die feit dem limofinifchen Zeitalter von den gefangliebenden Berghirten gepflegt worden find.

In Frankreich hatte fchon um den Anfang des dreizehnten Jahrhunderts die neue Gefangform fo viel Beifall gefunden, dafs der Graf *Tibaut von Champagne,* der unter Ludewig dem Heiligen fchrieb, des Sonnets, als einer gewöhnlichen Dichtart, in diefem Verfe gedenkt:

En maint Sonnet et mainte Recordée.

Worin nicht ein Lied überhaupt, fondern eine befonders gangbare Form deffelben zu verftehen ift, wie in einem anderen Verfe des alten Romans *de la Rofe* aus dem Gegenfaze fich ergiebt:

Lais d'amour et Sonnets courtois.

Nach Italien ward die üblichfte Sonnetform in der Mitte des dreizehnten Jahrhunderts von

Guidone d'Arezzo, dem angeblichen Erfinder, gebracht, und fpielte durch viel erkünftelte Abarten umher; bis fie im vierzehnten Jahrhundert von *Petrarka,* der unter anderen Reimkünften der Zeit fogar die Seftinen nicht verfohmähete, gefezliche Stetigkeit und eine mehr als modifche Dauer empfing. Frankreich ward des Modegereims bald überdrüffig; erft im fechzehnten Jahrhundert kam das Sonnet aus Italien zurück, und fank zu einem Reimfpiele der Höflinge, *Sonnet en. bout-rimés* oder *en blanc,* welches mit Spott und Geringfchäzung endigte. Ununterbrochenes Gedeihn fand das Sonnet in Italiens volltönender und reimreicher Sprache, und defto üppigeres, da dort zu einem fehllofen Sonnette, zwar auch Tugenden der Poefie und des Ausdrucks, aber vorzüglich wohlklingende Laute in gefälliger Abwechfelung verlangt werden. Für welche Anmafsung des Klangs einigen fogar *Petrarka's* verdreheter Vers zeugen mufs:

Voi ch' afcoltate in rime fparfe il fuono.

Bettinelli erzählt, er habe den Urfachen, warum ein gewiffes Sonnet ihn fo aufserordentlich vergnüge, mit Bedacht nachgeforfcht, und endlich entdeckt, dafs es von der glücklichen Mifchung der Vokale und der Konfonanten herrühre.

Allerdings fcheint eine Versart, die viermal
zwei Reime, und wieder dreimal zwei andere
klingeln läfst, nicht höhere Anfprüche zu machen, als auf Klang. Daher denn, nachdem
des Wortes *Sonnet* urfprüngliche Bedeutung
veraltet war, der Gedanke, es bedeute ein Klanggedicht, natürlich genug aufkam. *Opiz* nächft
Weckherlin, von welchem ein Sonnet die Jahrs-
zahl 1616 führt, der ältefte unferer namhaften
Sonnetdichter, fagt 1624 in feiner Profodie, oder
dem Buche von der deutfchen Poeterei: „Wo-
„her das Sonnet bei den Franzofen feinen Nah-
„men habe, wie es denn auch die Italiener fo
„nennen, weifs ich anders nichts zu fagen,
„als dieweil *fonner* klingen und wiederfchal-
„len, und *Sonnette* eine Klingel oder Schelle
„heifst, difs Gedicht vielleicht von wegen fei-
„ner hin und wieder gefchrenkten Reime, die
„faft einen andern Laut, als die gemeinen, von
„fich geben, alfo fei getauffet worden. Und
„beftetigen mich in diefer Meinung etzliche
„Holländer, die dergleichen Carmina auff ihre
„Sprache *Klinggedichte* heiffen: welches Wort
„auch bei uns kan auffgebracht werden; wie-
„wol es mir nicht gefallen wil.“
Diefen fo hingeworfenen Vorfchlag geneh-
migte *Opizens* Freund, *Weckherlin,* in der
zweiten Ausgabe feiner Gedichte 1641, wo er

ein fremdes *Kling-Gedichte* mit der Jahrzahl
1638, und von fich felbft „*Etliche Sonnet oder*
„*Kling-gefeng*" ausftellete. Nunmehr konnte
auch der jugendliche *Filip Zefen* dem locken-
den Silbertone der reinen Deutfchheit nicht wi-
derftehn. Er, der|im deutfchen Helikon die
Opizifche Dolmetfchung *Klinggetichte* den Erklärungen *So nett*, fo hübfch, und *Son net*,
hübfcher Klang, vorzog: hatte gleichwohl felbft
in des Helikons zweiter Ausgabe von 1641,
durchaus den Namen *Sonnet* behalten. Aber
Weckherlins Vorgang gab dem noch fchüch-
ternen Sprachreiniger einen fo gewaltigen
Schwung, dafs er feine dem erften Theile angehängte Erörterung des Streitigen in den *Son-
neten*, welche den 19 Aprils 1641 an der Stirne.
trägt, fchon am 19 des „*Wonnemohndes*" 1641,
da ihm *Weckherlin* Wonne gebracht hatte, zu
einem reindeutfchen Anhange des dritten Thei-
les umänderte, und nicht allein den Sonnetten
die *Klinggedichte*, fondern allem Fremdlauten-
den, wie Vers, Exempel, Poetie, Fantafie, fogar in *Opizens* Worten, ein ächtes Kind der
„holdfäligen" Mutterfprache, oder dafür einen
Wechfelbalg, unterfchob. Feiert hinfort, andächtige Verehrer des Klinggedichts, und die
ihr uns Deutfchklingendes für klingendes
Deutfch einprediget, feiert einmütig den Tag

eurer aufblühenden Herlichkeit, den neunzehn-
ten des Wonnemohndes, und im einundvierzig-
ften Jahre jedes Jahrhunderts, fo lange das
Gekling anhält, ein Jubelfeft!

Nicht ohne Einflufs blieb des Sonnets neue
Erklärung und Verdeutfchung, obgleich den
Namen des *Klinggedichts* jeder beffere Nachfolger von *Opiz* und *Flemming* mied.   Hätte
man nach wahrhaftem Wohlklange, nach har-
monifcher Fügung der fämtlichen Sprachlaute
geftrebt; fo hätten wir durch das Sonnetfpiel
wenigftens Milderung der germanifchen Rauhigkeit und ein geftimmteres Ohr gewonnen. Aber
in *Opizens* Sinne ward blofs ein Klingen und
Wiederfchallen der Versendungen, ein Schel-
lengeklingel hin und wieder gefchränkter Reime, bezweckt; und diefes Geklingels, meinte
man, könne das Klinggedicht nimmer zu viel
haben. Schon *Flemming* erzwang durch häu-
figeres Zufammenfchlagen ein Geläut, wie:

> Dein Todt hat meinen Todt, du Todes Todt, ge-
> getödtet;

und:

> Die Thränen hier find meiner Flammen Ammen.

Auch *A. Gryphius* gab, als Nebengebimmel
die alte kalte Welt, und: mein Wiffen und Gewiffen. Vor allen wollte *Zefen* dem Klinggedichte durch das, was er Klingen und Springen

nennt, volle Genüge thun, und klingelte mitunter fo:

> Ihr Wälder und Felder, —
> Muſs klagen, Leid-tragen, und zagen forthin.

Sogar ward *Enoch Hanmann*, in den Anmerkungen zu *Opizens* Profodie 1645, durch das
Beiſpiel vortreflicher Poeten, wie er fagt, zu
einem Klinggedichte erhizt, welches in jedem
Verfe zweimal Fall mit noch allerlei all klingen
läfst.   Nach folchen Vorgängern erklärt der
Grammatiker *Schottel* 1663 in feiner Verskunſt
den Wiederklang der Reime für das Wefentliche: „Es entſteht“, heiſst es, „das *Klingge-*
„*gedicht*, oder die Klingreime, fo ein Klingge-
„dicht oder Sonnet vorſtellen, aus fonderlicher
„Verfchrenkung und gegenklingender Reimung
„der Reimfchlüſſe.“   Welchem die folgenden
Anweifer zur Verskunſt gegen den Anfang des
vorigen Jahrhunderts beipflichteten; bis die
lezten Nachhalle des Sonnets bei nennenswür-
digen, wie *Caniz*, *Amthor* und *Richey*, vor
den geiſtreichen Melodieen *Hallers* und *Hage-*
dorns überall verſtummten, und endlich felbſt
Gottfched, in der kritifchen Dichtkunſt gegen
das unnüze Spiel, „diefes gezwungenen Schel-
lenklanges“ feine weit hörbare Stimme erhob.
    Seltfam, daſs *Bürger*, da er das verfchol-
lene Klinggedicht uns wieder zu empfehlen un-

ternahm, gegen *Boileau's* fchneidendes Wort,
Poët. II, 83:

— — — *qu'un jour ce Dieu bizarre,*
Voulant pouffer à bout tous les Rimeurs Fran-
çois,
Inventa du Sonnet les rigoureufes loix;

d, i. den Reimern zur Qual habe der launi-
fche Apollo fich mit Erfindung des Sonnets einen
Spaſs gemacht, eigentlich nichts einwendete.
Ihn fcheint es kaum zu beunruhigen, ob die
kraufe Reimfazung aus fein empfindender Kunft,
oder aus froftig rechnendem Künfteln herftam-
me, und ob der Erfolg ein harmonifches Glok-
kenfpiel, oder ein unverftändliches Gebimmel
fei. Das Ding, meint er, klinge doch hübfch
genug, wenn nur bei gehöriger Ründung des
Gedankens und des Ausdrucks, auch dafür,
daſs die voll und wohl tönenden Reimwörter
dem Inhalte wie unentbehrlich fcheinen, geforgt
werde. Dann fchlage das Sonnet mit ungemein
lieblichen Klängen an Ohr und Herz, und wirke
durch das Hin- und Herfchweben feiner Rhyth-
men und Reime auf die Empfindung beinahe eben
fo, als wenn Jüngling und Jungfrau mit Grazie
ein kleines Menuet tanzten. In diefer Stimmung
(worin jener Tanzmeifter: Ah! was fteckt alles
im Menuet! ausrief), müffe er *Boileau's* Spruch
für fehr wahr halten, daſs ein Sonnet ohne

I.   33

Fehl ein langes Gedicht werth fei. Hat Bürger
den Spruch, den er gläubig nachfpricht, auch
wol überdacht? Wenn *Boileau* das Sonnet eine
bifarre Erfindung nennt, und, nachdem er die
eigenfinnige Kunftregel gelehrt, hinzufügt:

> *Un Sonnet fans défauts vaut feul un long Poëme.*
> *Mais en vain mille Auteurs y penfent arriver ;*
> *Et cet heureux Phénix eft encore à trouver :*

wenn er am Ende die Form, als unfügfam für
den hineingezwängten Sinn, mit dem Urtheil
entläfst:

> *Pour enfermer fon fens dans la borne prefcrite,*
> *La mefure eft toujours trop longue ou trop pe-*
> *tite :*

fo kann er nichts anderes gemeint haben, als:
Ein folcher Fönix von Sonnet, in welchem,
troz der bifarren Sonnetform, einem fchönen
Gedanken ein fchöner Ausdruck fich genau an-
fchlöffe, würde nicht weniger Geift und Ge-
fchicklichkeit, wie ein langes Gedicht, befcheinigen; das Sonnet überhaupt tauge nicht,
aber wol diefes Sonnet; nicht der talmudifche
Jude im Allgemeinen, defto mehr diefer un-
vermaufchelte, diefer redliche Ifraelit.

Nachdem einmal der Begrif des Sonnets, ein
neues anmutiges Liedlein nach bekannter Melodei, aus dem Gedächtniffe verfchwunden war;
fo fchien endlich ein jeder Inhalt in jederlei

Ton, wenn nur ein nachdenklicher Schluſs
nicht fehlte, gleich bequem für die überlieferte
Sonnetform. Wir finden italienifche Sonnette
für Hirten, Fifcher und Seeleute, wir finden
fatyrifche, polyfemifche, pedantifche, verliebte,
heroifche, fogar Sonnette als Briefe und Gefpräche, kurz alle möglichen Sonnetfpiele in
dem Sulzer'fchen Lehrbuch aufgezählt. Nicht
unrecht alfo betrachteten unfere alten Poetiker
diofes unfangbare Afterfonnet als ein künftliches Reimgebäude für einen beliebigen Stof;
nicht unrecht auch, wenn das künftliche Ding
mit gefteigertem Wiz ausging, erkannten *Gottfched* und *Efchenburg* eine Art Sinngedicht,
einen fteifförmlichen Bruder des lockeren Ma-
drigals. Und fo könnte auch der neuliche Rec.
der *Haug'fchen Anthologie*, obgleich er übrigens des Unrechts mehr, als er wollte, auf-
häufte, wenigftens den Vorwurf übergangener
Sonnet-Epigramme zur Noth entfchuldigen.
Aber richtiger ahndete *Sulzer* die urfprüngliche
Beftimmung, und erklärte das Sonnet für ein
lyrifches Reimgedicht, in einer gezwungenen
Form, gleich dem Bette des Prokruftes, worin
der zu kurze Leib mit Gewalt ausgerückt, und
der zu lange geftümmelt ward.

Unferem *Bürger* fcheint das Sonnet, wie es
jeze ift, eine fehr bequeme Form, um allerlei

poetifchen Stof von kleinerem Umfange, womit
man fonft nichts anzufangen wiffe, auf eine fehr
gefällige Art an den Mann zu bringen: ein
gleich paffendes Kleid für Lyrifches und Didak-
tifches, ein fchicklicher Rahm um kleine Gemälde, eine artige Einfaffung zu allerlei Be-
fcherungen für Freunde und Freundinnen. Was
das für poetifcher Stof fein mag, mit welchem
man, ohne geliehene, überall anwendbare Form,
nichts anzufangen weifs! Ein poetifcher Stof,
der nicht felbft, wie ein lebendiger Keim, feine
natürliche Geftalt entwickelt; der, um gefällig zu fein, in eine fantaftifche Modeform, wie
dem tändelnden Kunftgärtner eine Gurke, fich
zwängen oder ausdehnen mufs! Kann eine
künftliche Reimform etwas an fich ungefälliges
an den Mann bringen; dann ift für die Reim-
fchmiede geforgt. Sie dürfen nur, was ihnen
merkwürdig dünkt, Befchreibung, wizelnden
Gegenfaz, traumbildernde Scheinweisheit und
Scheinheiligkeit, mönchifche Legende und Pfal-
modie, ja, wenn fie wollen, Frachtbrief und
Dintenrecept in die Sonnetmache nehmen.
In der That, den gefamten Stof der *Bürger*-
fchen Sonnette, etwa die komifch - ernfthafte
Schnurre an den jungen Aar ausgenommen,
hätte früher der kraftvolle Lenorendichter
fchwerlich für poetifchen angefehn. Man ent-

enthülle den Gedanken feines krausfaltigen
Talars mit dem Glöcklein am Saum, und be-
trachte, was hervorfchlüpft. Ward ein glücklicher Stof in eine glückliche Form von glücklicher Hand gefügt? oder findet das Sprichwort: Wie der Topf, fo der Deckel! feine un-
erfreuliche Anwendung? Fragt euch felbft,
ihr zahlreichen Freunde des Unvergleichlichen,
denen noch jedes Lied feiner befferen Jahre hell
im Gedächtnis fchwebt, ob euch von jenen
herausgepeinigten Klinggedichten mehr blieb,
als eine dunkle Erinnerung! Auch das wäre
fchon viel, und ein Beweis, dafs in der Stop-
pel die Ähre noch erkannt würde. Denn die
meiften der nachfolgenden Sonnette, wo das
Geformte, die Form und der Formende einander
würdig find, wurden fogleich, wann die Brut
nur eben aus dem Ei piepte, von der fchwarzge-
flügelten Vergeffenheit in des Undings Leere hin-
weggeraft; und *Boileau's* Fönix ift noch heute
nicht ausgeflogen.

Offenbar ward von *Bürger* nicht für feinen
poetifchen Stof eine angemeffene Form gewählt,
fondern für die herkömmliche Form ein Stof,
wie er fich fand, zugefchnitten. Leicht kann,
wer vom Handwerk ift, ihm nachweifen: Hier
haft du, wo der Gedanke überfchwoll, ihn ge-
ftuzt, und hier, wo er nicht ausreichte, ange-

flickt. Da denn alles der Form zu Liebe gefchehen ift; fo möchte ich: die Liebe ift blind!
meinem Freunde zurufen, und ihn mit einigen
Fragen über die Form beunruhigen. Antwortete er brav; dann brächte ich der modernen
Sonnetmufe zum Sühnopfer ein ftatliches Klinggedicht, voll Hohns gegen den apollonifchen
Reigengefang. Häperte es irgendwo; dann
hätte mein Freund die Wahl, entweder eine
reuige Palinödie anzuftimmen, oder das aller-
fcheufeligfte — nicht Klinggedicht — fondern
Klappergereim von Fix oder Fax, zum Lobe
des hildebrandifchen Goldalters, auswendig
zu lernen, und in härenem Gewande, unter
Begleitung einer altdeutfchen Nachtwächter-
fchnurre, hervorzukrächzen.

Dem Tonfezer böte das Sonnet zu einer
leichtfafslichen Volksweife, wie die troubadouri-
fche gewefen fein mufs, ein nicht unfchickli-
ches Verhältnis, wenn er die beiden Vierlinge
mit wiederholter Melodie als erften Theil, und
den Sechsling als zweiten behandelte. Hierzu
bedürften die Vierlinge, nun gleichmäfsigen
Gang; die Reime könnten, wie im franzöfifchen
Sonnet licencieux und bei *Shakfpeare*, verfchieden fein. Der Sechsling aber würde durchaus eine beftimmte, der vorigen zufagende Anordnung, und einen vernehmlichen Schlufs

federn. Fühlt nun einer den Drang, nach dergleichen Modell, auch mit strenger Beobachtung viermaliger, Reime, entweder ein altes Tönchen für den Gefang, oder ein neueres Klanggedicht für pathetifches Herfagen zu fertigen; immerhin! wir wollen, fals er das romantifche Abenteuer glücklich besteht, feine Kraft und Lebendigkeit loben, wie *Boileau*. Aber auch dann, welches Recht hätte er, ein halsbrechendes Wagestück, das dem gewandtesten einmal glückt, zu einer Kunstregel zu erheben? welches Recht, eine fo gebundene Reinfazung von vierzehn Zeilen, für eine weit anwendbare Versart, gleich anderen rhythmischen Gebäuden, oder wol gar für eine eigene, durch Klang bezaubernde Art von Poefie anzupreifen? Was wäre das anders, als wenn jemand, der ein Lied nach der Mélodei: *Wachet auf! ruft uns die Stimme*, gemacht hätte, diefe Versart zum allgemeinen Gebrauch empföhle, und vorzugsweife *Melodei* nännte? Und wie wenige Gedanken, über den langen und vielknorrichten Sonnetleisten gefpannt, werden ihre natürliche Kraft entwickeln? *Haller* klagt, welche Mühe und Noth die zehnzeilige Strofe der Alpen ihm gekoftet habe. Schon in der achtzeiligen Stanze merkt man den Zwang der dritten Reime fogar bei den reim-

reichen Italienern, nicht minder bei dem ernsthaften *Taſſo*, als bei dem mutwilligen *Arioſto*,
der ſich gewöhnlich, wie im *bout-rimé*, durch
einen Spaſs aushilft.

   Es macht dem deutſchen Gefühl Ehre, daſs
in unſeren Sonnetten, zumal den älteren, eine
geordnete Reimſtellung vorherſcht. Treuher-
ziger Glaube an italieniſche Vortreflichkeit
vermochte nicht den Naturtrieb nach Ebenmaſs
zu überwältigen. Bei *Petrarka*, deſſen Sonnette der Italiener für die vollkommenſten Mu-
ſter hält, bemerkt *Fernow* in den zwei Vier-
lingen, auſser den harmoniſchen Verhältniſſen
der eingeſchloſſenen Reime: *abba, abba;* und
der Wechſelreime: *abab, abab:* auch dieſe
misfälligen: *abab, baba;* und: *abab, baab.* In
dem Doppeldreiling fand er bei *Petrarka* zwei
ſymmetriſche Reimfolgen: *aba, aba;* und: *abc,
abc;* und, wenn drei Zweilinge gelten dürfen,
noch Eine: *ab, ab, ab:* zugleich aber dieſe
zerrütteten: *abb, baa; abc, bac; abc, bca;
abc, cba.* Dazu fügten andere Italiener die
ſchöneren Stellungen: *abb, abb;* und: *abb,
acc;* dann dieſe den Abſäzen des Sinns wider-
ſprechende Zweitheilung: *ab, ab, cc:* ja leider
auch ſolchen Wirwar: *aba, abb; abc, cab;
aba, cbc.* Die den ſchöneren gleiche Anordnung: *aab, ccb;* brauchte zuerſt *Opiz*, als er

in Heidelberg die Wolfsbrunnen besang; dann mit Vorliebe *Flemming* und *A. Gryphius.* Ungerne vermisse ich diesen Ordnungssinn im Sonnette des feinen *Boileau,* der, so nachdrücklich er strenges Gesez, künstliche Anreihung, und verbannte Willkür dem Sonnette befiehlt, dennoch seinem stolz schreitenden Achtlinge den schrittigen Sechsling: *aab, abc:* nachschlottern läfst.

Aus so mancherlei wesentlichen Abweichungen des Sonnets, die keiner gemeinsamen Melodie fähig find, erhellt wol genugsam, dafs schon zu *Petrarka's* Zeit das alte truvadurische Lieblingstönchen verschollen war. Nur die gekünstelte Anlage des Baues, obgleich man den Zweck nicht wufste, nur der Leib nach entwichener Seele, begeisterte die Reimkünstler zum unsangbaren, aber wohlaussprechlichen Klinggedichte, mit beliebigen Veränderungen innerhalb des vorgemessenen Versumfangs. Der Italiener zwang in den dädalischen Nothstall seine vierzehn weiblichen Endekasillabi zusammen, der Franzose seine männlichen und weiblichen Alexandriner, der Engländer seine fünffüfsigen männlichen Jambics; mit gleichem Rechte der Deutsche bald Alexandriner, bald fünffüfsige Jamben und Trochäen, auch hüpfende Versarten; bald längere und kürzere jeder Art, männlich und weiblich durch einander gereimt. Ja, ich fehe nicht ein, warum man dem Italiener die Luft misgönnen will, fein vierzehnzeiliges Mafs, wenn ers vermag, mit einem Schaltverfe nach jedem Abfaze gehäuft, zu liefern (*Sonetti coll' intercalare*); oder mehrere Sonnette kunftmäßig in einen Kranz durch verfchlungene Reime zu vereinigen (*Sonetti a corona*). Und warum, edle Kunftjünger, die ihr den füdlichen Meifterfängern fo manche kurzweilige Fündlein ablauertet, warum thut ihr fpröde gegen das luftige Schwanfonnet (*Sonetto colla coda*), mit einem regfamen Zagel von einem oder etlichen Dreilingen? Macht euch daran! Wer über den Hund wegkömmt, der kömmt auch über den Schwanz!

Denn fagt, Kameraden: wozu dem Sonnette, das nicht mehr nach altem Tone zur Viele getönt werden foll, gerade die alte Zahl Vierzehn, nicht mehr, und nicht weniger? Etwa damit fich anwenden laffe das Wort von *Wernike*?

Er fchreibt ein klingendes Sonnet,
Wo um den Sinn der Reim in fteter Irre geht,
Bis nach der vierzehnten der Zeilen
Die dreizehn tummelich wie in ihr Wirtshaus eilen.

Wie? wenn wir den Achtling mit eingefchloffenen oder wechfelnden Reimen einmal, durch Zufügung eines zweizeiligen Schluffet, dem

Gange den Ottava-Rima annäherten? Wie?
wenn einem Achtlinge in gewöhnlicher Reim-
stellung ein anderer Achtling folgte, der in der
letzten Hälfte durch zwei gepaarte Reime, *aabb*,
den Ausgang bezeichnete? Ein abstechender
und bestimmter Schlußfall ist eine Hauptbedin-
gung jedes harmonischen Versmafses, die wer
der hier, noch im vierzehnzeiligen Sonnette;
verletzt werden dürfte. Selbst bei *Petrarka*
fühlt ein gestimmtes Ohr sich unbehaglich, so
oft hinter dem scharf geregelten Achtlinge ein
lockerer Sechsling, gleichsam müde des Zwangs
mit willkürlich gemischten Reimen einher-
schlendert: fast wie der virgilischen Schlange,
die keck mit geblähetem Halse sich aufbäumte,
nach lähmendem Schlage,

> — — — der Zug des entfernteren Schwanzes
> Matt hinzuckt, und träge die äußerste Schwingung
> sich nachschleppt.

Endlich da *Bürger* sein Sonnet sich als ein anmutiges Menuet vorstellt, warum dürfen nicht,
alle vierzehn Zeilen hindurch, zwei Reime, ein
Männchen und ein Weibchen, einander vorbei-
schweben, um manierlich mit Bückling und
Knix zu endigen? Nein wahrlich, kein wohl-
geordnetes Menuet ist jenes rathlos hin und her-
schwebende Reimgeklingel, sondern eine um-
hertappende Blindekuh, die anfangs mit gesez-

tem Vorschreiten den Gedanken sucht, und
zuletzt ungestüm auf etwas witzhaftes mit dem
Kopf anrennt.

Es bleibt, denken wir, bei *Boileau's* Ausspruch: Das heutige Sonnet ist eine grillenhafte
Reimkünstelei, worin den Gedanken, ich will
nicht sagen, für den Geniusflug zu kräftigen,
sondern nur nicht zu verkrüppeln, auch der
sinnvollste und gewandteste Mettiker schwer
findet. Und dieser undankbaren Mühseligkeit
soll der Deutsche sich unterziehn, dem seine
Ursprache, was allen romanischen Bastardin-
nen verboten ist, in den geisthebenden Künsten
der mannigfaltigsten rhythmischen Bewegung
Wettstreit mit den Griechen erlaubt? Er über-
lasse dem Italiener, für die weichliche Einförmigkeit seiner Wortfüße, durch Spiele des
Klangs und des Reimgeklingels sich zu ent-
schädigen.

Wenn gleichwohl einer die Mucke hat, von
jenem edleren Wettstreite sich zum tändelnden
Klingklangspiele zu demütigen; so unterwerfe
er sich wenigstens den Bedingungen des Spiels,
oder bleibe davon. Das italienische Klinggedicht erkennt, gleich der Oper und Kantate,
nichts höheres, als Wohllaut des Ganzen und
der einzelnen Silben, zumal der reimenden, so
vieltönig und rein ihn die Sprache, nach *Bet-*

tinelli's Ausdrucke, durch glückliche Mifchung
der Vokale und der Konfonanten, erreichen
kann; damit, wie in einer Arie, fchon die
blofse Harmonie fchönwallender, vom Accente
gehobener Bewegungen uns einlulle mit Sirenen-
gefang. Dem wetteifernden Deutfchen liegt die
Verpflichtung ob, die lieblichften und mannig-
faltigften Laute unferer grofsen Tonleiter, in
des Accents und des griechifch geregelten
Rhythmus fröhlichfter Abwechfelung, fo anmutig zu verbinden, dafs felbft die Mufen dem
geordneten Wohlklange das befremdende Reim-
geklinge verzeihn würden. Nicht genug ift es,
die äufsere Sonnetform, und wie der Fremd-
ling fie handhabe, zu beobachten; nicht genug,
wenn jener melodifch pfeifend die Nachtigallen
umher anlockt, ihm anzufehn, wie er den Mund
ftelle. Dadurch würde man der mechanifchen
Ente gleich, die mit leblofem Getriebe einige
fcheinbare Lebensverrichtungen hervorbringt.
Wer ängftlich nur den Vortheilen des Italieners
nachringt, nicht, durch eigene Vortheile ihn
zu überwältigen, das freudige Vertrauen hegt:
den hat feine folgfame Natur vielleicht dem
Ritter der Dame Italia zum Schildknappen beftimmt, nimmermehr zum tapferen Vorkämpfer
der teutonifchen Sprachgöttin.

Ich weifs nicht, ob noch ein anderes Volk

auf der Erde wohnt, das, wie das unsrige, die
Tugenden seiner Sprache, und was mit der
Sprache zusammenhängt, zu miskennen, ja
herabzuwürdigen, und die Laute verfeinerter
Ausländer mit uneingeschränkter Bewunderung
zu verehren und nachzulallen, von leichtsinni-
gen Obwaltern sich gewöhnen liefs.

> O glückseliges Volk, wenn eigenes Gut du er-
> kenntest!

deinen unkindlichen Söhnen, den eigentlich genannten Maulaffen, möchte ich den horazi-
schen Unwillen entgegenschütten:

> Ihr nachahmende Heerd', ihr Lastvieh! o wie so
> oftmals
> Galle mir, oft ein Gelächter, erregt hat euer Ge-
> tümmel!

hätten nur nicht unter den Schwarm selbst einige der Edleren sich gemengt. Auch mein
Freund *Bürger* gesellte sich zu den vornehmen
Verächtern der Muttersprache, denen sie einst
durch *Klopstock* den milden Verweis ausfertigte:

> Ulfo, du dauerst dich, dafs du mich schreibst. O
> wenn du mich kenntest!
> Nicht leid thäte dir Was. Ulfo, du dauerst mich
> auch.

Damit das verdiente Ansehen solcher Misur-
theiler, welche die Schuld des verfehlten Wohl-

klangs, nicht eigener Sorglofigkeit, fondern dem Starrfinn der Sprache, zur Laft legen, nicht unferen, bereits fchwachen Gemeingeift, das lezte Pfand der Selbftändigkeit, vollends aus= tilge, fo fei mir erlaubt, bei *Bürgers* Sonnetten die Erforderniffe des *Wohlklangs*, und wie weit unfere Sprache durch Reichthum und ge= fchmeidige Bildfamkeit ihn begünftige, etwas umftändlicher zu entwickeln.

Hat eine Sprache hinlänglichen Vorrath har= monifcher Stoffe für alle Regungen der Seele, vermag fie Starkes fowohl als Sanftes mit kräf= tig gehobenem oder gefällig hinwallendem Tone auszudrücken; fo verdient fie den Namen einer wohlklingenden. Wer Rede und Gefang zu ordnen weifs, der wird dem Inftrumente fein Recht fchaffen, wenn auch der Stümper noch fo fchnarrende Mistöne heraus arbeitet. Der Wohlklang fodert, dafs mannigfaltige und nicht allzu ungleich vertheilte Laute, einfache und doppelte, von mannigfaltigen Konfonanten jedes Organs, einfachen und wohlverbundenen, in klar austönende Silben begrenzt werden, und weder entblöfst einander angähnen, noch über= häuft in Rauhigkeit fich verftimmen. Vor bei= derlei Untugenden hatten die Griechen und Römer, die nach klaffifcher Vollkommenheit ftrebten, fich vorzufehn. Sie vermieden gäh=

nende Wortformen, wie οἶσω und *piior*, und,
wo fie nicht konnten, wenigſtens Anreihungen,
wie οἶσαι οἶος und *quia ea eousque.* Sie um-
gingen die rauhen τετύφνται und *disceſſiſſes;*
fie milderten τέτυφθε in τέτυφθε, ζευγνύντοι
in ζευγνῦτε, und *exſequi* in *exequi;* fie über-
liefsen der rohen Natürlichkeit Stellungen, wie
φόρμιγξ ψάλλεται, oder *ſtirps ſtringitur,* da
Quintilians Ohr fchon *ars ſtudiorum* anſtöfsig
fand. Kein Dichter, noch felbſt ein Redner,
hätte vor Griechen Κύκλωψ στυγερός, oder ἄναξ
στρατοῦ, oder ἄναξ σφάξ' ἐξ ἕλικας βοὸς, keiner
hätte vor Römern *Ajax ſcrutatur,* oder *victrix
trux ſprevit,* ungeſtraft anſtimmen dürfen;
aufser wenn abfichtlich rauhe und holpriehte
Säze als Schulübung für fertige Ausfprache genuzt wurden (Quint. 1, 1, 37). Sogar die italienifche Sprache, der entnervten Römlingin
verzärtelte Tochter, die ihrer griechifch gebildeten Kraft und Milde vereinigenden Ahnin
wohllautende Worte *Neptunus, ſanctus, ad-
verſus, promptus, damnum, flumen, plus,
clavis,* unmündig lallend in *Nettuno, ſanto,
avverſo, pronto, danno, fiume, più, chiave,*
wie die Otahitin *Cook* in *Tuti* verwandelte: fogar diefe bietet nicht nur unlieblich zerfliefsende
Vokale, *i miei augelli, cio che io ho udito;*
fondern auch rauhe Wörter, *chiacchiera*

(*kjakkjera*), *Cicerone* (*Tſchitſcherone*), *dargli*
(*darlji*), *ſquarcio* (*ſquartſcho*), *ſquacquerare*
(*ſquakquerare*), und rauhe Fügungen, *il giu-
dice giace* (*il dſchuditſche dſchatſche*), *l'acqua*
nacque quagiù (*l'akqua nakque quatſchu*),
welche der feinere Darſteller nicht mit Dank
annehmen wird.

Unſere Sprache (die gut geſprochene meinen
wir) darf in Mannigfaltigkeit der Vokale, da
ſie ihren *a, e, i, o, u,* die bald voll (*da, ſahn*),
bald gebrochen (*ha! dann*) lauten, noch die
Mittellaute *ä, ö, ü,* und die doppelten *ei* (*ai*),
au, eu (*äu*), und einige *oi* und *ui* zugefügt,
ſich nahe an die griechiſche hinſtellen. Wenigſtens weit über die italieniſche, die aufser den
fünf Hauptvokalen nur den einzigen Doppellaut
uo hat: denn in *ua, ue, ui* vor *g* und *q* iſt *u*
ein *w*, wie in unſerem *Quelle; i* vor *a, e, o, u*
iſt ein halbes Jot, wie in *Lilje;* und *ai, au, eu*
werden ſo wenig, als *ae, ao, eo,* in einen ge-
miſchten Laut verbunden. Mit der Vertheilung
unſerer Laute können wir, was die vorſchal-
lenden Längen und Mittelzeichen betrift, zu-
frieden ſein, mehr als die Italiener, deren *u*
kaum ein Zwölftheil der Vokalſumme empfängt;
in den Kürzen verſtatteten wir dem *e* ein un-
gebührliches Übergewicht, wovon in der Folge
die Rede ſein wird. Befremdend iſt, weil er

I.   34

von *Fernow* kommt, der Vorwurf: nächſt dem
e herſche bei uns das *i*, deſſen Gebiet wenigſtens halb ſo weit reiche; *a* und *u* ſei jedes auf
ein Achttheil des Ganzen beſchränkt, *o* noch
beſchränkter, *ö* aber und *ü* kaum merklich; der
Doppellaute, als ganz unmerklicher, wird gar
nicht gedacht (*Ital. Sprachl.* S. 66. 67). Woher einem *Fernow* die ungeheuere Misrech-
nung, die ſchon durch den Anfang der Bibel,
oder den erſten Pſalm, oder das Vaterunſer,
oder auch durch die Laute ſeiner eigenen Anklage ſich widerlegt! Wahr iſt, daſs die rohe
Zeit, die unſere viellautigen Kürzen in lauter *e*
umſtimmte, die vielfachen Endvokale, und ſonſt
nicht wenige verſchluckt, und manches Häuflein Konſonanten kleinlaut gemacht hat. Aus
Arzat (*ot*, *et*) ward *Arzt*; aus *Obas*, *Obaſo*
ward *Obes* und endlich *Obſt*; aus *ſelb*, *ſelbo*
ward *ſelbas*, *ſelbſo*, bei *Luther* noch *ſelbs*,
dann das unliebliche *ſelbſt*, welches Harthörige
ſogar in *ſelbſtſtändig* dulden, obgleich *ſelb-
ſtändig* von den ſchleſiſchen Dichtern zu *Klopſtock* und *Leſſing* überging. Worte mit anfan-
gendem Vokal oder *h*, welche den rauhen Vorgänger ſänftigen, und manches endende *e* ver-
flöſsen können, ſind in der Sprache genug:
Selbſt hab' ich. Auch ſchlieſsen mit einem
Vokal Silben in bedeutender Anzahl: *mu-ti-ge;*

Worte mit anderen als *e* in zu geringer: *da*, *geſchah*, *ſie*, *Vieh*, *ſo*; *froh*, *du*, *Kuh*, *bei*, *drei*, *Bau*, *treu*. Nicht leicht alſo können zu viel offene Laute ſich begegnen. Zwei ungleiche ſind angenehm: *die Au*, *ja ihr*, *ſo edel*, *drei Altäre*; auch wenn ein Beiwort, oder zuweilen ein Handlungswort mit endendem *e* einen Vokal trift: *der ſchöne Adonis*, *die roſige Ino*, *weit zitterte Athos*, *der leiſe Odem*; oder auch zwei abſtechende: *der ſchnelle Oaxes*, *der tapfre Iaſon*; vollends wo Sinn oder Rhythmus ein wenig weilt: *ſie lächelte*, *ihr floht*; oder im Hexameter: *da donnerte aus dem Gewölk Zeus.* Sogar gleicher und ähnlicher Vokale Zuſammenkunft würde ich ohne Ängſtlichkeit zulaſſen: *die ihr*, *ſo oft*, *zu ungeſtüm*, *bei einander*, *der fromme Äneas*; aber ungern: *der edle Äetes*; obgleich die Griechen nicht nur zwei gleiche, ſondern auch drei in Einem Worte zuſammenſtellen: ῥέεϑρα, Διί, βοός, Αἰαίη, ἀάατος, βοόωσι. Oft werden dergleichen Anlaute maleriſch:

Wenn ſie, Ĭó! austönt, und, Ĭó! antwortet der
Hochwald.
Myſtiſche Nachtunholde, du Leichhuhn, und du,
o Uhu!

Homers: Λᾶαν ἄνω ὤϑεσκε, *ihn von der Au*

aufwälzend; und Virgils : *Ter funt conati im-*
ponere Pelio Offan; wie auch: *et foemineo*
ululatu : find jedem bekannt.

Konfonanten haben wir fo vielfach, als die
Griechen; den Abgang ihres ƺ und Ϟ, wovon
jenes wie *ge* (*dfche*) im Italienifchen, diefes
wie das englifche *th* lautete, erfezt unfer *j*
und *w*. An guter Vertheilung kommen wir
ihnen gleich, nur dafs unfer *n* bei Sorglofen
fich öfter anhäuft. Das Verhältnis zu den Vokalen ift für uns ungünftig; da die Griechen
etwa 9 gegen 8, und wir 9 gegen 5 brauchen.
Aber mehrere Konfonanten verbinden wir
leicht, wie jene; oft leichter fogar. Schon
wenn zwei in einer Silbe vor oder nach dem
Vokale verbunden find, ift einer gewöhnlich
ein flüffiger (*l m n r*), ein fogenannter Halblaut,
mit welchem der Vokal auslautet: *bund;* oder
ein *s*, welches unverftummt, wie die fanfthau-
chenden *f* und *ch* fortfchwebt, weshalb der
Italiener *s* und *f* (unfer *ch* fehlt ihm) den Halb-
lauten beizählt: *fpähft, ftets;* oder ein ebenfals
fortfchwebendes *fch*, deffen einfachem Laute
die Bezeichnung nicht gemäfs ift: *Schwan,*
hafcht, Wunfch; oder auch einer der gedachten Lippen- und Kehlhauche : *Pfad, Luft,*
Macht; feltener, und nur nach dem Vokal,
paaren wir zwei ftumme: *Haupt, erfchrakt.*

Dabei wird eine den Sprachgliedern natürliche Folge beobachtet: z. B. kein *nr*, *tf*, *tk*, *tp*. Drei anfangende Konfonanten haben wir in diefen wenigen Verbindungen: *Sprache*, *Splint*, *Strafe*, *Zwerg*, *Pfriem*, *Pflaume*; den lezten noch kaum, weil *pf* im Anfange wie *f* zu lauten beginnt; auf das einfache *fch* kann nur ein fliefsender oder der fanftefte Lippenhauch *w* folgen: *fchmahl*, *fchwühl*; mit *fk* gebildete, wie *Skribent*, *Sklave*, find Fremdlinge. Unfere wenigen Anfänge mit *s* überbietet der Italiener mit zehn: *sbr*, *scl*, *scr*, *sdr*, *sfl*, *sfr*, *sgr*, *spl*, *spr*, *str*; oder, da in *sguardo* und *squadra* das *u* wie *w* lautet, mit zwölf. Von drei endenden Konfonanten fliefst wenigftens einer, oder fchwebt mit Gezifch oder Hauch: *Stolz*, *ganz*, *Sturz*, *einft*, *Forft*, *Vernunft* (wo *n* wie *m* lautet), *hilft*, *Glimpf*, *Dampf*, *links*, *Nachts*, *Knirps*, *Papft*, *Axt*, *zulezt*; zwei ftumme treffen nur in dem eingebürgerten *Markt* zufammen. In einigen folgt auf das Zifchen noch ein *t*, als vierter Konfonant, *felbft*, *Arzt*, *Angft*, *jüngft*, wo *ng* wie das französifche *n* in *on* lautet. Der Ausgänge mit drei Konfonanten haben wir wenige, mit vier nur einzelne; wenn wir die willkürlich zufammengezogenen, wie *herzt*, und die mit einfach gefprochenen Doppelbuchftaben, wie *hofft* und

tappſt, abrechnen: und dieſe wenigen können
wir durch den Anfang des folgenden Wortes
leicht ſänftigen. In der Mitte werden ſie ſchon
durch den Bau der Sprache geſänftiget: *gan.ze,
ſeuf.zen, äch.zen, vernünf.tig, funf.zig,
Päb.ſte, ſelb.ſtiſch, äng.ſtigen, angſt.haft;*
auch wenn ein weicher Buchſtab folgt: *dienſt-
bar, ängſtlich.* Wird doch oft in der Mitte,
um Vokale oder Halblaute zu unterſtüzen, ein
eingeſchobenes *d* oder *t* vom Wohlklange ſogar
gefodert: ἀνδϱός aus ἀνϱος, *prodeſt, ahnden,
ſchaudern, Gehöfte, Läufte, Kenntnis, öffentlich.* Gleich bequem iſt in herſchenden
Zuſammenſezungen mit *ent* und *durch*, ſelbſt
vor drei Konſonanten, der Übergang: *entſprechen, entzweien, durchſtralt.* Willkürliche,
wie *ſechszweigig, ſchwarzſtreifig* verbieten
wir uns; und überlaſſen der alten *Kunſtſpra-
che,* wie der neueren, den *Dienſtzwang,* den
Axtſtiel, die *Kunſtſtraſse,* und andere ſo hals-
brechende *Kunſtſtücke.*

Freilich, ohne Sorgfalt in Zuſammenſezung
und Anreibung können wir rauh genug werden;
aber wer nicht will, der muſs gerade nicht.
Meint ihr denn, dem griechiſchen Volke (des
römiſchen nicht zu gedenken) habe die lauterſte
Honigrede, gleich den Miſchungen ihrer Klaſſiker, von den Lippen geſtrömt? und weder an-

fchwellendem Gezifch, noch anderen Mistönen
fei Pindar, oft mit Verdrufs, ausgewichen?
Auch der wohlredende Hellene hatte von unge-
fchlachteten Vorfahren Ausgänge geerbt, wie
φάλαγξ, φλέψ, ἅλς, ἕλμινς, σάρξ; und Ein-
gänge fogar, wie βδέλλα, πτόξ, φθέγμα, δμῶς,
δνοφερὸς, θλίψις, θνήσκω, τλῆ, τμητήρ, κτέαρ,
μνηστήρ, ξυστρὶς, πνὺξ, πτὺξ, σκληρὸς, σπλάγχνα,
στλεγγὶς, στρίγξ, Σφίγξ, σφραγὶς, χθὼν, χνοῦς,
χρὴ, ψεύστης: gegen welche die unfrigen fanft
und wenig find. Auch er hatte Wörter, wie
ὕσπληγξ, ὄρφνη, γαστρισμός, πορθμός, ἆσθμα,
ἐσθλὸς, πλῆκτρον, ἄρκτος, ὄρθρος, μάρψαι, ἄρξω,
θελξίφρων; und zufammengefezte, wie ἐκστρέ-
φω, ἐκσφραγίζω, ἐκσχίζω, ἐκξυλόω, ἐκψύχω,
obgleich er ἐξπτέρυγος in ἐξαπτέρυγος, und felbft
den *Hexmeter* in einen harmonifchen *Hexameter* verwandeln durfte. Aber auch ungemil-
derte Übellaute benuzt manchmal Homer zum
Ausdrucke des Schrecklichen; z. B. die gehäuften Zifcher und Haucher mit abftofsenden Buchftaben in dem Sturmgemälde, Odyff. IX, 70:

— — — — — — ἱστία δέ σφιν
Τριχθά τε καὶ τετραχθὰ διέσχισεν ἐς ἀνέμοιο.

— — — — — — Aber die Segel,
Dreifach zerkracht und vierfach, zerrifs fie die Wut
des Orkanes.

Oder die rauh fchmetternden und würgenden
Töne in der Mordhöhle des Kyklopen, Odyff.
IX, 289:

> Σὺν δὲ δύω μάρψας, ὥστε σκύλακας προτὶ
> γαίῃ
> Κόπτ'· ἐκ δ' ἐγκέφαλος χαμάδις ῥέε, δεῦε δὲ
> γαῖαν.

> Deren er zween anpackt', und wie Hündelein ftracks
> auf den Boden
> Schlug; dafs Blut und Gehirn ausfprizete, netzend
> den Boden.

Merkwürdig ift, dafs die griechifchen Priefter
Gebetformeln in barbarifch lautenden Worten
für kräftiger hielten, feindfelige Dämonen zu
befänftigen und abzuwenden (*Clem. Alex. ftr.
I. p.* 339, *V. p.* 570). Als *Branchus* die Mile-
fier von der Peft entfündigte, befprengte er
mit Lorberzweigen das Volk, und fang vor:

> Μέλπετε, ὦ παῖδες, Ἑκάεργον καὶ Ἑκάεργαν!

> Kinder, den treffenden Gott fingt laut, und die tref-
> fende Göttin!

Worauf das Volk die zerknirfchende Litanei
anftimmte: *Bedü, Zaps, Chthon, Plektron,
Sfinx, Knaxzbi, Chthüptäs, Flegmos, Droops!*
welche fymbolifche Formeln εφεσια γραμματα
oder Bannrunen genannt wurden. Vielleicht
fteckt auch in unferer neuen Myftiker maul-

zwängenden Verfen ein geheimer Pfif: durch
myftifche Mistöne entweder dem Satanas oder
uns anderen wehe zu thun.

Dennoch vernehmen wir nicht, dafs wegen
jener zerftreueten Sprödigkeiten, die der Sorg-
fältige durch Fügung fchmeidigte oder mied,
irgend ein weichlautiger Perfer, oder ein per-
felnder Grieche, die griechifche Mufenfprache
rauh und holpericht genannt habe. An diefer
Ausländerei erkrankten zuerft die Deutfchen,
feitdem ihre Vornehmen bald fpanifch, bald
italienifch und franzöfifch, wie die Hofluft we-
hete, fich geberdeten. Sogar unfer *Fernow*,
der fcharffinnige, ward in Bewunderung des
Italienifchen fo weit entzückt, dafs, wo wir
oben Verweichlichung römifcher Klänge aus-
merkten, er felbft „harte und rauhe Mislaute
„gemildert, fohroffe Übergänge der Konfonan-
„ten geebnet, und Schlacken urfprünglicher
„Rohheit ausgeftofsen“ zu fehn glaubte. Wir
müffen es daher wol verfchmerzen, wenn er
alle Konfonantenverbindungen, die wir zwar
mit dem Römer und dem Griechen, aber nicht
mit dem Italiener gemein haben, fchrof und
holpericht nennt; und wenn er dabei die rauhen Hauch- und Gurgellaute des *h* und *ch* (die
er zwölf Blätter vorher für „fanfte Kehllaute“
erkannte), und zumal, was dem Italiener faft

ganz fehlet, die vielfach endenden Konfonanten, als unüberfteigliche Hinderniffe des Wohl-
lautes betrachtet. Eine Warnung, keinerlei
Buchftab, auch nicht das fanfte *ch*, anzuhäu-
fen, wie: *ich mich nicht,* δίχϑ' ἐχϑροὺς, ψυχὴν
ἔχ' ἄχος χαλεπόν; und nie ftarre Endungen an
ftarre Anfänge zu lehnen: diefe könnte uns
heilfam fein; aber jene troftlofe Verurtheilung,
wozu die? Ein anderer Achtungswürdiger,
im Eifer für aufonifchen Wohllaut, tadelte das
Wort *Freundfchaft*, weil in der Mitte fünf
ftraubichte Konfonanten hervorftarrten; er be-
dachte nicht, dafs in amicitia (*amitfchizia*)
der felbige, nur einfacher gefchriebene Laut
ihm für untadelhaft gelten müffe, wie fehr er
auch, wenn der Italiener ihn anhäuft, Tadel
verdient. So in den Wind hatte fchon *Bürger*,
als er unferer Sprache die Fähigkeit zum Hexameter ableugnete, fie eine raffelnde, mit Konfonanten vor und hinter den Vokalen umpan-
zerte genannt: gerade in der Zeit, da diefe
feinem fchöneren Gefange fo einnehmende Laute
darbot.

Die vollftändigfte Ehrenerklärung gab *Bürger*
unferer altedlen Sprache, da er ihre Fähigkeit
fogar zu dem harmonifchen, auf lauter Wohlklang berechneten *Sonnet* anerkannte. Ein gutes deutfches Sonnet, fagt er, kann demjenigen,

der nur einigermafsen Ohr hat, feiner Sprache
mächtig ift, und ihren Knoten, deren fie freilich
leider genug hat, auszuweichen verftehet, nicht
viel fchwerer fein, als jedes andere kleine gute
Gedicht von diefem Umfange; und wenn es gut
ift, fo fohlägt es mit ungemein lieblichen Klängen an Ohr und Herz. O hätte mein Freund, als
er diefe Ehrenerklärung fohrieb, noch die freudige, oft mutwillige Kraft aus der Zeit jener
Anklage gehàbt! dann hätte er, zum Beweife,
dafs ein fprachkundiger Deutfcher auch Wett-
kämpfe des Wohlklangs und des Geklingels beftehn könne, ein paar fönixhafte Sonnette aus-
fliegen laffen, aber gewarnt vor der nichtigen
Klingelform. Jezo werden wir fehn, diefer
Sonnetmeifter, dem feit 1789 mancher Gefell
das Waffer, kaum einer den Wein reichte, habe
die Bedingungen des Klangfpiels kecker gewagt,
als, nach dem Vermögen der Sprache und feiner felbft, redlich hinausgeführt.

Keinesweges verkennen wir, wo *Bürger*
mit fichtbarem Fleifse das Mishällige vermied.
Dennoch ift in der Angft des Reimfchmiedens
ihm manches entfchlüpft, was fchwerlich der
Italiener für Lautenklang fich gefallen läfst.
Schon in den Hebungen des Verfes, die am
merklichften fogar Achtlofen ins Gehör fchal-
len, vernehmen wir allerlei durch forglofe Wort-

fügung verfchuldete Mistöne. Z. B. anhaltendes
Gepiep, ohne dafs etwas fpielendes gemalt werden foll: *Weil diefe dir gebricht, dafs Liebe
dich —; der Wildnis, die mich fieht —*, wo
die drei lezten Worte dazu ein Reimflicken find:
*ihm ein Bild von Himmelslieblichkeit, diefem
will —;* und gleich wieder, *brünftig wird das
neue Bild geküfst —; vom dritten Himmel
lieh —*, wo vollends der Reim es hebt; und
noch gehobener, *ihrer Mienen, der Himmel
nie in ihrem Aug' erfchienen —*. Oft piept
es mit Schlangenhauch: *Mich nicht, wie überall —; nicht ich mit ihr —; dein Blick fich
über dich —;* oft mit Schlangengezifch: *zieht,
bis ins Nichts —*. Anderswo hört man das *ei*
fchreien: *Geift in Leib und Leib in Geift —;*
oder des unmutigen Uhus Laut: *Blum' und
Frucht, fo die Natur —*. Wenn fo was in
anderen Gedichten mitunter vorkäme; wir würden es überhören, wie Homers: ἕταροι οἵ οἱ —,
αὐτος δ᾽ αὐτ᾽ ἐξαῦτις —, μελίνον οὐδοῦ —, μῆτερ
ἐμὴ δύςμητερ —. Aber das grofsfprecherifche
Klinggedicht mufs Wort halten. Zwifchen fo
einförmigem Fortdröhnen werden wir oft plözlich durch das rauhe Saufen des gehemmten
Stofswindes erfchreckt: *Licht und Luft des
Himmels zu —*: welches der heiteren Wonne
fo widerwärtig ift, als wenn des Gefangvogels

Fittig fchön und laut tönen foll, vielleicht *wie
Dodona's Hainmetall erklang?* — nein! *wie
das Erz, das zu Dodona klang* —; und, was
noch weniger zur Melodie einer Gefangweihe
ftimmt:

> Dich zum Dienft des Sonnengotts zu krönen,
> Hielt' ich nicht den eignen Kranz zu werth —;

da das Sanftere nahe lag:

> Für den Dienft Apollons } dich zu krönen,
> Für Apollons Altar
> Hielt ich meinen Lorber nicht zu werth.

War ein fo nachläffiger Arbeiter befugt, feine
Sprache der Unbiegfamkeit anzuklagen?

Selbft die Reime, deren vorfchallender und
oft wiederkehrender Laut am forgfältigften gewählt werden mufs, find in diefen auf Klang
berechneten Sonnetten häufig ein Spiel des Zu-
falls. Von dem, was hierüber zu fagen ift,
wollen wir jezo nur verunglückte Hebungen
ausmerken: wie gleich im erften Sonnet ein
viermaliges *icht* uns ankeicht; wie im zweiten
das winzige *i* fiebenmal piept und zirpt; wie
eben fo oft im dritten das breite *ei* mit drei *ö*,
wozu *Sehnen* gefügt wird, und drei lifpelnden
ift, einherleiert; wie im fünften bei lauter dünn-
tönigem *i* und *e* plözlich ein *Scherz* mit
Schmerz uns entgegen fchnarrt; wie im

feohften fechsmal *au*, im achten fogar achtmal
u, Grauen und Unruhe bringt. Was? In des
Griechen und des Römers tonreichen Sprachen
mufste die Kunft wählen und anordnen; felbft
des verzärtelten Neuitalieners Klänge vielmehr,
als Sprachtöne, find zu Kunftwerken des höheren Wohlklangs nicht alle, und nicht in jeder
Verbindung, brauchbar: und wir, deren einft
vielläutige Sprache, nach langer Verwahrlo-
fung, manches dumpf, manches verftimmt an-
fpricht, wir wollen, auch wenn wir ein rein-
harmonifches Klinggedicht ankündigen, nicht
einmal gegen den Misklang wachfam fein, fondern gleichmütig, was und wie es in unferen
Reimnöthen fich darbeut, herausgreifen und
durch einander ftellen?

Nicht aber den Hebungen allein, auch *den*
gefenkten Silben gebührt Wohlklang, fo rein
und mannigfaltig ihn die Sprache vermag. Diefes überall gültige Gefez darf in einer Dicht-
form, die für ein eigentliches Klanggebäude
fich giebt, die ftrengfte Beobachtung fodern.
Rauhen Senkungen, deren Laut im Zufammen-
ftofs widriger Konfonante ftockt, wird jeder,
an lebendigen Vortrag gewöhnte Profaiker fogar, ausweichen von felbft, und dem würg-
genden *Eilends fprang*, und *jezt ftrebt*, das
fern hallende *Hurtig fprang*, und *nun ftrebt*,

ſchon mit dunkelem Gefühle vorziehn. Einiger Aufmerkſamkeit bedarfs, den eintönigen Fall der Senkungen, wo gern das zudringliche *e* ſich anhäuft, entweder zu mäſsigen, oder völlig zu übertönen. Denn ehrlich geſtehn müſſen wir uns, um mit Beſonnenheit entgegen zu wirken, diej leidige Unart unſerer jezigen Buchſprache: daſs jenes *e*, bei beträchtlichem Antheil an den Längen, auch die natürlichen Kürzen, ſowohl die Silben der Abſtammung: *Seel-e, Zier-de, Hüg-el, Ath-em', Gart-en, aufs-en, aufs-er, Säng-er, Vier-thel, Räth-ſel, einzeln, hölz ern, Ju gend:* und der Umwandelung: *Wald-e (es), Wäld er (ern), ſchön-em, ſchön-e re, wohn-eſt (et, ete), ge-bau-et, ſing-end:* als auch die meiſten untrennbaren Vorſilben *be, ent (emp), er, ge, ver, zer,* ſamt dem Artikel *der (des, dem, den),* und dem Fürworte *es,* mit einförmigem Laute beherſcht; und daſs die gemeine Sprechart ſelbſt dieſen Laut in den Endungen faſt bis zum Verſtummen abſchwächt.

Zu ſo ſchläfriger Eintönigkeit bequemte ſich Mana's geſangreiche Sprache, die noch unter den Franken im elften Jahrhunderte mit der griechiſchen an Reichthum voller Vokale wetteiferte! *Her fragoda* (oder — *de, di, te, ti*) *ſine ſcalca;* und *Sie warnotin (an, en, on)*

unfero wingardon ethela wardos: welch ein
Hall gegen das neue Hochdeutfch: *Er fragete*
(*frag'te*) *feine Knechte;* und, *Sie warneten*
(*warn'ten*) *unferer* (*unf'rer*) *Weingärten edele*
(*ed'le*) *Wärter!* Wie melodifch: *Inkagan louf-
fant fcono magadi*, vor dem jezigen: *Entgegen laufen fchöne Mägde!* Man begreift wol,
dafs Eine und dielelbige Stammfprache, die in
Schwedens und Norwegens heiterer Bergluft
klar aus freier Bruft und offener Kehle hallt,
in Dännemarks Nebeln und Englands, gleichfam verfohnupft und unluftig, mit gemächlichem
Antönen fich behilft. Anders bei unferen Vorfahren. Ihnen ward der feierliche Hochgefang
gemeinfamer Anbetung, der entflammende
Kriegschor voll Väterruhms, das von Taufen-
den erhorchte Wort der Volksräthe, durch
fremdzüngige Priefter und Gefezlehrer allmählich gedämpft, bis der aushallende Sprachlaut
zum gelaffenen Sprechtone des trägften Vokals,
fchon gegen die Zeit der Minnefänger, fich
herabftimmte. Ja hätte man nicht Gottes Wort
wieder öffentlich in edlerem Deutfch gefungen,
und laut vorgelefen, und mit Begelfterung ge-
prediget; auch das mundfaule *e* wäre durch all-
tägliches Sprechen in einen dumpf fummenden
Halbton, *leben* in *leb'n*, und, was mancher
Neuere der Poefie aufdrang, *wollen* in *woll'n*,
ausgeartet.

Unheilbar ift leider durch alte Verjährung
diefes Eintönige der kurzen Silben mit dem lä-
ftigen *e*, und nicht überall zu lindern die nach
verfchlucktem *e* anftarrende Rauhigkeit. Längft
verhallte bei uns das 'fangbare *Herza* und
Schmerza, deffen altdeutfcher Klang nun in
Italien einheimifch ift; und fchon ward der ge-
fchwächte Nachhall *Herze* und *Schmerze* von
dem neueften Gebrauche, der mehr des Gefprächs als der Rede achtet, für allzu weich-
lich erklärt. Wenn einft

— — — *ther edil Franko,*
Wifero gethanko,
Wifera redinu,

der edle Franke, weifer Gedanken, weifer Reden, volltönig ausrief: *Duva, thu nifteles in
fteinlochoron:* wir dürfen nicht einmal fagen:
Taube, du nifteleft in Steinlöcheren, was bei
Luther, und noch in einigen Rheingegenden,
erlaubt ift; nein, *niftelft* und *Löchern* fand
der muckende Sprachgebrauch feiner Mund-
faulheit bequem, damit der fchon klanglofe
Endigungsvokal noch mehr von nachfchlep-
penden Konfonanten verdumpft würde. Aber
was abzuftellen unmöglich ift, das kann und
foll der Meifter durch gefchickte Anftellung
unter auflöfenden und abftechenden Lauten zu

I.   35

Wohlklang ſtimmen, oder im ſchlimmſten Falle
— zurückſtellen. Er wird *niſtelſt*, mit jenem
von Pindar verabſcheuten Geziſch, gegen *baueſt*
oder *wohneſt* austauſchen; er wird vom zu-
ſammengezogenen *reizet* nicht *reizt Zwie-*
tracht, ſondern *reizt Hader*, bilden; und wenn
ſchneiis oder *frierts*, wie *du hörſt*, geſagt
werden kann, nicht darum mit *ſchmerzts* oder
du ſcherzſt das Ohr peinigen. Noch höre ich
den Ton, womit *Klopſtock* mir Jünglinge die
Lehre gab: Wenn etwas nicht klingen will; es
iſt nicht deutſch! ſage ich; und ſtets bietet ſich
beſſeres.

Wie zahlreich immer die mit *e* tönenden
Kürzen ſind; ihren eintönigen Fall zu mäſsigen,
findet der Achtſame weit weniger Schwierigkeit, als er vor dem Verſuch annahm. Und
wenn auch einige; ſo wäre ja, ihr zu entfliehn
oder zu erliegen, unrühmlich für den ſprach-
kundigen Verskünſtler, zumal für den ſtolzen
Ankündiger des Klinggedichts: der, eine aus
vierzehn reimreichen Zeilen ihm zugemeſſene
Form, in unſerer reimarmen Sprache, mit jedes ungefähr paſſenden Stoffes reinſtem und har-
moniſchem Ausdrucke genau, ohne merklichen
Zwang, zu füllen, ſich anheiſchig macht. Schon
ſehr beſchränkt wird die Rotte des kurzen *e*

durch wohlklingende Zufammenziehungen:
*kennt, kommt, wagt, gleicht, hafcht, trabt,
blühn, fehn, nahn, drohn, hörte, brennte
(brannte), gehört, entflohn, entflöhft, Bachs,
Rufs., Manns, Thaus, Mays, Dings, Stahls,
Herrn, Graun, Knaul, Höhn, Tändelein,
feltne, edle, adlich, fchaurig, im, am, vom,
zum, zur;* und durch Weglaffung am Ende:
*der Kyklop, Skyth, Fäak, Aufon, die Au,
Höh, Thür, das Weh, Bett, dem Glück, vom
Baum, im Stroh, am Meer, mit Gott, zu
Dank, nah, eh, früh, heut, fern, er fah,
geh, thu, fchau, vertrau.* Diefe den angeführten Formen mit dem Bedinge des Wohlklangs verftattete Wegwerfung des endenden
e ift im Verfe, mit den obigen Ausnahmen,
Gefez, wenn ein Vokal folgt! *die Reb' um-
rankt;* manchmal auch, wenn ein *h: fteig'
herab; — dort ftrebt der Gedank' hin;* felbft
bei eintretender Rauhigkeit, wenn fie dem Inhalt entfpricht: *Schmettr' ihn hinab!* Aber
die Verfchmelzung des *e,* dem ein weicher Konfonant vorangeht, ftört nicht, wie mancher
fich einbildet, fondern erhöht den Wohlklang;
indem der Konfonant in den folgenden Vokal
fanft hinüberfliefsen, nicht wie ein endender
gefchärft werden mufs: *Vom Ba-d — aufftieg,*

die Ro-ſ- im Haar; nicht *Baat* oder *Rooſs.*
Auch wo ein geſchärftes Abſtoſsen weniger
empfindlich wäre, will in gebildeter Ausſprache
der Konſonant fortſchweben, wie: *Geſäng' an-*
hebt, ſo auch: *mit Geſang' einholt;* wie, *alle*
Land' erhält, eben ſo, *im Mund' iſt Honig*,
Gall' im Herzen:

> Mild' und Mannkraft hall' im Lied' harmoniſch,
> Singen hör' auch Hellas gern teutoniſch.

Es iſt für Wohlklang und Rhythmus ein bedeutender Vortheil, wenn die Sprache das ſelbige
Wort in mehreren Geſtalten: *gieſset, gieſst,*
geuſst; nahete ſchon, nahte der Feind, er
nah' und ſtand: den vielfachen Bedürfniſſen
der Darſtellung gewährt.

In den nachbleibenden Endungen wird die
Eintönigkeit durch den Wechſel der anhaftenden Konſonanten gemäſsiget: indem das *e,*
wenn es nicht offen iſt, wie in *Habe,* bald mit
flieſsenden Konſonanten, einzelnen und wohlverbundenen, austönt: *Handel, edel, Odem,*
unſerem, Leben, Vater, wandeln, donnern;
bald in ein ſchwebendes *s,* für ſich oder mit
flieſsenden, übergeht: *ſchönes, Mundes, Ta-*
dels, Odems, Segens, Bruders, Handelns,
Zauderns; bald allein oder mit gutem Gefolge,

in ein kräftiges! *t* oder ein *d*, dem manchmal
noch ein *s* nachfchweben darf, fich verliert:
*Kummet, redet, zweifelt, lockert, Kummets,
übeft, fchmeichelft, dauerft, Tugend, liebend,
fpöttelnd, wuchernd, Abends, vollends.* Wenn
wir die von *eln* und *ern* ftammenden famt *ts*
und *nds* abrechnen, fo find die mehrften diefer
Ausgänge den Römern, die üblichften *en, er,
es* auch den Griechen eigen. Wie förderlich
eine fo reiche Abwechfelung dem Wohlklange
fei, dies zu empfinden, vergleiche |man: *dem
Jünglinge fäumet der Abend,* mit: *den Jünglingen eilen entgegen;* oder: *den Schleude-
rer flammendes Donners,* mit: *der Schleude-
rer flammender Donner.* Und welcher Harthörige würde den vielfachen Endungen: *obfie-
gete mächtigen Völkern,* die Einförmigkeit
felbft einer Vokalendung vorziehn: *befiegete
mächtige Reiche?* auch wenn mit *a* (*befiegeta
mächtiga Reicha*), oder mit *o* zu endigen erlaubt wäre? Noch wohlklingender allerdings
wäre die Mifchung von beiderlei Mannigfaltigkeit: *befiegota mächtigo Völker.* Aber in
dem ftürmifchen Mittelalter verdorreten uns
die meiften der Vokalendungen, die wir in die
Sprache der bezwungenen Römlinge verpflanzt
hatten; diefen faft alle Konfonantendungen,

wofür ihnen die manchmal verstattete Wegwerfung des Vokals nach einem fließenden Konfonanten einen kümmerlichen Erſaz gewährt.
Und bei ſo unmännlichem Geſinge ward ihnen
nicht einmal Vieltönigkeit der Vokalausgänge,
ſondern ein ewiges Fortſummen mit *a, e, i, o*;
höchſt ſelten mit *u*; und faſt immer in der
weiblichen Bewegung des Trochäus! Gleich-
lautende Endungen nach einander, *dieſe ſchöne
Blume, meinen ſchönen Garten*, verhüten wir
leicht, ſchon durch Umbeugung, *dieſer ſchönen Blume, meines ſchönen Gartens*; nicht
ſo leicht der Italiener, dem ſeine Gleichlauter,
*una bella donna, quelle donne dotte, queſto
nuovo libro, i chiari antichi eſſempi*, durch
alle Umbeugungen nachfolgen.

Neben dieſer ſo mannigfaltigen, und, wenn
der Anordner das Seinige thut, durchaus gefälligen Tragung des *e*, ſind unſere Kürzen
doch auch von anderen Vokalen nicht ganz verlaſſen. Wir haben die einſilbigen Artikel *ein,
die, das*; wir haben das *ſo* des Nachſazes,
und *zu* vor dem Infinitiv: wenige zwar, aber
von häufigem Gebrauch. An mehrlautigen Ver-
änderungsſilben ſind uns noch übrig das endende
o der nicht ſeltenen *jezo* und *deſto*, auch der
nicht mit *dero* und *ihro* geſunkenen *nunmehro*

und *hinfüro*; ferner das eingeschaltete *o* in
Karoling, *Teutoburg*, das *i* in *Nachtigall*,
mannigfaltig, *Bräutigam*, das *a* in den feierlich gebrauchten *Cheruskawald*, *Hanfaburg*.
Auch häufige Abwechfelung bieten uns Eigen-
namen und Benennungen, die der Sprache durch
Erbrecht oder Einbürgerung angehören, theils
in Endfilben, wie *Hulda*, *Minna*, *Edda*, *Baſſa*,
Lava, *Bárbar*, *Démant*, *Túrban*, *Siegmar*,
Altan, *Immi*, *Betti*, *Rabbi*, *Derwifch*, *Ias-
pis*, *Tiberis*, *Kniebis*, *Orlog*, *Alkov*, *Kon-
dor*, *Marmor*, *Kokos*, *Senator*, *Hugo*, *Juno*,
Apollon, *Konful*, *Purpur*, *Peru*, *Indus*, *Bam-
bus*, *Onyx*, wovon mehrere durch Schwebung
fich der Mittelzeit annähern; theils in tonlofen
Vorfilben, wie *Vafall*, *Palaſt*, *Altar*, *Spinat*,
Europa, *Idee*, *Labyrinth*, *Diadem*, *Diamant*,
Pokal, *Hufar*, *Auguſt*, *Aufon*. Wer auch
hier, zumal im edleren Tone der Poefie, die
kraftvollen Laute zum dröhnigen *e* abfchwächt,
wie *Afia* in *Afien*, *Marthe*, *Marmer*, *Pur-
per*, und *Europa's* in *Europens*, oder fogar
verheifst, wie *Aſſen*, *Emilje*, *Adon*, *Ta-
cit*, *Liv:* der verliert fich in die niedrige
Sprechart eben fo weit, als wer die heilige
Maria zu einer *Marie*, den Apoftel *Petrus* zu
einem *Peter*, die holden *Grazien* zu *Grazjen*,

und den ehrſamen *Senator* ſamt dem hochwei-
ſen *Edukator* zu einem *Senater* und *Edukater*,
oder dem vollends verpöbelten *S'nater* und *Ed'-
kater* herabwürdiget.

Wenn dies alles die Eintönigkeit unſerer geſenkten Kürzen nur mäſsigen, nicht übertönen
kann; ſo iſt die Menge viellautiger Mittelzeiten
und Längen, welche häufig, zu vielfachem Be-
hufe der Wohlbewegung, ſtatt der Kürzen ge-
ſenkt werden, von entſcheidender Gegenwir-
kung. Man überdenke das Gewimmel der
Einſilbler, die mit allen Vokalen faſt alle wohllautend, vermöge ihres untergeordneten Begrifs, die Mitte zwiſchen Länge und Kürze
halten, durch Fügung aber und Takt entweder
lang oder kurz werden: Wörtlein, wie *ich*, *du*,
ſie, *wir*, *euch*, *was*, *wan*, *mein*, *zwo*, *viel*,
all, *voll*, *kein*, *halb*, *bin*, *ſind*, *war*, *hat*,
ward, *kann*, *ſoll*, *muſs*, *mag*, *wie*, *als*, *da*,
dann, *wann*, *ſo*, *wo*, *nun*, *nur*, *ſchon*, *kaum*,
wohl, *zwar*, *an*, *auf*, *bei*, *bis*, *für*, *in*, *mit*,
ohn', *un*, *ſamt*, *um*, *von*, *vor*, *nach*, *zu*, *und*,
auch, *ja*, *gar*, *daſs*, *weil*, *ob* —; oder zuſammengeſezte, wie: *etwa*, *etwas*, *warum*,
daher, *davon*, *darauf*, *hieraus*, *dorthin*,
darob, *durchaus*, *fortan*, *ringsum*, *ſeitab*;
zurück, *alſo*, *allhier*, *ſodann*, *ſofort*, *an-*

noch, dennoch, dieweil, obgleich —. Man
werfe dann einen Blick auf die unzählbaren
Nennwörter mit veralteten Stammſilben, wie
*Schönheit, Artigkeit, Heimat, Heiland, Ar-
beit, Kleinod, Armut, Leumund, Hirtin,
König, Dickicht, Häring, Wohnung, Schmet-
terling, Küchlein, Säumnis, Drangſal, Bot-
ſchaft, Reichthum;* und auf die eben ſo unzählbaren Beiwörter und Nebenwörter, wie
*fruchtbar, einfach, nahrhaft, ſonnig, thö-
richt, lyriſch, traulich, jähling, rücklings,
heillos, dreimal, wachſam, jenſeit, abſeits,
klangvoll —.* Man rechne dazu den Reichthum an einſilbigen Längen, wie *Bahn, wohnt,
grün, heut;* und an verbundenen in allen
Wortfüſsen, wie *Anmut, darbringt, blutroth,
gleichfals, Fürſorge, mislautig, antwortete,
Vormittag, unnachahmlich, unausforſchliche.*
Und hierbei erwäge man, daſs in die Senkung
des Verstaktes nicht die tieftonige Länge allein,
ſondern, nach beſtimmten Regeln, oft auch die
hochtonige, geſtellt werden darf, z. B. im jam-
biſchen Verſe: *Anmut und Würde —, Halt!
rief er —;* ja, daſs ſogar eine kräftige Mittelzeit, durch den Takt gehoben, der vorſtehen-
den Länge die Senkung aufdringt: *Reichthum
mit Weisheit —, dankbar in That —, ein-*

fame Wildnis →, *arbeite mutvoll* —, *Krieg
ist mein Lied.* Wie weit zu den fchwächeren
Mittelzeiten fich diefe Freiheit zu erftrecken
fcheine, ift in der Zeitmeffung gefagt worden.
Das äufserfte möchte fein, im Anfange des jambifchen Verfes, oder nach dem Abfchnitte:
*Hofnung erhält, Hofnung nährt; fröhlich
empor, fröhlicher Mut; heimifch an Laut;
ewig, o Gott;* aber nicht mehr: *heimifcher
Laut, ewige Luft.* Eher noch eine fchwere
Kürze am Ende des Worts: *Orfeús hinab,
Purpúr belohnt;* aber durchaus nicht: *edlér
Genofs;* viel weniger noch, wenn die leichte
Kürze von zwei Längen umgeben ift: *Edlér Mut,
reine Liebe;* welcher Zwang an *Vatér unfér
im Himmelreich*, und *Wend' ab deinén Zorn,
lieber Gott*, aus dem verfknittelnden Zeitálter
uns erinnert.

Ehe wir Deutfchen, durch den Bau fremder
Sprachen irre gemacht, die Gefeze unferer
Zeitmeffung, und die mannigfaltigen Verhältniffe unferer Längen, Kürzen und Mittelzeiten,
zu ergründen uns zutraueten, hörten wir oft
von Deutfchen die Behauptung, unfere fchwan-
kende Silbenzeit verftatte zur Noth wol ge-
reimte Jamben und Trochäen, nicht aber des
Alterthums künftlichere Versarten. Nachdem

wir mit unferer Zeitmeffung zu einiger Stetigkeit gelangt find, jezo behauptet der deutfche
Fernow (*Ital. Spr.* S. 758): „unfere Sprache
fei in der Quantität ihrer Silben viel zu beftimmt, und durch diefe Beftimmtheit zu un-
gefchmeidig, den leicht hinfpielenden Tanz
des italienifchen Hendekafillabus in Stanzen
und Sonnetten ganz nachzubilden." Die arme
Sprache! Wenn einer, den einförmigen Gang
des Jambus zu beleben, aus ihrer rhythmifchen
Fülle mit Auswahl Spondeen und unvollkom-
men verlängte Mittelzeiten und Kürzen ein-
mifcht; fo entfchuldigt man ihn mit der un-
ficheren Zeitmeffung, die der reinen Jamben
zu wenige darbiete. Es fügt fich dann einer
der gebotenen Einförmigkeit durch ein fcharf
abgemeffenes Klipklap; fo büfst fich für den
entftehenden Überdrufs die allzu genaue Zeitmeffung, die dem Verfe lauter vorfpringende
Hebungen ohne die fanft verfchmelzende Grazie der Kunft aufnöthige. Zu des Wohlklangs
Wettkampfe darf die melodifche Hefparillis mit
Fug ausfodern; erröthend und kühn wird Teutona in die Schranken gehn, im Vertrauen auf
die richtende Hellenis. Aber auf Künfte der
rhythmifchen Bewegung fich einzulaffen, deffen
befcheide fich die liebenswürdige Sängerin!

Jene Einmifchung von Längen und gehobenen Mittelzeiten, wenn fie nach alten Erfahrungen der Griechen geregelt wird, gewährt
unferen fünffüfsigen Jamben, den Mitwerbern
der italienifchen Endekafillabi, einen kraftvoll
fchwebenden Spondeengang. Der Grieche würde
den Fünffüfsler, als einen in der Mitte verkürzten Trimeter, meffen, und mit veränderlichen
Abfchnitten gliedern, in folcher Geftalt:

$$\cup - \cup - \cup, - \cup - (..) \cup -,$$
$$\cup - \cup -, \cup - \cup - (..) \cup -.$$

Oder:

$$\cup - \cup - \cup, - (..) \cup - \cup -,$$
$$\cup - \cup -, \cup - (..) \cup - \cup -.$$

Im erften, dritten und vierten Takte dürfte der
Spondeus Statt finden; dem zweiten und fünften gebührte durchaus ein Jambus. Hiernach
wäre der erfte Vers im *Taſſo*:

  Canto l'ármi pietoſe, e'l Capitano:

fo tadelhaft, als:

  Kommft du, Freundin, o kommft du, mein Ver-
                                langen?

Und diefer von *Arioſto*:

  E ſcorréndo pe' boſchi talór preſe,

fehlete zwiefach gegen das Gefez, wie:

  Der fich mühfam durch Felfen thalab windet.

Wir können, fieht man, dem Italiener alle
durch Ton und Verstakt gehobenen Längen,
auch die verwerflichen, nachbilden. Zugleich
aber mit dem kräftigen Andrange des Spondeus,
giebt dem jambifchen Verfe Mannigfaltigkeit
die fchwächere Verlängung bald einfilbiger Mittelzeiten und Kürzen: *er fchwang fich in den
Äther —, die Waldung zu bewohnen —, an-
ftaunend dás Getümmel*; bald anapäftifch an-
fangender oder daktylifch ausgehender: *be-
kränzt mit Ánemonen —, hin fchwand er
únbemerkt —, Unfterblichkeit erftrebend —,
voll göttlichér Begeifterung —, den Helikón
erfteigen.* Mag alfo der Italiener auch Reihen
tonlofer Silben in den Kampf ftellen, unverzagt
halten wir ihm Stand. Wenn er aus dem *Taffo*
die feurige Bewegung aufgiebt:

> *Scórge in Rináldo et ánimo guerriero,*
> *E fpírti di ripófo impátienti:*

wir antworten getroft:

> **Ráfch vom Gebírg' her fchwángen fich die Geier,**
> **Vom Blúte der Erfchlágenen zu trinken.**

Freilich mehrere Vokale in Eine Silbe zu ver-
fchmelzen, wie *S'armò d'Afia, e di Libia il
popol mifto:* diefe Kunft verftehn wir fo wenig,
als die Griechen, und tröften uns.

Beiderlei Unterbrechung des einförmigen
Jambenfchrittes wird noch reizender dadurch,
dafs bei fo vielartigen Hebungen nicht allein
der Vokallaut mehr Abwechfelung empfängt,
fondern zugleich der Sprachton oder Accent,
der fonft die Hebungen des Verfes zu fchreiend
macht. Weffen Ohr an die gefezliche Freiheit
griechifcher Jamben, oder auch nur an des italienifchen Endekafillabo faft ungebundene Be-
weglichkeit, gewöhnt ift; den beleidiget der
ftetige Gang durchaus gleichfchreitender, gleich-
betonter, und mit gleichem Vokal fich fenken-
der Wortfüfse, wie:

> Dem Haúpt | der Bérg' | entróllt | des Schneés | Ge-
> wált;

oder was noch widerlicher ift:

> Déren | Aúgen | Hafden | máchen | blúhen.

Er verlangt mit den Griechen ein viellautiges
und vielfach betontes Steigen und Fallen ab-
wechfelnder Tanzwendungen in allen Wortfüfsen, die der vorgefchriebene Vers aufnimt,
und diefes, fo viel möglich, dem fanften und
dem ftürmifchen Schwunge des Gedankens an-
gepafst. Ohne Nachficht verlangt er es, weil
er erfahren hat, dafs unfere Sprachgöttin, fobald ein Gutartiger mit kindlichem Zutrauen

bittet, hier wie überall, eine gern austheilende
Mutter ift.

Wenn ein gefühlvoller Deutfcher von Sprach-
kenntnis und gebildeter Ausrede, bei richtig
gehaltenem, aber nicht abgehämmerten Vers-
takte, die hochtonige Länge auch in der Senkung, die tieftonige Länge und Mittelzeit auch
in der Hebung, nach Tonverhalt und örtlichem
Nachdruck, vorzutragen, und gehobene Kürzen
oder flüchtige Mittelzeiten mit gefchwächtem
Laut abzuftofsen vermag; fo fage er folgende
Verfe einem verftändigen Italiener vor, und
frage ihn, ob fein Endekafillabo eines reicheren
Klanges, einer fchöneren und ausdrucksvolleren
Bewegung, fähig fei:

Voll Kraft und Anmut fchwebt die Teutonide.
Uns freut der Wohllaut, mehr noch die Bewegung.
Reichthum entfliegt, der Welt Hoheit verfchwindet.
Einfam in Bergeinöden wohnt ein Seher.
Wohllaut, dich ftört zu viel Klang, und zu wenig,
Eindrang des Meers unaufhaltfam Gewäffer.
Kraftvoll, doch fein ftets mächtig und enthaltfam.

Oder verbundene, zum Schlufs einer Stanze:

Nah fchäumt' ein Rif; der Kiel kracht' in die San-
dung;
Sturm heult', und graunvoll donnerte die Brandung. —

Ach! kinderlos wehklagt nun Filomele,
Tonreich, daß ringsum Wohllaut hallt und Seele. —
Das prallende Geklipp der Symplegaden
Stand, und hindurch glitt Argo sonder Schaden. —
Kundig der Abkunft, über Staub und Rohheit,
Strebt' er empor zu dem Olymp mit Hoheit. —
Dem leisen Anwehn kaum hörbares Klanges
Folgt' ein Orkan viellautiges Gesanges.

Vielleicht wird hie und da der Italiener sich
selbst in der Stille fragen, ob solche Fülle und
Lebendigkeit von wohlklingender Bewegung in
seiner Sprache zu erreichen sei, und laut darauf
antworten, oder auch nicht. Wahrlich! wer
unter so mannigfaltigen Vorräthen des Wohlklangs und der Wohlbewegung, wo jeder Ausdruck des Starken und des Sanften, des Feierlichen und des Anmutigen, stets Nothdurft und
Genüge, oft die fröhlichste Wahl findet, dennoch unsere Sprache der Ungeschmeidigkeit
für geistige Darstellungen anklagen will, der
muß billig zuvor gezeigt haben, daß er den
Umfang ihrer Bildung und ihrer Bildsamkeit
kenne, und zu gebrauchen wisse.

Bürger hat das einförmige *e* der Senkungen
glücklich genug vermieden; in den wenigsten
Versen lautet es vor, und selten so anhaltend,
wie:

In den Zweigen einer Götterlaube,
Armes Täubchen! Hart getäufchter Glaube!

Mit Verwunderung aber treffen wir unter den
wenigen ein paar Beifpiele der fchlimmften Eintönigkeit, die auch durch wechfelnde Endkon-
fonanten nicht gemäfsiget wird: *auf allen
deutfchen Auen —, und meine ganze Habe —,
meine Liebe, lange wie die Taube.* Zugleich
beweifen die angeführten Beifpiele, dafs *Bürger* gegen einförmige Bewegung zu nachfichtig
war. Wie hier der Trochäus einherfchlendert,
fo hüpft anderswo der Jambus:

Hier Geift | in Leib, | und Leib | in Geift | ver-
fchwebet.
Süfs | in Schlaf | durch dich | gelullt | zu fein.

Noch ermüdender wird diefes Einerlei bei der
Einförmigkeit des Abfchnittes nach der zweiten Länge, den die jambifchen Sonnette durchaus, die trochäifchen zu häufig haben. Oft
macht auch die vierte Länge einen Halt, dafs
zwei Doppeljamben nach einander gehört
werden:

Nicht felten hüpft, | dem Finken gleich | im Haine.

Welcher trozige Doppelfchritt fich in diefem
Sonnette nicht weniger als zehnmal aufdrängt.

I.

Solch ein läftiges Triptrap unterbrechen zu
fparfam flüchtige Längen gehobener Kürzen
und Mittelzeiten, die *Bürger* zulezt, wie aus
den Misänderungen der Nachtfeier erhellt, als
lockere Abfchweifungen vom ftraffen Versgange
betrachtete. Abwechfelnde Spondeen find fo
felten und zufällig verftreut, dafs fie nur nicht
abgewiefen zu fein fcheinen. Völlig verfchmäht ward die Hebung tieftoniger Längen
und Mittelzeiten, weil der Volksdichter nur
Verfe, die auch der Unkundigfte mit Leichtigkeit abhämmert, für volksmäfsig hielt.

Wir fehn, dafs der Herfteller des veralteten Klinggedichts eine durchgängig wohlklingende Vieltönigkeit entweder nicht abgezweckt
oder verfehlt habe. Defto mehr hat er, wie
die Vorrede rühmt, für die zwifchendurch
läutenden Pulfe des *Reims* durch „äufserft
richtig, voll und wohl tönende Reimwörter“
geforgt. Wir werden demnach unferer obigen
Bemerkung noch einige Worte hinzufügen
müffen.

Wird das Gefez anerkannt, dafs jedem Gedichte der reinfte und mannigfaltigfte Wohlklang im Ganzen und im Einzelnen zukomme;
fo haben die vorfchallenden *Reime* gerechten

Anfpruch, wie alle Schlufsfälle bis zur Profa
herab, mit der erlefenften Blüte der Harmonie
zu prangen. Vorzüglich aber gebührt fchöner
und abftechender Klang den Reimen des Klinggedichts, deren einige fogar viermal mit einander hallen und wiederhallen. Unfere Sprache befizt Jamben und Trochäen in fo günftigem Verhältniffe, dafs uns eine erfreuliche
Abwechfelung männlicher und weiblicher Reime
zu Gebote fteht. Wogegen der Italiener, gleich
dem Spanier und dem Portugiefen, durch Armut an Jamben beinahe ganz auf weibliche
Reime, wie der Engländer durch Seltenheit
der Trochäen auf männliche befchränkt wird,
und der Franzofe, weil feine reimenden Trochäen alle auf ein ftummes e ausgehn, der
verftatteten Mifchung nicht froh werden kann.
Diefen einheimifchen Vorzug haben fchon unfere älteften Sonnetdichter gefühlt, und, ihn
gegen auswärtigen Nothbehelf zu vertaufchen,
fich vor keinem Anfehen gedemütiget.

Erft neuerlich hat man uns zugemutet, in
Sonnetten und achtzeiligen Stanzen einen fo
bedeutenden Vorzug, als die Verbindung ftar-
ker und fanfter Reimendungen ift, freiwillig
zu verleugnen, und Eintönigkeit weichlicher

Tonfälle dem Italiener, der hier in feinem
Elemente fich fchwingt, nachzukünfteln. Mit
gleichem Fuge könnte man uns die Gebrechen
der englifchen und der franzöfifchen Reimweifen als nachahmungswürdige Tugenden, und
den Füchfen die unendlichen Vortheile der
Schwanzlofigkeit, einpredigen. Der Klügere,
dem die Nachahmerheerde nachfchwärmt, meinte wol blos diefes: wie mutiger Entfchlufs am
kräftigften in lauter männlichen Reimen trozt,
alfo fcheine die fchmelzende Empfindung, oder
die fpöttelnde Ironie, manchmal den fanft-
fchwebenden Gang durchaus weiblicher Reime,
mitunter auch wol im Sonnette, zu verlangen.
Dawider hätten wir fo wenig, als wenn einmal
ein zur Rechtlichkeit anfeuerndes, oder ein ar-
chilochifches Sonnet unvermifcht männliche
Reime mit männlichen durchflöchte. Mögen
nur hier lauter mannhaft und voll aushallende
in reichem Vokalwechfel, und dort lauter an-
mutige, mit den fchönften Blumen des viellautigen Wohlklangs gepuzte Reimweibchen, den
feftlichen Tanz aufführen!

Schon im täglichen Verkehr mit männlichen
Reimen müffen die weiblichen, weil ihr fchwebender Doppelklang vorzügliche Aufmerkfam-

keit erregt, durch ehrbaren Schmuck und rei-
zende Mannigfaltigkeit fich auszeichnen. Wie
viel mehr, wo fie allein fich darftellen zu allen
verfchiedenen Wendungen der fanfteften Harmonie! Man bringe uns nicht gemeine von
der Heerftrafse, wie *Triebe* zu *Liebe;* nicht
zugleich ftruppige, wie *Schmerzen* im *Herzen,* oder *Fifchchen* auf dem *Tifchchen.* Man
meide die Anreihung ähnlicher Laute in den
Hebungen, dafs nicht auf die Reimbande von
beten eine von *lebet,* oder auf *Mufe* ein *Dunkel* ftofse; noch forgfältiger eine Folge gleich-
lautiger Senkungen, wovon das klanglofe *e*
und das fummende *en* die zudringlichften find.
Welch ein Ohr, das, ganze Strofen, ganze
Sonnette hindurch, ununterbrochene Reime mit
endendem *e* oder *en* aushalten kann! Wenn
es doch Cynthius einmal zupfte, oder nach
Befund rupfte! Ermunterte ein Franzofe die
Seinigen zur Nachahmung italienifcher Reimweifen, indem er einem petrarkifchen Sonnette
mit den vielkönigen Reimen: *defio, volta, fci-
olta, mio, envio, afcolta, volta, reftio; rac-
coglie, lui, trasporta, coglie, altrui, con-
forta:* ein *Sonnet en bouts-rimés* mit diefen
auf lauter ftumme *e* ausgehenden entgegen-
ftellte: *genie, fageffe, ceffe, manie, fyme-*

trie, fineſſe, pareſſe, monotonie; dance, eſcla-
ves, modele, ſtance, entraves, kyrielle: —
was meint ihr? er ſelbſt müſste ein Spötter
ſein, oder er würde von dem bitterſten Spotte
ſeiner wizigen Landsleute gezüchtiget. Auch
bei Petrarka, obgleich deſſen *e* am Ende ge-
diegener als das unſrige iſt, wird kein Unbefangener es gut heiſsen, daſs in mehreren Sonnetten acht Reime hinter einander, in einem
ſogar alle vierzehn, mit *e* ausgehn. Eben ſo
wenig, daſs einmal vier *ora* mit vier *oro*, anderswo vier *eſſo* mit vier *oſſo*, und wiederum
vier mislaütige *accio* (attſcho) mit vier nicht
wohllautigen *ugge* (uddſche), ſich umſchlingen:
wie wenn bei uns die unholden Reime: *klat-*
ſchen, kutſchet, rutſchet, patſchen, mat-
ſchen, Budget, nutſchet, quatſchen: den Achtling eines Sonnets bildeten.

Könnt ihr denn, hochherzige Verheiſser
italieniſcher Wohllaute, könnt ihr nicht über
die gemeinſte Eintönigkeit euch emporſchwin-
gen? Mit dem leichtfertigſten Reimgeſchlepp,
das, wie *lieben*, jedem aufdämmernden Gedanken durch *wir* (*lieben*), *ſie, zu, des, dem,*
den, die, der, ſich anſchmiegt, das dieſer
Leichtfertigkeit wegen kaum zu *bouts-rimés*

einem Ehrliebenden geboten wird, mit folchem
zumeift oder allein würdiget ihr eure auf
Klanghexerei pochenden Sonnette zu durch-
klingeln? Lernt, Kindlein, was unfere Sprache, auch in Reimkünften vermag! Dem allerdings herfchenden Falle des *e* nehmen wir fein
Läftiges durch gefällige Abwechfelung unferer
vielfachen und wohlklingenden Endungen, wie
Adel (s), *Brodem* (s), *Streiter* (s), *gutes, lie-
bet* (ft), *Abend, raffelt, läutert.* Wir be-
fchränken die Herfchaft, wenn wir die voll-
tönigen Reimwörter von mittelzeitiger Senkung
nicht vernachläffigen: *rofig, mofig; endigt,
bändigt; traulich, graulich; Wütrich, Die-
trich; Käfig, träf' ich; romantifch, levan-
tifch; Neftling, Fröftling; thöricht, Keh-
richt; Liedlein, Mütlein; Wölfin, Elfin;
Wildnis, Bildnis; Wohnung, Schonung;
hörbar, ehrbar; nahrhaft, wahrhaft; bieg-
fam, fügfam; Kindheit, Blindheit; Demant,
Jemand; Heiland, weiland; Landfchaft,
Verwandfchaft.* Auch fo oft alte und aus-
ländifche Benennungen ungefucht einen harmonifchen Reim darbieten, wie: *Flora, Au-
rora; Ida, Armida; Noah, Eloa; Wodan,
Rhodan; Iris, Ofiris; Maro, Faro; Sion,
Kronion; Eros, Heros; Indus, Pindus; Ne-*

reus, *Tereus:* warum follten wir nicht, gleich dem feinhörenden Italiener, fie anzuwenden berechtiget fein?

Sind dergleichen Reimwörter mit fchweben- der Mittelzeit oder Kürze fo treffend gewählt, dafs fie auch aufserhalb der Reimftelle für natürlich und nothwendig gölten; fo giebt ihr reicherer Klang dem ernfthaften Inhalte fo- wohl, als dem launigen, etwas Prachtvolles und Heiteres, das jedem unverzogenen Natur- gefühle fich einfchmeichelt. Wem find nicht aus alten Kirchenliedern die Reime: *Ach wie nichtig, ach wie flüchtig!* —, *Schön und herlich, grofs und ehrlich!* — *Hofianna! himmlifch Manna —:* und dabei feine Ju- gendempfindungen im Gedächtnis? Ein leb- hafter Mann ohne Gelehrfamkeit erzählte einft einem Knaben von der ehemals berühmten hamburgifchen Oper, und theilte ihm die Be- geifterung mit, worin er die wohlklingenden Reime herfagte:

Bel, unfer Gott, ift grofs und mächtig;
Sein Antliz leuchtet hell und prächtig!
Doch gleicht ihm unfer Belfazar.

Der Mann war mein Vater, der Knabe ich felbft: der bald nachher in Schulübungen mit

wohlklingenden Reimen, zum Verdrufs des
auf fliefsende Natürlichkeit haltenden Magi-
fters, fich und den Mitfchülern gütlich that,
und fpäter die Übertreibungen der Reimfucht
in fchwergekünftelten Reimen verfpottete. Ein
ftärkerer Beweis, dafs in unferer Sprache den
Stof diefer Vieltönigkeit mit angeborenem Gefühl auch das Volk ahnde, und gebraucht
wünfche; mögen die Sprichwörter fein: wo
nicht nur fchwebende Trochäen mit leichter
und fchwererer Mittelzeit, wie *Wizling*, *Spiz-
ling* bei Fifchart, *einmal, keinmal, Volland,
Tolland, wehrlos, ehrlos*; fondern fogar voll-
kommene Spondeen: *Saufbold, Raufbold, Eh-
ftand, Wehftand, Landsmann, Schandsmann,
Kalbfleifch, Halbfleifch*; oft in getrennten
Worten, *Ein Mann, kein Mann*; oft nur mit
ähnlichem Klange, *Hundert Jahr Unrecht
ward nie kein Stund recht*, gereimt werden.

Warum denn nuzen wir nicht fo reichhaltige Fundgruben der Vieltönigkeit und des
Reims? Warum wollen wir, wie bei tantali-
fchem Überflufs, unthätig über Mangel und
Noth klagen? Selbft ja die üblichen *Demut*
und *Wehmut* berechtigen uns, ähnliche Spondeen von gefchmeidigem Klange, wenn fie

von felbft kommen, zu Bereicherung des Reims
anzuwenden. In dem edelften Tone fügt fich
bequem ein anmutiges *Hainthal* zum fchrecklichen *Gebeinthal*, ein *Seemann* zum wein-
umgrünten *Leman*, zum *Tieffinn* fein Affe
Schieffinn, zur *Heirat* ein verftändiger *Bei-
rath*, zum *Blachfeld* ein Fels, der *nachfällt*,
zu brittifchem *Steingut* das heilige *Gemein-
gut*, zum *Vorwand* und zur *Leinwand* etwas,
das fich *empor* oder *hineinwand*. Und im
fcherzhaften wird neben dem höltyfchen *Mai-
lied* ein modernes *Dudeldeilied*, und am *Rhein-
fall* ein nuzbarer oder empfindfamer *Einfall*,
fich eben fo artig ausnehmen, wie diefer
Schlufs eines Sonnets:

> Für Geiftesnahrung beut dies Buch ein dreimal
> Mit flauem Spühlicht aufgewärmtes Breimahl.

Ein zufammengefezter Spondeus möchte vorzüglich der Belehrung und dem Spotte Gewicht geben; wie etwa:

> Du lobft mir Grübels Scharffinn?
> Mir dünkt, fein Buch bedarf Sinn.

Oder:

> Schuzgottheit ift ihm mächtige Verwandfchaft,
> Die folch ein Amt ihm und dazu Verftand fchaft.

Auch wol mit verlängerter Mittelzeit:

> Wie meinet wol dein wahres Du das?
> Rothköpfiger Zweizüngler Judas?

Sogar eine Affonanz diefer Art kann dem entfcheidenden Worte zur Verftärkung dienen:

> Er wizelte myftifchen Religionsgeift;
> Doch, wie fein Wiz, wird die Religion feift.

Und warum follen wir nicht, wo Geringfügigkeit zu bezeichnen ift, zwei unwichtige Silben, nach italienifcher Freiheit, in den Reim zwingen? wie:

> Manch Spaßgevögel wagt fich an die
> Scherzlaune, troz Wieland und Shandi:

da im Volkstone des Heldenbuchs ein ähnlicher Anklang auch mit Ernfte beftand:

> Wilt du, fie fahren mit dir;
> Jeder mit hundert Rittern.

Oder warum nicht, nach dem Beifpiele des arioftifchen *Fiordi-ligi*, die erften Silben eines zufammengefezten Wortes? wie:

> Handhabeft du Süddichtkunft, o Naturfiloföfelein, dann fagt Kunft und Natur: Fi!

Kurz, was Quintilian von den Worten urtheilt: Alle Reime find irgendwo die beften;

und die an einer gefchmückteren Stelle unedel fcheinen, find, wo die Sache fie fodert,
der fchickliche Ausdruck.

· · So lange *Bürger* er felbft war, wie forg-
fam vor anderen gab er den Reimen Wohlklang und Mannigfaltigkeit! Seine Nachtfeier,
fein Lied an Agathe, an Leonore haben einen
gefälligen Vokalwechfel in den Reimlängen;
in den Kürzen herfcht zwar das *e*, aber mit
veränderten Ausgängen *en, ens, er, ern, el,
et,* und wird doch zuweilen von anderen Vokalen durchtönt. Hier reimen *Profezeiung,
Erneuung, Wahrheit, Klarheit, ledig, gnä-
dig;* hier zwei durch den Sinn verbundene
Wörter *wachft du* (nach alter Schreibart
wachftu) und *lachft du;* hier auch die Fremdlinge *Indus* und *Pindus.* Das urfprüngliche:

> Sie war es, die den Äneas
> Mit Lavinien verband.
> Und die keufche Zone Rhea's
> Löfte fie durch Mavors Hand:

ward fo von *Ramler* herabgeftimmt;

> Sie fchlang um die Hand Äneens
> Und Laviniens ihr Band —;

nachmals von dem verkümmerten Dichter noch

mehr, weil er die nahe Verbefferung nicht
wahrnahm:

Sie wars, die den Held Äneas
Mit Lavinia verband. —

Dies Trachten nach vollem und vielfachem
Laute der Reimwörter wird in den Sonnetten,
wo es unerläfsliche Pflicht war, fafst gänzlich
vermifst. Fehler in den Reimlängen haben
wir oben bemerkt. Die Kürzen fallen fämtlich mit *e*, deffen Einförmigkeit zwar meiftens
durch einige Konfonantwechfel gebrochen
wird. Aber auch das nur zufällig; da in
einem Sonnet alle weiblichen Reime auf ein
offenes *e*, und in zweien alle auf *en* ausgehn. Die Anhäufung des *en* wird noch an-
ftöfsiger, wo *Bürger* fogar die Abwechfelung
männlicher Reime der Ausländerei aufopferte,
in dem graulichen *Au*-Sonnet: deffen Achtling vier *auen* mit vier *eben* paart, und, damit die weichliche Einförmigkeit ja nicht über-
hört werde, in trochäifcher Verfe weichlicher
Bewegung.

So weit blieb *Bürger* von den Erfoder-
niffen eines richtigen Sonnettes zurück. Und
wenn er alles gethan hätte, was die Sonnet-

regel befiehlt; fo mufste fein befferer Geift ihm fagen: Du unnüzer Knecht, warum haft du unter ein fo willkürliches Gefez dich ge-fchmiegt, und die freie Kunft des Gefanges entwürdiget?

Aber wenn ich der Anwendung des *Bür-ger'fchen* Wortes: Er fpricht vom Sonnet, wie der Fuchs von den Trauben! mich ent-ziehn, und meinen Beweifen Gehör fchaffen will; fo mufs ich fchon felbft einmal den fef-felnden Schellen mich hergeben. Wohlan! es gelte, dafs, wie von Kunft nur der Künft-ler, von Kunftmacherei nur der Kunftmacher urtheilen dürfe. Hört denn, andächtige Kunft-jüngerlein, was ihr noch nie hörtet, den Wun-derklang meiner überkünftlichen

KLINGSONATE.

I. *Grave.*

Mit
Prall-
Hall
Sprüht
Süd-
Tral-
Lal-
- Lied.

Kling-
Klang
Singt;
Sing-
Sang
Klingt.

II. *Scherzando.*

Aus Moor-
Gewimmel
Und Schimmel
Hervor
Dringt, Chor,
Dein Bimmel-
Getümmel
Ins Ohr.
O höre
Mein kleines
Sonett.
Auf Ehre!
Klingt deines
So nett?

III. *Maestoso.*

Was singelt ihr und klingelt im Sonetto,
Als hätt' im Flug' euch grade von Toskana
Geführt zur heimatlichen Tramontana
Ein kindlich Englein, zart wie Amoretto?

Auf, Klingler, hört von mir ein andres detto!
Klangvoll entsteigt mir ächtem Sohn von Mana
Geläut der pomphaft hallenden Kampana,
Das summend wallt zum Elfenminuetto!

Mein Haupt, des Siegers! krönt mit Ros' und
Lilie
Des Rhythmos und des Wohlklangs holde Charis,
Achtlos, o Kindlein, eures Larifari's!

Euch kühl' ein Kranz hellgrüner Petersilie!
Von schwülem Anhauch ward euch das Gemüt
heiss,
Und fiebert, ach! in unheilbarem Südschweiss!

VI.

FÜR DIE ROMANTIKER.

(Morgenblatt 1808. N°. 12.)

Die folgende Parodie eines verdeutfchten Mönchsliedes, welches nicht durch Poefie, fondern, wie die meiften der Art, durch frommen Inhalt, berühmte Mufik und feierliche Aufführung, Anfehn gewann, ift die Frucht einer heiteren Stunde, worin der Verfaffer vor fieben Jahren die neu erfchienene Verdeutfchung mit unwillkührlichen Veränderungen vorlas.

Es war die Zeit, da ein Schwarm junger Kräftlinge, wozu ein paar Männer fich herabliefsen, nicht nur unfere edelften Dichter, jene tapfern Anbauer und Verherlicher des deutfchen Geiftes, fondern fogar die grofsen, feit Jahrtaufenden bewunderten Klaffiker, mit Verkleinerung und Hohn zu behandeln fich unterfing, und jeden, wer Gnade wünfchte, öffentlich zur Theilnahme des Bundes einlud. Den reinen Naturformen, in welchen des Alterthums freier Genius fich verklärt darftellt, wurden die unförmigen Vermummungen des dumpfen, von Hierarchen und Damen abhängigen Rittergeiftes, — der befeelten Geftalt des Urfchönen, des zur

I. 37

Göttlichkeit gefteigerten Menfchlichen ward Ihres Ideals düfteres Fantom, dem Klaffifchen das
wild Romantifche, dem Antiken das Moderne, ja
wenn fie noch fchamlofer fich ausfprachen, dem
Irdifchen Ihr Geiftiges, dem Heidnifchen Ihr
Chriftkatholifches vorgezogen *), und in den
klingelnden Tonweifen der Fidelare und Mei-
fterfänger erhöht.

Mitleidig fahn die Verftändigen zu, wie mancher Kaltherzige aus *Jakob Böhm* und ähnlichen
fich felbft eine myftifche Erhizung zufammen-
püfterte; und zwifchendurch fagte wol einer
zum anderen:

— — — Ein unfterblicher Gott zu erfcheinen,
Wünfcht' Empédokles hier, und kalt in den bren-
nenden Ätna
Sprang er hinab. Frei fei's, nach Belieb umkom-
men, den Dichtern.
Wer Unwillige rettet, der thut, wie der Mörder,
Gewaltthat! ...
Auch nicht fehen wir klar, warum er mit Verfen
fich abgiebt:
Ob er des Vaters Afche gelaugt, ob entweihend
des Donners
Schreckliche Stelle geregt. Toll rafet er! —
Horaz an die Pifonen, V. 464.

---

*) Siehe *Rottmanners* Kritik der Rede *Jakobi's* S. 20 —
24, und, wenn du die angeblichen Heroen diefer
Leutlein nach ihrer Rangordnung kennen willft,
S. 5: wo *Göthe* als Haupt der chriftkatholifchen
Romantiker auftreten mufs, und als Kollege von
— *Aft!*

Weil man dem nachgegaukelten Veitstanze
ein baldiges Ende zutrauete, fo blieb diefe Parodie; die zum Befprechen des Unwefens dienen
konnte, in der Schreibtafel zurück. Jezt, da das
feltfame Bundesfieber noch anfteckender um fich
greift, und mitunter einen feinfinnigen Jüngling in
den Tanz fortraft, haben es bedachtfame Freunde
für zuträglich erklärt, dafs man den Befallenen
dies wenigftens unfchädliche Heilmittel nicht
vorenthalte. Ihnen, die mit inniger Religion und
Andacht ihre Sprünge zu machen vorgeben, em-
pfehle fich diefe Gabe des Morgenblattes zur
nüchternen Morgenandacht.

Für den geiftreichen Verdeutfcher des Mönchsliedes kann der wohlmeinende Scherz keiner Misdeutung fähig fein. Er felbft, wiffen wir, hat Ekel
an den erkünftelten Verzuckungen jener aben-
theuerlichen Romantiker. Wofern er, der das
Höchfte der Kunft, das Klaffifche, bei Alten und
Neueren, bei *Homer* und *Arioft*, bei *Sofokles*
und *Shakfpeare*, bei *Pindar* und *Klopftock* zu
würdigen verfteht, jemals die Verächter des Klaffifchen in Laune oder Sorglofigkeit zu begünftigen fchien; fo wird er, was ihm entfuhr, mit
fo mutigem Biederfinne, wie fein Urtheil über
den deutfchen Homer, dem einwohnenden Gotte
getreu, zurücknehmen.

Vom jüngsten Gericht.

Jenen Tag, den Tag des Zoren(s),
Geht die Welt in Brand verloren,
Wie Profeten hoch befchworen.

Welch ein Graun wird fein und Zagen,
Wenn der Richter kommt, mit Fragen
Streng zu prüfen alle Klagen!

Die Pofaun' im Wundertone,
Wo auch wer im Grabe wohne,
Rufet alle her zum Throne.

Tod, Natur mit Staunen fehen
Dann die Kreatur erftehen,
Zur Verantwortung zu geben.

Und ein Buch wird fich entfalten,
So das Ganze wird enthalten,
Ob der Welt Gericht zu halten.

Wann der Richter alfo richtet,
Wird, was heimlich war, berichtet.
Ungerochen nichts gefchlichtet.

Ach, was werd' ich Armer fagen?
Wer befchirmt mich vor den Klagen,
Da Gerechte felber zagen?

König, furchtbar, hoch erhaben,
Frei find deiner Gnade Gaben;
Woll' auch mich mit ihnen laben!

Milder Jefu, woll' erwägen,
Dafs du kameft meinetwegen,
Um mein Heil alsdann zu hegen!

Bufslied eines Romantikers.

Alles, was mit Qual und Zoren
Wir gedudelt, geht verloren;
Hat's auch kein Profet befchworen.

Welch ein Graun wird fein und Zagen,
Prüft der Richter ernft mit Fragen
Kleine, fo wie grofse, Klagen!

Hinpofaunt, mit Schreckentone,
Gehen wir zum Richterthrone,
Wer mit Geift gereimt und ohne.

Auch mich Armen wird man feben
Mit den Sündern auferftehen,
Zur Verantwortung zu gehen.

Manches Büchlein wird entfalten,
Wie wir, feind den hohen Alten,
Hier modern-romantifch lallten.

Ohn' Erbarmen wird gerichtet,
Was wir, gleich als wär's gedichtet,
Firlefanzifch aufgefchichtet.

Ach, was werd' ich Armer fagen,
Wenn der Kunft Geweihte klagen,
Und wir Süd-Kunftmacher zagen?

Gnade, ruf' ich, Herr, mir Knaben!
Frei ja gabft du deine Gaben;
Konnteft du mich auch nicht laben?

Thatft du (woll' es, Herr, erwägen!)
Je ein Wunder meinetwegen,
Mein Gemüt mit Kraft zu pflegen?

Ich war Ziel ja deines Strebens,
Kreuzestod der Preis des Lebens;
So viel Müh fei nicht vergebens!

Richter der gerechten Rache,
Nachficht üb' in meiner Sache,
Eh zum lezten ich erwache.

Reuig muſs ich Angſt erdulden,
Tief erröthend vor den Schulden:
Sieh mich Flehnden, Gott, mit Hulden.

Du, der losfprachſt einſt Marien,
Und dem Schächer felbſt verziehen,
Haſt mir Hofnung auch verliehen.

Mein Gebet gilt nicht fo theuer;
Aber laſs mich, o du Treuer,
Nicht vergehn in ew'gem Feuer.

Zu den Schafen laſs mich kommen,
Fern den Böcken, angenommen
Dir zur Rechten bei den Frommen.

Wenn Verworfnen ohne Schonung
Flammenpein wird zur Belohnung,
Ruf mich in des Segens Wohnung.

Herz, zerknirfcht im tiefſten Grunde,
Bete, daſs ich noch gefunde,
Sorge für die lezte Stunde!

Thränen bringt der Tag des Zoren (s),
Wo aus Staub wird neu geboren
Zum Gericht der Menfch voll Schulden.
Darum fieh ihn, Gott, mit Hulden;
Jefu, milder Herfcher du,
Gieb den Todten ew'ge Ruh!

W. Schlegel.

Troz dem Angftfchweifs meines Strebens,
Nachzuäffen Geift des Lebens;
Alle Mühe war vergebens!

Richter der gerechten Rache,
Nachficht üb' in meiner Sache,
Wenn ich, wie ich kann, es mache.

Scham und Reue mufs ich dulden;
Tief erröth' ich ob den Schulden,
Wie ein Kreuzer unter Gulden.

Hab' ich reimend mich verfohrieen,
Du, der Schächern felbft verziehen,
Lafs es gehn für Melodieen!

Achte nicht mein Schrein fo theuer,
Dafs ich darum, o du Treuer,
Brennen follt' in ew'gem Feuer.

Zu den Schafen lafs mich kommen,
Von den flöfsigen, nicht frommen,
Bundesböcken ausgenommen.

Wird auch Feuer ohne Schonung
Meinen Reimen zur Belohnung,
Nim doch mich in deine Wohnung.

Herz, zerknirfcht im tiefften Grunde,
Ruf Ade dem Schwärmerbunde,
Dafs ich zur Vernunft gefunde!

Wer gefündigt hat mit Zoren,
Mufs dort ewig, ewig fchmoren.
Aber mich, troz meinen Schulden,
Nim ins Paradies der Hulden.
Gieb mir Armen ew'ge Ruh,
Sei es auch — mit Kozebu!

Vofs.

Zur Vergleichung folge hier das Original des *Thomas von Celano:*

Dies irae, dies illa
Solvet feclum in favilla,
Tefte David cum Sibylla.

Quantus tremor eft futurus,
Quando judex eft venturus
Cuncta ftricte Discuffurus!

Tuba, mirum fpargens fonum
Per fepulchra regionum,
Coget omnes ante thronum.

Mors ftupebit et natura,
Cum refurget creatura
Judicanti refponfura.

Liber fcriptus proferetur,
In quo totum continetur,
Unde mundus judicetur.

Judex ergo cum fedebit,
Quidquid latet, apparebit,
Nil inultum remanebit.

Quid fum mifer tunc dicturus?
Quem patronum rogaturus,
Dum vix juftus fit fecurus?

Rex tremendae majeftatis,
Qui falvandos falvas gratis,
Salve me, fons pietatis!

Recordare, Jesu pie,
Quod sum causa tuae viae,
Ne me perdas illa die!

Quaerens me sedisti lassus,
Redemisti, crucem passus:
Tantus labor non sit cassus.

Justae judex ultionis,
Donum fac remissionis
Ante diem rationis.

Ingemisco tamquam reus,
Culpa rubet vultus meus:
Supplicanti parce deus!

Qui Mariam absolvisti,
Et latronem exaudisti,
Mihi quoque spem dedisti.

Preces meae non sunt dignae,
Sed tu bonas fac benigne,
Ne perenni cremer igne.

Inter oves locum praesta,
Et ab hoedis me sequestra,
Statuens in parte dextra.

Confutatis maledictis,
Flammis acribus addictis,
Voca me cum benedictis.

Pro supplex et acclinis,
Cor contritum quasi cinis:
Gere curam mei finis.

Lacrymosa dies illa,
Qua resurget ex favilla
Judicandus homo reus;
Huic ergo parce, Deus:
Pie Jesu, Domine,
Dona eis requiem.

Amen.

Lightning Source UK Ltd.
Milton Keynes UK
UKHW021551110119
335297UK00008B/586/P